山东师范大学中国语言文学山东省一流学科资助出版

《左传》鲁人形象研究

王玲　著

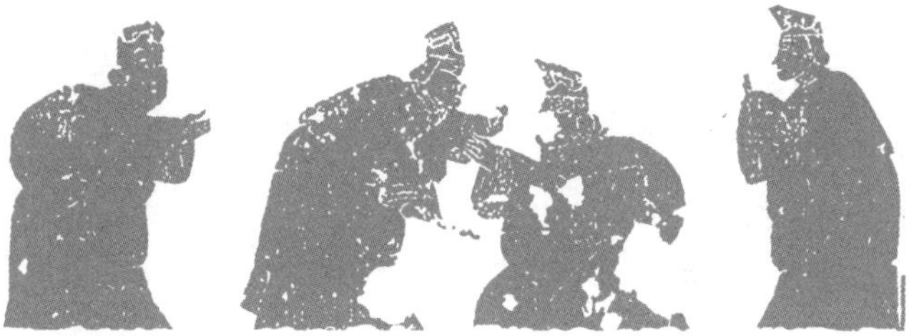

商務印書館
创于1897 The Commercial Press
2020年·北京

图书在版编目(CIP)数据

《左传》鲁人形象研究/王玲著.—北京:商务印书馆,2020
ISBN 978-7-100-18225-6

Ⅰ.①左… Ⅱ.①王… Ⅲ.①中国历史—春秋时代—编年体 ②《左传》—人物研究 Ⅳ.①K225.04

中国版本图书馆 CIP 数据核字(2020)第 041074 号

《左传》鲁人形象研究

王玲 著

商 务 印 书 馆 出 版
(北京王府井大街 36 号 邮政编码 100710)
商 务 印 书 馆 发 行
北京顶佳世纪印刷有限公司印刷
ISBN 978-7-100-18225-6

2020 年 5 月第 1 版　　开本 710×1000 1/16
2020 年 5 月北京第 1 次印刷　　印张 20¼
定价:78.00 元

前　言

春秋时代在中国文化史上地位极其重要。德国存在主义哲学家卡尔·雅斯贝尔斯提出了“轴心时代”的理论：“在公元前800年到公元前200年间所发生的精神过程，似乎建立了这样一个轴心。在这时候，我们今日生活中的人开始出现。让我们把这个时期称之为‘轴心的时代’。在这一时期充满了不平常的事件。在中国诞生了孔子和老子。中国哲学的各种派别的兴起，这是墨子、庄子以及无数其他人的时代。”[①] 轴心时代是民族文化的精神起点。春秋时代的文化上继西周礼乐文化，下开战国百家争鸣，在轴心时代中又处于承上启下的地位，是轴心之中心。

鲁国始终是春秋时期文化的中心区域，是中心的中心。《论语·八佾》云：“周监于二代，郁郁乎文哉！”三代文化，于周为盛，鲁国作为周公的封国，完整地保留了周代的礼乐文明。平王东迁后，西周的典章文物丧失殆尽，鲁国则成为礼乐文明的正宗，并在此基础上孕育出了影响中国数千年的孔子的儒家文化。“邹鲁在东周是文化最深密的地方。六艺本是当地的风化……与其谓六艺是儒家，是孔学，毋宁谓六艺是鲁学。”[②]“中国数千年风教文化之所由形成，周孔之力最大，举周公来代表他以前的那些人物；举孔子来代表他以后的那些人物；

---

①〔德〕卡尔·雅斯贝斯，《人的历史》，引自《现代西方史学流派文选》，上海人民出版社，1982年，第39页。

② 傅斯年，《与顾颉刚论古史书》，见《傅斯年选集》，天津人民出版社，1996年，第158页。

故说‘周孔教化’。”[①]

对于鲁文化的重要地位，前贤多从地域文化的角度做了精辟的论述：

侯外庐先生认为各学派的流传分布有其地域上的特点：“儒、墨以鲁国为中心，而儒家传播于晋、卫、齐，墨家则向楚、秦发展。道家起源于南方原不发达的楚、陈、宋，后来可能是随着陈国的一些逃亡贵族而流入齐国。楚人还保留着比较原始的‘巫鬼’宗教，同样在北方偏于保守的燕国和附近的齐国，方士也很盛行，后来阴阳家就在齐国发展起来。法家主要源于三晋。周、卫位于各国之间的交通孔道，是商业兴盛之区，先后产生了不少专做政治交易的纵横家。”并认为“春秋时代文化中心偏于邹、鲁”[②]，“西周的覆亡使周室的文物典章大部分荡失。春秋时代，鲁、齐、晋、郑等国比较先进，其中鲁国原来是周王国东方的重镇，这时便成为保存传统礼乐制度的中心，以致当时人叹为‘周礼尽在鲁矣’”。[③]

杨向奎先生认为：“通论中国古代文化之发展，虞夏以来，至于春秋……以山东为中心，东及辽沈，西及河南，南及江、淮，北达燕蓟。后来发展为齐鲁文明，实为宗周文化之嫡传，而鲁为姬，齐为姜，后来结果，齐一变至于鲁，鲁一变乃至于道；周礼在鲁，遂成为中心之中心。”[④]“鲁遵守西周传统，‘周礼在鲁’是宗周礼乐文明的嫡传，而齐偏离此一轨道，遂有‘齐一变至于鲁，鲁一变至于道’的适当概括。‘道’也就是宗周的礼乐文明，以德、礼为主的周公之道，世代相传，春秋末期遂有孔子以仁、礼为内容的儒家思想。宗周→春秋，周公→孔子，构成三千年来儒家思想之完整体系。”[⑤]

任继愈先生认为春秋战国时期有四个文化区，分别产生了四种文化类型，即：邹鲁文化、荆楚文化、三晋文化、燕齐文化。“邹鲁文化对西周传统文化继承得最多。尤其是鲁国，为周公子伯禽封国，保存了丰富的西周文物典籍。鲁文化对周朝的宗法制度采取肯定和维护的态度。鲁国是儒家的发源地，儒家的

① 梁漱溟，《中国文化要义》，学林出版社，1987 年，第 85 页。
② 侯外庐主编，《中国思想史纲》上册，中国青年出版社，1980 年，第 59 页。
③ 同上注，第 40 页。
④ 杨向奎，《宗周社会与礼乐文明》，人民出版社，1992 年，第 277 ～ 278 页。
⑤ 同上注，第 279 页。

经典《诗》《书》《礼》《乐》都是西周数百年文化积累形成的。”①

李学勤先生把东周列国分为七个文化圈：中原文化圈、北方文化圈、齐鲁文化圈、楚文化圈、吴越文化圈、巴滇蜀文化圈、秦文化圈。“今山东省范围内，齐、鲁和若干小诸侯国合为齐鲁文化圈。其中的鲁国，保存周的传统最多。”②

王志民先生更是以充满诗意的语言指出了春秋时期鲁文化继往开来的特点：“鲁国作为周公的封地，作为周王室在东方的文化中心，凭借其丰厚的文化积淀成为周文化在行将衰微之时的总结者、弘扬者、继承者，唱出旧文化影响的挽歌，是辉煌的三代文化最灿烂的晚霞；另一方面，在新旧制度的大冲突和剧烈的变革期，鲁文化也并非仅固守着旧的文化，更不是周文化的翻版，它也在充分吸收旧文化营养的基础上进行着文化的创新和再生。”③

鲁文化作为春秋文化的中心，上承三代文化之余绪，下开儒家文化之先声。三代文化中夏商两代少有文献典籍，所以《论语·八佾》中孔子有“夏礼，吾能言之，杞不足征也；殷礼，吾能言之，宋不足征也。文献不足故也。足，则吾能征之矣”之叹。周礼是在损益夏殷两代文化的基础上产生的，《论语·为政》曰：“殷因于夏礼，所损益，可知也；周因于殷礼，所损益，可知也。”但可惜周代的礼乐文化亦是零散缺略，“中国文化，于世界为先进。古代学术思想，当有研讨之价值。然夷考旧文，茫昧无稽；虽有美盛，未可苟信。当孔子时，夏、殷之礼，已为无征。当孟子时，成周书籍，亦复不传。荀卿有‘文灭节绝’之叹。韩非有‘非愚则诬’之讥”④。因此，要研究周文化甚至夏商文化，需从鲁文化中寻其底蕴；同样，要对儒家思想文化有深刻的了解，亦必须了解其赖以产生的文化土壤——鲁文化。“若把代表中国正统文化的，譬之于西方的希腊般，则在中国首先要推山东人。自古迄今，山东人比较上最有做中国标准人的资格。”⑤鉴于鲁文化在春秋时期甚至整个中国文化史上如此重要的地位，所以对鲁文化的研究具有深远的意义。

---

① 任继愈主编，《中国哲学发展史》第一卷，人民出版社，1983 年，第 23 页。
② 李学勤，《东周与秦代文明》，上海人民出版社，2007 年，第 10 页。
③ 王志民，《齐鲁文化概说》，山东文艺出版社，2004 年，第 126 ～ 127 页。
④ 钱穆，《国学概论》，商务印书馆，1997 年，第 1 ～ 2 页。
⑤ 钱穆，《中国历史精神》，台北东大图书公司，1986 年，第 104 页。

地域文化研究“可以追溯到20世纪30年代提出的吴越文化同40年代提出的巴蜀文化研究，而以70年代以来的楚文化研究规模最为盛大”[①]。鲁文化的研究是在齐鲁文化研究的框架之下展开的，亦可以追溯到20世纪30年代，王献唐先生和傅斯年先生是齐鲁文化研究的奠基者，王献唐著有《炎黄氏族文化考》《山东古国考》，“王献唐先生在三十年代第一个提出中华文化‘多来自炎族，即所谓夷族文化。欲求远古夷族文化，其中心即在山东’，明确了齐鲁文化在中华文明发展形成中的核心地位”[②]。傅斯年先生对齐鲁文化的渊源、地位、学派、文献都进行了开创性的研究。20世纪40年代出版的张立志的《山东文化史研究》甲乙两编，是最早的山东地区古文化史著作。[③]

20世纪80年代以来，受到文化研究热潮的影响，鲁文化研究也日益被学术界重视，出现了大量鲁文化研究的专著和论文。山东师范大学齐鲁文化研究中心出版的《齐鲁文化研究论著目录》，收录了自1901年至2000年的权威的齐鲁文化研究著述。但是前贤对鲁文化的研究或者多集中于对孔子和儒学的研究，或者从宏观的视野透视鲁文化的整体发展脉络，并没有独立研究春秋时期鲁国文化的学术著作。

从宏观角度研究鲁文化的著作有：

郭克煜、梁方健、陈东、杨朝明四位先生合著的《鲁国史》[④]，系统地梳理了鲁国的发展历程，介绍了鲁国的政治、经济、外交、文化、思想等。“联络文献与考古，苦下一番爬梳剔抉、陶冶浑成的功夫”，“通而有要，创获良多”，“固当视为中国古史及方国史、地域史研究上的填补空缺之作”[⑤]。杨朝明先生的《鲁文化史》[⑥]从鲁文化的建构、生长、兴盛和衰败的角度全面地分析了先秦时期鲁国的文化史。

王志民先生的《齐鲁文化概说》[⑦]视野宏阔、高屋建瓴，对齐鲁文化的自然环境、渊源、贡献做了详细深刻的阐述，比较了齐文化与鲁文化的异同，并从

① 见李学勤为杨朝明《鲁文化史》所作《序言》，齐鲁书社，2001年。
② 钟春翔，《王献唐先生与齐鲁文化研究》，《山东教育学院学报》2002年第3期。
③ 张立志，《山东文化史研究》，齐鲁大学国学研究所专刊，1940年。
④ 郭克煜等，《鲁国史》，人民出版社，1994年。
⑤ 张富祥，《〈鲁国史〉评介》，《中国史研究》1996年第3期。
⑥ 杨朝明，《鲁文化史》，齐鲁书社，2001年。
⑦ 王志民，《齐鲁文化概说》，山东文艺出版社，2004年。

纵向剖析了从西周封国直到汉代齐、鲁文化各自的发展历程。

安作璋与王志民两位先生主编的《齐鲁文化通史》[①]是八卷本三百五十万字的鸿篇巨制，汇集了齐鲁文化研究的权威，专业水准极高，梳理了从远古至西周、春秋战国、秦汉、魏晋南北朝、隋唐五代、宋元、明清、近现代齐鲁文化发展沿革的整体面貌。

对鲁文化的研究虽有许多专著和论文，但多从宏观上去挖掘，少有针对元典的深入细致的剖析。人是历史的创造者，是文化最细微的载体，鲁文化正是由众多的鲁人集体创造的，是鲁人共同的思想情感的积淀变成了一个个的文化符号，深入到后人的血脉中，成为世代传承的文化精神。《左传》作为详尽记载春秋史实的鲁国史，秉笔直书，内容翔实丰富，是研究春秋鲁人和鲁文化的最真实可靠的资料。虽然《左传》作为编年史不以塑造人物形象为主，但把《左传》中重要人物历年的零星分散的事迹加以编辑整合，亦能得到一个个鲜活生动的形象。

《左传》是《春秋》三传之一，作为儒家的经典，历代以来的研究可谓汗牛充栋。沈玉成、刘宁的《春秋左传学史稿》[②]对 20 世纪 90 年代以前的《左传》研究进行了翔实精细的爬梳和考辨，清晰地描绘出了历代《左传》研究的发展脉络：在今文经学中脱胎——汉魏；杜预集解和南北学风——两晋南北朝；从总结到转变——隋唐；《春秋》经传学的进一步政治化——宋元明；由义理向考据过渡——清前期；在考据学的笼罩下——清中期；今文学和《左传》真伪之争——清后期；逐步走向科学化的研究——现代。其视野宏阔，论证严谨。

前贤对《左传》的研究多集中在作者、真伪、思想内容、艺术成就等方面。

刘逢禄的《左氏春秋考证》最先提出刘歆伪作说。康有为撰《新学伪经考》，说刘歆“遍伪群经”，章太炎、刘师培则进行了有力的反驳。新文化运动后，“古史辨派”的代表人物顾颉刚和钱玄同，本着疑古精神，继承了刘逢禄、康有为的《左传》伪作说。瑞典汉学家高本汉的《左传真伪考》，从文献考证和文法研究角度否定刘歆伪作。钱穆的《刘向歆父子年谱》对刘歆伪作说加以驳斥。“所谓刘歆改造之说，终究是清末今文学家有所为而发的一偏之论，常

① 安作璋、王志民主编，《齐鲁文化通史》，中华书局，2004 年。
② 沈玉成、刘宁，《春秋左传学史稿》，江苏古籍出版社，1992 年。

有意轻忽事实，流于武断……我们如果平心静气地看，章炳麟、钱穆等所举的许多材料是有说服力的（章说有时还有可商之处），所以刘歆伪造之说，必不能成立。”[①]

本书认为，《左传》中虽有关于战国史实的记载，可能是经过战国时人的增益删损，但最初的作者应是春秋末年的鲁人左丘明。《论语·公冶长》中有“子曰：‘巧言、令色、足恭，左丘明耻之，丘亦耻之。匿怨而友其人，左丘明耻之，丘亦耻之’”之语，可知左丘明大约与孔子同时。《史记·十二诸侯年表序》云：“是以孔子明王道，干七十余君，莫能用，故西观周室，论史记旧闻，兴于鲁而次《春秋》，上记隐，下至哀之获麟，约其辞文，去其烦重，以制义法，王道备，人事浃。七十子之徒口授其传指，为有所刺讥褒讳挹损之文辞不可以书见也。鲁君子左丘明惧弟子人人异端，各安其意，失其真，故因孔子史记具论其语，成《左氏春秋》。”《史记》的记载是可信的。

从文化角度研究《左传》的主要有童书业先生的遗著《春秋左传研究》[②]，分《春秋左传考证》和《春秋左传札记》两部分，《春秋左传札记》是对《春秋左传考证》的简括，对《左传》中的古史传说、西周史事、春秋大事、西周春秋之经济政治制度、文化形态、春秋地理都有详细的考证。体系完备全面，考证审慎精当。刘丽文的《春秋的回声——〈左传〉的文化研究》[③]分上下两编，上编从天命观、历史观、伦理观方面论述《左传》的思想，下编从史诗性、用《诗》文化和用《易》文化方面论述了《左传》的文化价值。还有一些研究从祭祀、巫术、梦境等方面展开论述。

目前通过《左传》解读鲁文化的论文还很少，刘爱敏的《〈左传〉所见春秋初期齐鲁关系》[④]，分析了齐桓称霸前齐鲁两国的友好交往、矛盾斗争、婚姻关系及两国在诸侯国中的地位等情况。毛振华的《〈左传〉鲁人赋诗考论》[⑤]，认为春秋鲁人赋诗的昌盛昭示着其礼乐文化的发达程度。张宇恕的《从宴会赋诗看春

---

① 顾颉刚讲授，刘起釪笔记，《春秋三传及国语之综合研究·后记》，巴蜀书社，1988 年。

② 童书业著，童教英校订，《春秋左传研究》，中华书局，2006 年。

③ 刘丽文，《春秋的回声——〈左传〉的文化研究》，北京燕山出版社，2000 年。

④ 刘爱敏，《〈左传〉所见春秋初期齐鲁关系》，《管子学刊》2002 年第 3 期。

⑤ 毛振华，《〈左传〉鲁人赋诗考论》，《东方论坛》2006 年第 4 期。

秋齐鲁文化不同质》[①]，认为鲁文化保留了周文化的影响，仍属于贵族文化，而齐文化属于士族文化。可见，《左传》中的鲁文化研究还是一个较新的视角，有待进一步开拓。

对《左传》的文学研究往往形成了固定的套路，即从思想内容、艺术特色两方面进行分析。思想内容方面，往往从崇礼思想、崇霸思想去论述；艺术特色方面，多从叙事手法、人物塑造、语言描写等方面去归纳总结。

研究《左传》人物的专著有：何新文的《〈左传〉人物论稿》[②]，论述了《左传》写人的艺术成就，剖析了周天子、霸主与明君、贤大夫与名臣、昏君与佞臣、勇士与平民、女性、行人七组人物形象，并重点分析了郑庄公、晋文公、秦穆公、楚灵王、子产、晏婴、叔向及孔子等八个个性鲜明的人物形象。高方的《〈左传〉女性研究》[③]，分析了春秋女性的生活背景，重点论述了武姜、庄姜、文姜、息妫、骊姬、怀嬴、许穆夫人、夏姬、定姜、南子十位女性。在众多研究《左传》人物的论文中，对郑庄公、春秋霸主、子产、晏婴、文姜、骊姬等的研究较多，但对鲁国的国君卿大夫则少有研究，鲁国的女性更是从未有人涉及。

鲁国国君中，只有少量分析曹刿论战的论文涉及鲁庄公形象，但往往也是把鲁庄公当成曹刿的对立面，鲁庄公被描绘成一个昏庸无能的君主。鲁国宗卿中，臧文仲有少量论文加以研究，杨朝明的《论臧文仲》一文[④]，论述了臧文仲的政治生涯，分析了臧文仲明礼、崇德、尊君、重民、尚贤的政治思想，并分析了孔子对臧文仲"三不仁、三不知"的评价。王少君《孔子与臧文仲》一文[⑤]，分析了孔子对臧文仲的评价和臧文仲对孔子的影响。

《左传》中的鲁人被研究较多的是孔子。学界对《左传》中孔子言行的真实性存在争议，顾颉刚在《春秋时代的孔子和汉代的孔子》[⑥]中写道："所谓仲尼曰者，皆《左传》作者托仲尼之名以自述也。"吴荣曾的《〈左传〉与孔子》[⑦]亦

① 张宇恕，《从宴会赋诗看春秋齐鲁文化不同质》，《管子学刊》1994 年第 2 期。
② 何新文，《〈左传〉人物论稿》，中国社会科学出版社，2004 年。
③ 高方，《〈左传〉女性研究》，黑龙江大学出版社，2010 年。
④ 杨朝明，《论臧文仲》，《孔子研究》1993 年第 1 期。
⑤ 王少君，《孔子与臧文仲》，《山东省农业管理干部学院学报》2007 年第 1 期。
⑥ 顾颉刚编著，《古史辨》，上海古籍出版社，1982 年。
⑦ 北京大学中国传统文化研究中心编，《国学研究》（第五卷），北京大学出版社，1998 年。

否认《左传》中孔子言行的可信度，他从孔子对赵盾和泄冶的评价、在堕三都和夹谷之会中的表现以及宽猛相济的主张等方面比较了《左传》与《论语》中孔子的区别。而近年来的学者则大都认为《左传》中的孔子言行是可信的，并进行了相关的研究。如张岩的《论〈左传〉中的孔子形象及其描述特点》[①]一文，认为孔子形象的特点是维护礼及睿智，并对孔子的勇武性格进行了探析。韩再峰的《〈左传〉中的孔子形象》[②]认为孔子是现实生活中的君子，择木之鸟是早期孔子形象的夫子自道；被获之麟是晚年孔子形象的象征写照。王国雨的《试论〈左传〉中的孔子言行》[③]，认为《左传》反映了孔子重礼、崇德、慎辞、博学的思想特征。2006年首都师范大学孟宪岭的硕士学位论文《〈左传〉中的孔子言语研究》，论述了《左传》中孔子言语的存在形式和评价模式、体现的思想、体现的春秋时期的道德精神和作者的历史观。

前人时贤的观点都对本书的写作有所启发。本书在爬梳《左传》中的人物资料时，力求把各类蛛丝马迹囊括网罗殆尽，从而得到这一人物的全面印象。《左传》中写到的鲁人共277位，包括12位国君、30位君卿妻妾、26位鲁国出生的女性、208位臣子和孔子。

12位国君：鲁隐公、鲁桓公、鲁庄公、鲁闵公、鲁僖公、鲁文公、鲁宣公、鲁成公、鲁襄公、鲁昭公、鲁定公、鲁哀公。

30位君卿妻妾：孟子、声子、仲子、文姜、哀姜、叔姜、成风、声姜、出姜、敬嬴、穆姜、齐姜、定姒（成公妾）、敬归、齐归、公衍母、公为母、吴孟子、定姒（定公妾）、公子荆之母。公孙兹所娶牟女，季文子所娶陈女，公孙敖所娶戴己、声己、己氏、施氏妇、臧宣叔所娶铸国女，叔孙穆子所娶国氏，季平子所娶宋国女，季公鸟所娶季姒。（注：其中鲁庄公妾孟任为鲁国出生的女性，所以放到鲁国出生的女性中分析。）

26位鲁国出生的女性：纪伯姬、纪叔姬、孟任、庄公之女、杞伯姬、莒叔姬、鄫季姬、荡伯姬、声伯之母、杞叔姬（两位）、子叔姬（两位）、郯伯姬、

① 张岩，《论〈左传〉中的孔子形象及其描述特点》，《辽宁青年管理干部学院学报》2000年第1期。
② 韩再峰，《〈左传〉中的孔子形象》，《艺术交流》2004年第1期。
③ 王国雨，《试论〈左传〉中的孔子言行》，《船山学刊》2009年第1期。

宋共姬、颜懿姬、鬷声姬、襄公姑母、穆孟姬、庚宗妇、泉丘二女、季公若之姊、秦姬、重、季姬。

208位臣子：费伯、公子豫、众父（益师）、无骇、众仲、羽父（公子翚）、臧僖伯（公子彄）、挟、寫氏、臧哀伯、申繻、施父、施孝叔、庆父、公子溺、秦子、梁子、秦氏家族之秦堇父、秦丕兹、秦遄、曹刿、公子偃、臧文仲、重馆人、遄孙、公子结、御孙、季友、叔牙、子般、党氏、梁氏、圉人荦、公傅、卜齮、公子鱼、卜楚丘之父、卜楚丘、叔孙戴伯（公孙兹）、孟穆伯（公孙敖），文伯、惠叔、己氏二子、夷伯、展喜、展禽、襄仲、公子买、叔孙得臣（庄叔）、侯叔夏、绵房甥、富父终甥、夏父弗忌、季文子、大史克、叔仲惠伯、公冉务人、孟献子、公孙归父、叔肸、公孙婴齐（子叔声伯，叔肸之子），叔老、叔弓、叔辄、叔鞅、叔诣（婴齐生叔老子叔，子叔生叔弓，叔弓生辄及鞅，辄生诣）、叔还（叔弓曾孙）、叔青（叔还之子）、臧宣叔、叔孙侨如、仲婴齐（仲遂之子，公孙归父之弟）、公衡、公子偃、公子鉏、叔孙穆子、梁其踁、曾夭、曾阜、孟丙、仲壬、竖牛、莱书、杜泄、匡句须、臧武仲、臧畴、臧贾、臧坚、臧为、御叔、匠庆、季武子、公弥、季悼子、申丰、闵子马、公冶、南遗、叔仲昭伯（叔仲惠伯之孙，名带）、郰人纥、狄虒弥、厚成叔、孟庄子、孺子秩、丰点、孟孝伯（羯）、孟公绰、子服惠伯（子服椒，孟献子之孙，仲孙他之子）、梓慎、荣成伯（荣驾鹅，叔肸曾孙）、展庄叔、展瑕、展玉父、公巫召伯、仲颜庄叔、鄫鼓父、党叔、子野、叔孙昭子、孟僖子、谢息、南宫敬叔、季平子、司铎射、南蒯（南遗之子）、公子慭（子仲）、叔仲穆子（叔仲小，叔仲带之子）、冶区夫、司徒老祁、虑癸、子服昭伯（子服回，惠伯之子）、祝史、大史、申须、季公若（季公亥）、季公鸟、公思展、申夜姑、饔人檀、公甫、公之、郈昭伯、臧昭伯、臧会（臧顷伯）、公为（务人）、公果、公贲、侍人僚柤、子家懿伯、鬷戾、公衍、公孙朝、泄声子、冉竖、林雍、颜鸣、孟懿子、公敛处父、苫夷、申句须、乐颀、阳虎、仲梁怀、公山不狃、公父文伯（公父歜）、公何藐、季寤、公锄极、叔孙辄、叔仲志、林楚、阳越、叔孙成子（叔孙不敢）、季桓子、正常、颜高、颜息、冉猛、苫越、阳州、叔孙州仇、公若藐、公南、侯犯、驷赤、子服景伯、富父槐、澹台子羽之父、微虎、公孙成、季康子、冉有、樊迟、颜羽、邴泄、管周父、孟之侧、林不狃、汪锜、季鲂侯（季康子叔父）、臧宾如（臧会之子）、子锄商、孟武伯（名彘、字泄）、臧石（臧宾如之子）、宗人衅夏、郭重、叔孙舒。

其中很多卿大夫出自家族：

臧氏家族：臧僖伯、臧哀伯、臧文仲、臧宣叔、臧武仲、臧贾、臧为、臧畴、臧坚、臧昭伯、臧顷伯、臧宾如、臧石。

展氏家族：无骇、夷伯、展禽、展喜、展庄叔、展瑕、展玉父。

东门氏家族：襄仲、公孙归父、子家羁（懿伯）、仲婴齐（仲遂之子，公孙归父之弟）。

季氏家族：季友、季文子、季武子、公弥、季悼子、季平子、季桓子、季康子、季公若（季公亥）、季公鸟、季寤、公锄极、公甫、公之、公父文伯（公父歜）、季鲂侯（季康子叔父）。

孟氏家族：庆父、穆伯、文伯、惠叔、己氏二子、孟献子、孟庄子、孺子秩、孟孝伯（羯）、孟僖子、孟懿子、南宫敬叔、孟武伯（名彘、字泄）。

叔孙氏家族：僖叔（叔牙）、叔孙戴伯（公孙兹）、叔孙得臣（庄叔）、叔孙宣伯（侨如）、叔孙穆子（豹）、孟丙、仲壬、竖牛、叔孙昭子（婼）、叔孙成子（不敢）、叔孙武叔（州仇）、叔孙文子（舒）、叔孙辄。

叔氏家族：叔肸、公孙婴齐（子叔声伯，叔肸之子），叔老（婴齐之子）、叔弓（叔老之子）、荣成伯（荣驾鹅，叔肸曾孙）、叔辄（叔弓之子）、叔鞅（叔弓之子）、叔诣（叔辄之子）、叔还（叔弓曾孙）、叔青（叔还之子）。

施氏家族：施父、施孝叔。

秦氏家族：秦子、秦堇父、秦丕兹、秦遄。

子服氏家族（孟氏的分支）：子服惠伯（子服椒，孟献子之孙，仲孙他之子）、子服昭伯（子服回，惠伯之子）、子服景伯。

叔仲氏家族（叔孙氏的分支）：叔仲惠伯、叔仲昭伯（叔仲惠伯之孙，名带）、叔仲穆子（叔仲小，叔仲带之子）、叔仲志（叔仲穆子之子）。

三桓家臣：公冉务人、梁其踁、曾夭、曾阜、杜泄、匡句须、申丰、公冶、南遗、南蒯（南遗之子）、丰点、谢息、司铎射、冶区夫、司徒老祁、虑癸、公思展、申夜姑、饔人檀、鬷戾、公孙朝、公敛处父、阳虎、仲梁怀、公山不狃、林楚、阳越、公若藐、公南、侯犯、驷赤、公孙成、冉有（孔子弟子）、樊迟

（孔子弟子）、子锄商。

很多鲁人虽然因作为某些重要事件的参与者而被《左传》所收录，但其形象都是模糊的，一闪而过，无从考证。本书重点论述那些个性鲜明、血肉丰满的鲁人形象。通过对《左传》的爬梳剔抉，通过对《左传》中所述及的鲁国各类人物包括国君、宗卿、女性以及孔子的解读，试图探究鲁人幽微复杂的内心世界，还原他们鲜活生动的形象，梳理他们作为鲁人的共同特质，剖析他们身上所承载的鲁文化，从而在《左传》的视域下，从微观的角度对鲁文化做细致的阐释，将鲁文化的研究推向细化和深化。

需要说明的是，书中所引《左传》《史记》《春秋公羊传》《春秋左传正义》原文均用同一版本。分别为：杨伯峻编著，《春秋左传注》（修订本），中华书局，2000 年；［汉］司马迁撰，［唐］司马贞索隐，［唐］张守节正义，《史记》，中华书局，1982 年；［汉］何休解诂，［唐］徐彦疏，《春秋公羊传注疏》，上海古籍出版社，2014 年；［晋］杜预注，［唐］孔颖达等正义，《春秋左传正义》，上海古籍出版社，1990 年。正文中不再一一注明。

目　录

第一章　从《左传》看春秋时代的鲁国

西周初年，汲取管蔡之乱的教训，周公辅佐周成王大封同姓诸侯，鲁国就是藩屏周室的诸侯国之一。“昔周公吊二叔之不咸，故封建亲戚以藩屏周。管、蔡、郕、霍、鲁、卫、毛、聃、郜、雍、曹、滕，毕、原、酆、郇，文之昭也。”[①] 因为周公有大勋劳于王室，作为周公的封国，鲁国享有特殊的礼遇，“分鲁公以大路、大旂，夏后氏之璜，封父之繁弱，殷民六族，条氏、徐氏、萧氏、索氏、长勺氏、尾勺氏，使帅其宗氏，辑其分族，将其类丑，以法则周公，用即命于周。是使之职事于鲁，以昭周公之明德。分之土田陪敦，祝、宗、卜、史，备物、典策，官司、彝器。因商奄之民，命以《伯禽》，而封于少皞之虚”[②]。鲁国保留了丰富的礼乐文化，尤其是到了春秋乱世，王室衰微，礼坏乐崩，鲁国则成了保存周礼最多的东方诸侯国，所谓“诸侯宋、鲁，于是观礼”[③]。但随着霸主的迭兴，鲁国没有与时俱进，尊贤尚功，而是沿袭周礼尊尊亲亲的世卿世禄制度，致使鲁政下移，国势日渐衰落。春秋时期的鲁国内政可以分为前后两期，鲁文公以前，是政在公室，但多次发生弑君篡逆之举，君权日益削弱；鲁文公末年，襄仲杀嫡立庶，鲁政下逮，“鲁由此公室卑，三桓强”[④]，出现了礼乐征伐自大夫出和陪臣执国命的现象。

鲁国的衰败是由于缺乏明主贤臣，以及制度文化上的不合时宜：鲁国君主多年幼即位，缺乏卓厉奋发的英主，没有出现像齐桓公、晋文公那样的有为之君；齐桓晋文都是历经磨难，饱尝世事，有雄心壮志，而鲁国的弑君、杀嫡、逐君等内乱使国力衰落。同时，鲁国亦没有像管仲、狐偃、先轸那样得力的贤臣；齐晋的强盛是由于明主、贤臣相遇合，而鲁国是由于世卿世禄制度，

---

①《左传·僖公二十四年传》。

②《左传·定公四年传》。

③《左传·襄公十年传》。

④《史记·鲁周公世家》。

不能尊贤尚功，宗族中的臣子多守成、维稳，没有锐意进取的精神，所以没有魄力进行尊王攘夷的功业；作为东周望国，甚至连尊王也不能彻底，自然不会得到诸侯的拥戴。同时鲁国地理位置优越，不需开疆拓土，没有像楚国筚路蓝缕、披荆斩棘那样的磨难；逆境成就霸业，顺境则导致守成衰败。

第一节　重大事件与国势兴衰

春秋乱世，鲁国经历了多起弑君、杀嫡的内乱。先是隐公被弑，桓公又在出使齐国时被害，庄公末年的庆父之难使鲁国陷于风雨飘摇的境地，文公末年的襄仲杀嫡立庶更是加速了公室的衰微。

一　隐公被弑

《左传》记事从鲁隐公元年开始。鲁隐公是伯禽的第七世孙，是鲁国的摄政之主。鲁惠公夫人孟子未有子嗣而早亡，隐公是鲁惠公的继室声子所生，是鲁惠公的庶长子。后来因为宋女仲子生而有文在其手，手文像“鲁”字[①]，所以鲁惠公又娶仲子，仲子生桓公。依礼“诸侯不再娶”[②]，惠公已有元妃孟子，所以仲子不可能为夫人，只能是媵妾身份，其子桓公亦非嫡子。继室地位高于普通媵妾，声子地位应高于仲子，隐公理应母凭子贵。“立嫡以长不以贤，立子以贵不以长”，按照嫡长子继承制，隐公当立为君，但隐公要追成父志，甘愿让位。又因惠公去世时桓公年幼，未堪国家重任，所以为了鲁国的安定，隐公暂时摄政。

隐公在处理国际事务中总是谦逊有礼，力求和平友好。王室发生饥荒向鲁国求助时，隐公代为向宋、卫、齐、郑诸国购买谷物，竭力救助王室。“京师来告饥。公为之请籴于宋、卫、齐、郑，礼也。”[③]卫国本是鲁国的兄弟之邦，一贯友好。鲁惠公在位的末期，曾经与宋交恶，在黄地打败了宋国。鲁隐公甫一摄政，就主动向宋人讲和，并和宋人结盟。隐公六年，在郑国的要求下，与郑

① 薛亚军，《〈左传〉“仲子生而有文在其手”句考辨》，《文教资料》1999 年第 5 期。
②《春秋公羊传·庄公十九年》。
③《左传·隐公六年传》。

国弃怨结好。同年，与齐国在艾地结盟，开始和齐国结好。鲁国在亲近大国的同时，也尽力团结周边小国。隐公摄政的元年，就跟邾国结成盟好。隐公二年，又与戎人结盟，在纪国的努力斡旋下，隐公八年鲁国和莒子在浮来结盟。隐公十一年，滕侯和薛侯前来朝见，鲁国按照周礼盛情款待。隐公即便参战也多是讨伐不尊王命的正义之战，如隐公九年，郑国以宋国不朝王的名义讨伐宋国，隐公参战；隐公十一年，齐国以许国不向王室交纳贡品的罪名伐许，隐公参战。

春秋初年，鲁国作为东方的宗周望国，受到周王室和其他诸侯国的敬重。隐公八年，齐僖公在促成宋、卫、郑三国讲和之后，要报告鲁国。隐公十年，郑国用天子的名义讨伐宋国，战胜后，郑国把郜地和防地送给鲁国。由此可见鲁国在诸侯国中的尊贵地位。

隐公因为是摄政之君的身份，所以处处谦恭隐忍，以桓公为尊。比如不参加惠公的改葬，众父去世时不参加众父的小敛，母亲声子去世草草安葬。以至于其地位也并不稳固，“邾子使私于公子豫，豫请往，公弗许，遂行”[①]，邾子克想让鲁国参战，却不去请求隐公，只是私下里向公子豫请求；而且公子豫作为臣子，也对国君的意见置若罔闻，擅自做主，出兵参战，并且与邾人、郑人在翼国结盟，可见邾子和公子豫并不尊重隐公。“费伯帅师城郎。不书，非公命也”[②]，“新作南门，不书，亦非公命也”[③]。

鲁大夫公子翚，字羽父，羽父在《左传》中一开始就是以不听君命、擅自妄为的形象出现的。“诸侯复伐郑。宋公使来乞师，公辞之。羽父请以师会之，公弗许，固请而行。书曰‘翚帅师’，疾之也。”[④]卫国的州吁弑君后，为讨好诸侯，安定君位，就联合诸侯讨伐郑国，隐公拒绝参加这种不义之战，但羽父坚决请求出兵助战，甚至在隐公明确反对的情况下，羽父依然固执己见，无视隐公的权威，前去助战；并且羽父公然违抗隐公的命令也没有受到任何惩罚，这为隐公以后的被弑埋下了隐患。杜预注曰：“公子翚，鲁大夫。不称公子，疾其固请，强君以不义也。诸外大夫贬，皆称人，至于内大夫贬，则皆去族称名。”

①《左传・隐公元年传》。
② 同上。
③ 同上。
④《左传・隐公四年传》。

孔颖达疏曰："案元年传：'邾人、郑人盟于翼。公子豫请往，公不许，遂行。'彼则不书，又不加贬责；此公子翚之行，公亦不许，而书于经，又加贬责者；公子豫，公不许，私窃而行；翚师强梁，固请公，事不获已，令其出会，故以君命而书，又加贬责。"[①] 杜预认为翚的行为是强君以不义，所以受到贬斥，孔颖达又加以引申，把翚与公子豫作比，公子豫在没有获得隐公许可的情况下，私窃而行；而翚则更加强横，隐公不答应，翚就坚决请求，公然违背君命前往，所以翚比起公子豫更加可恶，更加藐视隐公的威权，这当然为其以后的弑君埋下了伏笔。

羽父的妄自尊大随着时间的流逝愈演愈烈。宋殇公不去朝觐周桓王，郑庄公以天子的名义讨伐宋国并向鲁国报告。于是隐公跟齐僖公和郑庄公会盟，已经约好了伐宋的日期，但是羽父为了自己扬名诸侯，不到约定的日期就先行会合齐、郑伐宋，"夏五月羽父先会齐侯、郑伯伐宋"[②]。杜预注曰："公子翚不待公命，而贪会二国之君，疾其专进，故去氏。齐、郑以公不至，故亦更使微者从之伐宋。不言及，明翚专行，非邓之谋也。"杜预认为齐侯、郑伯也厌恶翚的这种不尊君命的恶行，所以故意不亲自前往，而是派遣地位卑微之人与翚会同伐宋，以示对翚擅自专行的贬斥。

当然羽父也并非一无是处，他也擅长外交辞令，能很好地接遇宾客、应对诸侯。隐公十一年，滕侯和薛侯来鲁国朝见，两人争执行礼的先后顺序。薛侯认为薛国先受封，理应在先；滕侯则认为自己是周朝的卜正官，薛国是庶姓，滕国是周之同姓，所以滕国不可以后于薛国。羽父深谙周礼，非常得体地转达了鲁隐公的意见，先引用俗谚"山有木，工则度之；宾有礼，主则择之"暗示薛侯身为宾客，应该守礼；然后以周礼尊亲的原则委婉地劝服薛侯，并且巧妙地类比说鲁国若朝薛，也不敢与诸任并列，这样说就给薛侯以台阶，给足了薛侯面子。公子翚的外交辞令谦恭得体，有理有据，使薛侯心悦诚服地甘居滕侯之后。

羽父接待宾客，应对诸侯，可见隐公对他的器重。可惜隐公没有看透羽父是妄自尊大、独断专行且贪婪狠毒之辈。羽父被委以重任的同时，野心也越来越膨胀，做卿大夫尚且不知满足，妄图担任大宰之职。鲁国本没有大宰的设置，

---

①《春秋左传正义·隐公四年》。

②《左传·隐公十年传》。

孔疏云："《周礼》：天子六卿，天官为大宰，诸侯则并六为三而兼职焉。昭四年传称季孙为司徒，叔孙为司马，孟孙为司空，则鲁之三卿无大宰也。羽父名见于经，已是卿矣，而复求大宰，盖欲令鲁特置此官以荣己耳。以后更无大宰，知鲁竟不立之。"羽父以小人之心度君子之腹，以为隐公也会贪恋一国之君的尊位，自作聪明地要帮隐公除掉弟弟桓公，遭到隐公的拒绝后，羽父担心事情败露，将来桓公执政后会报复自己，索性除掉隐公灭口，以向桓公邀功请赏。隐公十一年，羽父预先得知隐公将要祭祀钟巫，住在大夫寪氏家里，就派人在寪氏家里刺杀了隐公，并嫁祸给寪氏以掩人耳目。羽父贪得无厌，反复无常，不择手段，心狠手辣，成为春秋鲁国史上第一个弑君的乱臣贼子。

二　桓公遇害

羽父弑君得到了桓公的许可，所以桓公即位后非但没有严惩羽父，反而对羽父更加重用以示褒奖。"公子翚如齐逆女。修先君之好。故曰'公子'。"[①] 诸侯婚礼中，纳币和逆女都需派遣地位尊贵的卿前往，以示对婚姻之国的尊重。羽父能为桓公如齐逆女，可见其地位之尊贵。

桓公与羽父合谋弑君篡位，为了巩固自己的地位，先是完成了以许易祊的非礼交易以讨好郑国，然后又与强邻齐国缔结婚姻之好，娶文姜为妻。桓公十八年时，桓公要与夫人姜氏一起到齐国去。虽然大夫申繻谆谆告诫："女有家，男有室，无相渎也，谓之有礼。易此，必败。"但桓公置若罔闻，带着文姜与齐襄公相会，结果招来杀身之祸。"遂及文姜如齐。齐侯通焉。公谪之，以告。夏四月丙子，享公。使公子彭生乘公，公薨于车。"[②] 桓公和文姜到齐国后，文姜与齐襄公私通，桓公气愤，责备文姜，文姜畏惧，就告诉了齐襄公。结果齐襄公不但毫无悔意，反而恼羞成怒，假意宴请鲁桓公，在宴会结束后就授意公子彭生在帮助桓公登车时杀死了桓公。国君遇害后，鲁国虽也知道齐襄公是真正的罪魁祸首，但齐强鲁弱，鲁国不敢得罪齐国，为了保住颜面，鲁国就派使者到齐国请求处死彭生，"寡君畏君之威，不敢宁居，来修旧好，礼成而不反，无所归咎，

① 《左传·桓公三年传》。

② 《左传·桓公十八年传》。

恶于诸侯。请以彭生除之"[①]。齐襄公杀掉了彭生以安抚鲁国。

三 庆父之难

桓公遇害时，其子庄公刚刚十三岁。庄公因没有早立太子，结果在其去世后引发庆父之难。

当初，鲁庄公对孟任一见钟情，就追求孟任，许诺孟任可以做国君夫人，孟任为庄公生下子般。但是为了国家利益，鲁庄公后又娶齐女哀姜为夫人，聘则为妻，奔则为妾，鲁庄公娶孟任并没有通过父母之命、媒妁之言，所以孟任只能是媵妾的身份，子般也并非嫡子。哀姜无子，鲁庄公因喜欢孟任，所以爱屋及乌，也对孟任所生的子般格外疼爱，可惜的是庄公并没有早把子般立为太子，以稳固子般的地位。

临终之际，庄公才想起立后嗣之事。他先是询问异母弟弟叔牙，叔牙认为庆父有才能，应该嗣立。庆父其人，《公羊传》认为是鲁庄公之母弟，"公子庆父、公子牙、公子友，皆庄公之母弟也"[②]。司马迁也认为是鲁庄公之弟，"庄公有三弟，长曰庆父，次曰叔牙，次曰季友"[③]。而杜预则认为是鲁庄公的庶兄，庄公二年经"公子庆父帅师伐于余丘"后杜预注曰："庄公时年十五，则庆父，庄公庶兄。"其依据是鲁庄公生于鲁桓公六年，到鲁庄公二年时鲁庄公为十五岁，而此时庆父已经能领兵征伐，那么庆父肯定大于十五岁。所以杜预认为庆父是鲁庄公的庶兄。杨伯峻赞同《公羊传》之说，杨伯峻曰："陈立《公羊义疏》云：'庆父年幼将兵，本不必实有统兵之能，虚假其名，以为统帅，当时自必有抚军之人。'理或然也。"比较来看，笔者以为庶兄说比较合理。陈立的"年幼将兵"之说曲为之解，不合情理。鲁国自不乏将兵之人，不可能让一个不满十五岁的孩子去统兵。所以可推测庆父在庄公二年帅师伐余丘时已成年。叔牙因和庆父都是庶出，所以支持庆父，认为庆父有才能。叔牙认为庆父应嗣立的理由是鲁国在君位继承上施行的是"一继一及"制度。"庄公取齐女为夫人曰哀姜，哀姜无子。哀姜娣曰叔姜，生子开。庄公无适嗣，爱孟女，欲立其子

---

①《左传·桓公十八年传》。
②《春秋公羊传·庄公二十七年》。
③《史记·鲁周公世家》。

般。庄公病，而问嗣于弟叔牙。叔牙曰：‘一继一及，鲁之常也。庆父在，可为嗣，君何忧？’”[①] 裴骃《集解》引何休曰：“父死子继，兄死弟及。”但事实并非如此，虽然鲁国在春秋之前的君位传承表面上也有兄终弟及现象，但实质上仍是遵循嫡长子继承制。考察《史记·鲁周公世家》可知，在隐公之前，鲁国国君有伯禽、考公（子）、炀公（弟）、幽公（子）、魏公（弟）、厉公（子）、献公（弟）、真公（子）、武公（弟）、懿公（少子）、伯御（兄子）、孝公（懿公弟）、惠公（子）共十三位国君。作为弟弟继承君位的五位国君中，炀公大概是因为兄长考公早亡，考公只在位四年，可能还没有子嗣；魏公显然是弑君篡位，杀死了兄长幽公；献公得立是因为鲁人共同的心愿，从其兄厉公的谥号看，厉公应是一位暴虐的国君，引起了国人强烈的不满和厌恶，所以才共同立其弟献公为君；懿公和孝公都是周宣王所立，周宣王以个人喜好干涉鲁国君位继承，本为非礼之举，樊中山父在劝谏周宣王时，一针见血地指出“废长立少，不顺”，“行而不顺，民将弃上”。其后果非常严重，“自是后，诸侯多畔王命”。所以，嫡长子继承本是周朝宗法制的核心，鲁秉周礼，鲁国春秋之前君位继承的一继一及表面现象的背后，仍然是嫡长子继承制。[②] 所以遵循周礼中的嫡长子继承制，庆父即便再有才能也是不可能被立为国君的。

因为子般并非鲁庄公的嫡夫人哀姜所生的嫡子，所以想继承君位也并非那么名正言顺。鲁庄公在病重时忧心忡忡，又询问季友。季友和鲁庄公都是文姜所生，所以季友支持鲁庄公的儿子子般。季友为了使子般顺利登位，就派鍼巫给叔牙送去毒酒，并威胁叔牙说如果叔牙自尽而死，后人就可以在鲁国长享禄位，否则会有灭族之灾。叔牙无奈，服毒而死。在襄公二十三年传中“纥之罪，不及不祀”后孔疏曰：“礼，天子封诸侯以国，诸侯赐大夫以族。天子不灭国，诸侯不灭族。有小罪则废其身，择立次贤，使绍其先祀。《论语》云：‘兴灭国，继绝世。’谓此也。必有大罪，乃得灭之。《周礼·大司马》云：‘外内乱，鸟兽行，则灭之。’是也。”可见叔孙氏之罪不会累及后人。季友言而有信，让国君立了叔牙的后人为叔孙氏。

---

① 《史记·鲁周公世家》。

② 鲁国实行嫡长子继承制的论述是引用杨朝明先生的观点，参见：杨朝明，《鲁文化史》，齐鲁书社，2001 年，第 103 ～ 110 页。

鲁庄公去世后，在季友的辅佐下，子般顺利登位。但可惜季友只除去了支持庆父的叔牙，没有除去庆父，结果后患无穷。“雩，讲于梁氏，女公子观之。圉人荦自墙外与之戏。子般怒，使鞭之。公曰：‘不如杀之，是不可鞭。荦有力焉，能投盖于稷门。’”鲁庄公在世时，有一次在梁氏家中演习雩祭，圉人荦从墙外调戏观看雩祭的鲁庄公之女（杜预认为是子般之妹，《史记·鲁周公世家》认为是梁氏之女，此处从杜预说），子般勃然大怒，让人鞭打了荦。鲁庄公曾评价说，圉人荦力气极大，不能羞辱他，不如直接把他杀掉，可惜鲁庄公虽有如此见识，但并没有当机立断杀掉圉人荦，结果鲁庄公去世后，子般即位不到两个月，庆父就利用圉人荦杀害了子般。“八月癸亥，公薨于路寝。子般即位，次于党氏。冬十月己未，共仲使圉人荦贼子般于党氏。成季奔陈。立闵公。”《周礼·夏官·圉人》：“圉人掌养马刍牧之事。”昭公七年传曰：“马有圉，牛有牧。”《公羊传》称圉人荦为邓扈乐，《公羊传·闵公元年》曰：“使（邓扈乐）弑子般，然后诛邓扈乐而归狱焉。”认为庆父利用圉人荦杀掉公子般后，又归罪于圉人荦。

季友无奈，只好逃亡，因季友与陈国私交甚好，所以逃到陈国避难。庆父立闵公为君。狄人伐邢时，管仲就劝谏齐桓公：“戎狄豺狼，不可厌也。诸夏亲昵，不可弃也。宴安鸩毒，不可怀也。”① 等于为齐桓公定下了亲近诸夏、尊王攘夷的称霸方针。鲁国作为周室宗亲，齐桓公也想与之结好，所以在鲁闵公的请求下，齐桓公就帮助鲁国从陈国请回了季友。

但是闵公虽然为君，却形同虚设，庆父擅权，鲁国陷入混乱当中。闵公元年冬天，齐国的仲孙湫前来鲁国省难，回国后仲孙湫向齐桓公复命，一针见血地指出鲁国的严峻现实：“不去庆父，鲁难未已”。果真如仲孙湫所料，庆父又与鲁庄公夫人哀姜私通，密谋弑君自立。闵公即位的第二年秋天，庆父就利用卜齮的不满，又重演了借刀杀人之计，派卜齮在武闱杀死了闵公。

季友回国后诚心诚意地辅佐闵公，不料闵公又被庆父所弑。成风是鲁庄公之妾，鲁僖公之母。她富有智慧和远见，认为季友忠贞爱国，能成大事，就预先把僖公托付给季友，季友在闵公遇害后带着僖公逃到邾国。庆父两次弑君，

①《左传·闵公元年传》。

罪大恶极，心怀恐惧，也逃亡到邻国莒国。季友就和鲁僖公回国，拥立僖公为国君，并且贿赂莒国，要求送回庆父。庆父回到密地时，自知罪孽深重，就让公子鱼替他请求免于一死，但没有得到同意，公子鱼只好哭着回密地。庆父听到公子鱼的哭声，知道已经没有希望了，就自缢而死。正如齐国仲孙湫所预言的："不去庆父，鲁难未已"，现在庆父已死，鲁国终于结束了内乱。季友又念在同宗的份上，推亲亲之恩，立了庆父的后人为孟氏。季友拥立了子般、僖公两位君主，闵公虽非季友所立，但季友也尽心尽力地辅佐，可谓忠贞爱国。从他立孟孙氏和叔孙氏来看，季友心地仁厚，对同宗情深意厚，仁至义尽。

四　僖公中兴

庆父连弑二君，鲁国祸难相乘，风雨飘摇。国家危难之际，鲁僖公登上君位。"幸僖公嗣立，庸勋亲贤，内修政治，广教化，兴礼乐。外睦强齐，平莒卫，定淮海。三十年间，政成民和，颂声用作。观其坰野兴盛，牧马斯臧，泮宫既成，鸮音遂变；国多贤臣硕士，家有令妻寿母，不惟为鲁十二宫之首，即求之春秋列国如公之以德致颂者，亦绝无而仅有。呜呼，若僖公者，洵无愧鲁中兴之主矣。"[①]

韩席筹这段溢美之词认为鲁僖公能够挽狂澜于既倒，扶大厦之将倾，使鲁国出现了百废俱兴、政通人和的盛况。这明显是受《诗经·鲁颂》的影响。《诗经·鲁颂》共有四首诗:《駉》《有駜》《泮水》《閟宫》，均是表达对鲁僖公的赞颂之作。《毛诗序》云:"《駉》，颂僖公也。僖公能遵伯禽之法，俭以足用，宽以爱民，务农重谷，牧于坰野，鲁人尊之，于是季孙行父请命于周，而史克作是颂。"《駉》从牧业兴盛的角度赞扬了鲁僖公的治国有方和鲁国的强盛。周人重视军事，"国之大事，在祀与戎"[②]，兵车数量的多少又是国家兴衰的标志，赞扬某国强盛往往用"千乘之国"，而一辆兵车需要四匹战马，所以牧业兴盛是军事力量强盛的基础。《诗经·鄘风·定之方中》亦用"秉心塞渊，騋牝三千"赞扬卫文公的功绩。《传说汇纂》引朱谋玮语云："鲁政多矣，独举考牧一事，军

① 韩席筹,《左传分国集注·僖公中兴》，江苏人民出版社，1963 年，第 61 页。
②《左传·成公十三年传》。

国之所重也。”朱熹《诗集传》说《有駜》是“燕饮而颂祷之辞”，歌颂鲁僖公“夙夜在公，在公明明”。《泮水》是鲁僖公战胜淮夷之后，在泮宫庆功之作，诗中赞美鲁僖公“穆穆鲁侯，敬明其德，敬慎威仪，维民之则。允文允武，昭假烈祖”。《閟宫》中亦赞扬了僖公的文治武功。

《鲁颂》作为歌功颂德之作，有强烈的夸张意味。如诗中一再提及的“戎狄是膺，荆舒是惩”，并非鲁僖公的功劳，当时齐桓公为诸侯霸主，鲁僖公的战功都是跟从齐侯建立的。

考之《左传》，僖公并没有赫赫功勋。不过，僖公一朝“济济多士”却是事实，此时涌现出了像季文子、臧文仲这样的杰出政治家。在这批贤才的和衷共济下，鲁国在外交上主张和平，修睦邻邦，所以鲁僖公才赢得中兴之赞。

五 襄仲杀嫡

襄仲是鲁庄公之子，鲁僖公之弟。《礼记・檀弓》孔疏引《世本》“仲遂，庄公之子东门襄仲”。名遂，谥号襄。“东门”有两种解释，一种是杜预注：“襄仲居东门，故以为氏”，宋郑樵《通志・氏族略》从此说，“鲁庄公子公子遂，字襄仲，居东门，号东门襄仲，因以为氏”。另一种是杨伯峻注：“据《周礼・大司马》：‘辨号名之用，帅以门名。’郑玄注：‘军将皆命卿，古者军将盖为营治于国门，故鲁有东门襄仲，宋有桐门右师（昭公二十五年传），皆上卿为军将者也。’”

襄仲在鲁僖公二十六年传中首次出场，就表现出了杰出的外交才能，齐国攻打鲁国，鲁国形势危急，襄仲和臧文仲到楚国请求救援，凭借着得体的外交辞令，楚国派兵助鲁，“公以楚师伐齐，取谷。凡师能左右之曰以”。楚国能够出师，可见襄仲杰出的外交才能。而且襄仲曾在僖公二十七年率师伐杞，显示出领兵治军的才能，鲁文公娶元妃时，襄仲作为使者如齐纳币，可见襄仲在鲁国地位之尊贵。此后他多次出聘诸侯，应对宾客，在朝中地位举足轻重。

鲁文公的元妃哀姜生了恶和视，第二个妃子敬嬴生了倭（鲁宣公）。敬嬴工于心计，受到鲁文公的宠爱，看到襄仲在朝中的势力很大，就私下结交襄仲，把儿子倭托付给襄仲。鲁文公去世后，襄仲要立倭为国君，叔仲惠伯不同意，襄仲就到齐国寻求支持。齐惠公刚刚当上国君，正想拉拢鲁国，所以答应了襄仲。孔疏曰："恶是齐甥，齐侯许废恶者，恶以世适嗣立，不受齐恩，宣以非分得国，荷恩必厚，齐侯新立，欲亲鲁为援，故许之。"恶本来就是太子，如果恶当上鲁君，那也是理所应当，不会感激齐国；而俀本不应做国君，如果齐国使俀登上君位，那么俀会对齐国感激涕零。虽然恶的母亲哀姜是齐女，但齐惠公为了齐国的利益，宁愿牺牲掉哀姜和恶，而答应了襄仲的无理要求。冬季十月，心狠手辣的襄仲就杀死了恶和视，立宣公为君。襄仲担心叔仲惠伯会反抗，就先下手为强，以恶的名义召见叔仲惠伯，杜预注曰："仲以君命召惠伯，诈以子恶命"，然后残忍地杀掉叔仲惠伯以斩草除根。

为了安定鲁宣公的君位，襄仲又极力讨好齐国。"元年春，王正月，公子遂如齐逆女，尊君命也。三月，遂以夫人妇姜至自齐，尊夫人也。""会于平州，以定公位。东门襄仲如齐拜成。"[①] 鲁宣公刚刚即位，三年之丧未满，襄仲就前往齐国为鲁宣公迎娶妇姜。杜预注："公子遂如齐逆女。不讥丧娶者，不待贬责而自明也。"因为鲁宣公是由于襄仲请求齐惠公帮助才登上君位的，所以此次婚姻之好有讨好齐国之意，为此甚至公然违背守丧之礼，并且把济西之田作为贿赂送给齐国。襄仲杀嫡立庶之后，把持了朝政，之后又有三桓专鲁政，"鲁由此公室卑，三桓强"[②]。

第二节　三桓专权与鲁政下逮

三桓指的是孟孙氏、叔孙氏和季孙氏，他们都是鲁桓公的后代。鲁桓公除太子同（鲁庄公）之外，还有庆父、叔牙和季友三子。庆父一支为孟孙氏，世为鲁司空；叔牙一支为叔孙氏，世为鲁司马；季友一支为季孙氏，世为鲁司徒。叔牙由于在鲁庄公末年的立嫡之争中支持庆父，而被季友以鸩酒毒死；庆父弑二君以后也被迫自尽，但两家的子孙后代却得以长享禄位。春秋后期的鲁国内政由三桓所把持，形成了礼乐征伐自大夫出的局面。

---

①《左传·宣公元年传》。
②《史记·鲁周公世家》。

一　三桓崛起

“世卿局面的形成是卿族擅权的重要标识。”[①] 据顾栋高的《春秋大事表·鲁政下逮表》可知，三桓的卿位传承为：

孟氏：庆父（共仲）—孟穆伯（公孙敖）—孟文伯（谷）—孟惠叔（难）—孟献子（仲孙蔑）—孟庄子（仲孙速）—孟孝伯（仲孙羯）—孟僖子（仲孙貜）—孟懿子（仲孙何忌）—孟武伯（仲孙彘）

叔孙氏：僖叔（叔牙）—叔孙戴伯（公孙兹）—叔孙庄叔（叔孙得臣）—叔孙宣伯（叔孙侨如）—叔孙穆子（叔孙豹）—叔孙昭子（叔孙婼）—叔孙成子（叔孙不敢）—叔孙武叔（叔孙州仇）—叔孙文子（叔孙舒）

季氏：季成子（季友）—季文子（季孙行父）—季武子（季孙宿）—季悼子（季孙纥）—季平子（季孙意如）—季桓子（季孙斯）—季康子（季孙肥）

从季文子驱逐公孙归父之后，三桓逐渐确立了专政的局面，先后担任执政的有季孙行父（季文子）、仲孙蔑（孟献子）、叔孙豹（叔孙穆子）、季孙宿（季武子）、叔孙舍（叔孙昭子）、季孙意如（季平子）、季孙斯（季桓子）、季孙肥（季康子），执政卿多出自季氏。

三桓当中，季氏家族最为强大。季友是三桓中季氏的祖先，是鲁桓公之子，鲁庄公的同母弟。字季，名友，谥成，其后人以其字为氏。在庆父两次弑君，鲁国内乱不已的情况下，季友忠君爱国，辅佐鲁僖公登上君位。莒国人因为收了鲁国的财物才送回了庆父，但送回庆父之后，又要求鲁国赠送财物。对这种贪得无厌之举，鲁国不堪忍受，所以季友就在郦地（鲁地）打败了莒人，俘虏了莒子的弟弟挐。挐并不是卿，本来《春秋》的原则是非卿则不应书，而《春秋》此处之所以记载了挐之名，是为了嘉奖季友之功，能获莒之大将，所以特意书其所获。《公羊传》亦云：“此何以书？大季子之获也。”鲁僖公赐给季友汶阳之田及费地作为奖赏。季友拥立鲁僖公之后，在鲁国的地位非常尊贵。为了表达对霸主齐桓公的尊重，当年冬，鲁国就派出季友到齐国去参加盟会。从这次如齐，一直到鲁僖公十六年季友去世，这期间季友又于僖公七年和僖公十三年两次到齐国以缔结友好。齐桓公是当时的霸主，鲁国自然对齐国格外地重视

① 晁福林，《论周代卿权》，《中国社会科学》1993 年第 6 期。

和尊重，季友三次作为使者到齐国出使，可见季友在僖公时的地位之尊贵。季友于鲁僖公十六年去世，其子无佚早亡，其孙季孙行父嗣卿位。因“文”是季孙行父的谥号，史称“季文子”。

在季友去世前不久，孟孙氏的庆父之子穆伯（公孙敖）也登上了鲁国的政坛。僖公十五年传中，“孟穆伯帅师及诸侯之师救徐，诸侯次于匡以待之”。齐桓公的夫人徐嬴是徐国的女子，徐国亲近中原诸国，楚成王派兵讨伐徐国。于是齐桓公会合各诸侯国君在牡丘会盟，并且商讨救援徐国。公孙敖便率领鲁国的军队会合各诸侯国的军队救援徐国。但此时齐桓公的霸业已衰微，各诸侯国也是军力不齐，不能救徐，所以并没有展现出公孙敖的军事才能。从僖公十七年到僖公三十三年这十六年之间，《左传》中没有关于公孙敖的记载。可见因为其父庆父的关系，穆伯一直不受重用。一直到鲁文公年间，才又有了关于穆伯的记载。鲁文公元年，穆伯代表鲁国和晋襄公在戚地相会，同年又出聘齐国以践修旧好，鲁文公二年，穆伯参加了晋国结盟的盟会，文公五年，穆伯又如晋。从文公初年穆伯多次出使的记载可知，此时穆伯已经进入政治权力的中心。可惜穆伯却因贪恋美色而放弃了政治上大有作为的机会。襄仲是鲁庄公之子，穆伯和襄仲都是鲁桓公之孙。穆伯曾经在莒国娶妻，其妻戴己生了文伯，媵妾声己生了惠叔。戴己去世后，穆伯又到莒国行聘，因为声己还在世，所以莒国没有答应穆伯的请求，穆伯就为襄仲行聘。文公七年，莒国因受到徐国的侵伐前来鲁国请求结盟，穆伯作为鲁国的使者前往莒国，同时打算为襄仲迎娶莒女。可是穆伯看到美丽的莒女后，贪图美色，就把对襄仲的许诺抛之脑后，自己娶了莒女。襄仲面对夺妻之恨，怒火难平，向鲁文公请求攻打穆伯。鲁文公本想同意，但在叔仲惠伯的劝谏下，阻止了襄仲。襄仲和穆伯又在惠伯的调停下达成和解，让襄仲不娶莒女，穆伯也把莒女送回莒国。一年后，穆伯仍然忘不了莒女，就趁去成周吊丧时，半路逃亡到莒国，去追随己氏。“穆伯如周吊丧，不至，以币奔莒，从己氏焉。”杨伯峻注曰：“公孙敖于僖十五年帅师，计已成年，至此又二十七年，近六十矣，故六年后即死。”[①] 穆伯奔莒追随己氏后，因为文伯（谷）是公孙敖的嫡妻所生的嫡长子，所以继承了公孙敖的卿位。穆伯在莒国待

① 杨伯峻编著，《春秋左传注·文公八年经》（修订本），中华书局，2000 年，第 565 页。

了四年，生了两个儿子后，又思念故国，请求回鲁，文伯就替父亲请求，襄仲余怒未息，要求穆伯回国后只能留在家中，不能参与政事。穆伯答应了，但回鲁两年后耐不住寂寞，又再次前往莒国。文公十四年再次想回鲁国且已经得到允许，但客死齐国。

文伯先于穆伯去世，文伯临终前，考虑到儿子孟献子（仲孙蔑）还年幼，为了家族的强大，文伯主动请求让弟弟惠叔（难）继承卿位。在为争权力尔虞我诈的春秋乱世，这种兄弟亲情实在难能可贵。惠叔是穆伯的媵妾声己所生，在兄长文伯去世后，父亲穆叔又请求回鲁时，惠叔又替父亲请求，可惜鲁国虽然答应了，穆伯却在回鲁途中去世。惠叔又为父亲请求归葬，但襄仲却没有答应。惠叔悲痛欲绝，半年多后形销骨立。后来穆伯的饰棺被放在齐鲁的边境上，由于惠叔的坚决请求，“犹毁以请”，感动了襄仲，公孙敖的饰棺才被取回。惠叔此后的事迹无考。不过从后来孟献子又继承了孟氏的卿位来看，惠叔也没有私心，临终时又立了哥哥文伯的儿子孟献子为继承人。惠叔的孝悌仁德值得称颂。

穆伯还有在莒国与己氏所生的两个儿子，在穆伯下葬多年之后，己氏的两个儿子来到鲁国。此时惠叔已经去世，文伯的儿子孟献子成了孟氏家族的继承人，孟献子很喜欢这两位叔叔，鲁国上下全都知晓。有人就向孟献子进谗言，说己氏二子要杀掉孟献子取而代之，己氏二子也非常正直刚烈，对孟献子非常忠诚，宁愿死也不愿背上恶名，所以在战斗中力战而死。

穆伯是一个贪图美色不惜背弃家国的恶人，可是他的四个儿子都非常出色。谷的谦让、难的孝顺、己氏二子的刚烈，虽然在《左传》中只是一闪而过式的人物，但都令人过目难忘。

总之，在孟献子为卿之前，孟氏家族在政治上并没有多少建树。这首先源于庆父的作恶多端，使其子穆伯在僖公时受到猜忌和压抑，到文公时，穆伯本已受到重用，但他却贪色忘义，自己断送了政治前程，而且穆伯得罪了执政的襄仲，导致其子文伯和惠叔也都没有任何政绩。

叔牙之子为叔孙戴伯，名公孙兹，谥号为戴。叔孙戴伯在僖公年间为卿。鲁僖公四年，霸主齐桓公率领诸侯讨伐陈国，叔孙戴伯代表鲁国参战。叔孙戴伯在僖公十六年去世，在政治上并不受重用，亦无多少作为。

戴伯去世后，其子叔孙庄叔（得臣）继立。庄叔主要活动在鲁文公年间，擅长外交，曾多次出使。鲁文公刚刚即位，周襄王派遣大夫毛伯卫来鲁国赐公命。杜预注曰："诸侯即位，天子赐以命圭合瑞为信。"鲁国派叔孙得臣到成周答谢。文公三年，鲁文公又前往晋国，与晋襄公结盟。叔孙庄叔因擅长外交而随行。宴会上晋襄公赋《菁菁者莪》。《菁菁者莪》出自《诗经·小雅》，其首章曰："菁菁者莪，在彼中阿。既见君子，乐且有仪。"《毛诗序》解释此诗主旨为"乐育才"，朱熹《诗集传》认为"此亦燕饮宾客之诗"。晋襄公赋此诗之意，杜预解释为："取其'既见君子，乐且有仪'。"庄叔让文公降阶下拜，以感谢晋襄公以君子称鲁文公，并谦卑地说："小国受命于大国，敢不慎仪。君贶之以大礼，何乐如之？抑小国之乐，大国之惠也。"言辞中体现了对盟主晋国的尊重。文公九年，叔孙庄叔作为鲁国的使者去参加周襄王的葬礼。文公十八年，因齐国曾派使者来参加鲁文公的葬礼，所以叔孙庄叔到齐国拜谢。

庄叔不但擅长外交，而且极富军事才能。文公三年，因为沈国顺服于楚国，晋国作为中原的盟主，就率领诸侯攻打沈国。叔孙庄叔作为鲁国的代表参战，沈国大败，百姓四处溃散。文公十一年时，鄋瞒（杜预注曰："鄋瞒，狄国名，防风之后，漆姓"）侵略鲁国，文公命庄叔带兵抵御，大败狄人，俘虏了鄋瞒的国君长狄侨如。叔孙庄叔就为儿子宣伯取名叫侨如，以纪念战功。襄公三十年传也记载了此事："师旷曰：'是岁也，狄伐鲁。叔孙庄叔于是乎败狄于咸，获长狄侨如及虺也豹也，而皆以名其子。'"孔疏云："知得臣亦待事以名其三子，以旌章其功也。此三子未必同年而生，或生讫待事，或事后始生，欲以章己功，取彼名而名之也。"由此可知叔孙庄叔的三个儿子侨如、虺、豹都是以鄋瞒俘虏的名字命名。"仲尼曰：'汪芒氏之君也，守封、嵎之山者也，为漆姓。在虞、夏、商为汪芒氏，于周为长狄，今为大人。'客曰：'人长之极几何？'仲尼曰：'僬侥氏长三尺，短之至也。长者不过十之，数之极也。'"[①] 可知长狄身材极其高大，应该非常勇猛。而叔孙庄叔能战胜长狄，足见其英勇善战。叔孙得臣于宣公五年去世。

《左传》文公六年传中第一次出现季文子的名字："臧文仲以陈、卫之睦也，

---

①《国语·鲁语下》。

欲求好于陈。夏，季文子聘于陈，且娶焉。”从季文子此时方才娶妻看，季文子还非常年轻。从季友去世到季文子踏入政坛的这段时间中，臧文仲和东门襄仲成为朝政中的重要人物。臧文仲于鲁文公十年去世，之后东门襄仲更是大权独揽，年轻的季文子羽翼未丰，所以要听命于襄仲。文公十二年，季文子曾率领军队在诸地及郓地筑城，以加强守备，保卫边防，显示了季文子的军事智慧。人们又将“诸邑”称作“季孙城”。季文子还多次出使他国，文公十三年，季文子随鲁文公到晋国朝聘。文公十五年，季文子又两次到晋国出使。文公十六年和十八年两次出使齐国，这逐渐锻炼了季文子的政治外交能力。

襄仲杀嫡立庶之后，季文子并没有反对襄仲，而是默默顺从，因为此时他也无力反抗。为了安定鲁宣公的君位，宣公元年，季文子出使齐国，贿赂齐国以请求鲁宣公能与齐君相会。齐惠公收了季文子的财物之后，就和鲁宣公在平州（今山东省莱芜西）相会，以稳定宣公的君位。

东门襄仲因拥立鲁宣公有功，所以在宣公时炙手可热，气焰熏天，形成了东门氏专权的局面，三桓受到压抑和排斥。襄仲于宣公八年去世后，其子公孙归父得立。而且因为襄仲立鲁宣公的缘故，鲁宣公也对公孙归父宠信有加。襄仲去世后，三桓渐渐得势，公室变弱，公孙归父与鲁宣公商讨欲除去三桓以张大公室。宣公十八年，公孙归父到晋国去请求援助。可是没有想到鲁宣公却在公孙归父使晋时去世，所以季文子抓住机会，要除掉公孙归父，设立的罪名是公孙归父之父襄仲“使我杀适立庶以失大援”，以此惩罚公孙归父当然是强词夺理，所以臧宣叔（臧文仲之子）勃然大怒，认为襄仲活着时季文子不敢治其罪，又怎么能够株连其后人？臧宣叔其人，杜预注曰：“时为司寇，主行刑。”但是由于季文子在朝中是正卿，执掌朝政，作为司寇的臧宣叔也无可奈何，只好从命。

季文子驱逐公孙归父之举虽然不那么光明磊落，加诸公孙归父的罪名更是欲加之罪，但残酷的权力争夺本是如此。季文子此举铲除了异己势力，为三桓的专政铺平了道路。

二　三桓专鲁

“吾闻国家之立也，本大而末小，是以能固。故天子建国，诸侯立家，卿置侧室，大夫有贰宗，士有隶子弟，庶人、工、商，各有分亲，皆有等衰。是以民服事其上而下无觊觎。”① 但鲁国的情况却正好相反，三桓的权力渐渐凌驾于国君之上，国家也随之日渐衰落。

从成公年间开始，三桓权势越来越大。三桓当中不乏像季文子、孟献子、叔孙穆子这样优秀的政治家，在鲁国的内政外交当中建立了卓越的功勋。本书在第五章鲁国的宗卿中将有详细的阐析，兹不赘述。襄公年幼即位，襄公九年时，晋悼公曾询问起襄公的年龄。季武子代为回答：“会于沙随之岁，寡君以生。”沙随之会是在成公十六年，可知襄公是三岁即位。所以朝政更是掌控在三桓手中。“季氏富于周公，自孙宿始。……至于孙宿，利幼君，结霸臣，城费邑，作三军，都大于国，政归于家，富过公室，而权同列国矣。然犹谋弱公室耳。”②

襄公十一年的三分公室事件，可视为三桓专政形成的标志。“季武子将作三军，告叔孙穆子曰：‘请为三军，各征其军。’穆子曰：‘政将及子，子必不能。’武子固请之，穆子曰：‘然则盟诸？’乃盟诸僖闳，诅诸五父之衢。”季武子决定编定三军，以削弱公室，增加三桓的力量，但此时季武子资历尚浅，叔孙穆子为执政卿，叔孙穆子为国家利益考虑，本不想同意，担忧鲁国一旦改作三军，晋国就会把鲁国当成大国而征收更多的贡赋，但无奈季武子坚决请求，所以叔孙穆子被迫与季武子结盟，把公室的军队改编为三军，季氏、孟氏、叔孙氏各掌握一军。三分公室之后，鲁国国君的权力更加削弱。

从三分公室开始，季武子就渐渐有了专横跋扈的迹象。襄公二十七年，在由宋国向戌促成的晋楚弭兵之会上，鲁国派叔孙豹参加。季武子派人对叔孙豹假传鲁襄公的命令，让鲁国像邾国、滕国小国一样参加盟会。对于季武子假传公命的心理，孔颖达有细致入微的体察，孔疏曰：“于时季氏专鲁国之利害，季孙所量自虑两属，贡赋必重，疑邾、滕将为人之私，故令豹比视小国。此直季孙意耳，非公意也。若是余人为使，季孙以己意命之，无敢违者，但叔孙强直，季孙所惮，告以己意，恐不见从，故假称公命以敦劝之，望其敬公命而遂已志也。”后来在盟会上，齐国请求使邾国归属自己，宋国请求把滕国归属自己，邾国、滕国都无法参加结盟。叔孙曰：“邾、滕，人之私也；我，列国也，何故视

①《左传・桓公二年传》师服之语。

② 韩席筹，《左传分国集注・季孙专政》，江苏人民出版社，1963 年，第 80 页。

之？宋、卫，吾匹也。”邾、滕是附庸之国，叔孙豹不愿把鲁国等同于邾、滕，为了捍卫鲁国的尊严，参加了结盟。

季武子趁鲁襄公前往楚国时并没有事先通秉鲁襄公，就擅自占领了卞地，以扩大自己的领土。听到国君已经回国的消息，季武子就派家臣公冶前去问候襄公的饮食起居。公冶已启行，季武子又派人追上公冶，让他带信给鲁襄公，信用封泥加印密封好了，公冶并不知道信的内容。信里是解释占领卞地之事，“闻守卞者将叛，臣帅徒以讨之，既得之矣，敢告”。鲁襄公非常生气，认为季武子想得到卞地，不直接说，反而诬陷卞地叛乱，是欺骗自己，鲁襄公意识到季武子对自己的疏远，竟然吓得不敢回国。公冶完成使命后才知道信的内容，非常后悔，感觉自己有帮助季武子欺骗国君之嫌。公冶只好安慰鲁襄公：“君实有国，谁敢违君？”大夫荣成伯为鲁襄公赋《式微》劝之，《式微》出自《诗经·邶风》，其中有“式微，式微，胡不归？”之语，鲁襄公在公冶和荣成伯的劝说下才回到鲁国。可见季武子强势到令国君都畏惧的程度。“范献子来聘，拜城杞也。公享之，展庄叔执币。射者三耦，公臣不足，取于家臣”[①]，鲁国公室衰落到如此地步。

季武子甚至能决定嗣立国君，襄公三十一年传记载，鲁襄公去世后，鲁国先是拥立了襄公之妾胡国女子敬归的儿子子野为君，不久子野就因哀伤过度憔悴而死。子野去世后，季武子又拥立敬归的妹妹齐归的儿子公子裯为国君，是为鲁昭公。叔孙穆叔曾坚决反对：“大子死，有母弟则立之，无则长立。年钧择贤，义钧则卜，古之道也。非适嗣，何必娣之子？且是人也，居丧而不哀，在戚而有嘉容，是谓不度。不度之人，鲜不为患。若果立之，必为季氏忧。”古代立君之道规定，如果太子去世，就应该选择太子的同母兄弟，其次选择年长的，年纪相若就选择贤德的，如果德行相差无几就占卜决定。死去的子野本身就不是嫡子，就不必非立子野母亲的妹妹之子。公子裯居丧不哀，父亲去世不悲伤反而喜悦，是不孝之人，假如立了他，必定会成为季氏的忧患。但季武子独断专行，并不听从叔孙穆叔的良言相劝。安葬鲁襄公时，已经十九岁的公子裯犹有童心，调皮贪玩，多次更换丧服，丧服的衣襟仍然肮脏不堪，像旧丧服一样。

---

①《左传·襄公二十九年传》。

结果鲁昭公确实不得善终，因为想驱逐季平子而自己逃亡，客死他乡。从立君之事，可见季武子的专权独断。

昭公元年，叔孙穆子正参加晋国、楚国组织的虢地的盟会，盟会还未结束，叔孙穆子还未归鲁，季武子就讨伐莒国，占取了莒国的郓地。莒国人向盟会报告，希望盟主能帮助自己。楚国就派人告诉晋国说："寻盟未退，而鲁伐莒，渎齐盟，请戮其使。"鲁襄公二十七年，在宋国大夫向戌的积极奔走下，晋国、楚国、齐国、秦国、鲁国、卫国、陈国、蔡国、郑国、许国、宋国、邾国、滕国等 14 国在宋国的西门之外结盟，被称为春秋史上第二次弭兵之盟。现在仅仅时隔五年，鲁国就在诸侯重温弭兵之会的时候侵伐莒国，楚国认为鲁国轻视以前的盟约，是对盟主的挑衅，所以想杀掉鲁国的使者叔孙豹。季武子不顾叔孙豹的安全，在诸侯会盟期间就攻打莒国，置叔孙豹性命于不顾，显示出季武子的贪婪自私。

叔孙穆子被竖牛迫害致死后，季武子又趁火打劫，欲四分公室，已取其二。昭公五年，"舍中军，卑公室也。毁中军于施氏，成诸臧氏。初作中军，三分公室而各有其一。季氏尽征之，叔孙氏臣其子弟，孟氏取其半焉。及其舍之也，四分公室，季氏择二，二子各一。皆尽征之，而贡于公"。杜预注曰："毁中军于施氏，成诸臧氏。季孙不欲亲其议，敕二家会诸大夫发毁置之计，又取其令名。"孔疏曰："'取其令名'者，季孙实欲自厚，令诸大夫议论，似若己之不与，取其令善廉絜之名也。刘炫以为：'施者，舍也。臧者，善也。成诸臧氏，取其令名也。其二家谓叔、孟，非谓施、臧二氏也。'"季武子明明是自己贪婪，想扩大自己的权势和财力，反而故意装出公平民主的样子，自己不参与谋划，而让大夫商议，大夫们畏惧季武子的权势，自然不敢有其他的意见，季武子既得"四分公室，季氏择二"的实惠，又可获取廉洁之令名，而且趁着叔孙氏家乱的机会，趁火打劫，实在是虚伪又自私。孔疏云："季氏因叔孙家祸，退之使同于孟孙。独取其半，为专已甚，又择取善者，是专之极。故传言'择二'以见之。"季武子明明知道叔孙穆子是被竖牛活活饿死，但是为了自己的私利，不但不对竖牛加以讨伐，而且对叔孙穆子的葬礼处处作梗、百般阻挠，甚至趁火打劫、从中渔利，借机削弱叔孙氏的权势，其薄情寡义、残忍自私的本性全都暴露无遗。叔孙穆子在世时还是“叔出季处”[①]的局面，叔孙穆子负责外交，季武子负责内政，但叔孙穆子去世后，季氏独大，由三桓共同执政变成了政在季氏。

昭公七年传记载，晋国派使者前来划定鲁国与杞国的疆界，成地是孟氏的封邑，本属于杞国，季武子为了讨好晋国就想把成地还给杞国。此时孟僖子正随鲁昭公到楚国朝聘，谢息是孟僖子的家臣，为孟僖子守卫成地，不同意季武子的做法，说即使只有很小的智慧，为别人看守器物就不能擅自替别人出借。自己作为守臣，不敢在孟僖子随国君外出时丢掉他的城邑。如果丢掉城邑，难免有不忠的嫌疑。季武子对谢息威逼利诱、软硬兼施，讲明不归还杞国，得罪晋国的危害，又许诺给孟氏桃地，并且答应成地重归鲁国后一定归还孟氏。谢息又以桃地没有山为由加以拒绝，于是季武子又许诺给孟氏莱山和柞山，谢息才迁到桃地，把成地归还了杞国。季武子在鲁昭公赴楚期间，就能决定土地的归属，可见其专政的程度。另外谢息敢于和季武子讨价还价之事，也透露出家臣势力的强大。

三　昭公出奔

昭公之世，以季平子为主，孟僖子、叔孙昭子共执鲁政，三桓权力达到顶峰。季平子又称季孙意如，是季武子的孙子。季武子的儿子是季悼子，季悼子的去世《春秋》中没有记载，可见季悼子没有担任卿士就先去世了，其去世早于父亲季武子。所以季武子去世后，季平子继立卿位。季平子比起季武子更加专横跋扈，昭公十七年时，发生了日食。掌管祭祀的祝史官员请示应该使用的祭品，叔孙昭子说：“日有食之，天子不举，伐鼓于社；诸侯用币于社，伐鼓于朝。礼也。”按照礼制，天子不吃丰盛的菜肴，在土地神庙里击鼓。诸侯用祭品在土地神庙里祭祀，在朝廷上击鼓。但是季平子加以阻止，说只有周正的六月初一发生日食时，才伐鼓用币，其余时间则不必。虽然太史也赞同叔孙昭子之说，认为正阳之月发生日食都要伐鼓用币，并举出《尚书》中的《夏书》为证，但季平子仍旧不答应。所以叔孙昭子退下后感慨道：“夫子将有异志，不君君

---

①《左传·昭公元年传》。

矣。”认为季平子已经不把国君当国君了。孔疏曰：“日食，阴侵阳，臣侵君之象。救日食，所以助君抑臣也。平子不肯救日食，乃是不君事其事也。刘炫云：乃是不复以君为君矣。”[①]

季公若曾与季平子结怨。季公若和哥哥季公鸟都是季平子的叔叔，当年在哥哥季公鸟去世之后，季公若和季氏的族人公思展、季公鸟的家臣申夜姑一起处理季公鸟的家事。季公鸟的妻子季姒与家臣私通，怕受到惩罚，就恶人先告状，向秦遄的妻子也就是季公鸟的妹妹秦姬告状，陷害季公若，说季公若威胁自己与之私通，还向公甫告状，陷害展和夜姑，说公思展和申夜姑要挟她，是季公若的帮凶。秦遄的妻子秦姬就转告了公之。公之和公甫都是季平子的弟弟，所以就又告诉了季平子。季平子拘捕了公思展，杀掉了申夜姑，季公若因此怨恨季平子。季公若的姐姐也就是季平子的姑姑，嫁给小邾国国君做夫人，她生的女儿曹氏嫁给宋元公做夫人，宋元公的夫人也就是季平子的表姐生了个女儿，宋元公要把女儿嫁给季平子，鲁国就派叔孙昭子到宋国为季平子迎亲，季公若跟随叔孙昭子前往。杜预注曰：“平子人臣，而因卿逆，季氏强横。”季公若是宋元公夫人的舅舅，季公若因与季平子结怨，就请求外甥女宋元公夫人不要答应亲事，并说鲁国正打算驱逐季平子。宋国的乐祁劝宋元公答应，乐祁分析鲁国的形势，认为政权落到季氏手中已经历经季文子、季武子、季平子三代，鲁国国君丧失政权也已经过了鲁宣公、鲁成公、鲁襄公、鲁昭公四位国君。鲁昭公已然失掉民心，还要不自量力，驱逐季氏，结果一定是鲁君自己逃亡。

季平子与郈昭伯玩斗鸡游戏，季平子给鸡穿上皮甲，郈昭伯则给鸡装上金属爪子。结果季平子的斗鸡被打败，季平子大怒，因为与郈昭伯家住宅临近，就故意扩建宅院侵占了郈氏的地方，并且责备郈昭伯。所以郈昭伯也对季平子怀恨在心。

臧昭伯的从弟臧会陷害臧昭伯的妻子，事情败露后逃走，臧昭伯趁臧会到季平子家里送账簿的机会，派人在季平子的中门之外抓住了臧会。季平子发怒，拘留了臧氏的家臣，以报复臧昭伯，从此季平子和臧昭伯交恶。

鲁国将要在襄公庙里举行祭祀，诸侯应该用六佾，可是在襄公宗庙演奏万

---

①《春秋左传正义·昭公十七年》。

舞的却只剩下两人，而多数人都到季平子那里去表演万舞。季平子这种公然僭越的行为，也引起了诸大夫的强烈不满。

昭公二十五年传记载，季公若和鲁昭公的儿子公为密谋除掉季平子。公为告诉了两个弟弟公果和公贲，公果和公贲就派侍从僚柤向鲁昭公汇报。鲁昭公听到僚柤说要赶走季平子，就拿戈驱赶僚柤，僚柤非常恐惧，可是鲁昭公也并没有惩罚僚柤。如是两次，才明白原来鲁昭公也有意赶走季平子，只是这种军国大事由一个侍从前来汇报，鲁昭公不知真假，不敢贸然答应，才假意赶走僚柤。后来昭公之子公果亲自汇报，鲁昭公动心了，就与臧昭伯和郈昭伯商量，臧昭伯和郈昭伯与季平子有怨，都痛恨季平子，但是对于驱逐季平子之事，臧昭伯认为很难办，郈昭伯则非常认同。鲁昭公又去询问子家懿伯。懿伯坚决反对："谗人以君侥幸，事若不克，君受其名，不可为也。舍民数世，以求克事，不可必也。且政在焉，其难图也。"认为几代国君已经失去百姓的拥戴了，季氏掌握了政权，事情很难成功。但鲁昭公心意已决，遂攻打季氏，杀死了季平子的弟弟公之，攻入了季平子家中。对于季平子戴罪沂上、自囚费地和逃亡的请求，鲁昭公都没有答应。子家羁劝告鲁昭公："君其许之！政自之出久矣，隐民多取食焉。为之徒者众矣，日入慝作，弗可知也。众怒不可蓄也，蓄而弗治，将蕴。蕴畜，民将生心。生心，同求将合。君必悔之。"[①] 鲁昭公也没有听从。鲁昭公派郈昭伯迎接孟懿子，要孟懿子也参与驱逐季平子之事。在此剑拔弩张的危急形势下，叔孙氏的家臣司马鬷戾认为季氏和叔孙氏同气连枝，共同存亡，所以在叔孙昭子不在家的情况下，自作主张，率领叔孙氏的士卒前去救援季平子，赶走了鲁昭公的亲兵。孟氏看到叔孙氏帮助季氏，于是也逮捕并杀死了鲁昭公派来的使者郈昭伯，三桓联合起来攻打鲁昭公。鲁昭公见大势已去，只好逃亡。

鲁昭公逃亡时叔孙昭子恰好不在鲁都，叔孙昭子回到鲁都后，得知此事，就去见季平子，谴责季平子驱逐国君的恶名会流传后世。

齐景公打算送鲁昭公返回鲁国，季平子就派家臣申丰和女贾，去贿赂齐国子犹（梁丘据，是齐景公的宠臣）的家臣高齮，子犹也是贪得无厌的小人，所

①《左传·昭公二十五年传》。

以子犹就去劝说齐景公先不要出兵，齐景公被说动。晋、宋、卫、曹、邾、滕国的大夫在扈地盟会时，商量要送鲁昭公回国。宋国、卫国的大夫坚决请求，但是晋国的范献子因同是大夫专权，且被季平子所收买，就维护季平子，反对送鲁昭公回国，所以宋、卫两国也不敢再提送鲁昭公回国之事。鲁昭公在郓地，季平子又派家臣阳虎和孟懿子攻打郓地，鲁昭公的亲兵被打败。季平子年年虚情假意地买马，连同鲁昭公随从的衣服鞋子，一起送到鲁昭公所在的乾侯。

昭公三十一年，晋定公打算用武力护送鲁昭公回国，范献子还是维护季平子。季平子跟随晋国的荀跞到了乾侯，去迎接鲁昭公。子家羁劝鲁昭公忍辱负重，借着这次机会返国。鲁昭公答应了，但是鲁昭公的其他随从却不识时务，坚持要鲁昭公赶走季平子。因为晋国此时公室的地位也已经衰落，卿大夫执政，荀跞和范献子等人当然都是和季平子同一阵营的，所以荀跞托辞说不敢预闻鲁国的祸难，要回复晋君。然后荀跞让季平子姑且返国主持祭祀，执掌朝政。子家羁劝鲁昭公趁机回鲁，鲁昭公想要这样做，但是受到随从的胁迫，没能成行。

季平子此次前往乾侯迎接鲁昭公，是迫于晋国的压力，不得不做的表面文章。因为鲁昭公不识时务，晋国也不可能再帮助昭公。季平子又回国继续执掌朝政。

鲁昭公去世后，晋国史墨的一段评论，表达了时人对季平子出君的态度。赵简子问史墨，季平子驱逐了国君，但是鲁国的民心却归向季氏，诸侯也都亲近季氏，即便鲁昭公客死国外，也没有人惩罚季氏，原因何在？史墨说："天生季氏，以贰鲁侯，为日久矣。民之服焉，不亦宜乎？鲁君世从其失，季氏世修其勤，民忘君矣。虽死于外，其谁矜之？社稷无常奉，君臣无常位，自古以然。故《诗》曰：'高岸为谷，深谷为陵。'三后之姓，于今为庶，王所知也。在《易》卦，雷乘《乾》曰《大壮》，天之道也。昔成季友，桓之季也，文姜之爱子也，始震而卜。卜人谒之，曰：生有嘉闻，其名曰友，为公室辅。及生，如卜人之言，有文在其手曰'友'，遂以名之。既而有大功于鲁，受费以为上卿。至于文子、武子，世增其业，不废旧绩。鲁文公薨，而东门遂杀适立庶，鲁君于是乎失国，政在季氏，于此君也，四公矣。民不知君，何以得国？是以为君，慎器与名，不可以假人。”① 史墨的观点中，除去认为是天命所归之外，还认为君臣的地位没有固定不变的，鲁君世代放纵，季氏世修其勤，已经得到了民心，掌握了政柄。从鲁宣公开始，历经鲁成公、鲁襄公、鲁昭公，四代鲁君已经失去了民心，当然无法拥有国家。昭公去世后，季平子擅自废掉了太子公衍，立了昭公之弟公子宋为君，是为鲁定公。

四　哀公逊越

对于鲁国政权的下移，《论语·季氏》记载，孔子曾痛心疾首地说：“天下有道，则礼乐征伐自天子出。天下无道，则礼乐征伐自诸侯出。自诸侯出，盖十世希不失矣。自大夫出，五世希不失矣。陪臣执国命，三世希不失矣。”“禄之去公室五世矣，政逮于大夫四世矣，故夫三桓之子孙微矣。”三桓内部经历了竖牛之乱、南蒯之乱、阳虎之乱、侯犯之乱、公孙宿之乱等家臣作乱，势力有所衰落，但三桓依然控制了鲁国的政权。

哀公十二年传记载，鲁昭公的夫人孟子去世，丧礼极其简陋，“死不赴，故不称夫人。不反哭，故言不葬小君”。杜预注曰：“以同姓故，不成其夫人丧。”杨伯峻反对此说：“此时昭公死已十二年，孟子又非哀公生母，哀公又无实权，国政全由季氏，而昭公又以季氏之故，晚年寄居于外，实皆季氏敌视昭公之故而为此也。”② 笔者以为杨伯峻之说更合情理。季康子是由于敌视昭公、轻视哀公才故意如此对待孟子的丧礼。孔子参加吊唁后到了季康子那里时，季康子不绕（不戴丧冠），非常无礼，孔子只好除掉丧服下拜。

齐国的陈恒弑君。孔子斋戒三日，三次向鲁哀公请求攻打齐国。“陈恒弑其君，民之不与者半。以鲁之众，加齐之半，可克也。”③ 但是鲁哀公没有实权，便让孔子去向季康子请求，孔子只好退下。《论语·宪问》也记载了此事：“陈成子弑简公。孔子沐浴而朝，告于哀公曰：‘陈恒弑其君，请讨之。’公曰：‘告夫三子。’孔子曰：‘以吾从大夫之后，不敢不告也。君曰告夫三子者。’之三子告，不可。孔子曰：‘以吾从大夫之后，不敢不告也。’”因季康子为三桓之长，

①《左传·昭公三十二年传》。
② 杨伯峻编著，《春秋左传注·哀公十二年传》（修订本），中华书局，2000 年，第 1670 页。
③《左传·哀公十四年传》。

权力最大，所以《左传》只举出季康子。国君遇事不敢自专，要孔子征求季康子的意见，可见季康子此时的专横跋扈。

鲁哀公从越国回来，季康子和孟武伯前往鲁国的南部边境五梧迎接。当时郭重为哀公驾车，郭重说大家都讨厌季康子和孟武伯，希望哀公惩罚他们。但此时哀公已经没有什么实权，对季孟二人也无可奈何。酒宴上，孟武伯讽刺郭重长得肥胖，季康子赶紧打圆场，说自己和孟武伯为了维护国家，不能跟从国君出行。郭重跟着国君奔波劳碌，非常辛苦。孟武伯说错了话要罚酒。哀公则语含讥讽地说："是食言多矣，能无肥乎？"[①] 哀公表面上是说郭重吃自己的话太多所以肥胖，实际上是指桑骂槐，讽刺三桓屡屡食言，背叛国君。所以大家不欢而散，以季康子为首的三桓与鲁哀公交恶。

哀公想利用诸侯除掉三桓，三桓亦厌恶哀公的狂妄，哀公路上遇到孟武伯，问："请有问于子，余及死乎？"孟武伯竟然毫不客气地说："臣无由知之。"[②] 哀公想让越国攻打鲁国而除掉三桓，所以在哀公二十七年，哀公去了越国。《左传》记鲁事终于此。

第三节　鲁国与周王室的关系

春秋时期鲁国的外交可分为鲁交王室和鲁交列国两个方面。王室地位的陵夷和鲁国的日渐衰落，导致鲁国为求自保，无暇顾及衰微的王室。

一　王室陵夷

西周从夷王起国势日衰的现象就已现端倪，《礼记·郊特牲》云："觐礼，天子不下堂而见诸侯。下堂而见诸侯，天子之失礼也，由夷王以下。"《史记·楚世家》记载："当周夷王之时，王室微，诸侯或不朝，相伐。"周厉王贪婪残暴，《国语·周语·邵公谏厉王弭谤》记载："厉王虐，国人谤王。邵公告曰：'民不堪命矣'……王不听，于是国人莫敢出言，三年，乃流王于彘。"号称中兴之主

①《左传·哀公二十五年传》。
②《左传·哀公二十七年传》。

的周宣王公然以天子之尊去违背立嫡以长的宗法制度，干预鲁国的君位继承，废长立幼，刚愎自用，独断专行，自是后，诸侯多畔王命，天子的威信丧失。周幽王昏庸荒淫，崇信佞臣，人之云亡，邦国殄瘁。废嫡立庶之举直接导致了宗周的倾覆，魏源《诗古微》曰："幽厉之恶，无大于亲小人，而幽则艳妻、奄寺，皆倾惑柔恶之人；厉则疆御、掊克、皆爪牙刚恶之人。"公元前 770 年，周平王为避戎寇，在郑武公、秦襄公、晋文侯等辅佐下东迁洛邑，史称东周。周平王四十九年，即公元前 722 年，鲁隐公即位，春秋由此开端。

在诸侯争霸的春秋时期，周天子在名义上仍然是天下诸侯尊奉的共主，周天子的权威还有一定的利用价值，比如诸侯国君尤其是弑君篡位的君主如果得到周天子的认可地位就会稳固。卫国的州吁杀了卫桓公而篡位，"未能和其民，厚问定君于石子，石子曰：'王觐为可'"[①]。石碏劝州吁朝觐天子，得到天子的认可，就能安定君位。但实际上周天子的权威和凝聚力已经日益衰微，不复往日的辉煌。《大戴礼记·朝事》曰："是故一朝而近者三年，远者六年。有德焉，礼乐为之益习，德行为之益修，天子之命为之益行。然后使诸侯世相朝，交岁相问，殷相聘，以习礼、考义、正刑、一德，以崇天子。故曰：朝聘之礼者，所以正君臣之义也。"但考之《左传》，即便是在春秋初年的隐公十一年间，诸侯朝觐天子的也仅有两例，隐公六年，郑伯如周，始朝桓王。此时已是桓王执政的第三年了，郑伯作为周王室的卿士才第一次去朝觐桓王。隐公八年传载"郑伯以齐人朝王"，齐僖公在春秋初年有小霸之誉，他通过作为周王室卿士的郑庄公的帮助朝觐天子，是有野心的。周天子虽然有时还对不听命的诸侯进行讨伐，如隐公五年传载："曲沃庄伯以郑人、邢人伐翼，王使尹氏、武氏助之，翼侯奔随。"但可笑的是，不久曲沃就背叛了周王。"春秋之世，朝王者极少。以鲁而论，十二公二百四十余年，据春秋所载，惟僖公因晋文之霸，两朝王所；成公因伐秦之役，一至京师；隐、桓二十九年间，王使来者不绝，而两公未尝一朝王。"[②]

周天子的地位日益下降，"王室而既卑矣，周之子孙日失其序"[③]。"平既不王，周道绝矣。观夫东迁之后，周室微弱，诸侯强大，朝觐之礼不修，贡赋

---

①《左传·隐公四年传》。
② 杨伯峻编著，《春秋左传注·隐公九年传》（修订本），中华书局，2000 年，第 65 页。
③《左传·隐公十一年传》。

之职不举，号令之无所束，赏罚之无所加。坏法易纪者有之，变礼乱乐者有之，弑君戕父者有之，攘国窃号者有之。征伐四出，荡然莫禁，天下之政，中国之事，皆诸侯分裂之。”① “诸儒谓周室自平王东迁，日以微弱，赏罚政令裁行畿内。”② “驯至平王之末，则晋不能自保而郑且包祸心，王室孤危而无与立，故自入春秋，天王岳狩，诸侯朝覲会同无一见焉，王师再出，皆为乱臣所挫。隐公之篇，王数加礼而鲁不一答，天下无道，遂至于此……礼乐征伐无一自天子出，篡弑攘夺所以接迹于天下也。”③ 诸侯国之间为了各自的私利互相征伐，毫无忌惮。孔子云：“天下有道，则礼乐征伐自天子出，天下无道，则礼乐征伐自诸侯出。”“夫礼乐征伐者，天下国家之大经也，天子尸之。非诸侯可得专也。诸侯专之犹曰不可，况大夫乎？吾观隐桓之际，诸侯无小大皆专而行之，其无王也甚矣！”④ 隐公十一年间不仅发生了多次诸侯国之间的混战，而且还有很多的“不王”现象。隐公九年，宋公不王；隐公十年，蔡人、卫人不会王命；隐公十一年郑齐鲁讨许，罪名是“不共”。之前的隐公五年，曲沃更是公然叛王。桓公年间王室的地位更加衰落，出现了著名的繻葛之战，周桓王率领诸侯之师伐郑，郑伯御之，结果王师大败，郑国的大夫祝聃射中周桓王的肩膀。可见王室的地位已经衰落到了何等程度。

二　王室敬鲁

王室对鲁国极为尊重。“大上以德抚民，其次亲亲以相及也。昔周公吊二叔之不咸，故封建亲戚以藩屏周。管、蔡、郕、霍、鲁、卫、毛、聃、郜、雍、曹、滕、毕、原、酆、郇，文之昭也。”⑤ 周王朝以亲亲为义，尤其是对周公之后裔的鲁国，更是青眼有加。

隐公元年时，周天子派宰咺来归惠公、仲子之赗。虽然此时惠公已经下葬，仲子还未去世，向死者赠送东西没有赶上下葬，预先赠送助丧之物，宰咺所为

---

①［北宋］孙复，《孙明复小集·春秋尊王发微》卷一，元年春王正月条，清钞徐坊校跋本（影印本）。

②［北宋］王晳，《春秋皇纲论》卷一，始隐条。

③［清］方苞，《春秋通论》卷一，王室伐救会盟条。

④［北宋］孙复，《孙明复小集·春秋尊王发微》卷一，郑人伐卫条，清钞徐坊校跋本（影印本）。

⑤《左传·僖公二十四年传》富辰之语。

乃非礼之举，但周平王能派遣使者来鲁，至少表明了周王室对鲁国的重视和亲近。

隐公三年周平王去世之后，周王室派大夫武氏之子前来求取财物，杜预注曰："鲁不共奉王丧，致令有求。经直文以示不敬。"认为鲁国没有主动去供奉助丧财物，是不尊重王室的无礼表现。郑玄在《周礼·宰夫》后注云："凡丧，始死，吊而含襚（送死者口中所含之珠玉及所著衣），葬而赗赠，其间加恩厚则有赙赠焉，春秋讥武氏子求赙。"郑玄认为，含襚赗赠是正常的礼仪，丰厚财物的赙赠是额外的礼仪，可以不为。鲁国在王丧时没有赠赙是正常现象，而王室使人求赙，是非礼之举。笔者认为郑玄之说更令人信服。周王室使人求赙一方面说明王室的衰微，安葬天子竟然需要到诸侯国去求取财物；另一方面周王室到鲁国，而非到其他诸侯国求赙，也说明周王室跟鲁国较亲近。周王室有困难时，首先会向鲁国求助，隐公也尽力去帮助周王室，"京师来告饥。公为之请籴于宋、卫、齐、郑，礼也"[①]。可见周王室对鲁国的重视和依赖，隐公也能尊奉周礼。隐公九年时，周天子派大夫南季来鲁聘问，又一次显示出周王室对鲁国的亲近。

桓公庄公年间，王室还多次派使者来鲁。桓公四年，周宰渠伯纠来聘；桓公五年，天王使仍叔之子来聘；桓公八年，天王使家父来聘；桓公十五年，天王使家父来求车；庄公元年，王使荣叔来锡桓公命。

鲁国受到周王室的亲近和尊奉，有为王室主婚和嫁女的殊荣。"鲁主王姬之嫁旧矣，故桓公之娶王姬，亦逆于鲁。盖鲁为王室懿亲也。"[②] 桓公八年传云："祭公来，遂逆王后于纪，礼也。"祭公为周桓王到纪国迎娶王后，先到鲁国，让同姓的鲁国为之主婚，孔疏曰："从周向纪，不由鲁国。纵令因使过鲁，自当假道而去，不须言来也。凡言遂者，因上事生下事之辞。既书其来，又言遂逆，是先来见鲁君，然后向纪，知王使鲁主昏，故祭公来受鲁命而往迎也。凡昏姻，皆宾主敌体相对行礼。天子嫁女于诸侯，使诸侯为主，令与夫家为礼。天子聘后于诸侯，亦使诸侯为主，令与后家为礼。嫁女，则送女于鲁，令鲁嫁女与人。迎后，则令鲁为主，使鲁遣使往逆。故祭公受鲁命也。"鲁国不但为王室主婚，

---

①《左传·隐公六年传》。

②［清］高士奇撰，《左传纪事本末·王朝交鲁》，中华书局，1979 年，第 2 页。

还负责为王室嫁女。鲁庄公就曾两次替王室嫁女。庄公元年为周王嫁女于齐襄公，庄公十二年为周王嫁女于齐桓公，可见王室对鲁国的信赖和亲近。

周襄王的母弟王子带作乱，周襄王先派使者向鲁国来告难。“王使来告难曰：‘不谷不德，得罪于母弟之宠子带，鄙在郑地汜，敢告叔父。’”[①] 鲁国与周王室的关系最亲，爵位最高，为周之班长，“诸侯之大夫成齐，齐人馈之饩，使鲁为其班”[②]，所以周天子先来求助鲁国，周襄王也分别向晋国和秦国报告，齐桓公去世后，天下无霸，勤王正是求得诸侯拥护的大好机会，于是晋国看准时机，护送周襄王回国，建立了尊王的霸业。鲁国却因为军事力量衰微，无心勤王，只求自保。

僖公三十年，王使周公阅来聘。文公元年，周襄王派遣内史叔服来鲁国参加僖公的葬礼，并派遣大夫毛伯卫来鲁国为新即位的鲁文公赐命。文公五年，成风去世后，王室又派遣荣叔来赠含赠赗，使召昭公来会葬。文公九年，周襄王去世后，大夫毛伯卫来鲁国求取丧仪。宣公九年，周王派使者来鲁征聘。孟献子聘于周，王以为有礼，加以厚赏。宣公十年，天王使王季子来聘。成公八年，周天子派召桓公来为鲁成公赐命。成公十二年，周王派使者来通告周公之难。

三　轻慢王室

《礼记·王制》载：“诸侯之于天子也，比年一小聘，三年一大聘，五年一朝。”但是相对于王室对鲁国的频繁示好，以尊奉周礼著称的鲁国却很少朝觐王室，可见周王室已经衰微到了何等程度，同时也可知鲁国在春秋初年也已经有了礼乐崩坏、不奉王室的迹象。

春秋二百四十多年间，鲁国的国君中只有僖公和成公曾经朝王：僖公二十八年，晋文公霸业建立后，鲁僖公曾两次到周襄王的住处朝觐。成公十四年，成公朝王。鲁国的卿大夫到京师聘问只有七次：僖公三十年，因为周襄王派冢宰周公来鲁聘问，所以襄仲到京师去答聘，以感谢周公来聘。文公十四年，

---

①《左传·僖公二十四年传》。

②《左传·桓公六年传》。

襄仲第二次朝王，此次是因为子叔姬之事有求于王室。子叔姬是鲁国的女子，嫁给了齐昭公，齐昭公去世后，子叔姬的儿子舍即位不久，商人就杀掉了舍自己做了国君，是为齐懿公。鲁人对子叔姬非常同情，所以襄仲派人禀告周顷王，希望能借周天子的权威要回子叔姬，但齐国不但抓住了天子的使者单伯，还抓住了子叔姬。后鲁国又求助于晋，齐懿公迫于晋国的压力，才先后放了单伯和子叔姬。文公元年，因为周天子使大夫毛伯卫来锡公命，叔孙得臣如周拜谢。文公九年，因去年穆伯如周吊丧时，中途以币奔莒，所以鲁国又派叔孙得臣如京师，葬襄王。宣公九年，王使来征聘，孟献子聘于周，王以为有礼，厚贿之。襄公二十四年，叔孙穆子如京师，王嘉其有礼也，赐之大路。昭公二十二年，叔鞅如京师，葬景王。哀公十九年，叔青如京师，葬敬王。连以尊礼著称的宗周望国鲁国也如此不尊王，在春秋二百多年间都只有区区七次卿大夫朝周，可见周王室衰落到了何等地步，礼坏乐崩到何等地步。

前贤对鲁国轻慢王室多有批判："昔周公夹辅两朝，有大勋劳于王室，伯禽封鲁，土田附庸，倍敦诸姬，号称望国。王后王女之归，皆得主之。是周之最亲莫如鲁，而鲁所宜翼戴者莫如周也。十二公，历年二百四十，而王朝交鲁，书来聘者七，锡命者三，归脤者一，赗丧者四，金车赴告之役不与焉，亦綦勤矣。乃述职之纪，终春秋世，仅僖再朝王所，成一如京师，又因伐秦而往，非真有就日之诚者。其执礼殷勤，曾不及事齐、晋之万一，何其慢也！"①

"使鲁能总帅诸姬，勤修聘觐之礼，天下其孰敢不谨尽臣节，而王室不重于九鼎哉？《春秋》纪王礼之隆，所以深著鲁侯之慢也。……载考十二公，自隐及僖，周、鲁之往来犹数；文、宣以后，乃益寥寥。盖其时三军渐强，专制鲁国，彼不知有公，安知有王？修聘于王室者愈罕，而王礼亦因之以倦焉，上下之交于是息矣。"②

"左氏二百六十九年，纪周之来聘七，锡命三，归脤一，赗葬四，来求三，鲁君臣之朝聘于周者八，会葬者四，而奔丧无闻焉，其无礼甚矣。夫鲁，周公之后，号为秉礼之邦，其于晋也，尚职贡不乏，玩好时至，公卿大夫，相继于朝，史不绝书，府无虚月，而职废王室若此，他国何望焉。虽然，周自东迁后，

---

①［清］高士奇撰，《左传纪事本末·王朝交鲁》，中华书局，1979 年，第 5 页。
② 同上注，第 5 ～ 6 页。

王纲不振，君臣陵替，天下不知其非久矣，又何独责于鲁哉！且强霸迭兴，政令无常，弱者奔走将命不遑，奚暇朝王。灵王之丧，楚子昭卒，公及陈侯、郑伯、许男与诸侯之大夫皆在楚送葬，而周无人焉。观子展使印段如周之言，可胜浩叹！然则小国困敝于强侯，乃王室陵夷使然，其可专责其无王也哉！”[①]

当然，鲁国轻慢王室源于王室地位的陵夷和鲁国的日渐衰落，“古者，天子守在四夷；天子卑，守在诸侯。诸侯守在四邻；诸侯卑，守在四竟。”[②] 在霸主迭兴的春秋乱世，鲁国为求自保，在外交上依附霸主，自顾尚且不暇，自然对衰微的王室更无暇顾及。

第四节　鲁交列国

鲁国与列国的外交史可分为两个时期。“春秋初年，鲁只一败于齐，而四败宋，两败齐，一败卫、燕。直到齐桓公称霸前夕，鲁之国势尚甚强，不亚于齐。”[③] 所以春秋前期，列国敬鲁。春秋中后期，鲁国国力日削的同时，列国霸业迭兴，先是齐桓称霸，后有晋文称霸，晋楚争霸，吴越争霸。弱国无外交，鲁国作为弱国，外交渐无独立自主可言。为求自保于乱世，鲁国只好依附霸强，在夹缝中求生存。

一　春秋前期，列国敬鲁

鲁国作为周公的封国，到春秋初年还比较强大。在外交上独立自主，列国多敬重鲁国。春秋初年的大国为宋、郑、齐、卫，鲁国很少主动交往大国，体现了外交上封闭自守的心态。

隐公年间，鲁国主动结好的只有宋国，可能是隐公尊奉仲子和桓公的缘故。而郑国和齐国都是求好于鲁。卫国本为兄弟之邦，且隐公元年改葬惠公时卫国国君前来会葬以示友好。

---

① 韩席筹，《左传分国集注·王朝交鲁》，江苏人民出版社，1963 年，第 34 页。
②《左传·昭公二十三年传》沈尹戌之语。
③ 童书业著，童教英校订，《春秋左传研究》，中华书局，2006 年，第 43 页。

鲁惠公从宋国娶妻，有婚姻之好，桓公即是宋女仲子所生。但到了晚年，惠公却与宋不睦，曾败宋师于黄地。隐公刚一摄政，就主动请求与宋国结好，在宿地结盟。隐公四年，宋殇公即位后，为了继续宿之盟的友好，隐公又和宋殇公在清地会见。

隐公五年，郑庄公作为周王室的卿士，堂而皇之地率领着王师和邾国的军队讨伐宋国。郑军势如破竹，直捣宋国的外城，宋国在危难之际，连忙派人前来用国君的名义告急求援。隐公听说军队已经进入外城，作为友好的盟邦，他本打算出兵救援，但询问使者时，使者却隐瞒事实，谎称还没有打到国都。于是隐公一怒之下，就不去救援。隐公此举太过意气用事，极为不智。只因对使者不满，就把个人的好恶加于国际事务当中，对多年来友好的盟邦坐视不管，置盟邦危难于不顾，从而失去了宋国这一友好联盟。自此之后，隐公就转入了郑国的阵营当中。

隐公尚做公子时与郑国战于狐壤，被郑人俘获，通过贿赂尹氏才得以逃归。隐公四年，宋、卫、陈、蔡诸国伐郑时，鲁公子翚又不顾隐公反对，曾率师助诸侯联军伐郑。但是在隐公五年不肯救宋之后，作为宋国仇敌的郑国看到隐公与宋国的嫌隙，于是主动要求与鲁国弃前嫌而修新好。“六年春，郑人来渝平，更成也。”隐公九年，郑庄公用宋殇公不朝王的名义讨伐宋国，虽然鲁国曾于隐公七年为宋伐邾，想以此取悦于宋，但宋对隐公不救难之举仍耿耿于怀，所以此次也并不来向鲁国求救。隐公发怒，也就断绝了与宋国的往来。而且，郑国是打着周天子的旗号去进攻宋国，名正言顺，鲁国自然会站在郑国一方。隐公十年，隐公先率领鲁军在菅地打败宋军，可见隐公年间的鲁国兵力之强。因鲁国爵位高于郑国，郑国把攻占的宋国的郜地和防地都送给鲁国。

春秋初年，齐国乃齐僖公执政，齐僖公与其父齐庄公史称“庄僖小霸”。《国语·郑语》云:“及平王之末，而秦、晋、齐、楚代兴。秦景、襄于是乎取周土，晋文侯于是乎定天子，齐庄、僖于是乎小伯（霸），楚蚡冒于是乎始启濮。”僖公亦主动与鲁弃恶结好。隐公六年，与齐国在艾地结盟。“始平于齐也。”杜预注云:“春秋前，鲁与齐不平，今乃弃恶结好，故言始平于齐。”一年后，齐僖公为表诚意，又派弟弟夷仲年来鲁聘问，以固艾之盟。隐公八年，齐僖公经过努力斡旋，终于让宋、卫两国和郑国讲和，使三国在瓦屋结盟，丢弃东门一役的旧怨。结盟后，齐僖公派遣使者来向鲁国报告，可见齐国对鲁国的尊重和此时鲁国地位之高。隐公十一年，齐侯说许国不缴纳王室的贡赋，隐公又会同齐侯、郑伯讨伐许国。攻下许国后，因鲁国爵位最高，齐僖公想把许国送给隐公以示尊重，后因隐公推辞而作罢。

卫国是文王子康叔封之后，与鲁是兄弟之邦，又是近邻，关系一直很友好。隐公元年为鲁惠公改葬时，卫侯前来参加葬礼。

桓公年间的外交策略主要是亲郑、亲齐，在他国有内乱如弑君逐君时，鲁国遵循周礼中的尊卑有序、维护君权的原则，也常常参加维护列国安定的会盟或战争。当然由于鲁国在列国中爵位最高，依然受到列国的尊重，所以在所参加的各类战争和盟会中，列国往往尊鲁国为首，小国依然亲近鲁国。

桓公因为和羽父合谋，杀掉隐公，靠不义的手段获得君位，难免心虚，又因为当时国际上势力最强大的国家是郑国和齐国，所以为稳定君位，桓公就极力寻求大国的支持。桓公元年，与郑庄公在越地结盟，并且不惜违礼以许易祊，讨好郑国。桓公三年，桓公又和齐僖公在嬴地会见，自己向齐国求婚，靠政治婚姻的纽带以结强援。“凡公女嫁于敌国，姊妹则上卿送之，以礼于先君，公子则下卿送之。于大国，虽公子亦上卿送之。于天子，则诸卿皆行，公不自送。于小国，则上大夫送之。”① 齐僖公破例违礼亲自远送女儿文姜到鲁国的讙地，并且同年冬天，齐僖公又派弟弟夷仲年来鲁国聘问，可见由于鲁国在国际中尊贵的地位，有小霸之称的齐僖公也很想交好鲁国。由于有了郑国和齐国两个大国的支持，桓公的君位得以稳固。

鲁国曾与郑国交恶。桓公六年，北戎进攻齐国，诸侯都派兵救援齐国，其中郑国的太子忽功劳最大。因鲁国在诸侯国中封爵最高，齐国人请鲁国来帮助馈送诸侯军队食物，鲁国按周室封爵大小把郑国排在后面。郑太子恼羞成怒，所以四年之后郑国联合齐国、卫国攻打鲁国郎地。桓公十一年，郑庄公去世后，郑太子忽（郑昭公）因没有强大的外援，在君位之争中败下阵来。宋女所生的郑厉公即位，鲁国主动和郑国恢复邦交，桓公十二年，鲁桓公和郑厉公在武父结盟。此后，鲁国和郑国关系甚好。

---

①《左传·桓公三年传》。

桓公亦想与宋国讲和，但因宋庄公无诚意，言而无信，两次相会都拒绝讲和，所以桓公率领军队进攻宋国。

桓公十三年，宋国自以为帮助郑厉公夺取君位有功，多次向郑国索取财货，郑国不堪忍受，鲁国和自己的盟国纪国一起帮助郑国，和齐、宋、卫、燕四国的军队交战。桓公十四年，鲁桓公又和郑厉公在曹国会见，之后郑国的子人来鲁重温旧好。桓公十五年郑厉公逃亡后，鲁桓公曾两次积极组织诸侯联军攻打郑国，以护送郑厉公回国，但均以失败而告终。

桓公与齐女文姜成婚后，与齐国关系一直友好。桓公六年，与鲁国有婚姻之好的纪侯先是在成地和桓公相会，后又来鲁朝见，请求鲁国帮助纪国获得周天子的支持，以对付齐国灭纪的企图，但桓公因稳定君位时有求于齐国，自然会站在齐国一方，不肯助纪。桓公十五年，桓公和齐襄公在艾地会见以安定许国。桓公十七年，鲁桓公又和齐襄公在黄地结盟，策划助逃亡到齐国的卫惠公回国。桓公十七年夏，鲁军与齐军发生边境局部战争，边境官吏汇报时，桓公却不以为意，“疆场之事，慎守其一，而备其不虞。姑尽所备焉。事至而战，又何谒焉”①。可见桓公对齐国的亲近态度。但是桓公十八年，桓公带着文姜出使齐国，却因为文姜与齐襄公的兄妹乱伦之举而殒命，齐鲁邦交恶化。

桓公时期曾多次参加维护列国安定的战争和会盟。桓公二年，宋国发生华父督弑君之乱，鲁桓公和齐、陈、郑相会，商讨平定宋国的内乱。桓公六年，北戎进攻齐国，鲁国派兵救援齐国。桓公十五年，桓公和齐襄公相会以安定许国。桓公十五年、十六年，两次积极组织诸侯联军攻打郑国，以护送郑厉公回国。桓公十七年，鲁桓公又和齐襄公在黄地结盟，策划助卫惠公回国。这些战争中鲁国多是参与者的身份，因此时郑、齐力量最强，所以组织者多是郑国或齐国。在这些会盟或战争中，列国对鲁国都极为尊重。如桓公六年，在助齐的诸侯中，齐国就因鲁国爵位最高，让鲁国负责安排馈赠诸侯食物的顺序。

庄公年间的外交主要体现在与齐国的复杂关系上。齐襄公在位时，鲁国痛恨齐国，并想趁着齐襄公被弑后齐国内乱的机会，干预齐国内政，但随着齐桓

①《左传·桓公十七年传》。

公霸业的建立，鲁国只好依附齐国。

鲁桓公被齐国所杀，对鲁国来说是奇耻大辱，鲁人对齐国极为怨恨。庄公元年写道："元年春，不称即位，文姜出故也。三月，夫人孙于齐。不称姜氏，绝不为亲，礼也。"因为文姜未归，所以鲁国断绝了与文姜的关系，并在庄公年间的经传中多次直书姜氏的奸情。庄公二年传："二年冬，夫人姜氏会齐侯于禚。书，奸也。"庄公四年经："四年春王二月，夫人姜氏享齐侯于祝丘。"庄公五年经："夏，夫人姜氏如齐师。"庄公七年经："七年春，夫人姜氏会齐侯于防。冬，夫人姜氏会齐侯于谷。"这些都表达了鲁人对文姜与齐襄公通奸的怨恨。鲁国在齐襄公执政期间对齐国是非常痛恨的。"溺会齐师伐卫，疾之也"[①]，对于公子溺私自与齐国军队会合讨伐卫国之举，鲁人贬斥痛恨之。同年秋天，纪国因为屡屡受到齐国的逼迫而分裂之后，鲁庄公就与郑伯谋划要救援纪国。"公次于滑，将会郑伯，谋纪故也。郑伯辞以难。"[②]虽然因为郑国的退缩而没有成功，但由此可见鲁国对齐国强烈的仇视态度。

庄公即位时年仅十三岁，无论是军事智慧还是外交能力都不具备，根本无力对抗强齐。所以他只有忍辱负重，以作远图，不得不与齐国周旋。庄公元年，为齐襄公娶王姬主婚。庄公五年，鲁庄公会合齐、宋、陈、蔡攻打卫国，以帮助卫惠公回国，并且在帮助卫惠公成功返国后，"冬，齐人来归卫宝，文姜请之也"[③]。庄公即位八年之后，鲁国和齐国一起攻打郕国，郕国投降于齐师。庆父怨恨齐国不与鲁国分享胜利，所以想要讨伐齐国。庄公曰："不可。我实不德，齐师何罪？罪我之由。《夏书》曰：'皋陶迈种德，德，乃降。'姑务修德以待时乎。"[④]从修德待时之语可以看出，其实庄公并没有忘记杀父之仇，他只是在审时度势、静待时机。

庄公八年，齐襄公因残暴荒淫被弑后，管夷吾、召忽奉公子纠来奔。齐人杀死作乱的公孙无知，齐国无君，鲁庄公决定帮助齐国的公子纠回齐为君，从而具有对齐国的控制权。于是鲁国和齐国大夫在鲁国蔇地结盟后，想送公子纠

① 《左传·庄公三年传》。
② 同上。
③ 《左传·庄公六年传》。
④ 《左传·庄公八年传》。

返国为君，却被齐桓公抢先回国，当上了国君。齐国与鲁国在齐国的乾时地方交战，鲁国军队大败，鲁庄公战车上的御者和车右秦子、梁子为了掩护鲁庄公逃命，打着庄公的旗号躲在小道上，迷惑齐军，鲁庄公才有机会坐着别的车逃归。庄公十年，齐桓公为报复鲁国助公子纠之事，攻打鲁国。鲁庄公在足智多谋的曹刿的帮助下，取得了长勺之战的胜利。同年，齐国又联合宋国攻打鲁国，鲁国采取分化瓦解之策，先在乘丘打败宋国，齐国也只好撤军。

庄公十一年，宋国为了乘丘之役又入侵鲁国。宋师还未摆开阵势，鲁军就逼杀过去，败宋师于鄑。同年秋天，宋国发生水灾时，鲁庄公又不计前嫌，派使者往宋吊水，表现出大国君主的宽厚气度。

齐桓公在管仲的辅佐下，尊王攘夷，越来越强大。直到庄公十三年，“盟于柯，始及齐平也”，鲁国才与齐桓公通好，并且从庄公十五年，“复会焉，齐始霸也”。齐国开始称霸之后，鲁国就开始亲近并听命于齐国。

春秋前期，很多小国主动修好鲁国，“徒以周礼在鲁，号称望国，其声名文物所留余，犹足以系小国之心，动远人之慕”①。隐公元年，隐公和邾国在蔑地结盟修好，仅此为主动求好，其他都是小国主动朝聘或结盟。隐公二年，鲁隐公与戎人在唐地结盟，亦是在戎人的请求下才进行的。隐公二年，因纪国常常受到齐国的侵伐，纪国为了倚靠鲁国来对抗齐国，主动与鲁国联姻，鲁国嫁女于纪，作为报答，纪国调解鲁国和莒国间的不睦。隐公八年，隐公和莒子在浮来结盟，以达成对纪国的友好。隐公十一年，滕侯和薛侯来朝。桓公二年，杞侯来鲁国朝见，态度不够恭敬，桓公讨伐杞国，后杞国求和。桓公二年，桓公和戎在唐地结盟，重修友好。桓公六年，淳于公从曹国前来朝见。桓公七年，穀伯绥、邓侯吾离前来朝见。桓公九年，曹太子前来朝见。桓公十二年，鲁桓公和杞侯、莒子会盟，以和杞、莒。桓公十七年，桓公和邾仪父在趡地结盟。庄公五年，郳犁来到鲁国朝见。

“鲁惟奄然坐大，视小国之亲已为分所应尔，而无足酬答”②，鲁国非但没有回聘小国的记录，反而侵伐小国。隐公二年，司空无骇带兵入极，派费庈父灭亡了极国。桓公二年，因杞侯来朝时不够恭敬，就讨伐杞国。桓公十七年，为

---

①［清］高士奇撰，《左传纪事本末・小国交鲁》，中华书局，1979年，第151页。
② 同上。

宋国攻打郳国。庄公八年，和齐国一起攻打郕国。“邦交，人道之大伦；往来，天下之常理。鲁第视强弱为疏密，直世俗之见耳。使能存恤诸姬，敬恭慰藉，以劝来者；而又能任贤修政，发愤自雄，则天下之望走将在于鲁，而周不其东乎！惜乎，鲁之昧昧也！若夫小国僻陋，其不知切存而不削，所以示讥也。”①

二　霸主迭兴，依附霸强

鲁亲齐国

齐桓公称霸后，鲁国结好并听命于齐国。庄公十六年，齐国率领诸侯联军伐郑。同年冬天，郑国顺服，鲁庄公参加了以齐桓公为首的包括宋、陈、卫、郑、许、滑、滕等国在幽地的结盟。卫国的公室女子嫁给陈国的陈宣公，鲁国作为卫国的兄弟之邦，理应送女为媵妾。公子结作为鲁国的卿大夫，便送媵妾到卫国。当到达卫国的鄄地时，公子结听说齐国和宋国在盟会，盟会的目的就是要攻打鲁国。卿大夫出使时，是受命不受辞，情急之下，如果有利于安国家、卫社稷，可以自专。所以公子结来不及回禀鲁庄公，权宜之计，只好先不致送媵妾，赶忙前往与齐桓公、宋闵公会盟，以结友好。但是由于此次会盟并非鲁庄公之意，引起了齐、宋的不满，并且耽误了致送媵妾，也得罪了陈国，所以庄公十九年，齐国、宋国和陈国三国联兵来伐，攻打鲁国的西鄙。

为了加强与齐国的友好，鲁庄公不惜多次违礼来表示对齐国的亲近。庄公二十二年，鲁庄公亲自如齐纳币。依礼国君纳币不亲往，应派卿代劳。庄公二十三年，鲁庄公如齐观社。《墨子·明鬼下》云：“燕之有祖，当齐之有社稷，宋之有桑林，楚之有云梦也，此男女之所属而观也。”齐之社稷，和桑林、云梦一样，都是众多男女幽会聚集游玩取乐的地方。礼仪规定，国君除了会、朝、征伐、有王、巡守这五种活动之外，不能有其他行动。为了迎接夫人，庄公不惜铺张浪费，违背礼制丹桓宫之楹、刻桓宫之桷。庄公亲自去迎接夫人哀姜，并且让宗妇以币为见面礼拜见哀姜。御孙曰：“男贽大者玉帛，小者禽鸟，以章物也。女贽不过榛栗枣脩，以告虔也。今男女同贽，是无别也。男女之别，国之大节也。而由夫人乱之，无乃不可乎！”杜预注曰：“宗妇，同姓大夫之妇。

---

①［清］高士奇撰，《左传纪事本末·小国交鲁》，中华书局，1979 年，第 152 页。

礼，小君至，大人执贽以见，明臣子之道。庄公欲奢夸夫人，故使大夫、宗妇同贽俱见。”[①]

庄公二十六年参加了以齐桓公为首的伐徐战争。庄公二十七年，参加了齐桓公组织的，由宋公、陈侯、郑伯参加的幽地的会盟。同年冬天，鲁庄公和齐桓公在城濮相会。庄公二十八年，因为楚国攻打郑国，鲁庄公参加了由齐桓公组织的救援郑国的战争。庄公三十年，鲁庄公和齐桓公在鲁国济水相会。

从以上种种表现，可见鲁庄公时期对霸主齐国的亲近态度。

僖公时期，鲁国亦听命于霸主齐桓公，多次参加齐桓公组织的会盟和战争。

僖公三年，齐桓公组织诸侯在阳谷会盟，商讨攻打楚国。鲁僖公没有参加，齐桓公派使者来鲁国寻盟。为了表达对霸主齐桓公的尊重，鲁国派上卿公子友到齐国去参加盟会。僖公四年，齐桓公联合诸侯之师侵蔡、侵楚，鲁僖公参加了会战。同年冬天，鲁大夫叔孙戴伯参与了齐桓公组织的伐陈之战。僖公五年，鲁僖公参加了齐桓公组织的首止之会，“会于首止，会王大子郑，谋宁周也”。因为郑国没有参加首止结盟，僖公六年，齐桓公又组织攻打郑国，鲁僖公又带领鲁军参加。僖公七年又参加了齐桓公组织的宁母之盟。“盟于宁母，谋郑故也。”周惠王驾崩，其子周襄王担心大叔带作乱，所以秘不发丧，向齐国求助。于是僖公八年，齐桓公又组织诸侯举行了洮之盟，鲁僖公参加了盟会。僖公九年，鲁僖公参加了齐桓公组织的葵丘之盟。在盟会上，周襄王派宰孔赐齐侯胙（祭肉），以表达对齐桓公安定君位的感谢。齐桓公的霸业达到了顶峰。

僖公十年，僖公亲自前往齐国拜见齐桓公。僖公十一年，僖公又带着夫人前往齐国。“妇人送迎不出门，见兄弟不逾阈。”[②] 僖公带着夫人与齐侯相会是非礼之举，但从中可见僖公对齐桓公的恭敬。僖公十三年时，僖公参加了齐桓公组织的咸地的会见，同年冬天，又派季友出使齐国。

僖公十五年，鲁僖公又一次前往齐国。三月时，鲁僖公参加了齐桓公组织的牡丘之盟。齐桓公的一位夫人徐嬴是徐国的女子，徐国和齐国有婚姻之好。楚成王派兵讨伐徐国，齐桓公会合诸侯救援徐国。公孙敖率领鲁国军队参战。结果，冬天时“楚败徐于娄林，徐恃救也”。可见此时齐桓公的霸业已衰微，各

①《左传·庄公二十四年传》。
②《左传·僖公二十二年传》。

诸侯国也是军合力不齐，所以不能救徐。僖公十六年，鲁僖公参加了齐桓公组织的淮地的会见，是为了商量救援鄫国免被淮夷所侵，并且商量向东方用兵。结果替鄫国筑城时，因为服役的人疲惫不堪，对齐国都有怨恨，所以有人趁夜里登上小山散布谣言，大呼齐国有动乱，结果军心涣散，筑城没有结束诸侯就各自返国。僖公十七年，鲁僖公参加淮地的会见未归时，鲁国军队就灭亡了项国。齐桓公认为灭亡项国是鲁僖公的命令，所以就扣留了僖公，不让他回国。后来，僖公的夫人声姜亲自去向桓公求情，齐国才放回了鲁僖公。同年冬天，齐桓公去世。之后，齐鲁关系就变得日益复杂。

从齐桓公称霸直至春秋末世，未改齐强鲁弱的格局，鲁国始终保持着对齐国亲近的态度，只有当齐国侵犯鲁国时，鲁国才借助晋、楚、吴等强国与齐抗衡。除了战争、朝聘、会盟外，鲁国和齐国还世结婚姻之好，这种政治婚姻亦是两国邦交的一种重要方式。鲁国国君的夫人大多是齐女，同样很多鲁女也都嫁往齐国。“襄公……次弟纠奔鲁，其母鲁女也”[①]，即说明齐僖公之子公子纠之母是鲁女。在本书的鲁国婚姻礼俗部分将有详细的论述。

鲁亲媚晋

晋国和鲁国同为姬姓，是兄弟之国，尊尊亲亲的鲁国本就对晋国有亲近之感。僖公二十八年，晋楚城濮之战后，晋国称霸诸侯，鲁国便转而亲媚晋国。齐国曾多次攻打鲁国的边境，鲁国也往往借助于晋国来自保。

“诸侯五年再相朝，以修王命，古之制也。”[②] 但为依附霸强，鲁国对晋朝聘次数极多。“鲁之于晋也，职贡不乏，玩好时至，公卿大夫相继于朝，史不绝书，府无虚月。”[③] 下面仅以鲁僖公和鲁文公为例，说明鲁国对晋国亲近的态度。

僖公二十八年，鲁僖公参加了晋文公组织的践土之盟。同年冬天，鲁僖公又参加了晋文公组织的温地之会，以讨伐不顺服的国家。自此之后，鲁僖公多次参与晋国组织的盟会。僖公二十九年，鲁僖公参加了晋国组织的翟泉之盟。僖公三十年，因为周襄王派冢宰周公来鲁聘问，所以襄仲到京师去答聘，以感谢周公来聘，而且践土之盟后晋文公霸业已成，鲁国识时务者为俊杰，为了结

---

①《史记·齐太公世家》。

②《左传·文公十五年传》。

③《左传·襄公二十九年传》。

好晋国，主动让襄仲聘王室后顺便朝聘晋国。这是入春秋以来鲁国对晋国的首次聘问。“据《春秋》所记，鲁卿如京师者七次，如晋者二十八次，皆始于此。然传言‘初聘于晋’，而不言始如京师，足见鲁卿如京师者实早有其事，特未载耳。”[①]“初入春秋，晋、鲁远隔，庄、闵以前，《春秋》且未尝有晋事，晋亦鲜与闻诸侯之事，文公以前，其无朝聘，可以理推。”[②] 此次聘周是周公前来在先，鲁只是出于礼节答聘，而聘晋则是主动为之，也可见王室地位的衰微和晋国的强盛以及鲁国对王室的不恭和对晋国的讨好。

僖公三十一年，晋国把曹国的土地分给各顺服于晋的诸侯国。臧文仲作为鲁国的使者前往晋国，听从重馆人的劝告，臧文仲日夜兼程赶往晋国，以表达对晋国的恭敬和顺从，在朝晋的诸侯中分得了最多的土地。之后襄仲又一次代表鲁国出使晋国，拜谢晋国分给鲁国土地的恩惠。鲁文公元年，晋侯疆戚田，公孙敖代表鲁国和晋襄公在戚地相会，《钦定春秋传说汇纂》云：“此大夫专会诸侯之始。”

文公二年时，鲁文公由于即位后没有及时朝见晋国而受到晋国的讨伐，文公只好去了晋国，晋国却故意派阳处父和文公结盟来羞辱文公。鲁文公还没回国，晋国又因为卫成公不来朝聘攻打过卫国，卫国的孔达率师反攻晋国。所以文公二年六月，穆伯参加了晋国结盟的盟会，要再次攻打卫国。文公三年，因为沈国顺服于楚国，晋国作为中原的盟主，就率领诸侯之师攻打沈国。叔孙庄叔作为鲁国的代表参战。

鲁文公三年，晋国因为去年对鲁文公失礼之事感到后悔和恐惧，就请求改盟。鲁文公又前往晋国，与晋襄公结盟，叔孙庄叔随行。晋襄公设享礼宴请鲁文公，宴会上晋襄公赋《菁菁者莪》。《菁菁者莪》出自《诗经・小雅》，晋襄公赋此诗之意，杜预解释为：“取其‘既见君子，乐且有仪’。”庄叔让文公降阶下拜，以感谢晋襄公以君子称鲁文公，并谦卑地说：“小国受命于大国，敢不慎仪。君贶之以大礼，何乐如之？抑小国之乐，大国之惠也。”言辞中体现了对盟主晋国的尊重。晋襄公降阶辞让，然后登台回拜，文公赋《嘉乐》。《嘉乐》亦出自《诗经・大雅》，其首章曰：“假乐君子，显显令德。宜民宜人，受禄于

---

① 杨伯峻编著，《春秋左传注・僖公三十年经》（修订本），中华书局，2000年，第478页。

② 同上注，第483页。

天。保右命之，自天申之。”王闿运《诗经补笺》说：“假，嘉，嘉礼也，盖冠词。”魏源《诗古微》说：“《假乐》，美宣王之德也。宣王能顺天地，祚子孙千亿，卿士多贤，皆得获天佑所致也。”杜预解释鲁文公赋《嘉乐》之意曰：“义取其‘显显令德。宜民宜人，受禄于天’。”从所赋之诗可见鲁文公对晋国的讨好之意。

文公六年，季文子又到晋国去聘问。同年冬，襄仲如晋，参加晋襄公的葬礼。文公七年，晋灵公即位后，晋国的赵盾会合齐、宋、卫、陈、郑、许、曹国的国君在扈地结盟，鲁文公虽然也去结盟，但迟到了。文公八年，晋人因为鲁文公参加扈地之盟时迟到而讨伐鲁国，于是襄仲只好又去向晋国的赵盾谢罪。

文公七年传中记载：“穆嬴日抱大子以啼于朝，曰：‘先君何罪？其嗣亦何罪？舍适嗣不立而外求君，将焉置此？’”由此可知到鲁文公九年时，晋灵公也不过是三四岁的孩童。楚国以为有机可乘，“晋君少，不在诸侯，北方可图也”，所以楚穆王伐郑，襄仲参与了晋国的执政卿赵盾组织的诸侯联军救援郑国行动，可是出兵缓慢，并没有赶上楚师。这说明了晋国地位的衰落，但即便如此，鲁国等中原诸国仍然听命于晋国。文公十年，叔仲惠伯会晋郤缺于承筐。文公十三年，鲁文公朝晋，且寻盟。文公十四年，鲁文公参加晋国赵盾组织的新城之盟。文公十五年，季文子两次如晋。

对于楚国，虽然在庄公二十三年时“荆人来聘”，楚国首次与鲁国通好，但尊尊亲亲的鲁国始终持有“非我族类，其心必异”① 的观点，敬而远之。“臣闻小国之免于大国也，聘而献物，于是有庭实旅百。朝而献功，于是有容貌采章嘉淑，而有加货。谋其不免也。诛而荐贿，则无及也。”② 孟献子此语很能代表鲁国对晋、楚等大国的态度。

总之，春秋时期，鲁国在内政上篡乱不断。先是桓公和羽父合谋弑隐公，桓公出使齐国时又遇害，庄公末年又由于没有早立后嗣，造成庆父连弑二君，幸有季友辅佐，出现了僖公中兴的局面。僖公一朝济济多士，朝政安定，但文公末年又有襄仲杀嫡立庶之举，襄仲立宣公后地位显赫一时，形成东门氏专政的局面，襄仲死后，三桓专鲁，控制了朝政甚至国君的废立，鲁君卑弱，听命

①《左传·成公四年传》。
②《左传·宣公十四年传》孟献子之语。

于三桓。虽然三桓内部有家臣作乱，三桓势力亦有衰微，但仍专鲁政，春秋末期更是出现了昭公出奔和哀公逊越的乱局。而公室日衰、三桓专鲁局面的造成，一方面是由于国君无能，没有出现像齐桓、晋文那样的有为霸主，另一方面是由于鲁国遵循周礼中尊尊亲亲原则，沿袭世卿世禄制度，使三桓世世代代卿位绵延不绝，在列国争霸的时代背景下，没有与时俱进、尊贤尚功，结果日渐衰落，无法与强国抗衡。

鲁国的外交可分为鲁交王室、鲁交列国两个方面。在霸主迭兴的春秋乱世，王室地位的陵夷和鲁国的日渐衰落，导致鲁国为求自保，在外交上依附霸主，自顾尚且不暇，自然对衰微的王室更无暇顾及。鲁国与列国的外交以齐桓公称霸为界，可分为两个时期，前期独立自主，后期依附霸强。春秋初年，作为周公封国的鲁国还比较强大，且由于鲁国在列国中爵位最高，受到列国的尊重，在所参加的各类战争和盟会中，往往尊鲁国为首，鲁国在外交上尚能独立自主。隐公年间的大国为宋、郑、齐、卫，鲁国很少主动交往大国，体现了外交上封闭自守的心态。桓公因与羽父合谋弑君，地位不稳，所以外交策略是亲郑、亲齐。因桓公在齐国遇害，所以庄公年间的外交主要体现在与齐国的复杂关系：曾想趁着齐襄公被弑后齐国内乱的机会，干预齐国内政，但随着齐桓公霸业的建立，鲁国只好依附齐国。此后鲁国国力日削的同时，列国霸业迭兴，齐桓称霸之后，继之有晋文称霸、晋楚争霸、吴越争霸。弱国无外交，鲁国作为弱国，外交渐无独立自主可言。为求自保于乱世，鲁国只好依附霸强，在夹缝中求生存。所幸鲁国作为宗周望国，礼乐正宗，小国慕之，大国也往往笼络之。在与列国的外交中，鲁国也体现出尊奉周礼的鲜明特点。

第二章　崇礼重德——《左传》中的鲁文化精神

春秋时期的鲁国是保存宗周礼乐文明最为完备的国家。孔子《论语·雍也》云："齐一变，至于鲁，鲁一变，至于道。"朱熹《论语集注》注解曰："孔子之时，齐俗急功利，喜夸诈，乃霸政之余习。鲁则重礼教，崇信义，犹有先王之遗风焉。"崇礼重德是鲁文化的精神特征。礼是为维护尊尊亲亲的宗法制度所设立的典章制度和礼仪规范，德是为维护国家长治久安而寻求的伦理思想依据。礼是外部制约，德是内在伦理。礼靠外部规范约束，德凭内在自觉自省。礼和德内外结合，从外在礼制礼仪的制度要求到内在伦理道德的自省自觉，合二为一，共同维护宗法制度和国家的安定。德和礼又相互融合，你中有我，我中有你，有德则守礼，守礼则有德。《左传》中评价人物时常见德礼共用的现象。德是礼的内涵，礼是德的形式。德的地位高于礼，"大上以德抚民，其次亲亲以相及也"①。对个体来说，守礼只是为人的基本要求，叔孙穆子所说的三不朽的功业中亦主张太上立德。②

第一节　崇　礼

鲁国是春秋时期以崇礼而著称的国度，是著名的礼仪之邦、宗周望国，西周的礼乐制度正是由鲁国的始封君周公所制定的，杨倞在《荀子·序》中写道："昔周公稽古三五之道，损益夏殷之典，制礼作乐，以仁义理天下。"作为周公的封国，鲁国享有特殊的礼遇，《礼记·明堂位》曰："成王以周公为有勋劳于天下，是以封周公于曲阜，地方七百里，革车千乘，命鲁公世世祀周公以天子之礼乐"，

①《左传·僖公二十四年传》富辰之语。
②《左传·襄公二十四年传》叔孙穆子之语。

"凡四代之服、器、官，鲁兼用之。是故鲁王礼也，天下传之久矣"。《史记·鲁周公世家》亦曰："于是成王乃命鲁得郊祭文王，鲁有天子礼乐者，以褒周公之德也。"[①] 春秋之世，周室陵夷，王纲解纽，鲁国遂成为保存周礼最为完备的国家。"周礼在鲁，遂为中心之中心。""周公及其同僚，建立了礼乐制度，鲁国继之成为正统。"[②] 昭公二年传记载，晋国的韩宣子到鲁国聘问时："观书于大史氏，见《易》《象》与《鲁春秋》，曰：'周礼尽在鲁矣。吾乃今知周公之德，与周之所以王也。'" 所以鲁文化中的礼仪制度基本是对周文化的继承和延续。

一 周礼释义

殷礼因于夏礼，有所损益而成；周礼因于殷礼，有所损益而成，所以周礼是三代文化的结晶。周代的礼乐文明之盛，被孔子赞之为"周监于二代，郁郁乎文哉"。[③]

任继愈先生认为，礼起源于原始巫术礼仪基础上的晚期氏族统治体系的规范化和系统化。[④]"传统的周礼是由天神崇拜和祖先崇拜的宗教祭仪发展而来的。《说文》谓'礼，履也，所以事神致福也，从示从豊'。……这套宗教祭仪是一个无所不包的没有分化的体系，有所谓吉、凶、宾、军、嘉五礼所规定的各种观念烦琐的仪节，实际上是体现了宗法奴隶制的等级制度，各种宗教观念、宗教禁忌以及行为规范，则体现了维护这种等级制度的思想准则。周礼是现实的宗法奴隶制的社会生活的反映，但是披上了一件神秘的超现实的外衣。"[⑤]

对于礼的含义的界定，前贤有种种论述。

"礼者，要言之，则当时贵族阶级一切生活之方式也。故治国以礼，行军以礼，保身、守家、安位，亦莫不以礼。故有先事而豫求其礼者，有临事不能，以为病而讲学之者。今约而言之：则凡当时列国君大夫所以事上、使下、赋税、军旅、朝觐、聘享、盟会、丧祭、田狩、出征，一切以为政事、制度、仪文、

---

①《史记·鲁周公世家》。
② 杨向奎，《宗周社会与礼乐文明》，人民出版社，1992 年，第 278 ～ 279 页。
③《论语·八佾》。
④ 任继愈主编，《中国哲学发展史》第一卷，人民出版社，1983 年，第 172 页。
⑤ 同上注，第 141 页。

法式者莫非‘礼’。”①

“先秦的所谓‘礼’，包括的范围很广，并不是像现在所谓‘礼’，仅指人与人之间的交际仪式。……先秦人所谓礼包括奴隶主阶级的统治原则、政治制度、社会制度、社会秩序以及他们的生活方式。概括地说，礼就是奴隶社会包括意识形态在内的整个上层建筑。”②

“‘礼’，除了如‘周礼所以本也’（《左传》闵公元年）等语被当作政刑法度的大名以外，绝大部分指奴隶主贵族经常举行的各种礼典。”③

“‘礼’有广义、狭义之分。广义的礼，风俗信仰、礼仪制度无所不包；狭义的礼，包括礼物、礼仪两部分。”④

对于礼的作用，《礼记》有清晰的表述：“先王之制礼乐也，非以极口腹耳目之欲也，将以教民平好恶而反人道之正也”，“先王之制礼乐，人为之节：衰麻哭泣，所以节丧纪也；钟鼓干戚，所以和安乐也；昏姻冠笄，所以别男女也；射乡食飨，所以正交接也”。⑤“今大道既隐，天下为家，各亲其亲，各子其子，货力为己。大人世及以为礼，城郭沟池以为固，礼义以为纪，以正君臣，以笃父子。”⑥“由于当时政治上的等级秩序是根据宗法系统中的大宗小宗的隶属关系来确立的，为了建立稳定的政治秩序，最切实的办法就是维护和巩固宗法制度。这就是奉行从西周沿袭下来的周礼。周礼是当时各国处理政治事务的准则，也是人们判断社会道德是非以至国家治乱兴衰的依据。”⑦

在充分借鉴前贤观点的基础上，笔者以为，周礼是维护周代社会稳定的典章制度和协调人际关系的原则规范的总和，包括礼制和礼仪两个层面。三礼包括《仪礼》《周礼》《礼记》，反映了宗周的典章制度和礼仪规范。

礼制层面，王国维先生的论述常常被后人引用：“殷周间之大变革，自其表言之，不过一姓一家之兴亡与都邑之转移，自其里言之，则旧制度废而新制度兴，旧文化废而新文化兴。……周人制度之大异于商者，一曰立子立嫡之制，

① 钱穆，《国学概论》，商务印书馆，1997 年，第 34 ～ 36 页。
② 冯友兰，《中国哲学史新编》上，人民出版社，1998 年，第 107 页。
③ 沈文倬，《宗周礼乐文明考论》，浙江大学出版社，1999 年，第 1 页。
④ 杨向奎，《宗周社会与礼乐文明》，人民出版社，1992 年，第 352 页。
⑤《礼记・乐记》。
⑥《礼记・礼运》。
⑦ 任继愈主编，《中国哲学发展史》第一卷，人民出版社，1983 年，第 118 页。

由是而生宗法及丧服之制，并由是而有封建子弟之制，君天下臣诸侯之制。二曰庙数之制。三曰同姓不婚之制。此数者皆周之所以纲纪天下，其旨则在纳上下于道德，而合天子诸侯卿大夫士庶民以成一道德之团体。”① 任继愈先生对王国维先生的观点有进一步的引申和发挥：“周人根据立子立嫡之制规定了统治权力的分配，确立了君臣上下的名分等级制度；根据庙数之制确立大宗小宗的隶属关系，有次序地排列了祖宗神的地位和祭祀的等级，使祖先崇拜的宗教为巩固现实的名分等级制度服务；根据同姓不婚之制把异姓的贵族联为甥舅，利用婚姻关系来加强统治阶级的政治上的团结。因此，周人所建立的奴隶制在各个方面都贯穿着强烈的宗法精神，是一种发达的宗法奴隶制。”②

无论是立子立嫡之制、庙数之制还是同姓不婚之制，其本质都是要维护西周的统治和社会的稳定，以纲纪天下。所以西周对殷商文化最大的改造体现在宗法制度和宗法思想上。范文澜认为西周的分封制度与宗法制度是不可分离的，西周所创立的制度和文化，是中国封建制度和文化的最初基石。“宗法制度的基本精神是以宗子为中心，按血统关系的远近来区别亲疏贵贱，从而规定出无可改变的等级制度。”“不论是统治阶级或被统治阶级，祖宗崇拜在意识形态里占唯一重要的位置，公认孝道是最高的道德，任何宗教所崇拜的神和教义都不能代替祖宗崇拜和孝道。这是历史上汉民族的特征之一。”③

任继愈先生认为，周人利用宗法制度作为组织形式，建立了一个严密的从天子到诸侯以至卿大夫的金字塔式的统治秩序。“殷周之际制度上的变革，突出地表现在把这种本来只是根据血缘关系确立父权的宗法制度改造成为国家机构和政治制度的基本体制。”④ “周王在宗族上是天下的大宗，在政治上便是全国的共主。诸侯对周王来说是小宗，但在所封国内居于大宗的地位，因而享有统治所封国内的疆土和臣民的权力。卿大夫的情形亦复如此。这样便把宗族上大宗小宗的层层隶属关系和政治上从天子到诸侯以至卿大夫的层层隶属关系紧密地结合在一起，组成了一个金字塔式的等级秩序。维系这个金字塔式的等级秩序

---

① 王国维，《观堂集林·殷周制度论》(附别集)，中华书局，1961 年，第 453 ～ 454 页。
② 任继愈主编，《中国哲学发展史》第一卷，人民出版社，1983 年，第 93 页。
③ 范文澜，《中国通史简编》，人民出版社，2009 年，第 152 页。
④ 任继愈主编，《中国哲学发展史》第一卷，人民出版社，1983 年，第 92 页。

使之具有连续性和稳定性的核心，是嫡长子继承制。”①

对于宗法等级制度，《左传》中有详细的论述：“吾闻国家之立也，本大而末小，是以能固。故天子建国，诸侯立家，卿置侧室，大夫有贰宗，士有隶子弟，庶人、工、商，各有分亲，皆有等衰。是以民服事其上而下无觊觎。”② 大宗小宗的层层的严格周密又井然有序的隶属关系，极富稳定性。

二　尊尊亲亲

为了维护宗法等级制度，需要从思想文化和意识形态上去倡导和宣扬，所以就派生出尊尊亲亲的宗法精神。《礼记·表记》云：“殷人尊神，率民以事神，先鬼而后礼。周人尊礼尚施，事鬼敬神而远之，近人而忠焉。”礼的目的是维护统治，尊尊亲亲是其核心。周礼的本质就是要维护基于血缘宗亲关系的尊尊亲亲的宗法原则。“为了使殷人彻底地接受周人的制度习俗，必须使殷人先接受周族宗法制度中的一套思想。……维持血缘关系的紧密联系，是宗法制度的最高目标，父慈、子孝、兄友、弟敬，这是宗法社会的天经地义。”③ “中国奴隶社会的特点就是以‘天下为家’，即保留父系氏族社会的血缘纽带，将父权家长制的统治，推广去管理国家。君主是最高的专制家长，君位世袭，统治阶级以血缘的亲疏来分配财富和权力，为培养和提倡这种道德，就要在强调天神崇拜的同时，大力提倡祖先崇拜，这时的祖先崇拜已不同于过去的英雄祖先崇拜，它宣扬‘亲亲’，重点是祭拜君王的先祖。”④

周初的封建诸侯，就大封同姓宗亲。“昔武王克商，光有天下，其兄弟之国者十有五人，姬姓之国者四十人，皆举亲也。”⑤《荀子·儒效》记载，周公“兼制天下，立七十一国，姬姓独居五十三人”。天子娶妇或嫁女，均由同姓诸侯，往往是鲁君为之主婚；诸侯嫁女，同姓则需送陪嫁的媵妾。“公族，公室之枝叶也；若去之，则本根无所庇荫矣。葛藟犹能庇其根本，故君子以为比，况国君

① 任继愈主编，《中国哲学发展史》第一卷，人民出版社，1983 年，第 106 页。
②《左传·桓公二年传》师服之语。
③ 李亚农，《欣然斋史论集》，上海人民出版社，1962 年，第 691 ～ 692 页。
④ 任继愈主编，《中国哲学发展史》第一卷，人民出版社，1983 年，第 73 页。
⑤《左传·昭公二十八年传》。

乎？”[①] 诸侯国内，同姓的公族是公室稳定和国家长治久安的有力支撑。

周公制礼作乐，建立典章制度，是西周宗法礼乐制度的决策者。杨倞《荀子·序》曰：“昔周公稽古三王之道，损益夏殷之典，制礼作乐，以仁义理天下。”季文子称：“先君周公制《周礼》曰：‘则以观德，德以处事，事以度功，功以食民。’”[②] 孙诒让是清代周礼之学的集大成者，在其《周礼正义·叙》中云：“周公缵文武之志，光辅成王，宅中作洛，爰述官政，以垂成宪。有周一代之典，炳然大备。”鲁国作为周公的封国，是东方的宗周文化中心。“用即命于周，是使之职事于鲁，以昭周公之明德。”[③]“鲁得郊祭文王。鲁有天子礼乐者……”[④]《礼记·名堂位》曰：“命鲁公世世祀周公以天子之礼乐”，“凡四代之服、器、官，鲁兼用之，是故鲁，王礼也”，鲁国享有保存四代文化和天子礼乐的殊荣。

《礼记·文王世子》曰：“成王幼，不能莅阼。周公相，践阼而治，抗世子法于伯禽，欲令成王之知父子、君臣、长幼之道也。成王有过，则挞伯禽，所以示成王世子之道也。”周公用世子法教诲伯禽，伯禽幼承庭训，接受了严格的礼乐教化，所以伯禽就鲁后严秉周礼以治鲁。与齐人的举贤尚功不同，鲁人施行的是周礼中尊尊亲亲的治国方略。《吕氏春秋》《汉书》《淮南子》中都有类似的记载：“太公望封于齐，周公旦封于鲁，二君者甚相善也。相谓曰：‘何以治国？’太公望曰：‘尊贤尚功。’周公旦曰：‘亲亲尚恩’”，“其后齐日以大，至于霸”，“鲁日以削，……二十世而亡”。[⑤] “昔太公始封，周公问：‘何以治齐？’太公曰：‘举贤而上功。’周公曰：‘后世必有篡杀之臣。’其后二十九世为强臣田和所灭，而和自立为齐侯。”“周公始封，太公问：‘何以治鲁？’周公曰：‘尊尊而亲亲。’太公曰：‘后世浸弱矣。’故鲁自文公以后，禄去公室，政在大夫，季氏逐昭公，陵夷微弱，三十四世而为楚所灭。”[⑥]“昔太公望、周公旦受封而相见，太公问周公曰：‘何以治鲁？’周公曰：‘尊尊亲亲。’太公曰：‘鲁从此弱矣！’周公问太公曰：‘何以治齐？’太公曰：‘举贤而上功。’周公曰：‘后世必有劫杀

---

①《左传·文公七年传》乐豫之语。
②《左传·文公十八年传》。
③《左传·定公四年传》。
④《史记·鲁周公世家》。
⑤《吕氏春秋·长见篇》。
⑥《汉书·地理志》。

之君！’其后齐日以大，至于霸，二十四世而田氏代之。鲁日以削，至三十二世而亡。”①

伯禽执政之初，变其俗，革其礼，推行西周的礼乐教化，尊尊亲亲。春秋时期鲁国亦秉尊尊亲亲之礼，所以鲁国的内政相较于他国略显安定，庆父之难后，鲁国因秉周礼而免受齐国的侵伐。“犹秉周礼。周礼，所以本也。臣闻之，国将亡，本必先颠，而后枝叶从之。鲁不弃周礼，未可动也。”②专政的三桓即便地位显赫，但名义上仍要尊奉国君。昭公出奔后，季平子表面上还做足文章，年年给鲁昭公送去车马服饰。但《礼记·明堂位》中所谓的鲁国“君臣未尝相弑也，礼乐、刑法、政俗未尝相变也，天下以为有道之国。是故，天下资礼乐焉”，实为夸张溢美之词，春秋乱世，鲁国也出现了隐公被弑、庆父之难、襄仲杀嫡等乱政。

因为亲亲，季友不废叔牙、庆父之后。在襄公二十三年传“纥之罪，不及不祀”后孔疏曰：“礼，天子封诸侯以国，诸侯赐大夫以族。天子不灭国，诸侯不灭族。有小罪则废其身，择立次贤，使绍其先祀。《论语》云：‘兴灭国，继绝世。’谓此也。必有大罪，乃得灭之。《周礼·大司马》云：‘外内乱，鸟兽行，则灭之。’是也。”公孙敖去世后，齐人为孟氏谋划，“鲁，尔亲也。饰棺置诸堂阜，鲁必取之”。③鲁国因为亲亲之义，取回了公孙敖的饰棺。在公孙敖的葬礼上，襄仲不欲哭，惠伯以亲亲之义相劝：“丧，亲之终也。虽不能始，善终可也。史佚有言曰：‘兄弟致美。’救乏、贺善、吊灾、祭敬、丧哀，情虽不同，毋绝其爱，亲之道也。子无失道，何怨于人？”④襄仲听从惠伯的劝告，抛弃个人恩怨，以家族团结为重，率兄弟以哭公孙敖。

也正是由于秉持尊尊亲亲的世卿世禄制度，宗法贵族的势力日渐强大，结果导致三桓专鲁，内乱不断，鲁国日渐衰落。虽然周公本人也有一沐三握发、一饭三吐哺的尚贤之举，但鲁国在用人制度上，基本是贯彻了亲亲尚恩的原则，鲁庄公在长勺之战中重用平民曹刿，臧文仲厚赏重馆人仅是尊贤赏功的特例。

---

①《淮南子·齐俗训》。

②《左传·闵公元年传》仲孙湫之语。

③《左传·文公十五年传》。

④ 同上。

不能像齐国、晋国那样尊贤尚功，是鲁国无法走向强盛的重要原因。

在外交上，鲁国亦贯彻尊尊亲亲的原则。“同姓与异姓之间在伦常政治及其礼仪配享上的区别，不仅使以血缘宗姓为基础的诸侯封国在利益与情感的认同上具有了更加坚实的理论基础，而且姓之尊卑的观念与差别也便随之而产生，甚至在当时宗姓认同也便自然成为诸侯之间协调和处理一般事务的基本原则。”[①]鲁国在外交上亲近同姓的晋国、卫国，虽然楚国强大，但鲁人认为“非我族类，其心必异”[②]，所以并不亲近楚国。这都体现出鲁国的亲亲观念。

鲁国亲近同姓的卫国，并常常不遗余力地帮助卫国。例如，吴人围住了卫出公的馆舍以刁难卫国。子贡[③]时在鲁国，为季氏所用，他极为擅长外交辞令。司马迁曾赞之曰：“子贡一出，存鲁、乱齐、破吴、强晋而霸越。子贡一使，使势相破，十年之中，五国各有变。”[④]子服景伯就使子贡去游说大宰嚭：“卫君之来，必谋于其众。其众或欲或否，是以缓来。其欲来者，子之党也。其不欲来者，子之仇也。若执卫君，是堕党而崇仇也。夫堕子者得其志矣！且合诸侯而执卫君，谁敢不惧？堕党崇仇，而惧诸侯，或者难以霸乎！”[⑤]卫侯得以被释。

滕侯和薛侯来鲁国朝见，两人争执行礼的先后顺序。薛侯认为薛国先受封，理应在先；薛国是任姓的诸侯国，黄帝之苗裔奚仲被封为薛侯，在夏朝就已经受封。“薛之皇祖奚仲，居薛以为夏车正。奚仲迁于邳，仲虺居薛，以为汤左相。”[⑥]滕侯则认为自己是周朝的卜正官，虽然薛国比滕国受封要早，但薛国是庶姓，滕国是周之同姓，所以滕国不可以后于薛国。“诏王仪，南乡见诸侯。土揖庶姓，时揖异姓，天揖同姓。”郑玄云：“庶姓，无亲者也”，“异姓，婚姻者也”[⑦]，庶姓指非周之同姓。周公及鲁武公娶于薛，薛为鲁异姓之国。所以从尊亲的原则看，同姓的滕国比起异姓的薛国跟鲁国的关系要亲近一些。公子翚深谙

① 王连儒、李廷安，《〈左传〉所见诸侯婚姻中的宗姓认同与“兄弟之国”》，《管子学刊》1999年第2期。

②《左传·成公四年传》季文子之语。

③ 子贡虽曾多次参与鲁国的外交，但因其是卫人，故不在本书论述之列。

④《史记·仲尼弟子列传》。

⑤《左传·哀公十二年传》。

⑥《左传·定公十年传》。

⑦［汉］郑玄注，［唐］贾公彦疏，《周礼注疏·秋官·司仪》，《十三经注疏》（清嘉庆刊本），中华书局，2009年。

周礼，非常得体地转达了鲁隐公的意见："君与滕君辱在寡人。周谚有之曰：'山有木，工则度之；宾有礼，主则择之。周之宗盟，异姓为后。寡人若朝于薛，不敢与诸任齿。君若辱贶寡人，则愿以滕君为请。'薛侯许之，乃长滕侯。"① 孔疏云："天子之盟诸侯，令其奖王室，未闻离逖异姓，独与同宗者也。但周人贵亲，先叙同姓。以其笃于宗族，是故谓之'宗盟'。鲁人之为此言，见其重宗之义。"先引用俗谚"山有木，工则度之；宾有礼，主则择之"暗示薛侯身为宾客，应该守礼；然后以周礼尊亲的原则委婉地劝服薛侯，并且巧妙地类比说鲁国若朝薛，也不敢与诸任争齿，孔疏曰："《世本·氏姓篇》云：'任姓：谢、章、薛、舒、吕、祝、终、泉、毕、过。'言此十国皆任姓也。"这样说就给足了薛侯面子。公子翚的外交辞令谦恭得体，有理有据，所以使薛侯心悦诚服地甘居滕侯之后。

吴子寿梦去世后，因与鲁是同姓，所以鲁襄公依礼在周文王庙里哭泣吊唁。而且同姓、同宗、同族亦有严格的分别。"凡诸侯之丧，异姓临于外，同姓于宗庙，同宗于祖庙，同族于祢庙。是故鲁为诸姬，临于周庙。为邢、凡、蒋、茅、胙、祭临于周公之庙。"②

周礼的本质是要规定尊卑等级，以维护社会的统治和稳定，尊尊亲亲是周礼的重要特征。尊尊是维护君臣等级，稳定统治；亲亲是强调血缘纽带，巩固家族利益。二者在政治上的弊端就是讲究血缘宗法关系上的亲疏贵贱，任人唯亲，不能举贤尚功，最终使朝政日渐衰落。

三　推崇礼仪

《周礼·春官·大宗伯》将礼分为"吉、凶、宾、军、嘉"五类。吉礼，就是祭祀之礼。"国之大事，在祀与戎"，所以吉礼被列为五礼之首，《礼记·祭统》载："凡治人之道，莫急于礼；礼有五经，莫重于祭。"凶礼，是丧葬吊唁之礼，包括丧礼、荒礼、吊礼、禬礼、恤礼五类。宾礼，指诸侯朝见周天子和诸侯间的聘问会盟等礼仪。军礼，指军队演练、征伐等的礼仪。嘉礼即嘉合亲

---

①《左传·隐公十一年传》。
②《左传·襄公十二年传》。

睦万民之礼，包括饮食之礼、婚冠之礼、宾射之礼、飨燕之礼、脤膰之礼、贺庆之礼。

司马迁云："拨乱世反之正，莫近于《春秋》……夫不通礼义之旨，至于君不君，臣不臣，父不父，子不子……故《春秋》者，天下礼义之大宗也。"①郑玄《六艺论》云："左氏善于礼，公羊善于谶，穀梁善于经。"《左传》作为解释《春秋》的传书，保存了关于礼的诸多记载，是考察春秋时期礼的重要资料。宋代张大亨的《春秋五礼例宗》、沈斐的《春秋比事》，元人吴澄的《春秋纂言》，明代石光霁的《春秋钩玄》，清代惠士奇的《春秋说》、毛奇龄的《春秋传》、姚彦渠的《春秋会要》、秦惠田的《五礼通考》、顾栋高的《春秋大事表》均是研究《左传》礼制的重要著作。

在春秋各诸侯国中，"鲁之班长而又先"②。西周的覆亡使周室的文物典章大部分荡失，春秋时期的鲁国成了保存周礼最为完备的国家。《左传》作为鲁国的国史，自然保存了众多关于鲁国的礼仪。《左传》中记载的鲁国的众多礼仪，显现出鲁人对礼仪的通晓和维护，所以才会有士匄的"诸侯宋、鲁，于是观礼"③之语，韩宣子来鲁聘问时，观书于大史氏，见《易》《象》与《鲁春秋》，亦感叹道："周礼尽在鲁矣。吾乃今知周公之德，与周之所以王也。"④士匄和韩宣子所赞叹的都是鲁国礼仪的丰富完备。仅臧僖伯劝阻鲁隐公观鱼的谏词中就提到许多古代的礼制，极富史料价值和文献价值。其一，四时狩猎的制度："春蒐夏苗，秋狝冬狩，皆于农隙以讲事也。"孔疏曰："《尔雅·释天》四时之猎名与此同，说者皆如此注，故杜依用之。《周礼·大司马职》：'中春教振旅'，'遂以蒐田'；'中夏教茇舍'，'遂以苗田'；'中秋教治兵'，'遂以狝田'；'中冬教大阅'，'遂以狩田。'其名亦与此同。"⑤其二，三年军事演习的制度和饮至之礼："三年而治兵，入而振旅，归而饮至，以数军实。昭文章，明贵贱，辨等列，顺少长，习威仪也。"孔疏曰："虽每年常四时讲武，犹复三年而一大习，犹如四时常祀，三年而复为禘祭，意相类也。出曰治兵者，以其初出，始治其事也。入曰振旅

①《史记·太史公自序》。
②《国语·鲁语上》。
③《左传·襄公十年传》。
④《左传·昭公二年传》。
⑤《春秋左传正义·隐公五年传》。

者，以治兵礼毕，整众而还。振讯是整理之义，故振为整也。”[①] 桓公二年传中也写道：“凡公行，告于宗庙；反行，饮至、舍爵，策勋焉，礼也。”

经过整理，兹列举《左传》中所述及的鲁国礼仪如下：

太子出生之礼：“子同生，以大子生之礼举之，接以大牢，卜士负之，士妻食之。公与文姜、宗妇命之。”[②]

饮至之礼：“公至自伐郑，以饮至之礼也。”[③]

男女有别之礼：对于鲁桓公要带文姜出使齐国的非礼之举，申繻曰：“女有家，男有室，无相渎也，谓之有礼。易此，必败。”[④]

对于鲁庄公让宗妇以玉帛作为见面礼拜见哀姜的非礼之举，御孙曰：“男贽大者玉帛，小者禽鸟，以章物也。女贽不过榛栗枣脩，以告虔也。今男女同贽，是无别也。男女之别，国之大节也。而由夫人乱之，无乃不可乎！”[⑤]

治兵于庙之礼：“治兵于庙，礼也。”[⑥]

国君出行之礼：对于鲁庄公如齐观社的非礼之举，曹刿谏曰：“不可。夫礼，所以整民也。故会以训上下之则，制财用之节；朝以正班爵之义，帅长幼之序；征伐以讨其不然。诸侯有王，王有巡守，以大习之。非是，君不举矣。君举必书，书而不法，后嗣何观？”[⑦]

“公会杞伯姬于洮，非事也。天子非展义不巡守，诸侯非民事不举，卿非君命不越竟。”[⑧]

禘礼：“禘而致哀姜焉，非礼也。凡夫人不薨于寝，不殡于庙，不赴于同，不祔于姑，则弗致也。”[⑨]

君薨之礼：“凡君薨，卒哭而祔，祔而作主，特祀于主，烝尝禘于庙。”[⑩]

新君即位后卿出聘之礼：“凡君即位，卿出并聘，践修旧好，要结外援，好

---

①《春秋左传正义 · 隐公五年传》。
②《左传 · 桓公六年传》。
③《左传 · 桓公十六年传》。
④《左传 · 桓公十八年传》。
⑤《左传 · 庄公二十四年传》。
⑥《左传 · 庄公八年传》。
⑦《左传 · 庄公二十三年传》。
⑧《左传 · 庄公二十七年传》。
⑨《左传 · 僖公八年传》。
⑩《左传 · 僖公三十三年传》。

事邻国，以卫社稷，忠信卑让之道也。”[①]

新君即位后娶元妃之礼：“凡君即位，好舅甥，修昏姻，娶元妃以奉粢盛，孝也。孝，礼之始也。”[②]

卿为君逆夫人之礼：“逆妇姜于齐，卿不行，非礼也。”[③]

告朔之礼：“闰月不告朔，非礼也。闰以正时，时以作事，事以厚生，生民之道，于是乎在矣。不告闰朔，弃时政也，何以为民？”[④]

日食之礼：“日有食之，天子不举，伐鼓于社，诸侯用币于社，伐鼓于朝，以昭事神、训民、事君，示有等威。古之道也。”[⑤]

“夏六月甲戌朔，日有食之。祝史请所用币。昭子曰：‘日有食之，天子不举，伐鼓于社；诸侯用币于社，伐鼓于朝。礼也。’平子御之，曰：‘止也。唯正月朔，慝未作，日有食之，于是乎有伐鼓用币，礼也。其余则否。’大史曰：‘在此月也。日过分而未至，三辰有灾。于是乎百官降物，君不举，辟移时，乐奏鼓，祝用币，史用辞。故《夏书》曰：辰不集于房，瞽奏鼓，啬夫驰，庶人走。此月朔之谓也。当夏四月，是谓孟夏。’”[⑥]

郊祭、望祭之礼：“不郊而望，皆非礼也。望，郊之属也。不郊亦无望，可也。”[⑦]

孟献子曰：“吾乃今而后知有卜筮。夫郊，祀后稷以祈农事也。是故启蛰而郊，郊而后耕。今既耕而卜郊，宜其不从也。”[⑧]

卜葬之礼：“葬敬嬴。旱，无麻，始用葛茀。雨，不克葬，礼也。礼，卜葬，先远日，辟不怀也。”[⑨]

出使后君薨复命之礼：“子家还，及笙，坛帷，复命于介。既复命，袒、括发，即位哭，三踊而出。”[⑩]

---

①《左传·文公元年传》。
②《左传·文公二年传》。
③《左传·文公四年传》。
④《左传·文公六年传》。
⑤《左传·文公十五年传》。
⑥《左传·昭公十七年传》。
⑦《左传·宣公三年传》。
⑧《左传·襄公七年传》。
⑨《左传·宣公八年传》。
⑩《左传·宣公十八年传》。

诸侯之丧之礼："凡诸侯之丧，异姓临于外，同姓于宗庙，同宗于祖庙，同族于祢庙。是故鲁为诸姬，临于周庙。为邢、凡、蒋、茅、胙、祭临于周公之庙。"①

"楚人使公亲襚，公患之。穆叔曰：'祓殡而襚，则布币也。'乃使巫以桃列先祓殡。楚人弗禁，既而悔之。"②

制铭之礼：臧武仲曰："夫铭，天子令德，诸侯言时计功，大夫称伐。今称伐则下等也，计功则借人也，言时则妨民多矣，何以为铭？且夫大伐小，取其所得以作彝器，铭其功烈以示子孙，昭明德而惩无礼也。今将借人之力以救其死，若之何铭之？"③

藏冰之礼：申丰曰："古者，日在北陆而藏冰；西陆，朝觌而出之。其藏冰也，深山穷谷，固阴冱寒，于是乎取之。其出之也，朝之禄位，宾食丧祭，于是乎用之。其藏之也，黑牡、秬黍，以享司寒。其出之也，桃弧、棘矢，以除其灾。其出入也时。食肉之禄，冰皆与焉。大夫命妇，丧浴用冰。祭寒而藏之，献羔而启之，公始用之。火出而毕赋。自命夫、命妇，至于老疾，无不受冰。山人取之，县人传之，舆人纳之，隶人藏之。夫冰以风壮，而以风出。其藏之也周，其用之也遍，则冬无愆阳，夏无伏阴，春无凄风，秋无苦雨，雷不出震，无灾霜雹，疠疾不降，民不夭札。"④

所以鲁人对保存礼仪的礼书极为重视。司铎官署失火后，火势猛烈，"南宫敬叔至，命周人出御书，俟于宫，曰：'庀女而不在，死。'子服景伯至，命宰人出礼书，以待命：'命不共，有常刑。'……季桓子至，……命藏《象魏》，曰：'旧章不可亡也'"⑤。

鲁人极为重视周礼，肯定了周礼治理国家统治百姓的重要作用。"夫礼，所以整民也。"⑥齐国庄子来聘时，自郊劳至于赠贿，礼成而加之以敏。臧文仲就对鲁僖公说："国子为政，齐犹有礼，君其朝焉。臣闻之，服于有礼，社稷之卫

①《左传·襄公十二年传》。
②《左传·襄公二十九年传》。
③《左传·襄公十九年传》。
④《左传·昭公四年传》。
⑤《左传·哀公三年传》。
⑥《左传·庄公二十三年传》曹刿之语。

也。”[①] 对于不告闰朔的非礼之举，认为是“弃时政也，何以为民？”[②]。楚人将伐陈，听到陈成公去世的消息就停止了。陈人却不肯听命于楚国。臧武仲依礼预言陈国必亡：“大国行礼焉而不服，在大犹有咎，而况小乎？”[③]

鲁人认为周礼对个人生死存亡亦至关重要。“礼，身之干也。”[④]“礼，人之干也。无礼，无以立。”[⑤] 孔子的学生子贡亦说：“夫礼，死生存亡之体也。将左右周旋，进退俯仰，于是乎取之；朝祀丧戎，于是乎观之。”[⑥] 季文子从臧文仲学事君之礼：“见有礼于其君者，事之如孝子之养父母也。见无礼于其君者，诛之如鹰鹯之逐鸟雀也。”[⑦] 文公十八年，季文子依礼把弑父弑君的莒仆逐出鲁境。齐侯因曹国朝见鲁国而侵略曹国，季文子曰：“齐侯其不免乎。己则无礼，而讨于有礼者，曰：‘女何故行礼！’礼以顺天，天之道也，己则反天，而又以讨人，难以免矣。”[⑧] 臧坚被齐人俘获后，齐侯使宦官夙沙卫唁之，希望臧坚不死。对于这种非礼之举，臧坚认为是对自己尊严的极大侮辱：“拜命之辱！抑君赐不终，姑又使其刑臣礼于士。”[⑨] 以杙抉其伤，慷慨赴义。孟僖子因为跟随鲁昭公出使楚国时不能相礼，非常惭愧，所以对通达礼仪的人非常敬重。临死之际，命两个儿子孟懿子与南宫敬叔师事仲尼以学礼。叔孙婼聘宋时，宋国的桐门右师言辞骄傲自大，卑宋大夫而贱司城氏。昭子评价说：“右师其亡乎！君子贵其身而后能及人，是以有礼。今夫子卑其大夫而贱其宗，是贱其身也，能有礼乎？无礼必亡。”[⑩]

在外交上鲁国依礼进退。“事大国，无失班爵而加敬焉，礼也。”[⑪] 桓公六年，诸侯大夫戍齐时，齐人馈之饩，使鲁为其班，鲁国按照王室的封爵把郑国排在后面，虽然郑国发怒攻打鲁国，但鲁国认为自己有礼。庄公十一年，鲁国

---

①《左传·僖公三十三年传》。
②《左传·文公六年传》。
③《左传·襄公四年传》。
④《左传·成公十三年传》孟献子之语。
⑤《左传·昭公七年传》孟僖子之语。
⑥《左传·定公十五年传》。
⑦《左传·文公十八年传》。
⑧《左传·文公十五年传》。
⑨《左传·襄公十七年传》。
⑩《左传·昭公二十五年传》。
⑪《左传·成公十八年传》臧武仲之语。

刚打败宋国的入侵不久，宋国发生水灾，鲁庄公就捐弃前嫌，依礼派使者如宋吊水。僖公二十七年，齐孝公去世。虽然与齐有旧怨，但鲁国却依礼而不废丧纪。因杞桓公来朝时用夷礼，僖公认为杞君不恭敬而卑视杞君，并入侵杞国，以讨伐杞国的无礼。成公三年，晋国荀庚和卫国孙良夫同时来聘问时，鲁国依礼安排结盟的顺序。成公十八年，晋士鲂来乞师时，鲁国依礼确定出兵的人数。

为捍卫国家尊严和利益，亦往往据礼力争。如吴国向鲁国征百牢的贡赋，子服景伯据礼力争："君若以礼命于诸侯，则有数矣。若亦弃礼，则有淫者矣。周之王也，制礼，上物不过十二，以为天之大数也。今弃周礼，而曰必百牢，亦唯执事。"[①] 吴人将以哀公见晋侯，子服景伯亦巧妙地依礼来解说："王合诸侯，则伯帅侯牧以见于王。伯合诸侯，则侯帅子男以见于伯。自王以下，朝聘玉帛不同。故敝邑之职贡于吴，有丰于晋，无不及焉，以为伯也。今诸侯会，而君将以寡君见晋君，则晋成为伯矣，敝邑将改职贡。鲁赋于吴八百乘，若为子男，则将半邾以属于吴，而如邾以事晋。且执事以伯召诸侯，而以侯终之，何利之有焉？"[②] 吴人只好作罢。

《左传》所载的诸多鲁人的赋诗言志，尤其能体现鲁人的礼乐文明之盛。"《左传》共记赋诗六十八篇次，其中晋人赋诗十二次，郑人赋诗十八次，鲁人赋诗多达二十七次，其他各国赋诗篇次较少。"[③] 有关鲁人赋诗在季文子、叔孙穆子形象分析中都有详尽的论述，兹不赘述。季札如鲁观乐亦是因对鲁国保存的宗周礼乐文明的向往："请观于周乐。……见舞《韶箾》者，曰：'德至矣哉！大矣！如天之无不帱也，如地之无不载也，虽甚盛德，其蔑以加于此矣。观止矣！若有他乐，吾不敢请已！'"[④] 这种崇礼的风尚影响深远，项羽死后，汉高祖"举兵围鲁，鲁中诸儒尚讲诵习礼乐，弦歌之音不绝，岂非圣人之遗化，好礼乐之国哉？"[⑤]。

下面以鲁国的婚姻礼仪为例，来说明鲁文化尊崇周礼的特点。

---

①《左传·哀公七年传》。

②《左传·哀公十三年传》。

③ 毛振华,《〈左传〉鲁人赋诗考论》,《东方论坛》2006 年第 4 期。

④《左传·襄公二十九年传》。

⑤《史记·儒林列传》。

四　婚姻礼仪

婚礼因黄昏时分举行仪式而得名，《仪礼注疏・士昏礼》郑玄注曰：“士娶妻之礼，以昏为期，因而名焉。必以昏者，阳往而阴来，日入三商为昏。”婚礼在吉凶宾军嘉五礼当中属于嘉礼。周礼对婚姻之礼非常重视，《易传・序卦》云：“有天地然后有万物，有万物然后有男女，有男女然后有夫妇，有夫妇然后有父子，有父子然后有君臣，有君臣然后有上下，有上下然后礼义有所错。”①《礼记・昏义》曰：“夫礼始于冠，本于昏。”②《礼记・内则》云：“礼，始于谨夫妇，为宫室，辨内外。”③认为男女婚姻是礼仪的根本，在家国同构的社会里，夫妇、父子、群臣关系类等，井然有序，社会才会稳定。《礼记・昏义》曰：“昏礼者，将合二姓之好，上以事宗庙，下以继后世也，故君子重之。”根源于周礼的鲁文化亦对婚姻礼仪非常重视，而且礼仪极为完备。因为鲁国跟王室关系亲密，是周之“班长”，礼仪之邦，所以鲁国往往担当代王室嫁女或者帮助王室迎娶后妃的重任。比如庄公元年经记载：“夏，单伯送王姬。秋，筑王姬之馆于外……王姬归于齐。”杨伯峻注曰：“天子嫁女于诸侯，必使同姓诸侯为之主，己不主婚，以天子与诸侯尊卑不称故也。”④所以周庄王女儿要嫁给齐襄公，就请鲁国代劳。同样，“天子娶于诸侯，使同姓诸侯为之主”⑤。桓公八年传记载：“祭公来，遂逆王后于纪，礼也。”周桓王从纪国娶王后，亦由鲁国主婚。能代王室嫁女娶妇，除了反映出鲁国在周王室的同姓诸侯中地位尊贵，与王室关系亲睦外，也反映出鲁国在婚姻礼俗方面极为完备，才能有此殊荣。

下面主要从同姓不婚、婚姻六礼、政治婚姻、媵妾制度几方面考察《左传》中体现的鲁国在婚姻礼仪方面推崇周礼的特点。

同姓不婚

周人婚姻礼俗首先讲究同姓不婚。《魏书・高祖纪》说：“夏殷不嫌一姓之婚，周制始绝同姓之娶。”襄公二十八年传载“男女辨姓”；《礼记・坊记》“娶

---

①［南宋］朱熹，《周易本义》，上海古籍出版社，1987年，第73页。

②［清］朱彬撰，《礼记训纂》，中华书局，1996年，第334～335页。

③ 同上注，第879页。

④《左传・庄公元年经》。

⑤《左传・桓公八年传》。

妻不娶同姓”;《礼记·曲礼》“取妻不取同姓，故买妾不知其姓，则卜之”;《礼记·大传》“同姓从宗合族属，异姓主名治际会。名著而男女有别。四世而缌，服之穷也，五世而袒免，杀同姓也，六世亲属竭矣。其庶姓别于上，而戚单于下，昏姻可以通乎？系之以姓而弗别，缀之以食而弗殊，虽百世而昏姻不通者，周道然也”。“如果说宗法制度是维系同姓的纽带的话，那么同姓不婚制度则是其补充，两者相辅相成，成为促进同姓与异姓之间的政治经济联系的重要途径。……大宗百世不迁，同姓百世不婚，这是维系周代举国上下紧密团结的两条纽带，不可或缺。”①

周人认为同姓婚姻的害处有二，首先它不利于后代的繁衍昌盛。重耳出亡时，郑国的叔詹劝谏郑文公“男女同姓，其生不蕃”②。“侨又闻之，内官不及同姓，其生不殖。美先尽矣，则相生疾，君子是以恶之。故《志》曰：‘买妾不知其姓，则卜之。’违此二者，古之所慎也。男女辨姓，礼之大司也。”③其次同姓相婚还会带来灾祸。《国语·晋语》司空季子曰：“异姓则异德，异德则异类。异类虽近，男女相及，以生民也。同姓则同德，同德则同心，同心则同志，同志虽远，男女不相及，畏黩敬也。黩则生怨，怨乱毓灾，灾毓灭姓，是故取妻避其同姓，畏乱灾也。”

同姓不婚的好处有二，一为附远，一为厚别。《礼记·郊特牲》云：“取于异姓，所以附远厚别也。”孔颖达疏曰：“所以附远厚别也者，取异姓者，所以依附相疏远之道。厚，重分别之义，不欲相亵，故不取同姓也。”通过姬姓的宗周和诸侯国与异姓的诸侯国之间通婚，加强了与异姓诸侯国之间的亲睦关系，敦睦邦交，同姓为兄弟血亲，异姓则结为甥舅之好，巩固了姬姓的统治。文公二年传记载：“襄仲如齐纳币，礼也。凡君即位，好舅甥，修昏姻，娶元妃以奉粢盛，孝也。”杜预注曰：“遣卿申好舅、甥之国，修礼以婚姻也。”而且体现了周人重视人伦教化，重视礼仪的观念，《白虎通》所谓“不娶同姓者，重人伦，防淫泆，耻与禽兽同也”。

《左传》中也记载了一些同姓相婚的非礼现象，其中以晋国和齐国较多。

① 李衡眉，《论周代的“同姓不婚”礼俗》，《齐鲁学刊》1988 年第 5 期。
②《左传·僖公二十三年传》。
③《左传·昭公元年传》。

"姬姓晋国纳娶同姓最多，晋献公所纳娶的五人皆为姬姓，晋平公之姬妾中也有四位姬姓女子。"[①] 齐人在礼仪方面顾忌较少，所以也多有同姓相婚的违礼之举，如崔杼和卢蒲癸都娶同姓。东郭偃之姊棠姜的丈夫去世后，崔杼贪图棠姜的美貌，使偃为己娶之。偃曰："男女辨姓，今君出自丁，臣出自桓，不可。"但是即便在卜筮不吉利的情况下，崔杼仍不惜冒着娶同姓的非礼恶名，娶了棠姜。崔子曰："嫠也何害？先夫当之矣。"[②] 可见崔杼根本不把同姓不婚的礼仪放在眼里。齐国的卢蒲癸娶了同姓的庆舍的女儿，在别人责问他时，他公然用赋诗断章取义做比喻为自己开脱："庆舍之士谓卢蒲癸曰：'男女辨姓。子不辟宗，何也？'曰：'宗不余辟，余独焉辟之？赋诗断章，余取所求焉，恶识宗？'"[③]

相较来看，鲁人在同姓不婚的礼仪方面，坚持得较好。下面试把《左传》所载的鲁国君卿娶妇和鲁女出嫁的情况做一梳理：

惠公的元妃孟子、续娶的仲子都是宋国女，子姓。桓公的夫人文姜是齐国女，姜姓。庄公的夫人哀姜和其娣叔姜都是齐国女，姜姓；妾孟任是鲁国党氏之女，是任姓；成风是须句国女，风姓。僖公夫人声姜是齐国女，姜姓。文公夫人出姜是齐国女，姜姓；二妃敬嬴，不知国，嬴姓。宣公夫人穆姜是齐国女，姜姓。成公夫人齐姜是齐国女，姜姓；妾定姒，杜预以为杞国女，何休《公羊解诂》以为莒国女，杞、鄫、莒皆姒姓，定姒母国无考，姒姓。襄公夫人未记载，妾敬归、齐归皆为胡国女，归姓。昭公夫人吴孟子为吴国女，姬姓。定公妾定姒，母国无考，姒姓。哀公夫人为公子荆之母，不知姓。鲁国国君当中，只有鲁昭公娶了同姓。

哀公二十四年传记载："周公及武公娶于薛，孝、惠娶于商，自桓以下娶于齐。"周公和武公从薛国娶妻，孝公和惠公从宋国娶妻，而且薛国任姓、宋国子姓，均与鲁异姓。《国语·晋语》司空季子曰："昔少典娶于有蟜氏，生黄帝、炎帝。黄帝以姬水成，炎帝以姜水成，成而异德，故黄帝为姬，炎帝为姜。二帝用师以相济也，异德之故也。"姜姓和姬姓世代通婚，所以姬姓的鲁国中，国君多从齐国娶妻。"鲁桓、庄、僖、文、宣、成六君分别娶文、哀、声、出、

① 李廷安，《〈左传〉所见诸侯婚姻中同姓婚姻的一般禁忌原则》，《山东社会科学》1999 年第 6 期。
②《左传·襄公二十五年传》。
③《左传·襄公二十八年传》。

穆、齐六姜"[①]，都是齐女，也都与鲁异姓。"夏五月，昭夫人孟子卒。昭公娶于吴，故不书姓。"[②] 鲁昭公娶于吴是不合同姓不婚的礼制的，因为吴也是姬姓，亦是周太王的后代。《史记·吴太伯世家》载："吴太伯，太伯弟仲雍，皆周太王之子，而王季历之兄也。季历贤，而有圣子昌，太王欲立季历以及昌，于是太伯、仲雍二人乃奔荆蛮，文身断发，示不可用，以避季历。季历果立，是为王季，而昌为文王。太伯之奔荆蛮，自号句吴。"所以鲁昭公因娶同姓而受到陈司败的批判："君取于吴为同姓，谓之吴孟子。君而知礼，孰不知礼！"[③]

《左传》记载的娶妇的鲁国卿大夫当中，季文子娶陈国女，妫姓。穆伯夫人戴己、妾声己、续娶己氏皆是莒国女，己姓。施孝叔娶声伯外妹，父亲为齐国的管于奚，管姓。臧宣叔娶铸国女，任姓。叔孙穆子娶国氏，齐国女，源出姜姓。季平子娶宋国女，子姓。季公鸟娶季姒，齐国女，姒姓。鲁国的卿大夫皆娶异姓。

《左传》中写到的鲁女共 26 位：纪伯姬、纪叔姬、孟任、庄公之女、杞伯姬、莒叔姬、鄫季姬、荡伯姬、声伯之母、杞叔姬（两位）、子叔姬（两位）、郯伯姬、宋共姬、颜懿姬、鬷声姬、襄公姑母、穆孟姬、庚宗妇、泉丘二女、季公若之姊、秦姬、重、季姬。这些女性当中，有七位嫁往姜姓的齐国，三位嫁往姒姓的杞国，两位嫁往姜姓的纪国，两位嫁往子姓的宋国，另姒姓的莒国、姒姓的鄫国、嬴姓的郯国、曹姓的小邾国各一位。另有任姓的孟任嫁给鲁庄公，庄公之女未提及出嫁，襄公姑母嫁给到鲁国避难的邾国的庶其，秦姬嫁给鲁大夫秦遄，也都符合同姓不婚的原则。鲁女当中还有不知姓的几位女子：声伯之母、庚宗妇人、泉丘二女。其中声伯之母未行媒聘之礼嫁给鲁宣公同胞兄弟叔肸、庚宗妇人私通叔孙穆子、泉丘二女私奔孟僖子。总之，鲁国女性中除私通的声伯之母、庚宗妇人、泉丘二女这四位不知姓的女子外，其他女性的婚姻皆符合同姓不婚的原则。

所以，从《左传》的记载来看，鲁国只有鲁昭公娶同姓，其余无论是君卿娶妇还是鲁女出嫁皆能遵循同姓不婚的原则，可见鲁国对同姓不婚礼仪的尊奉。

---

① [清] 姚彦渠，《春秋会要》卷一，中华书局，1998 年。
②《左传·哀公十二年传》。
③《论语·述而》。

婚姻六礼

婚姻讲究父母之命，媒妁之言。《诗经·齐风·南山》云："取妻如之何？匪媒不得。"父母之命、媒妁之言会造成很多爱情的悲剧。《诗经·鄘风·柏舟》云："髧彼两髦，实维我特，之死矢靡慝。母也天只！不谅人只！"因为自由恋爱得不到父母的体谅，所以痛心疾首。青年男女只有到了新婚之夜，才能看到对方的样子。虽然《诗经·唐风·绸缪》中有"今夕何夕，见此良人？子兮子兮，如此良人何？"，却未必所有素未谋面就结成姻缘的男女都能有这种心满意足的欣喜。"昔贾大夫恶，娶妻而美，三年不言不笑，御以如皋，射雉，获之，其妻始笑而言"①。父母之命、媒妁之言造成的是更多的心有不甘、情非所愿的痛苦。春秋时期上层贵族的婚姻多为政治婚姻，女性更是成为政治联姻的棋子，任人摆布，毫无自由。

杨朝明认为，《诗经》中的《豳风》本是鲁诗，反映的是鲁地的社会风貌。②《诗经·豳风·伐柯》载："伐柯如何？匪斧不克。取妻如何？匪媒不得。"鲁地极为重视父母之命、媒妁之言。《周礼·地官·媒氏》云："媒氏掌万民之判"；《礼记·曲礼》云："男女非有行媒，不相知名。非受币，不交不亲"；《礼记·内则》云："聘则为妻，奔则为妾"。在鲁国，不聘的私奔者有时甚至连妾的地位也难保，声伯之父叔肸是鲁宣公同胞兄弟，声伯之母因为没有行媒聘之礼，鲁宣公夫人穆姜就对她极为蔑视，"吾不以妾为姒"③，即便声伯之母已经生下了声伯，也仍然被赶出了家族。

由于周人敬宗尊祖，因此结婚时亦应该先祭告宗庙然后婚配。"郑公子忽如陈逆妇妫。辛亥，以妫氏归。甲寅，入于郑。陈鍼送女。先配而后祖。鍼子曰：'是不为夫妇。诬其祖矣，非礼也，何以能育？'"④郑公子忽的"先配而后祖"是非礼之举。《左传》中虽没有关于鲁人先祖后配的记载，但想来尊奉周礼的鲁国应必定如此。

杜佑《通典》云："伏羲氏制嫁娶以俪皮为礼。五帝驭时，娶妻必告父母。

① 《左传·昭公二十八年传》。
② 杨朝明，《鲁国与〈诗经〉》，《中国史研究》1994 年第 2 期。
③ 《左传·成公十一年传》。
④ 《左传·隐公八年传》。

夏氏亲迎于庭。殷迎于堂。周制，限男女之岁，定婚姻之时。亲迎于户。六礼之仪始备。”到了注重礼乐教化的周代，婚姻礼仪中有了完备周详的六礼，即“纳采、问名、纳吉、纳征、请期、亲迎”。六礼作为婚礼的程序始见于《仪礼·士昏礼》和《礼记·昏义》。郑玄为《仪礼·士昏礼》中的“六礼”所做的注最为权威，被后世广泛引用：“昏礼。下达。纳采，用雁。”郑玄注曰：“将欲与彼合昏姻，必先使媒氏下通其言。女氏许之，乃后使人纳其采择之礼。用雁为摯者，取其顺阴阳往来。《诗》云：‘取妻如之何？匪媒不得。’昏必由媒，交接设绍介，皆所以养廉耻。”六礼当中，纳采、问名、纳吉、请期、亲迎这五礼均用雁，只有纳征不用雁。《仪礼注疏·士昏礼》记载：“纳征：玄纁束帛，俪皮。”《礼记·昏义》亦提到了六礼：“将合二姓之好，上以事宗庙，而下以继后世也。故君子重之。是以昏礼纳采、问名、纳吉、纳征、请期，皆主人筵几于庙，而拜迎于门外。入，揖让而升，听命于庙，所以敬慎重正昏礼也。”《仪礼》中虽仅有士婚礼，诸侯国君卿大夫的婚礼无载，但由士婚礼亦可推断。

婚姻礼仪有烦琐复杂的六礼，但《左传》并没有完全记载，顾栋高认为《春秋》和《左传》只记载了纳币、逆女与夫人至三种。“先王厚男女之别，重继嗣之原，爰定昏礼，为纳采、问名、纳吉、纳征、请期、亲迎，所以别嫌明微，先德后色，垂万世统，至深远也。东迁而后，礼教不修，伦纪废坏，陈灵以君臣宣淫，晋文以怀嬴荐宠，卫宣有新台之刺，齐襄有南山之行，人道同于禽兽，典礼弃若弁髦，大乱极矣，圣人悯焉……昏礼有六，而春秋书纳币、逆女与夫人至，从其重者书之也。而或失之略，而或失之过。失之略者，轻妃偶而虞不终。失之过者，谄强邻而羞宗庙。圣人之为天下后世虑，岂不深切著明也哉！”[①] 顾栋高解释之所以只书纳币、逆女与夫人至，是常事不书，只书违礼之举，并以此来警戒后世。但是细考《左传》，在有关纳币的记载后，往往有“礼也”的评论，如文公二年传：“襄仲如齐纳币，礼也。”成公八年传：“宋公使公孙寿来纳币，礼也。”桓公三年，公子翚到齐国逆女，是符合礼仪的修先君之好的举动，故被尊称为“公子”。可见顾栋高的观点值得商榷。

陈筱芳认为：“《左传》中出现的婚礼实有三项：聘，又称委禽；纳币，又

---

① ［清］顾栋高，《春秋大事表·春秋嘉礼表卷十九》，中华书局，1993 年，第 1637 ～ 1638 页。

名成昏；逆女。三礼相当于《士昏礼》‘六礼’中的纳采，纳征和亲迎。六礼中的问名、纳吉和请期之所以不见于《左传》，最大的可能是春秋本无此独立的三礼，唯有聘、纳币和逆女三礼，《左传》中自然不可能出现。”①

笔者以为，具体到《左传》中关于鲁国婚礼的记载，只出现了六礼当中的纳币与逆女二礼。纳采之礼见于昭公元年传：“郑徐吾犯之妹美，公孙楚聘之矣，公孙黑又使强委禽焉。”杨伯峻注曰：“古代婚礼，第一事为纳采。纳采用雁，故亦言委禽。”② 因记载的是郑国的事情，所以不在本书论述范围之内。但郑国亦是与周王室同宗的姬姓封国，郑国既有此礼，鲁国亦应有此礼。

纳币即六礼中的纳征。“纳征”，郑玄注：“征，成也，使使者纳币以成昏礼。”在《春秋》和《左传》的记载中，鲁国婚姻礼仪中关于纳币礼仪共出现了三次，庄公二十二年经：“公如齐纳币。”文公二年传：“襄仲如齐纳币，礼也。凡君即位，好舅甥，修昏姻，娶元妃以奉粢盛，孝也。孝，礼之始也。”成公八年传：“宋公使公孙寿来纳币，礼也。”

三次纳币礼仪中，两次为鲁君娶妇，一次为鲁女外嫁。鲁庄公是亲自如齐纳币，襄仲为鲁文公如齐纳币，宋共公派公孙寿来鲁纳币。

“十二公违礼，莫甚于庄、宣。庄公当亲丧而主王姬，娶仇女而躬纳币。”③ 鲁庄公亲自赴齐纳币是非礼之举，按照礼仪，国君的纳币礼应该由卿大夫前往，所以襄仲为鲁文公如齐纳币被赞为守礼。宋共公亦是派公孙寿前来鲁国纳币。《左传》中除和鲁国有关的纳币礼仪之外，还有一次关于晋国如齐纳币的记载，昭公二年传：“宣子如齐纳币。”晋平公亦是不亲自前往，而是派韩宣子如齐纳币。《公羊传》和《穀梁传》都在庄公如齐纳币后评价道：“亲纳币，非礼也。”

《左传》中的逆女之礼相当于《仪礼·士昏礼》中的亲迎之礼。与士婚礼不同，国君娶妇并不亲迎，与国君娶妇纳币一样，国君娶妇逆女亦由卿代劳。而卿大夫娶女则同士一样，需要亲迎。

《左传》中与鲁国有关的逆女礼仪共有八次。隐公二年传：“纪裂繻来逆女，卿为君逆也。”桓公三年传：“公子翚如齐逆女（为桓公娶妇）。”庄公二十四年

---

① 陈筱芳，《周代婚礼：六礼抑或三礼》，《文史》2000 年第 4 辑。
② 杨伯峻编著，《春秋左传注·昭公元年传》（修订本），中华书局，2000 年，第 1211 页。
③［清］顾栋高，《春秋大事表·春秋嘉礼表卷十九》，中华书局，1993 年，第 1637 页。

经："公如齐逆女（自逆）。"文公四年传："逆妇姜于齐，卿不行，非礼也（为文公娶妇）。"宣公元年传："公子遂如齐逆女（为宣公娶妇）。"宣公五年传："齐高固来逆女，自为也。故书曰：'逆叔姬。'卿自逆也。"成公八年传："声伯如莒，逆也（自逆）。"成公十四年传："宣伯如齐逆女（为成公娶妇）。"

八次当中，纪国来逆鲁女和三次鲁卿为国君到齐国逆女都是卿为君逆。鲁卿声伯娶莒女和齐国卿娶鲁妇都是自逆。可见国君娶妇应该由卿代劳，卿大夫娶妇则亲自逆女。鲁庄公作为国君亲自逆女不合礼仪，庄公二十七年传："公会杞伯姬于洮，非事也。天子非展义不巡守，诸侯非民事不举，卿非君命不越竟。"诸侯国君即便迎娶夫人也不应越过国境，并且国君迎娶夫人是派遣卿还是大夫前往，要与对方的国力相匹敌。这与国君嫁女送女的人员安排相类似。送亲和迎亲的人员地位应该相当，即"送从逆班"。晋国派遣公族大夫韩须到齐国迎接齐女少姜，齐国为了表示对霸主晋国的恭敬，派上大夫陈无宇致女，可晋国仍嫌陈无宇不是卿，地位低下，就拘捕了陈无宇。晋国的做法是不合礼的，少姜曰："送从逆班。畏大国也，犹有所易，是以乱作。"[①] 可见，"送从逆班"是致女的原则。桓公三年传曰："凡公女嫁于敌国，姊妹则上卿送之，以礼于先君；公子则下卿送之；于大国，虽公子亦上卿送之；于天子，则诸卿皆行，公不自送；于小国，则上大夫送之。"同样，国君娶妇也应该派遣相应的上卿、下卿或者大夫以示对婚姻之国的尊重。正因如此，为鲁文公逆齐女时，齐国强大，鲁国卿却并未出行，被认为是贵聘而贱逆之的非礼之举。

《左传》中关于鲁国婚姻礼仪的记载，除纳币和逆女之外，还有不属于六礼的致女和反马之礼。

致女之礼见于成公九年传："季文子如宋致女，复命，公享之。"杜预注曰："女嫁三月，又使大夫随加聘问。谓之'致女'，所以致成妇礼，笃婚姻之好。"[②] 可知鲁国有致女之礼，在女儿出嫁三个月之后，派卿大夫到婚姻之国聘问，以存谦敬、序殷勤，笃婚姻之好。

反马之礼是指结婚时女方留下乘坐的母家之车马，以防被弃后使用。结婚三个月后，夫家返回女方之马，表示以后不会出妻。反马之礼见于宣公五年传：

---

①《左传·昭公二年传》。

②《春秋左传正义·成公九年传》。

“秋九月，齐高固来逆女，自为也。故书曰：‘逆叔姬。’卿自逆也。冬，来，反马也。”孔疏曰：“礼，送女适于夫氏，留其所送之马，谦不敢自安于夫，若被出弃，则将乘之以归，故留之也。至三月庙见，夫妇之情既固，则夫家遣使，反其所留之马，以示与之偕老，不复归也。”①对于反马之礼，杨伯峻有更详细的注解：“据孔疏引郑玄《箴膏肓》，盖古代士人娶妇，乘夫家之车，驾夫家之马，故《仪礼·士昏礼》不载反马之事。至大夫以上者娶妇，则乘母家之车，驾母家之马。既婚三月以后，夫家留其车而反其马。郑玄云‘留车，妻之道也’者，盖谓妻不敢自必能长久居于夫家，恐一旦被出，将乘此车以归，杜注所谓‘谦不敢自安’之义也。郑玄又云‘反马，婿之义也’者，夫家示以后不致发生出妇之事也。”②

政治婚姻

春秋时期上层贵族的婚姻多为政治婚姻，“春秋以降，诸侯更世相婚媾，结为盟国，以资系援”③。刘向《列女传·仁智传》记载许穆夫人之语：“古者诸侯之有女子也，所以苞苴玩弄，系援于大国也。”“昔逮我献公及穆公相好，戮力同心，申之以盟誓，重之以婚姻。”④比如《诗经·卫风·硕人》曰：“齐侯之子，卫侯之妻，东宫之妹，邢侯之姨，谭公维私。”齐庄公的三个女儿分别嫁给卫侯、邢侯、谭公，齐国就与卫国、邢国、谭国通过婚姻建立了同盟。桓公六年传记载，鲁桓公未娶文姜之前，齐僖公曾想把文姜嫁给郑国的太子忽，太子忽拒绝了，认为齐大非偶，自己不愿巴结齐国：“人各有耦，齐大，非吾耦也。《诗》云：‘自求多福。’在我而已，大国何为？”后来太子忽为齐国打败戎师，齐侯又请求把其他女儿嫁给太子忽，太子忽又拒绝了：“无事于齐，吾犹不敢。今以君命奔齐之急，而受室以归，是以师昏也。民其谓我何？”⑤太子忽为了自己的虚荣心拒绝了和齐国联姻的大好机会，失去了强援，结果即位不久就被迫出奔。可见婚姻在国家政治中的重要作用。

鲁国在春秋时期国力日渐衰落，不论是君卿娶妇还是女子出嫁，都有强烈

---

①《春秋左传正义·宣公五年传》。

② 杨伯峻编著，《春秋左传注·宣公五年传》（修订本），中华书局，2000年，第686页。

③ 陈鹏，《中国婚姻史稿》，中华书局，1990年，第270页。

④《左传·成公十三年传》。

⑤《左传·桓公六年传》。

的结外援、固邦国的政治意图。“夫为四邻之援，结诸侯之信，重之以婚姻，申之以盟誓，固国之艰急是为。”①

哀公二十四年传：“周公及武公娶于薛，孝、惠娶于商，自桓以下娶于齐。”春秋时期，鲁国不论是娶妇还是嫁女，与齐国联姻最多，可谓世相婚媾。在春秋十二国君中，桓公夫人文姜、庄公夫人哀姜、僖公夫人声姜、文公夫人出姜、宣公夫人穆姜、成公夫人齐姜都为齐女。隐公夫人未记载。闵公刚即位就遇害，尚未成婚。襄公夫人未记载。昭公夫人为吴国女。哀公夫人为公子荆之母，国别无考。可见国君娶齐女的比例还是很大的。尤其是春秋前期，齐国国力强盛，齐桓为春秋首霸，鲁国要依附齐国，所以世结婚姻。春秋末期，齐国国力衰落，晋、楚、吴成为强国，昭公不再娶齐女，而是娶吴女，可能就是要与强大的吴国结好的缘故。

鲁国不但国君多娶齐女，鲁国的女子亦多嫁于齐国。比如“襄公……次弟纠奔鲁，其母鲁女也”②，即齐僖公之子公子纠之母是鲁女。《左传》涉及的 26 位鲁女中，有七位嫁往齐国：子叔姬（两位）、颜懿姬、鬷声姬、穆孟姬、重、季姬，亦是占了很大的比重。鲁国的女子亦多嫁往小国，其中杞国三位，纪国两位，宋国两位，莒国、鄫国、郯国、小邾国各一位，这是因为鲁国作为宗周望国，小国慕之，所以小国多主动前来求婚，以期结交强援。比如纪国，因为春秋之前“（齐）哀公时，纪侯谮之周，周烹哀公而立其弟静，是为胡公”③。纪国与齐国结下重怨，而且纪地近齐，齐国春秋初年已经是“庄僖小霸”④ 的局面，齐想吞并纪国以扩大领土，所以纪国在艰危的时局下求助于鲁，于是隐公二年纪国来鲁国求娶伯姬，希望借助鲁国来抗衡强齐。

春秋时期，鲁国国力日渐衰微，站在鲁国的立场上，政治婚姻最好是能结交强援，而鲁女下嫁则完全是一种资源浪费。能与强国结为婚姻之好，对鲁国是极为有力的。即便如荒淫乱伦的桓公夫人文姜，虽然桓公因之遇害，但也要一分为二看，我们无法否认文姜在庄公执政期间对鲁国做出的巨大贡献。这里

---

①《国语·鲁语上》。
②《史记·齐太公世家》。
③ 同上。
④《国语·齐语》。

对文姜与其兄齐襄公的乱伦行为暂且不论，只说在桓公去世、庄公即位之后，文姜对鲁国的贡献。庄公即位时年仅十二岁，文姜对于稳定庄公的君位及鲁国的政局功不可没。而且齐襄公于鲁庄公八年遇害，此后文姜便无乱伦行为记载，《春秋》经传中，齐襄公去世后尚有两次提及文姜赴莒，所以有些学者开始为文姜作翻案文章，有的认为文姜是杰出的外交家："文姜在齐鲁争强，鲁国国势日趋劣势之时，数度以国君之礼与齐国国君会晤，协调齐鲁关系，至莒国加强莒鲁联盟，以增强鲁国实力和地位，在她有生之年以其外交能力，减缓鲁国地位下降的速度，从这个角度看，文姜不失为中国古代一位颇有能力的女外交家。"① "结合《春秋》《左传》之记述，文姜不仅是一个美艳动人的女子，还是一个有着杰出才能的女性政治家和外交家，她的一系列作为为鲁国在庄公时期赢得了罕有的国际地位，其功业不可忽视。"② 有学者甚至认为："文姜可能是鲁国历史上的一位女君主或执政，并可能在其子鲁庄公年幼时代为摄政。"③ 以上诸位学者都看到了文姜在鲁国政坛上的功绩，这当然源于文姜是齐国女子的缘故。同样是出自齐国的声姜，作为鲁僖公的夫人，也在政治上为鲁国做出了贡献。僖公十七年传记载："师灭项。淮之会，公有诸侯之事未归而取项。齐人以为讨，而止公。秋，声姜以公故，会齐侯于卞。九月，公至。书曰：'至自会。'犹有诸侯之事焉，且讳之也。"声姜是齐桓公的女儿，鲁僖公被齐桓公扣留，多亏了声姜的斡旋，才被放回鲁国。所以鲁国国君多娶齐女以增强自己的实力，甚至不惜违礼也要结交强齐。

"十二公违礼，莫甚于庄、宣。庄公当亲丧而主王姬，娶仇女而躬纳币。宣公倚齐得国，结好图昏，即位未几，速行丧娶，有人心者谓宜于此焉变矣。"④ 鲁庄公即位元年，不顾三年之丧就为杀父仇人齐襄公娶王姬主婚，娶哀姜时更是违礼亲自赴齐纳币和逆女；鲁宣公刚即位亦是不顾三年之丧就娶齐女以亲齐。鲁庄公和鲁宣公的行为都是违礼背俗之举，但他们也是为了鲁国的稳定不得已而为之，婚姻成为政治维稳的工具。

---

① 童教英，《文姜小议》，《宁波大学学报》（人文科学版）1998 年第 3 期。
② 高方，《"〈左传〉丽人谱"之文姜论》，《徐州工程学院学报》（社会科学版）2012 年第 4 期。
③ 刘金荣，《"文姜之乱"献疑》，《浙江社会科学》2009 年第 5 期。
④［清］顾栋高，《春秋大事表・春秋嘉礼表卷十九》，中华书局，1993 年，第 1637 页。

媵妾制度

春秋时期，在诸侯国的政治婚姻中，还有一种媵妾制度。媵妾制度是父系氏族社会群婚制的余习，媵妾一般由正妻的姪娣充当，最先会选择娣，无娣时则由姪充当。“《左传》所记娣从媵凡四十见，可见妹从姊嫁在当时仍十分普遍，而姪从媵仅三见，且只发生在齐鲁二国。”[①] 所以娣的地位高于姪，《仪礼·士昏礼》云：“虽无娣，媵先。”郑玄注曰：“古者嫁女，必娣侄从之，谓之媵，娣尊侄卑，或若无娣，犹先媵客之也。”另外，除自己国家会送媵妾外，同姓的盟国也会致送媵妾，以示友好。成公八年传：“卫人来媵共姬，礼也。凡诸侯嫁女，同姓媵之，异姓则否。”成公九年传：“晋人来媵，礼也。”鲁国的共姬嫁给宋国，同姓的卫国和晋国都致送了媵妾。“诸侯娶一国，则二国往媵之，以侄娣从。侄者何？兄之子也。娣者何？弟也。诸侯一聘九女。”[②] 杨伯峻亦曰：“诸侯娶于一国，二国以庶出之女陪嫁，曰媵。”[③] 一娶三国的原因，《白虎通·嫁娶》解释为：“娶三国女何？广异类也，恐一国血脉相似俱无子也。”值得注意的是，鲁国的宋共姬出嫁后，异姓的齐国也送女来媵。同样的异姓送媵妾的记载还见于襄公二十三年传“晋将嫁女于吴，齐侯使析归父媵之”，姬姓的晋国嫁女于吴国时，异姓的齐国也以女为媵妾。但这种异姓媵婚属于“非礼”行为。媵婚制中的妻妾们因有同姓血缘关系，所以比异姓的妻妾之间关系更和睦，《春秋公羊传·庄公十九年》何休注：“必以侄娣从之者，欲使一人有子，二人喜也，所以防嫉妒，令重继嗣也。因以备尊尊、亲亲也。”从《诗经·大雅·韩奕》“韩侯娶妻……诸娣从之，祁祁如云”和《诗经·卫风·硕人》“庶姜孽孽，庶士有朅”之语，后世自可想象诸侯结婚时众多媵妾随嫁的盛大场面。鲁国不论是国君娶妇还是鲁女出嫁亦应有众多的媵妾随行。《诗经·齐风·敝笱》就写到了鲁桓公夫人文姜出嫁时众多媵妾相随的盛况：“齐子归止，其从如云”，“齐子归止，其从如雨”，“齐子归止，其从如水”。《毛传》云：“如云，言盛也”，“如雨，言多也”。《郑笺》曰：“其从，侄娣之属。”即媵妾。

媵妾的地位比正妻低下，《礼记·丧服》“妾之事女君，与妇之事舅姑等”。

---

① 刘兴均，《“姪从媵”考》，《四川师范大学学报》1995 年第 2 期。

②《春秋公羊传·庄公十九年》。

③ 杨伯峻编著，《春秋左传注·庄公十九年传》（修订本），中华书局，2000 年，第 210 页。

周桓王把宠爱的子仪嘱托给周公，辛伯劝谏周公说："并后、匹嫡、两政、耦国，乱之本也。"[①] 认为媵妾并同于王后是国家祸乱的根本之一。鲁国亦是如此，鲁哀公不顾众人的反对，立宠爱的公子荆之母（妾）为夫人，就遭到了国人的厌弃。"公子荆之母嬖，将以为夫人，使宗人衅夏献其礼。对曰：'无之。'……公卒立之，而以荆为大子。国人始恶之。"[②] 媵妾甚至被当成财物，可以出卖甚至殉葬，《礼记·檀弓》载："子硕欲卖庶母以葬己母。"宣公十五年传中记载："魏武子有嬖妾，无子。武子疾，命颗曰：'必嫁是。'疾病，则曰：'必以为殉。'及卒，颗嫁之，曰：'疾病则乱，吾从其治也。'"虽然魏颗没有遵循父亲的遗嘱以父亲之妾殉葬，但由此可见春秋时期有以妾殉葬的做法。

媵妾是男权社会的陋习，就像附赠的物品一样。媵妾地位卑贱，她们的情感被漠视，尊严被践踏。她们是父兄的政治筹码，因为按照春秋婚俗，"诸侯不再娶"，嫡妻死后不能再娶，就由媵妾充当继室。如果正妻没有子嗣的话，媵妾所生的儿子同样可以巩固她们的母国与夫国的政治联盟。即使作为媵妾的女子不是出自本国，而是由同姓的盟国所送，在作为同姓盟国与婚姻之国的纽带时，对己国也有很大的益处。

因为对孝道的重视，所以媵妾的儿子如果继承君位，身为媵妾的母亲也可以母凭子贵。春秋时期，宫闱之内也不乏争斗，有许多母亲为了儿子能登上国君的宝座不遗余力、费尽心机，期望母凭子贵，后半生有靠。更有甚者心狠手辣，无所不用其极。比如晋献公的姬妾骊姬为了让自己的儿子奚齐被立为太子，狠毒地陷害太子申生和诸公子，逼得申生自尽，重耳和夷吾出逃，造成晋国多年的内乱。鲁国外嫁的身为媵妾的贵族女性没有这种干政现象，而鲁国国君的媵妾中干政的亦仅有成风、敬嬴、公为之母。

闵公二年传："成风闻成季之繇，乃事之，而属僖公焉，故成季立之。"成风成功地让儿子继承了君位，所以她在儿子僖公执政后母凭子贵，很有权势。成风的母国须句国被邾国灭亡，须句国君逃到鲁国来投奔成风，成风就向儿子僖公请求："崇明祀，保小寡，周礼也；蛮夷猾夏，周祸也。若封须句，是崇皞、济而修祀，纾祸也。"于是僖公讨伐邾国，恢复了须句国，而且成风死后被

---

①《左传·桓公十八年传》。
②《左传·哀公二十四年传》。

以夫人之礼安葬。文公五年传载："王使荣叔来含且赗，召昭公来会葬，礼也。"杜预注："成风，庄公之妾。天子以夫人礼赗之，明母以子贵，故曰'礼'。"

敬嬴亦是如此，文公十八年传载："敬嬴嬖而私事襄仲。宣公长而属诸襄仲，襄仲欲立之，叔仲不可。仲见于齐侯而请之。齐侯新立而欲亲鲁，许之。"宣公本不当立，因为文公夫人出姜（又被称为哀姜）生有恶和视两个儿子，且恶已经被立为太子，但是由于敬嬴的私心，结好襄仲，结果使襄仲杀嫡立庶。由于儿子是国君，因此敬嬴死后被称为小君。宣公八年经曰："葬我小君敬嬴。"

公为之母在与公衍之母一起生子时，花言巧语欺骗公衍之母，就是为了让儿子能成为兄长。昭公二十九年传："公衍、公为之生也，其母偕出。公衍先生，公为之母曰：'相与偕出，请相与偕告。'三日，公为生，其母先以告，公为为兄。"因为无嫡子时立长子，谁先出生就可以当太子。公为就靠着母亲的诡计当上了太子，当然后来因为公为与季公若谋逐季氏，造成昭公出奔，所以后来公为又被废黜。"（昭公）曰：'务人为此祸也。且后生而为兄，其诬也久矣。'乃黜之，而以公衍为大子。"但是公为之母的诡计毕竟曾经得逞。

虽然鲁国国君的媵妾当中有过这样的助儿子夺取君位的女性，但是干政的媵妾毕竟是极少数，鲁国大多数媵妾受到崇礼的鲁文化的影响，甘心居于低贱的地位，默默地了此残生，甚至没有死后哀荣。她们的形象是模糊的，惊鸿一瞥，灵光乍现，就杳无踪迹。春秋初年出场的声子就是这样一位悲剧女性。她生时是媵妾制的牺牲品，虽被立为继室，但不能做正夫人，死后亦被草草安葬了事。古人非常重视对逝者的安葬，所谓慎终追远，声子的简单葬仪映射出其身为媵妾的可悲的遭际，令人叹惋。下面以声子为例，看一下鲁国媵妾的普遍遭际。

鲁惠公的元妃（第一次所娶正夫人）孟子，是宋国的女子，声子本是孟子的媵妾。声子出身微贱，声子名字中的"声"是其谥号，"子"是指母国的姓。关于声子的母国问题，杜预注曰："声，谥也，盖孟子之侄娣之也。诸侯始娶，则同姓之国以娣媵。"认为声子是出自与孟子同姓之国的媵妾。宋为子姓，同姓国诸多，《世本》曰："子姓，殷、时、来、宋、空同、黎、比、髦、自夷、萧"。前已述及，春秋时期，诸侯王嫁女时，除自己国家会送媵妾外，同姓的盟国也会致送媵妾，以示友好。鲁国的共姬出嫁时，同姓的卫国和晋国都致送了媵妾。由此可知，声子未必是宋国的女子。

据文公二年传：“凡君即位，好舅甥，修昏姻，娶元妃以奉粢盛，孝也。孝，礼之始也。”可知，鲁惠公即位不久就娶了孟子，孟子没有子嗣且过早去世，所以鲁惠公把声子作为继室。继室的地位低于正夫人，高于普通的媵妾，春秋时期也有在从未有过正夫人时，以继室做正夫人的现象。如昭公三年传：“晋平公娶齐之少姜，少姜有宠而死，齐请继室于晋。”“韩宣子使叔向对曰：‘寡君之愿也。寡君不能独任其社稷之事，未有伉俪，在缞絰之中，是以未敢请。君有辱命，惠莫大焉。若惠顾敝邑，抚有晋国，赐之内主，岂唯寡君，举群臣实受其贶，其自唐叔以下实宠嘉之。’”“秋七月，郑罕虎如晋，贺夫人。”由以上三段记载可知，少姜并非晋平公的正夫人，晋平公是在从未有过正夫人的情况下，将齐国打算送来做继室的女子作为嫡夫人的。

声子的情况却不同，鲁惠公曾有过正夫人，虽然正夫人已经去世，但是正如杜预所注：“元妃死则次妃摄治内事，犹不得称夫人，故谓之继室。”《史记·鲁周公世家》也称声子为贱妾：“初，惠公适夫人无子，公贱妾声子生子息。”哀公二十四年传：“若以妾为夫人，则固无其礼也。”可知鲁国在哀公之前从未有过以妾为妻的现象，所以声子虽然能摄治内室，却不能做正室夫人，这都源于她微贱的媵妾出身。声子无法做正室夫人，从《左传》中的记载可知。“隐公元年经：元年秋七月，天王使宰咺来归惠公、仲子之赗。传：秋七月，天王使宰咺来归惠公、仲子之赗。缓，且子氏未薨，故名。”仲子是在隐公二年的十二月去世的，所以周天子赠送仲子之赗是非礼之举。由此可见，周天子是把仲子作为鲁惠公的夫人来对待的，而这时候声子还在世。即使这时候声子的儿子已经做了国君，由于儿子只是摄政的身份，所以声子还是不能母凭子贵，无法当上正夫人。

声子既然能被立为继室，摄治内室，可以想见她应该有美丽的容颜，知书达理，温柔贤惠，深受鲁惠公的宠爱，可惜她媵妾的出身使她不能成为正夫人，她心中亦应埋藏着深深的痛苦和遗憾。

声子不但没有利用其继室的身份帮助儿子当上太子，而且在隐公摄政后，声子也没有任何干政之举。《史记·鲁周公世家》记载：“初，惠公适夫人无子，公贱妾声子生子息。息长，为娶于宋。宋女至而好，惠公夺而自妻之。生子允。

登宋女为夫人，以允为太子。及惠公卒，为允少故，鲁人共令息摄政，不言即位。”《左传》并没有写惠公的夺媳乱伦之举，不知《史记》中此情节据何而写。惠公是否乱伦此处暂且不论，只说由《史记》此处记载可知，惠公娶仲子时隐公已经成年，而且仲子生下桓公不久，鲁惠公就去世了，鲁惠公在位四十六年，由此推算声子做继室的时间应该较长，至少有十五年。这么长的时间里她完全有能力为儿子和自己争取足够的利益，因为鲁惠公的正夫人孟子没有子嗣，声子的儿子就是鲁惠公的长子，鲁惠公的太子桓公出生时，隐公已经成年，隐公作为长子，虽然是庶出，但如果母亲声子为他极力争取，他是完全有可能被立为太子的。但声子没有丝毫的野心和贪欲，而是恪尽职守，谦恭守礼，并没有利用自己继室的地位去为自己和儿子争取任何非分的利益。

声子不但生前是媵妾制的牺牲品，死后亦因其媵妾的身份而遭到冷落和漠视。因为她不是鲁惠公的正夫人，儿子隐公虽然做了鲁国国君，却是代替桓公摄政，所以在隐公二年十二月，也就是距离声子之死不到半年前，桓公的母亲仲子去世，就以夫人的礼节加以安葬，并且在隐公五年也就是仲子的三年之丧完成时，又隆重地在仲子的宗庙举行盛大的祭祀活动，献演万舞。隐公五年传记载：“九月，考仲子之宫，将万焉。公问羽数于众仲。对曰：‘天子用八，诸侯用六，大夫四，士二。夫舞所以节八音而行八风，故自八以下。’公从之。于是初献六羽，始用六佾也。”万舞，包括文舞和武舞。文舞舞师手拿籥与翟表演，武舞舞师手执干与戚表演。万舞常常在宗庙祭祀时表演，《诗经·商颂·那》“万舞有奕”，是祭祀成汤；《鲁颂·闷宫》“万舞洋洋”，是祭祀周公。这里用盛大的六佾之舞祭祀仲子，可见是把仲子视为鲁惠公的正夫人，非常地尊重。

相较之下，声子的葬礼简朴冷清，声子是隐公三年四月辛卯去世的。隐公三年传记载：“夏，君氏卒。声子也。不赴于诸侯，不反哭于寝，不祔于姑，故不曰薨。不称夫人，故不言葬，不书姓。为公故，曰‘君氏’。”声子死后，隐公不给诸侯发讣告，安葬之后也没有回到祖庙哭祭，在安葬三个月之后，没有把声子的神主放在她婆婆神主的旁边，下葬的情况不被记载，也没有记载她的姓氏。只是因为她是隐公的生母，所以才称她为“君氏”。由于媵妾的身份，声子被草草安葬了事。古人非常重视对逝者的安葬，所谓慎终追远，声子的简单葬仪映射出其身份的卑微和遭际的堪怜。

声子的遭际就是春秋时期鲁国众多媵妾悲剧命运的缩影，成风、敬嬴、公为之母只是鲁国极个别的例子，因为鲁国毕竟是一个尊崇礼仪的国度。成风、敬嬴、公为之母，她们的思想观念可能更多地受到了母国文化的影响，所以在尊崇周礼的鲁国成为媵妾中的异类，而鲁国出生的贵族女性身为媵妾的，搜遍《左传》，则都像声子一样谦恭守礼，没有干政之人。

《左传》中还记载了三位民间私通的女性，即庚宗妇人、泉丘二女，从中能让我们窥见鲁地婚姻风俗之一斑。昭公四年传载："穆子去叔孙氏，及庚宗，遇妇人，使私为食而宿焉。问其行，告之故，哭而送之。"庚宗妇是叔孙穆子在逃难途中偶然遇到的，叔孙穆子离开后，庚宗妇独自把儿子抚养长大。昭公十一年传载："泉丘人有女梦以其帷幕孟氏之庙，遂奔僖子，其僚从之。"泉丘女因为梦见以其帷幕孟氏之庙，就私奔孟僖子，她的同伴也跟随前往。这些无视礼法、率性而为、毫无顾忌的私通女性都是来自民间，可见鲁地虽然上层贵族受礼仪影响较深，但民间却较少禁忌。这种民间风俗的自由宽松亦是相对而言，所以鲁女当中自由择婚的还是少数，虽偶有私通，但并没有乱伦以及烝报现象。总之，鲁国由于其宗周望国、礼仪之邦的特殊地位，在婚姻礼仪方面亦是严秉周礼，民间风俗上稍有自由奔放的气息。

但值得注意的是，春秋时期，普天之下莫非王土的一统局面终结，周礼赖以依存的社会环境发生了变化。"而至春秋时，民族之演进既久，政治之范围日扩，历史之成例日增，即礼制典章亦日繁。又以列国交通，踵事增华，而礼文日密。更复习俗不同，风尚互异，周人既失其制，诸侯各自为政。朝聘往来，又不得不博闻多识，以资应付。又竞争日烈，治赋理财，需材孔殷。而其时贵族君大夫奢汰之风日甚，上下相僭，既乖旧礼，又多不能从事学问，身亲政务。于是礼日以增，亦日以坏。"[①] 以至于繁文缛礼，"经礼三百、曲礼三千"。春秋时期，政权下逮，由王而诸侯而卿大夫。王室和公室日渐卑弱，氏族贵族走向没落，以维护尊卑等级秩序为宗旨的礼制亦失去了现实的基础，人们只好关注礼仪。随着春秋乱世的更迭，鲁国亦经历了礼坏乐崩的过程，违礼僭越之举愈演愈烈。

---

① 钱穆，《国学概论》，商务印书馆，1997 年，第 36 页。

这一时期鲁国的礼已经失去了维护社会稳定、维护尊卑等级的精神特质，而只是揖让周旋的细枝末节罢了。相较他国，鲁国只不过更多地保留了礼仪的形式而已。《左传》中有一段精辟的论述：鲁成公如晋，自郊劳至于赠贿，无失礼。晋侯对女叔齐赞叹说："鲁侯不亦善于礼乎？"女叔齐不屑地说："鲁侯焉知礼？"女叔齐一针见血地指出："是仪也，不可谓礼。礼，所以守其国，行其政令，无失其民者也。今政令在家，不能取也。有子家羁，弗能用也。奸大国之盟，陵虐小国。利人之难，不知其私。公室四分，民食于他。思莫在公，不图其终。为国君，难将及身，不恤其所。礼之本末，将于此乎在，而屑屑焉习仪以亟。言善于礼，不亦远乎？"[①] 关于礼和仪的区别，《左传》中还有一段类似的记录，晋国的赵简子向郑国的子太叔询问揖让周旋之礼，子太叔对曰："是仪也，非礼也"[②]，并解释说，"夫礼，天之经也。地之义也，民之行也"，"礼，上下之纪，天地之经纬也，民之所以生也，是以先王尚之。故人之能自曲直以赴礼者，谓之成人"。[③] 从中我们可以看出时人对礼的尊崇和痛惜。孔子对春秋末期鲁国丧失了实质、流于形式的礼坏乐崩的现实亦痛心疾首："礼云礼云，玉帛云乎哉？乐云乐云，钟鼓云乎哉？"[④] 玉帛钟鼓只不过是礼乐的空壳和形式而已。

第二节　重　德

周人为了取代殷商的统治，制造了"天命靡常"和"以德配天"的思想。"我不可不监于有夏，亦不可不监于殷。我不敢知曰，有夏服天命，惟有历年；我不敢知曰，不其延。惟不敬厥德，乃早坠厥命。我不敢知曰，有殷受天命，惟有历年；我不敢知曰，不其延。惟不敬厥德，乃早坠厥命。"[⑤] "惟乃丕显考文王，克明德慎罚，不敢侮鳏寡，庸庸、祗祗、威威、显民，用肇造我区夏，越

---

①《左传·昭公五年传》。
②《左传·昭公二十五年传》。
③ 同上。
④《论语·阳货》。
⑤《尚书·召诰》。

我一二邦，以修我西土。惟时怙，冒闻于上帝，帝休。天乃大命文王，殪戎殷，诞受厥命。”[①] 周人认为夏、商的灭亡均由于不敬厥德，周王正是由于能明德慎罚，因此才承受天命。周统治者认为：“周人不仅是凭借着世代袭取了最高祭司的特权从天神那里取得统治权力的，主要是由于他们具有最高的道德修养，能够做天神的忠实代理人，自觉地维护宗法奴隶制的根本利益。天神不仅把疆土臣民委托给君主来统治，而且时刻监视着君主是否有玩忽职守的失德表现。”[②] 所以道德亦是为了维护统治而提倡的。周人尚德，“以先王观之，则尚德也。昔武王克商，成王定之，选建明德，以藩屏周”[③]。鲁国享有特殊的礼遇亦是“以昭周公之明德”[④]。

王国维先生认为道德先于制度典礼而产生。“故知周之制度典礼，实皆为道德而设。……周之制度典礼乃道德之器械，而尊尊、亲亲、贤贤、男女有别四者之结体也。”[⑤]

任继愈先生的看法与王国维先生相反，认为周人的道德从属于政治制度。“周人的道德主要内容是父慈、子孝、兄友、弟恭。这是从宗法制度派生出来的行为规范，是一种宗法道德思想。”[⑥] “这种父慈、子孝、兄友、弟恭的宗法道德从亲亲出发，达到尊尊的目的，造成一种父尊子卑、嫡长子的身份高于余子至上的政治格局，使得财产和权力的继承保持稳定性，为等级森严而组织严密的统治体系服务。从这个观点来看，周人的道德是为巩固嫡长子继承制而设的。”[⑦]

杨向奎先生认为：“礼的规范行为派生出德的思想体系。德是对礼的修正和补充”[⑧]，“周公对于原始礼仪有过加工，他以为这种待人敬天的礼以及行礼中的仪容，应当充实德的内容，礼不应当仅是物品的交换，仪也不应当仅是外表的仪容，他把它们伦理化，美化，如果说他以德代礼，也就是以乐舞代仪。从此

---

①《尚书·康诰》。
② 任继愈主编，《中国哲学发展史》第一卷，人民出版社，1983 年，第 95 页。
③《左传·定公四年传》子鱼之语。
④ 同上。
⑤ 王国维，《观堂集林·殷周制度论》（附别集），中华书局，1961 年，第 477 页。
⑥ 任继愈主编，《中国哲学发展史》第一卷，人民出版社，1983 年，第 105 页。
⑦ 同上注，第 106 页。
⑧ 杨向奎，《宗周社会与礼乐文明》，人民出版社，1992 年，第 331 页。

中国传统的礼乐文明建立下良好基础”[①]，“自周公制礼作乐开始，是首次有意识的对‘礼’的加工改造，他用‘德’字概括了过去的‘礼’。‘德’字不仅包括着人们主观方面的修养，也有客观方面的规范。”[②]

笔者赞同王国维先生的观点，在德与礼或者说道德与制度的关系上，应该是先有德，后有制度和礼。周人灭殷后总结夏、商灭亡的教训，得出了敬德的思想。为了维护自己的统治，才创立了血缘宗法制度和维护这一制度的周礼。制度和周礼的创立不是一蹴而就的事情。当然敬德的思想在产生之初也只是比较宽泛朦胧的概念，后来周礼的制定过程促进了道德思想的丰富和完善。道德的内涵亦不是一朝一夕定型的。所以从这个层面上来看，任继愈先生和杨向奎先生的说法亦有道理。王、任、杨三位先生所说的道德并非同一事物，王国维先生所说的道德是宽泛的道德概念，而任、杨两位先生所指的道德则是指丰富的道德内涵。

德和礼的作用是一致的，都是为了维护统治而设立的，二者又互相生发和补充。对于周人道德的内涵，前贤也多有论析：

“第一是敬天，即虔诚地崇奉上帝。第二是孝祖，即继承先王、先公的功业。第三是保民，即巩固对人民大众的统治。合乎这样的标准的贵族，就是有‘德’；相反，就是失‘德’。”[③]

“周人的道德主要内容是父慈、子孝、兄友、弟恭。这是从宗法制度派生出来的行为规范，是一种宗法道德思想。”[④]

童书业先生在《春秋史》中总结周人的政治和道德观念为：“敬事上天，遵法先祖，尊重君上，慈爱臣民，修明道德，慎用刑罚，勤修政事，屏除奢侈，以礼教治国，兵威镇众，而励用中道。”

鲁国是宗周礼乐文明的代表，崇德亦是鲁文化的重要特征，并且影响深远。《汉书·地理志》载：“其民有圣人之教化……濒洙泗，其民涉度，幼者扶老而代其任……其民好学，上礼义，重廉耻。”《左传》中的鲁人对德非常重视，常

① 杨向奎，《宗周社会与礼乐文明》，人民出版社，1992 年，第 332 页。
② 同上注，第 353 页。
③ 侯外庐主编，《中国思想史纲》上册，中国青年出版社，1980 年，第 26 页。
④ 任继愈主编，《中国哲学发展史》第一卷，人民出版社，1983 年，第 105 页。

常用德来评论人物是非。对于卫国的州吁之乱，众仲从德的角度加以否定：“臣闻以德和民，不闻以乱。以乱，犹治丝而棼之也。……夫州吁弑其君而虐用其民，于是乎不务令德，而欲以乱成，必不免矣。”① 鲁桓公纳宋郜鼎，并公然安放在太庙里。臧哀伯亦谏之以德，“君人者将昭德塞违，以临照百官，犹惧或失之。故昭令德以示子孙”②，指出国君应该发扬美德以垂范百官，给子孙后代做出表率。为了节俭，太庙屋顶覆以茅草，祭天之车上铺蒲草席，肉汁不加调料，米不舂两次。衣服、佩戴、装饰都要符合制度，才能昭示百官。以周武王的盛德，灭掉商朝后把九鼎迁到洛邑，义士还认为他德薄，现在竟然把贿赂的大鼎安放在太庙，承认弑君者所建立的政权，是违背德行的，百官也会纷纷效仿，国家就会衰败。鲁庄公主张修德待时“我实不德，齐师何罪？罪我之由。《夏书》曰：‘皋陶迈种德，德，乃降’”③，受到君子的赞扬。臧文仲把六国与蓼国的灭亡归因于两国不建立德行，同情两国的百姓没人援助：“德之不建，民之无援，哀哉！”④ 晋国人为了维护盟主的地位，就在蒲地会见诸侯，以重温成公七年的马陵之盟。针对晋国这种劳烦列国的行为，季文子对晋国的范文子说：“德则不竞，寻盟何为？”⑤ 把盟主修德放在首位，有德自然远方来附。叔孙穆子更是把立德当成人生的最高追求。“大上有立德，其次有立功，其次有立言，虽久不废，此之谓不朽。若夫保姓受氏，以守宗祊，世不绝祀，无国无之，禄之大者，不可谓不朽。”⑥

借鉴前贤的观点，并结合《左传》中的具体论述，笔者尝试从爱国爱民、恭敬谦让、忠孝信仁、崇尚俭朴四方面来阐述鲁人的重德思想。

一　爱国爱民

曹刿论战体现了曹刿和鲁庄公的爱国爱民思想；臧文仲在鲁国大饥时，爱国爱民，主动请缨，告籴于齐，谏焚巫尪，体现了臧文仲仁民爱物的政治家美

①《左传·隐公四年传》。
②《左传·桓公二年传》。
③《左传·庄公八年传》。
④《左传·文公五年传》。
⑤《左传·成公九年传》。
⑥《左传·襄公二十四年传》。

德；叔孙穆子不肯贿赂叔鱼以免死的忠贞爱国之举，被赵孟赞为“临患不忘国，忠也；思难不越官，信也；图国忘死，贞也；谋主三者，义也”[①]。除此之外，《左传》还记载了众多富有爱国爱民美德的鲁人形象。

僖公二十六年，齐孝公倚仗着齐桓公的遗烈，妄图称霸，侵略鲁国的西部边境。可能由于太过轻敌，竟然出师不利，不但没有建立威名，反而遭到鲁僖公迎头痛击，败退到齐国的酅地。齐孝公心有不甘，于是又攻打鲁国的北部边境。齐强鲁弱，鲁国看硬战不行，只好派出展喜犒师。齐孝公得意扬扬，以高高在上的口吻骄傲地询问“鲁人恐乎”，展喜平静地回答“小人恐矣，君子则否”，言外之意是鲁国只有见识浅陋的小人才会恐惧，而真正的君子是不会害怕的。齐孝公轻蔑地说：“室如县罄，野无青草，何恃而不恐？”言辞中不无威吓，展喜巧妙地举出周成王的命令，说周成王命令齐、鲁“世世子孙，无相害也”，而且又举出齐桓公安定诸侯的功绩，故意正话反说，说作为齐桓公之子的齐孝公，不会刚刚即位九年就废弃父亲的命令，成为不孝之子，所以鲁国的君子恃此无恐。展喜大义凛然、不卑不亢，其辞令绵里藏针、气盛言宜，让齐孝公自觉理屈词穷，出师无名，只好退兵。展喜非常擅长揣摩对方的心理，抓住对方的弱点，通过言辞不战而屈人之兵，取得了外交上的重大胜利，使鲁国免除了战争之苦。他在面对齐孝公时的大义凛然、理直气壮的表现也令人钦佩。

对于公衡不愿到楚国做人质而逃归的恶劣行为，臧宣叔坚决批判：“衡父不忍数年之不宴，以弃鲁国，国将若之何？谁居？后之人必有任是夫！国弃矣。”[②]子叔声伯为了国君的安危，等待晋国军队的接应，“四日不食以待之，食使者而后食”[③]。

春秋时尚有人殉和人牲的陋习，宋公使邾文公用鄫子于次睢之社，秦穆公用三良殉葬，鲁国亦有季平子用人牲于亳社，对此臧武仲深恶痛绝。“周公其不飨鲁祭乎！周公飨义，鲁无义。《诗》曰：‘德音孔昭，视民不佻。’佻之谓甚

---

①《左传·昭公元年传》。
②《左传·成公二年传》。
③《左传·成公十六年传》。

矣，而壹用之，将谁福哉？”[①]

叔孙穆子之子叔孙婼也以忠贞爱国而著称。昭公二十三年，邾国军队经过鲁地武城时被武城人打败，将领也被俘，所以邾人就向盟主晋国控诉。晋国责备鲁国，叔孙昭子就前往晋国谢罪，结果却被晋国扣留了。孔疏曰：“传说鲁取邾师，则是鲁有罪矣。而讥晋执者，凡诸侯有罪，盟主当以师讨之，不宜执其使人，故讥之。”所以晋国的做法是不合礼的。晋人轻视鲁国，让叔孙昭子和邾国的大夫争辩孰是孰非。叔孙昭子为维护鲁国作为大国的尊严，坚决反对。叔孙曰：“列国之卿，当小国之君，固周制也。邾又夷也。寡君之命介子服回在，请使当之，不敢废周制故也。”[②]

晋国的执政卿韩宣子想将叔孙昭子交给邾人处置，叔孙昭子听说后，不带随从和武器前去朝见，以示视死如归之志。晋国的士弥牟见此情景，向韩宣子剖析利害：“子弗良图，而以叔孙与其仇，叔孙必死之。鲁亡叔孙，必亡邾。邾君亡国，将焉归？子虽悔之，何及？所谓盟主，讨违命也。若皆相执，焉用盟主？”韩宣子深以为是，就让士弥牟把叔孙昭子和其副使子服回分隔开扣押，并责问他们的罪过。叔孙昭子和子服回毫不畏惧，据理力争。孔疏云：“鲁人实取邾师，二子辞不屈者，盖以朝聘、征伐过他国，必假道乃行，邾人不假鲁道，是邾亦合责。不假道，小过也；取其师，大罪也。蹊田夺牛，为报已甚，故士伯怼而执之，久囚其使，足以谢邾，故晋以明年释之。”

叔孙昭子被关押在晋国的箕地。晋国的范献子贪婪无耻，向叔孙昭子求取财物，不好意思直言，就假意说要冠，叔孙昭子就故作不解其意，真的送给范献子两顶帽子，以维护自己的节操。其做法与其父亲叔孙穆子不肯送给乐桓子财物以免祸的行为如出一辙，都表现了他们对名节的重视。

叔孙昭子的家臣申丰为了营救昭子，就带着财物前往晋国，打算疏通关节，以使昭子早日返国。叔孙昭子故意说：“见我，吾告女所行货。”但是等申丰见他之后，他却留住申丰，不让他去行贿。看守叔孙昭子的人想要昭子的吠狗，叔孙昭子不给他。但出人意料的是，昭子将要被放回鲁国时，却杀了狗和官吏分食，以此来表明当初的不给并不是出于吝啬。“叔孙所馆者，虽一日必葺其墙

①《左传·昭公十年传》。
②《左传·昭公二十三年传》。

屋，去之如始至。”可见叔孙昭子在被扣留期间，一直以名节自矜，从不苟且。最后昭子以他高尚的德行赢得了晋国的敬重，受礼而归，很好地维护了国家的尊严。

即便是叛乱后逃亡的公山不狃亦有“君子违，不适仇国。未臣而有伐之，奔命焉，死之可也。所托也则隐”①的爱国思想。

二　恭敬谦让

鲁人的崇德思想中特别重视恭敬谦让的美德，认为恭敬谦让是立身之基。“敬，身之基也。”②“卑让，德之基也。”③鲁隐公因恭敬谦让得到了国人的敬重。臧文仲、叔孙穆子等都对谦恭的美德格外重视。宋襄公因帮助齐孝公登上君位，从此便自以为有大功于齐，不自量力，妄图继齐桓公之后称霸诸侯。对于宋襄公的不自量力之举，臧文仲一针见血地指出其必然失败。“以欲从人，则可；以人从欲，鲜济。”④施氏之宰可拥有百室之采邑。施孝叔想让匡句须做家宰，但匡句须认为鲍国忠诚，就甘愿让贤，主动把家宰之职和百室的采邑让给鲍国。⑤孟僖子称赞弗父何谦恭的美德，并因此坚信其后代孔子必为达人。“其祖弗父何，以有宋而授厉公。及正考父，佐戴、武、宣，三命兹益共。故其鼎铭云：‘一命而偻，再命而伛，三命而俯。循墙而走，亦莫余敢侮。饘于是，鬻于是，以糊余口。’其共也如是。臧孙纥有言曰：‘圣人有明德者，若不当世，其后必有达人。’今其将在孔丘乎？”⑥

与恭敬相对的是傲慢和懈怠，鲁人认为傲慢会为国家和自身招来祸殃。鲁僖公轻视邾国，不做防备就与邾军作战。臧文仲对此深表忧虑，劝谏鲁僖公不要骄傲轻敌。臧文仲曰：“国无小，不可易也。无备，虽众不可恃也。《诗》曰：战战兢兢，如临深渊，如履薄冰。又曰：敬之敬之，天惟显思，命不易哉！先

①《左传·哀公八年传》。
②《左传·成公十三年传》孟献子之语。
③《左传·文公元年传》。
④《左传·僖公二十一年传》。
⑤《左传·成公十七年传》。
⑥《左传·昭公七年传》。

王之明德，犹无不难也，无不惧也，况我小国乎！”[①] 楚国的子越椒来聘，执币傲。叔仲惠伯曰：“是必灭若敖氏之宗。傲其先君，神弗福也。”[②] 晋景公曾对朝晋的鲁成公很不恭敬，季文子引《诗》批评晋景公定会不得善终：“晋侯必不免。《诗》曰：敬之敬之！天惟显思，命不易哉！夫晋侯之命在诸侯矣，可不敬乎？”[③] 襄仲因为齐懿公苟且偷安，而预言齐国不可能再侵鲁，其依据就是臧文仲的名言“民主偷必死”[④]，叔孙穆子因赵孟言谈间表现出的懈怠而预言：“赵孟将死矣。其语偷，不似民主。且年未盈五十，而谆谆焉如八九十者，弗能久矣。”[⑤] 晋国的郤锜来鲁国请求援兵时，态度傲慢。孟献子预言像郤锜这样缺乏恭敬、行事怠惰之人，必将灭亡。“敬，身之基也。郤子无基。且先君之嗣卿也，受命以求师，将社稷是卫，而惰，弃君命也。不亡何为？”[⑥] 卫国的孙文子来鲁聘问时专横傲慢，并且经劝告后也毫无悔改之心。叔孙穆子曰：“孙子必亡。为臣而君，过而不悛，亡之本也。《诗》曰：‘退食自公，委蛇委蛇。’谓从者也。衡而委蛇必折。”[⑦] 臧纥去慰问逃亡的卫献公，卫献公说话时态度粗暴。臧纥评论说：“卫侯其不得入矣！其言粪土也，亡而不变，何以复国？”[⑧] 臧武仲出使前冒雨去探望御叔。御叔正准备饮酒，悠闲自得，他嘲笑臧武仲：“焉用圣人！我将饮酒，而己雨行，何以圣为？”穆子听说后评论说：“不可使也，而傲使人，国之蠹也。”[⑨] 并下令加倍征收御叔的赋税作为惩罚，以儆效尤。叔孙穆子跟从鲁襄公到楚国朝聘，途经郑国时，郑国大夫伯有表现得很傲慢无礼。穆子评价道：“伯有无戾于郑，郑必有大咎。敬，民之主也，而弃之，何以承守？郑人不讨，必受其辜，济泽之阿，行潦之苹藻，置诸宗室，季兰尸之，敬也。敬可弃乎？”[⑩] 对于居丧期间不够恭敬的公子裯，叔孙穆子评论说：“居丧而不哀，在戚

---

①《左传·僖公二十二年传》。
②《左传·文公九年传》。
③《左传·成公四年传》。
④《左传·文公十七年传》。
⑤《左传·襄公三十一年传》。
⑥《左传·成公十三年传》。
⑦《左传·襄公七年传》。
⑧《左传·襄公十四年传》。
⑨《左传·襄公二十二年传》。
⑩《左传·襄公二十八年传》。

而有嘉容，是谓不度。不度之人，鲜不为患。若果立之，必为季氏忧。”[①] 滕成公来为鲁襄公会葬时，惰而多涕。子服惠伯预言：“滕君将死矣！怠于其位，而哀已甚，兆于死所矣。能无从乎？”[②] 昭公三年，小邾穆公来朝时，季武子欲卑之，叔孙穆子劝之以敬：“敬以逆之，犹惧其贰。又卑一睦，焉逆群好也？其如旧而加敬焉！《志》曰：‘能敬无灾。’又曰：‘敬逆来者，天所福也。’”[③]

但是谦恭并非无原则地退让，而应该是以遵守礼制礼仪为前提和依据。安葬蔡平公时，蔡大子朱失位，位在卑。叔孙昭子评价说：“蔡其亡乎！若不亡，是君也必不终。《诗》曰：‘不解于位，民之攸塈。’今蔡侯始即位，而适卑，身将从之。”[④] 邾隐公朝鲁时，邾子执玉高，其容仰。定公受玉卑，其容俯。子贡评论说：“以礼观之，二君者，皆有死亡焉。夫礼，死生存亡之体也。将左右周旋，进退俯仰，于是乎取之；朝祀丧戎，于是乎观之。今正月相朝，而皆不度，心已亡矣。嘉事不体，何以能久？高、仰，骄也，卑、俯，替也。骄近乱，替近疾。君为主，其先亡乎！”[⑤]

恭敬谦让亦是知礼的根本。叔弓到晋国聘问时，因恭敬谦让被叔向赞之为知礼且有德。“子叔子知礼哉！吾闻之曰：‘忠信，礼之器也。卑让，礼之宗也。’辞不忘国，忠信也。先国后己，卑让也。《诗》曰：‘敬慎威仪，以近有德。’夫子近德矣。”[⑥]

三　忠孝信仁

鲁人的德行中亦重视忠孝诚信。“孝敬忠信为吉德，盗贼藏奸为凶德。”[⑦]

忠：鲁人认为，“忠，德之正也”[⑧]。鲁襄公朝楚途中，楚康王去世。鲁襄公想要回去。叔仲昭伯认为要结交的是楚国，并非楚康王个人，坚持前行。子服

---

①《左传·襄公三十一年传》。
② 同上。
③《左传·昭公三年传》。
④《左传·昭公二十四年传》。
⑤《左传·定公十五年传》。
⑥《左传·昭公二年传》。
⑦《左传·文公十八年传》季文子之语。
⑧《左传·文公元年传》。

惠伯认为当前连饥寒都顾不上，谁能顾虑后果，所以想先回去。荣成伯称赞叔仲昭伯："远图者，忠也。"[①] 季武子在鲁襄公前往楚国时擅自占领了卞地，他派家臣公冶前去问候襄公的饮食起居，并让他带信给鲁襄公，公冶事先并不知道信的内容，在完成使命后才知道信里是解释占领卞地之事，公冶非常后悔，感觉自己助纣为虐，有帮助季武子欺骗国君之嫌。所以对季武子深恶痛绝，回鲁国后就把自己的封邑还给季氏，终生不再进入季氏的家门。鲁襄公曾因为公冶是季武子的使者而赏赐公冶冕服，能够得到国君的赏赐对臣子来说是无比荣耀之事，可是公冶却不愿用冕服殉葬，因为那不是靠忠诚而获得的。公冶临终之际命令家臣说："我死，必无以冕服敛，非德赏也。且无使季氏葬我！"[②] 叔弓到滕国去参加滕成公的葬礼时，碰上父亲懿伯的忌日，叔弓便不想进入滕国。子服椒劝他以国事为重："公事有公利，无私忌，椒请先入。"[③]

孝：季武子让公弥担任马正，公弥对不能做继承人之事非常怨恨，不肯答应。闵子马劝告公弥说："子无然！祸福无门，唯人所召。为人子者，患不孝，不患无所。敬共父命，何常之有？若能孝敬，富倍季氏可也。奸回不轨，祸倍下民可也。"闵马父劝公弥遵守孝道，公弥深以为然，就每天早晚恭敬地向父亲请安，恪尽职守。季武子非常高兴，因为对公弥心怀歉疚，就让公弥招待自己喝酒，季武子则带着饮宴的全套器具前往，喝完酒后季武子就把器具全都留下了，公弥氏因此变得非常富有，后来公弥又做了鲁襄公的左宰。

信仁：鲁人认为，"信，德之固也。"[④] 对于季康子要攻打邾国之举，子服景伯谏曰："小所以事大，信也。大所以保小，仁也。背大国，不信。伐小国，不仁。民保于城，城保于德，失二德者，危，将焉保？"[⑤] 在孔子之前的鲁人的言辞中，"仁"字仅此一现。

小邾国的射逃亡到鲁国，要求"使季路要我，吾无盟矣"，子路不答应。季康子使冉有对子路说："千乘之国，不信其盟，而信子之言，子何辱焉？"对曰："鲁有事于小邾，不敢问故，死其城下可也。彼不臣而济其言，是义之也。

①《左传·襄公二十八年传》。
②《左传·襄公二十九年传》。
③《左传·昭公三年传》。
④《左传·文公元年传》。
⑤《左传·哀公七年传》。

由弗能。”[①] 从中我们可以看出鲁人对诚信的重视。

四　崇尚俭朴

鲁国“地小人众，俭啬”[②]，鲁文化中亦有强烈的崇尚俭朴的精神。

鲁桓公把宋国贿赂的郜鼎安放在太庙里，臧哀伯谏曰：“君人者将昭德塞违，以临照百官，犹惧或失之。故昭令德以示子孙：是以清庙茅屋，大路越席，大羹不致，粢食不凿，昭其俭也。衮、冕、黻、珽，带、裳、幅、舄，衡、紞、纮、綖，昭其度也。藻、率、鞞、鞛，鞶、厉、游、缨，昭其数也。火、龙、黼、黻，昭其文也。五色比象，昭其物也。钖、鸾、和、铃，昭其声也。三辰旂旗，昭其明也。夫德，俭而有度，登降有数。文、物以纪之，声、明以发之，以临照百官，百官于是乎戒惧，而不敢易纪律。”[③] 臧哀伯指出国君应该发扬节俭的美德以垂范百官，给子孙后代做出表率。为了节俭，太庙屋顶覆以茅草，祭天之车上铺蒲草席，肉汁不加调料，米不舂两次。衣服、佩戴、装饰都要符合制度，才能昭示百官。

鲁庄公为迎娶文姜，丹桓宫之楹，刻桓宫之桷，御孙谏曰：“臣闻之：‘俭，德之共也；侈，恶之大也。’先君有共德而君纳诸大恶，无乃不可乎！”[④] 叔孙昭子因宋国的戴、桓家族奢侈无礼而预言他们必有大乱：“汏侈无礼已甚，乱所在也。”[⑤] 齐国的庆封骄奢淫逸，来鲁国聘问，车子非常华丽。叔孙穆子厌恶地说：“豹闻之：‘服美不称，必以恶终。’美车何为？”[⑥]

第三节　鲁文化精神的地域性成因及评价

钱穆先生认为：“各地文化精神之不同，穷其根源，最先还是由于自然环境

①《左传·哀公十四年传》。
②《史记·货殖列传》。
③《左传·桓公二年传》。
④《左传·庄公二十四年传》。
⑤《左传·昭公二十年传》。
⑥《左传·襄公二十七年传》。

之区别，而影响其生活方式，再由生活方式影响到文化精神。”[①] 在此基础上，把人类文化按源头分为游牧文化、农耕文化和商业文化三种类型。

对于农耕文化的特征，钱穆先生有精辟的论述。“农耕可以自给，无事外求，并必继续一地，反复不舍，因此而为静定的，保守的。……农业生活所依赖，曰气候，曰雨泽，曰土壤，此三者，皆非由人类自力安排，而若冥冥中已有为之布置妥帖而惟待人类之信任与忍耐以为顺应，乃无所用其战胜与克服。故农耕文化之最内感曰‘天人相应’‘物我一体’，曰‘顺’曰‘和’。其自勉则曰‘安分’而‘守己’。故此种文化之特性常见为‘和平的’。……农耕民族与其耕地相系，胶著而不能移，生于斯，长于斯，老于斯，祖宗子孙世代坟墓安于斯。故彼之心中不求空间之扩张，惟望时间之绵延。绝不想人生有无限向前之一境，而认为当体具足，循环不已。其所想象而蕲求者，则曰‘天长地久，福禄永终’。”[②]

周代社会即是典型的农业社会，所以周公制礼作乐，宗法制度、尊卑礼制均是为维护周代农业社会的稳定而设。鲁国位于泰山之南，地处平原，土地肥沃，宜于农耕；鲁国是宗周社会在东方的文化重镇，在治国方针上严秉周礼，所以无论自然环境、文化渊源还是治国理念，都决定了鲁文化属农耕文化的特征。制度层面的鲁文化从而具有静定、保守的特点。

从《左传》中诸多筑城、发动战争不违农时、日食、舞雩、水灾、旱灾等的记载就可看出鲁国农耕文化的特点。如：

桓公五年，秋，大雩，书，不时也。凡祀，启蛰而郊，龙见而雩，始杀而尝，闭蛰而烝。过则书。

桓公十六年，冬，城向，书，时也。

庄公七年，秋，无麦苗，不害嘉谷也。

庄公十八年，秋，有蜮，为灾也。

庄公二十五年，秋，大水。鼓，用牲于社、于门，亦非常也。凡天灾，有币无牲。非日月之眚，不鼓。

庄公二十九年，冬十二月，城诸及防，书，时也。凡土功，龙见而毕务，

---

① 钱穆，《中国文化史导论·弁言》，商务印书馆，1994 年，第 2 页。

② 同上注，第 2 ～ 3 页。

戒事也。火见而致用，水昏正而栽，日至而毕。

僖公五年春，王正月辛亥朔，日南至。公既视朔，遂登观台以望。而书，礼也。凡分、至、启、闭，必书云物，为备故也。

僖公二十年春，新作南门。书，不时也。凡启塞从时。

宣公十五年，冬，蝝生，饥。幸之也。

襄公十三年，冬，城防，书事，时也。于是将早城，臧武仲请俟毕农事，礼也。

鲁人辛宽说："吾先君周公封于鲁，无山林溪谷之险，诸侯四面以达，是故地日削，子孙弥杀。"①虽然此说太过绝对，历史的兴衰有多方面的复杂的原因，有必然甚或偶然的因素，但追本溯源，制度层面富有农业文明特征的鲁文化确实有保守落后的特点，不适合春秋时候的争霸现实。鲁"本大国，故自为分野"②，但固守周礼，尊尊亲亲，不能尊贤尚功，以致国势日削，"陵夷微弱，三十四世而为楚所灭"③。深究下去，儒家思想更适合于太平盛世，而非乱世。但是对于鲁文化应该一分为二地看，国家政治的衰败不能作为衡量文化优劣的尺度，鲁国的衰败并不影响伦理道德、礼仪礼乐层面的鲁文化仍是一种优秀文化的现实，它孕育并滋养了孔子的儒家文化，而儒家思想已经渗入国人的血脉中，沾溉后世，使中国成为著名的礼仪之邦。

---

①《吕氏春秋・长利篇》。

②《汉书・地理志》。

③ 同上。

第三章 《左传》中的鲁国国君

《左传》中共写到了十二位鲁国国君，他们分别是鲁隐公、鲁桓公、鲁庄公、鲁闵公、鲁僖公、鲁文公、鲁宣公、鲁成公、鲁襄公、鲁昭公、鲁定公、鲁哀公。隐公摄政十一年，被弑；桓公在位十八年，在齐国被弑；庄公在位三十二年去世；闵公在位二年，被弑；僖公在位三十三年去世；文公在位十八年去世；宣公在位十八年去世；成公在位十八年去世；襄公在位三十一年去世；昭公在位共三十二年，于昭公二十五年出奔至齐，七年后死于晋国；定公在位十五年去世；哀公二十七年，《左传》记事终止。其中隐公、桓公、庄公形象鲜明，而从僖公起，卿大夫就逐渐崛起，季友、臧文仲、襄仲等逐渐在朝政中取得了决定性的地位，而国君的形象则渐渐模糊，所以本书仅对隐公、桓公、庄公三位国君展开论述。

第一节 谦恭仁者——鲁隐公

鲁隐公作为春秋鲁国史上第一位国君，其谦恭隐忍的形象给人留下了深刻的印象。作为继室之子，本当嗣立，但隐公却追成父志，甘心辞让君位。在摄政期间，他始终保持着谦恭隐忍的姿态，接遇诸侯，礼让桓公，并且知过能改。同时隐公谦恭隐忍、不够刚毅果决的性格也正是其被弑悲剧的重要原因。

鲁隐公是伯禽的第七世孙，是鲁国第十四位国君，于周平王四十九年摄政。关于隐公的名字，杨伯峻先生认为隐公名“息姑”，其在《春秋左传注》中有过详细的考证：“隐公名息姑，《鲁世家》作‘息’，然《诗经·鲁颂·疏》《文十六年左传疏》及《释文》《穀梁》首篇《疏证》并引《鲁世家》俱作‘息姑’，则唐时《史记·鲁世家》作‘息姑’明甚，且《史记·十二诸侯年表》亦作

‘息姑’,《年表》及《鲁世家·索隐》均引《世本》谓隐公名‘息姑’，则今本《鲁世家》无‘姑’字，盖唐以后《史记》或本脱‘姑’字。”

隐公是鲁惠公的庶长子。《史记·鲁周公世家》记载:“初，惠公适夫人无子，公贱妾声子生子息。息长，为娶于宋。宋女至而好，惠公夺而自妻之。生子允。登宋女为夫人，以允为太子。及惠公卒，为允少故，鲁人共令息摄政，不言即位。”《索隐》云:“不知太史公何据而为此说，谯周亦深不信。”笔者亦不赞同《史记》之说。原因有三：其一,《左传》中不乏对强夺子媳的昏君如卫宣公、楚平王的批判，但是却不载惠公的夺媳乱伦之举。按照《左传》秉笔直书的实录精神，如果真有其事，定会直书无隐，可知《史记》所云应为无稽之谈。其二,《诗经》中有《新台》《二子乘舟》《墙有茨》等对卫宣公大加挞伐、百般嘲讽的诗歌，可见时人对强夺子媳的丑行的蔑视态度。“惠公虽非鲁之令主，然鲁秉周礼，不应有卫宣、楚平之事。史迁之说近诬。”[①] 鲁国作为秉持周礼的礼仪之邦，惠公断不会做出此等伤风败俗、违礼乱伦之举。其三，如果真有此事，隐公定会对父亲心存怨怼，不会如此谦恭地秉承父命，敬心诚意地尊奉弟弟桓公。

鲁隐公作为春秋初年鲁国的摄主，处处谦恭隐忍，并且因一味地退让，不能早立威权而无辜被弑。可以说，其被弑的悲剧与其谦恭退守的性格有很大的关系。

一 仁孝谦恭、甘心摄政

隐公是惠公继室声子所生的庶长子。继室的地位高于普通媵妾，按照“立子以贵不以长”的君位继承制度，隐公本当被立为国君，甘居摄主表现了他谦恭辞让的美德。

周公创立了嫡长子继承制，嫡长子继承制是周朝宗法制度的核心。郭宝钧说:“迨周公返政，成王践祚，父子相传，嫡长子继承之制，遂为周代定法，而且日臻完密。”[②] 嫡长子继承制主张“立适以长不以贤，立子以贵不以长”。《公羊

① [清] 高士奇撰,《左传纪事本末·鲁隐公嗣国》，中华书局，1979 年，第 47 页。
② 郭宝钧,《中国青铜时代》，生活·读书·新知三联书店，1963 年，第 202 页。

传》曰:“隐长又贤，何以不宜立？立适以长不以贤，立子以贵不以长。桓何以贵？母贵也。母贵则子何以贵？子以母贵，母以子贵。”有嫡子时不论嫡长子贤能与否，都立嫡长子；没有嫡子时则从庶子中选择地位尊贵的，而庶子地位的尊贵与否取决于其母的地位，即子以母贵。这种“立嫡以长不以贤，立子以贵不以长”的继承制度有利于维护国家的长治久安，不被立者也不会产生觊觎之心和非分之想。《吕氏春秋·审分览·慎势》云:“故先王之法，立天子不使诸侯疑焉，立诸侯不使大夫疑焉，立适子不使庶孽疑焉。疑生争，争生乱。是故诸侯失位则天下乱，大夫无等则朝廷乱，妻妾不分则家室乱，适孽无别则宗族乱。慎子曰:‘今一兔走，百人逐之，非一兔足为百人分也，由未定。未定者，人欲望之也。由未定，尧且屈力，而况众人乎？积兔满市，行者不顾，非不欲兔也，分已定矣。分已定，人虽鄙不争。’故治天下及国，在乎定分而已矣。”虽春秋时弑君夺政之举时有发生，“春秋之中，弑君三十六，亡国五十二，诸侯奔走不得保其社稷者不可胜数”(《史记·太史公自序》)，但列国基本上还是遵循嫡长子继承制的，作为周公后裔的鲁国当然更应尊奉。

对于隐公是否当立，《春秋》三传有不同的看法，《公羊传·隐公元年》曰:“桓何以贵？母贵也。母贵则子何以贵？子以母贵，母以子贵。”认为桓公之母仲子的地位高，所以桓公当立。《穀梁传》的观点与《公羊传》恰好相反，认为隐公当立。《穀梁传·隐公元年》曰:“公何以不言即位？成公志也。焉成之？言君之不取为公也。君之不取为公，何也？将以让桓也。让桓正乎？曰：不正。”《左传》曰:“鲁隐公元年，不书即位，摄也。”孔颖达正义解释曰:“继室虽非夫人，而贵于诸妾。惠公不立大子，母贵则宜为君。隐公当嗣父世，正以祯祥之故，仲子手有夫人之文，其父娶之，有以仲子为夫人之意，故追成父志，以位让桓。但为桓年少，未堪多难，是以立桓为太子，帅国人而奉之。已则且摄君位，待其年长，故于岁首不即君位。”①

笔者赞同孔颖达的说法，仲子虽因手上有祯祥之文而嫁给鲁惠公，但仲子不可能被立为夫人。因为《公羊传·庄公十九年》中写道:“诸侯一聘九女。诸侯不再娶。”惠公已有元妃孟子，所以不可能再娶仲子为夫人，仲子只能是媵妾

①《春秋左传正义·隐公元年》。

身份。而隐公的母亲声子是鲁惠公的继室，地位比仲子要尊贵，故而隐公当立。但他贤德孝顺，追成父志，甘愿让位。由让位一事可见隐公谦恭仁厚的美德。正如韩席筹所说："三传斤斤于二公所出，非贬隐也，乃贤之也。泰伯、伯夷之让，孔子美之曰至德、至仁。况隐之非不当立。而欲成父志，亦泰伯、伯夷之心乎！且隐之摄位，亦可谓诚矣。"①

隐公摄政时桓公还年幼，未堪重任。杨伯峻先生考之《史记·十二诸侯年表》及《宋世家》，认为"鲁隐公元年为周平王四十九年，此时仲子虚岁已二十七，其出嫁固早于此时，生子亦当早于此时"②，"但不论如何，惠公死时，桓公虽已非初生婴儿，但其年亦甚幼小，仍不堪为君"。③ 彼时鲁国又受到宋国的侵伐，内忧外患之下，立年幼的君主不利于国家的稳定。《左传》中也记载了国乱时立长君的事例。文公六年传记载："晋襄公卒。灵公少，晋人以难故，欲立长君。"哀公六年传记载："僖子不对而泣，曰：'君举不信群臣乎？以齐国之困，困又有忧。少君不可以访，是以求长君，庶亦能容群臣乎！'"可见，为了国家的存亡兴衰，列国会有立长君稳定朝政的做法。鲁国内忧外患的现实也需要年长的国君来主持大局，但隐公却谦恭仁厚，追成父志，尊奉桓公，为两全计，甘愿以摄政的身份代理朝政。"《礼记·檀弓》曰：'死谥，周道也。'周法天子至于大夫既死，则累其德行而为之谥。《逸周书·谥法解》云：'隐拂不成曰隐。'"从其谥号看，当时鲁人对隐公的摄政之举也是认可和赞赏的。

但是后世文人对隐公居摄却多有争议，打了很多笔墨官司。比如欧阳修就怀疑隐公摄政的真实性，在其《答徐无党第一书》中写道："鲁隐公南面治其国，臣其吏民才十余年，死而入庙，立谥称公，则当时鲁人孰谓息姑不为君也？孔子修《春秋》，凡与诸侯盟会、行师、命将，一以公书之，于其卒也，书曰'公薨'，则圣人何尝异隐于他公也？据《经》，隐公立十一年而薨，则左氏何从而知其摄，公羊、穀梁何从而见其有让桓之迹，吾子亦何从而云云也？"认为隐公是事实上的国君，而并非摄主。

---

① 韩席筹,《左传分国集注·隐公居摄》，江苏人民出版社，1963 年，第 43 页。
② 杨伯峻编著,《春秋左传注》(修订本)，中华书局，2000 年，第 4 页。
③ 杨朝明,《鲁文化史》，齐鲁书社，2001 年，第 110 ～ 111 页。

对于这种怀疑隐公摄政身份的批判，笔者赞同苏轼的观点。苏轼反驳欧阳修曰："欧阳子曰：'隐公非摄也。使隐而果摄也，则《春秋》不书为公，《春秋》书为公，则隐非摄，无疑也。'苏子曰：非也。《春秋》，信史也，隐摄而桓弑，著于史也详矣。周公摄而克复子者也，以周公薨，故不称王。隐公摄而不克复子者也，以鲁公薨，故称公。史有谥，国有庙，《春秋》独得不称公乎？然则隐公之摄也，礼欤？曰：礼也。何自闻之？曰：闻之孔子。曾子问曰：'君薨而世子生，如之何？'孔子曰：'卿大夫士从摄主北面于西阶南。'"[①] 苏轼为隐公辩护，认为隐公还未能够还政桓公就横遭不测，是以鲁公的身份去世的，所以世称隐公，并用《礼记》中孔子之言来证明隐公之摄是符合周礼的。

苏轼且云："隐公，惠公继室之子也。其为非嫡，与桓均尔，而长于桓。隐公追先君之志而授国焉，可不谓仁乎？"[②] 隐公其母声子的地位高于桓公之母仲子，按照"立子以贵不以长"的君位继承原则，既尊贵又年长的隐公本应被立，但他却仁厚孝顺，追成父志，甘居摄主，其谦恭退守的仁者品格令人赞赏。

二 隐忍退让、未立威权

隐公在摄政的十一年中，无论在外交事务还是鲁国内政中，始终保持着谦恭隐忍的姿态，接遇诸侯，礼让桓公。

春秋初年，鲁国作为东方的宗周望国，受到其他诸侯国的敬重，隐公在国际事务中总是谦逊有礼，力求和平友好。王室发生饥荒向鲁国求助时，隐公竭力帮助。"京师来告饥。公为之请籴于宋、卫、齐、郑，礼也。"[③] 卫国本是鲁国的兄弟之邦，一贯友好。鲁惠公晚年时，鲁与郑、宋都发生过战争，隐公即位后，先后与宋、郑修好，并力图在宋国和郑国的战争中保持中立。和邾国、莒国结盟。和戎人交好。按照礼节盛情款待前来朝聘的滕国、薛国使者。即便参战也多是讨伐不尊王命之国的正义之战。

隐公专心等待桓公长成，以还政桓公，所以在很多场合都刻意避嫌，不敢

① [北宋] 苏轼著，刘文忠评注，《东坡志林·论古·摄主》，中华书局，2007 年，第 251 页。
② [北宋] 苏轼著，刘文忠评注，《东坡志林·论古·隐公不幸》，中华书局，2007 年，第 251 页。
③《左传·隐公六年传》。

以国君自居，以显示对桓公的尊重。因为惠公去世时与宋国的战争还没有结束，太子又年幼，所以惠公的葬礼极其简陋。隐公即位后的冬天十月，为鲁惠公改葬，又举行了隆重的葬礼。“改葬惠公。公弗临，故不书。惠公之薨也，有宋师，太子少，葬故有阙，是以改葬。卫侯来会葬，不见公，亦不书。”[①] 隐公为了表示对桓公的尊重，在为父亲惠公改葬时，隐公不敢以丧主的身份亲临；卫侯出于友好前来会葬，隐公也并没有以丧主的身份与之会见。

隐公元年众父去世时，隐公也不去参加众父的小殓。这亦是隐公不敢以国君自居的谦恭守礼的表现。《礼记·丧大记》记载君临臣丧之礼：“君于大夫世妇，大敛焉。为之赐，则小敛焉。”小殓是指给死者加以衣衾，大殓是指以死者之尸入棺。卿作为国君的股肱重臣，地位尊贵，国君为了表达对卿佐的重视，小殓大殓都应亲临。襄公五年经云：“冬，辛未，季孙行父卒。”同年传云：“季文子卒，大夫入殓，公在位。”可见季文子之死，《春秋》书卒日，入殓时，国君亲临，这说明卿大夫之丧，国君是要亲临入敛的。杜预注曰：“礼，卿佐之丧，小敛大敛君皆亲临之，崇恩厚也。始死，情之所笃，礼之所崇，故以小殓为文。”《春秋左传正义·春秋序》孔疏云：“君之卿佐，是谓股肱，股肱或亏，何痛如之！病则亲问，殓则亲与。卿佐之丧，公不与小殓，则知君之恩薄。但是事之小失，不足以贬人君。君自不临臣丧，亦非死者之罪，意欲垂戒于后，无辞可以寄文；而人臣轻贱，死日可略，故特假日以见义也。”孔疏申杜，一切以杜注为宗，杜预和孔颖达皆认为鲁隐公不亲自参加益师的小殓，是源于鲁隐公的刻薄寡恩；《春秋》书卒日，是蕴含着对鲁隐公非礼之举的贬斥之情。但考之隐公执政期间的行事，却发现杜预和孔颖达之解不通。隐公不参加公子益师的小殓，并非是隐公刻薄寡恩，而同样是由于他谦恭的性格，是他甘居桓公之下的守礼表现。《左传》如此记载正是为了表达对隐公的褒奖。

桓公的母亲仲子去世，隐公就恭敬地以夫人的礼节加以安葬，并且在隐公五年也就是仲子的三年之丧完成时，又隆重地在仲子的宗庙举行盛大的祭祀活动，献演万舞。这显然是隐公出于对弟弟桓公的尊重、自己不敢以国君的身份自居的表现。

---

①《左传·隐公元年传》。

相较之下，隐公对自己的亲生母亲声子的葬礼却安排得极其简朴冷清。隐公三年传记载：“夏，君氏卒。声子也。不赴于诸侯，不反哭于寝，不祔于姑，故不曰薨。不称夫人，故不言葬，不书姓。为公故，曰‘君氏’。”声子死后，鲁国不给诸侯发讣告，安葬之后也没有回到祖庙哭祭，在安葬三个月之后，没有把声子的神主放在婆婆神主的旁边，下葬的情况不被记载，也没有记载她的姓氏。春秋时人非常重视对逝者的安葬，所谓慎终追远，极为看重丧葬之礼仪。《论语·学而》中曾子曰：“慎终追远，民德归厚矣。”在吉凶宾军嘉五礼中，丧礼的地位极为重要。作为惠公的继室、隐公的母亲，声子的地位荣耀，丧礼本该盛大隆重，可惜由于儿子隐公的恪守礼仪、谦恭隐忍，声子的丧礼最终草草了事。

在春秋时代，孝道是被大力提倡的。如芮国国君芮伯万被母亲赶走，也不敢反抗；晋国的申生、卫国的急子宁愿受死也不肯违忤父意，背上不孝的罪名。隐公作为孝子，既然能够辞让君位，那么在母亲生前肯定也是百般孝顺，但只因自己是摄政之主，对桓公百般礼让，谦恭至极，为此奉礼自守，压抑自己的孝心，对母亲的葬礼一切从简，由此更可见其谦恭守礼的性格。

对于隐公在位十一年间不朝觐周天子的现象，先儒多苛责之。笔者以为，除了当时周天子地位衰微，诸侯很少再行朝觐之礼的原因外，隐公不敢以国君自居也是原因之一。他刻意避嫌，不敢公然以国君的身份去朝觐天子。春秋时期，朝觐天子就会获得天子的认可，地位稳固。如卫国的州吁之乱中，石碏对州吁说“觐王可也”，觐王就可安定君位。隐公不去朝觐天子，是不敢以国君身份自居，是谦恭守礼的表现。这也充分说明他是敬心诚意地想还政桓公的。

隐公十一年时，隐公更是表示要还政于桓公：“为其少故也，吾将授之矣。使营菟裘，吾将老焉。”所以综观隐公执政期间的所为，可知隐公是个谦恭守礼的君子，他出于对弟弟桓公的尊重，在重要的场合始终不忘摄政的身份，不愿以国君的姿态示人。“居摄而不行即位之礼，与邻而讲求修睦之谊，父改葬不临，母没不赴，诸侯会葬不见，众父小殓不与，凡此皆为摄也，公之摄可谓诚矣。”①

① 韩席筹，《左传分国集注·隐公居摄》，江苏人民出版社，1963年，第43页。

三　勇于改过、仁厚之君

人非圣贤，孰能无过，隐公偶尔也有非礼之举，但过而能改，善莫大焉。勇于改正过失，亦是其仁德的体现。隐公五年传记载，隐公要如棠观鱼。精通礼法的臧僖伯对于隐公的非礼之举，进行了义正词严的劝谏。他从国君行为的准则讲起，认为国君是引导百姓步入正轨、善于取材的人，应该为百姓做出表率。如果国君的行为不符合法度，就是乱政，长此以往，国家甚至都会败亡。国君只应该参与重要的军国大事：祭祀和兵戎。“国之大事，在祀与戎”[①]，像春蒐、夏苗、秋狝、冬狩，都应在农闲时讲习。古代的礼制规定，鸟兽之肉、皮革牙齿、骨角毛羽与礼器无关，国君就不去射它。至于山林川泽的产品，一般器物的材料，国君就更不应该关注。《国语・楚语下》记载观射父之语：“天子禘郊之事，必自射其牲，王后必自舂其粢；诸侯宗庙之事，必自射牛、刲羊、击豕，夫人必自舂其盛。”这也可证明诸侯只有在宗庙大事时，才会亲自射牲。《穀梁传》对于经中“公矢鱼于棠”的解释是：“《礼》，尊不亲小事，卑不尸大功。鱼，卑者之事也，公观之，非正也。”

遗憾的是，隐公并没有听从臧僖伯的劝谏，因为棠为鲁、宋两国交界之地，距离鲁都曲阜较远，隐公就打算以视察边境为托辞前往棠邑观鱼。臧僖伯无奈，只好称疾不从。隐公的行为是不合礼制的，究其原因，隐公之所以不听从劝谏，一方面当然是由于隐公耽于游乐，不纳忠言；另一方面，臧僖伯的劝谏言辞也值得玩味。“正如余宁世所说：‘观鱼是公隐情，未尝明戒有司。故僖伯只是泛陈道理，未尝指实。简质肃穆，谟诰之遗。’”[②] 诚然，臧僖伯的劝谏之词富有文学色彩，典雅庄重，但忠言逆耳，臧僖伯只知一味地直言敢谏，絮絮叨叨地讲述一番大道理，甚至危言耸听，“乱政亟行，所以败也”，而没有考虑对方的感受，如果他的言辞再有技巧一些，可能会有不同的效果。隐公虽然没有听从，矢鱼于棠，却自知非礼，心有悔意。尤其是在臧僖伯去世之后，隐公公然承认自己的过错，“叔父有憾于寡人，寡人弗敢忘。葬之加一等”，为显示自己的悔过之心和对臧僖伯忠诚的褒奖，就按照高一级的葬仪规格安葬僖伯。此事表明

---

① 《左传・成公十三年传》。

② ［清］冯李骅、陆浩，《春秋左绣》，文海出版社，1967 年，第 130 页。

了隐公知错能改的品质。在等级森严的国君地位至高无上的时代，隐公却没有高高在上。面对错误，他也没有文过饰非，而是公然向百官承认过错，而且以实际行动来证明悔意，改正过失，这在国君当中是难能可贵的，这也正是其谦恭仁厚的体现。

四 无辜被弑、性格悲剧

隐公谦恭隐忍并且知过能改，但最后却被乱臣贼子所弑，其悲剧命运令人同情。正是因为隐公一直谦恭退让，才导致其地位并不稳固。郑庄公攻打卫国，请求邾国出兵。邾子克没有通过鲁隐公，而是私下请求鲁国的大夫公子豫出兵，公子豫在隐公明确反对的情况下，擅自做主，不但公然参战，而且与邾人、郑人结盟。隐公地位之不稳由此可见一斑。《左传》中还记载了很多“非公命”的现象，可见很多大夫对隐公并不尊重，如“费伯帅师城郎。不书，非公命也”，“新作南门，不书，亦非公命也”，这都为隐公最后被弑埋下了隐患。

“羽父请杀桓公，将以求大宰。公曰：‘为其少故也，吾将授之矣。使营菟裘，吾将老焉。’羽父惧，反谮公于桓公而请弑之。公之为公子也，与郑人战于狐壤，止焉。郑人囚诸尹氏，赂尹氏而祷于其主钟巫，遂与尹氏归而立其主。十一月，公祭钟巫，齐于社圃，馆于寪氏。壬辰，羽父使贼弑公于寪氏，立桓公而讨寪氏，有死者。不书葬，不成丧也。”①

孔疏云：“《周礼》：天子六卿，天官为大宰，诸侯则并六为三而兼职焉。昭四年传称季孙为司徒，叔孙为司马，孟孙为司空。则鲁之三卿无大宰也。羽父名见于经，已是卿矣，而复求大宰，盖欲令鲁特置此官以荣己耳。以后更无大宰，知鲁竟不立之。”杨伯峻先生注曰：“鲁本无太宰之官，此云将以求大宰者，谓欲以杀桓公求为执政之卿。故《十二诸侯年表》述此事云：‘大夫翚请杀桓公，求为相。’《鲁世家》亦云：‘公子翚谄，谓隐公曰：“百姓便君，君其遂立，吾请为君杀子允，君以我为相。”’皆以相释大宰，得其义矣。”鲁国本没有大宰的设置，羽父作为鲁国的卿大夫，地位已经非常尊贵了，可是他还贪得无厌，并且以小人之心度君子之腹，以为隐公也会不舍一国之君的尊位，自作聪明地

①《左传·隐公十一年传》。

要帮隐公除掉弟弟桓公，不料隐公早有归政桓公的打算，羽父担心事情败露，将来桓公执政后会报复自己，索性除掉隐公灭口，又可向桓公邀功请赏。

隐公未摄政之前，曾同郑国人在狐壤交战，兵败被俘，被囚禁在郑国的尹氏那里。隐公收买了尹氏，并在尹氏所祭神主钟巫之前祷告，尹氏跟隐公一起回鲁国，隐公就在鲁国立了钟巫的神主。羽父预先得知隐公将要祭祀钟巫，住在大夫寪氏家里，就派人在寪氏家里刺杀隐公，事后讨伐寪氏，并让他们交出死者作为凶手，以此就隐公被弑给天下以交代。孔疏引刘炫云："欲以弑君之罪加寪氏，则君非寪氏所弑，而复不能以正法诛之。正法谓灭其族，污其宫也。传言此者进退无据：进诛寪氏，则实非寪氏弑君；退舍寪氏，则无弑君之人。是其进退无据也。"《左传》只称寪氏，不书其名，顾炎武云："言非有名望之人。"陈澧《东塾读书记》云："云讨寪氏有死者，言其冤也。"寪氏成为无辜的替罪羊，以掩人耳目，掩饰羽父弑君之罪。

隐公在位十一年间，如此谦恭地不敢以国君自居，是虔心地想等待鲁桓公长大后归政于桓公的，可惜却落得无辜被弑的不幸结局，隐公死得实在冤枉，令人同情。当然，隐公被弑也有其自身的原因，由于隐公一味谦恭隐忍，缺乏政治家的知人之明与清醒敏锐的头脑，意识不到事情的严重性。苏轼曰："盗以兵拟人，人必杀之。夫岂独其所拟，途之人皆捕击之矣。途之人与盗非仇也，以为不击则盗且并杀己也。隐公之智，曾不若是途之人也，哀哉！"① 羽父可谓是历史上十恶不赦的乱臣贼子的代表，他贪婪自私，反复无常，不择手段，心狠手辣。在羽父提出杀掉桓公时，隐公没有给予足够的重视，没有认清羽父残忍狠毒的本性，没有及时处罚或者杀掉羽父，以消弭祸患于无形，而是听之任之，最终酿成大祸。韩席筹曰："隐闻翚之言，不能诛翚而让桓，是隐之过也。东坡尝惜其不敏于智矣，然犹失之仁柔。"② 推究隐公没有及时杀掉羽父、不够明智的内因，正是缘于其宅心仁厚、谦恭隐忍的性格。谦恭隐忍与刚毅果决是恰好相反的两种类型，如果隐公能刚毅果决，早立威权，地位稳固，就不会有众多非公命的现象，羽父就会对隐公心怀忌惮，自然不会有弑君之事的发生。可见隐公谦恭隐忍、不够刚毅果决的性格也是其被弑悲剧的重要原因。

---

① [北宋] 苏轼著，刘文忠评注，《东坡志林·论古·隐公不幸》，中华书局，2007年，第251页。
② 韩席筹，《左传分国集注·桓之篡逆》，江苏人民出版社，1963年，第49页。

概言之，按照“立子以贵不以长”的继承制度，隐公母亲声子作为继室，地位高于桓公的母亲仲子，隐公本应被立为鲁君，但是他谦恭仁厚，追成父志，甘心居摄，并且处处退守，谦恭守礼，在重要的场合始终刻意避嫌，不愿以国君的姿态示人。即便偶有过失，也知过能改。但这种谦恭隐忍的性格也导致其无辜被弑的不幸结局。太平治世需要宽厚仁德的贤主仁君，而在礼乐崩坏的乱世，国君更需要杀伐果断、恩威并施，方能驾驭臣下。可以说，谦恭仁厚的隐公不幸生错了时代，他的悲剧正是其性格的悲剧。

第二节　乱臣贼子——鲁桓公

隐公处处尊奉桓公，并没有换来桓公的感激，反而是被桓公与羽父合谋杀害。隐公被弑时，桓公虽只不过是十几岁的少年，但已经显示出他残忍狠毒的本性。桓公之所以如此，追本溯源，是由于他幼年失怙的不幸遭际和十多年对君位的漫长等待，这使他的人性被扭曲，对权力巅峰的极度渴望使他不惜冒天下之大不韪，弑君弑兄。桓公既是弑君的罪人，同时也落得被弑的结局，是一个可恨又可悲的充满悖论的悲剧人物。

一　幼年失怙、残忍狠毒

鲁桓公是鲁隐公同父异母的弟弟，其母亲为仲子。“仲子生而有文在其手，曰为鲁夫人，故仲子归于我。”[①] 仲子因为出生时手上有“鲁”字[②]，被认为是上天的吉祥的预兆，于是嫁给鲁惠公，生下桓公。惠公去世时桓公还很年幼，关于惠公去世时桓公的具体年龄，史书没有明确记载。杜预注：“言归鲁而生男，惠公不以桓生之年薨。”孔疏申杜曰：“杜知不以桓生之年薨者，以元年传曰‘惠公之薨也，有宋师，大子少，葬故有阙’。少者，未成人之辞，非新始生之称。又改葬惠公而隐公不临，使桓为主。若薨年生则才二岁，未堪为丧主。又羽父弑隐，与桓同谋。若年始十二，亦未堪定弑君之谋。以此知桓公之生非惠

①《左传·隐公元年前之传》。

② 薛亚军,《〈左传〉“仲子生而有文在其手”句考辨》,《文教资料》1999年第5期。

公薨之年也。”孔颖达从“大子少”的记载、改葬惠公时为丧主、与羽父同谋弑君三点，推断桓公并非在惠公去世之年出生。其推论有理有据，令人信服。杨伯峻先生又考之《史记·十二诸侯年表》及《宋世家》，补充了更详尽的证据：“宋武公生仲子在其十八年，宋武公亦死于此年，此时尚未入春秋，周平王之二十三年，即公元前 748 年。鲁隐公元年为周平王四十九年，此时仲子虚岁已二十七，其出嫁固早于此时，生子亦当早于此时。”

桓公幼年丧父已经很不幸，更悲惨的是父亲惠公去世两年后，母亲仲子也离开人世[①]，桓公失去了父母的疼爱，一夜之间成为孤儿，无依无靠，可悲可怜。在奢华热闹的宫中虽然有侍从婢女，物质上不会匮乏，但慢慢长大后，作为孤儿的桓公精神上会非常孤独痛苦、敏感脆弱。父母之爱的缺失使他强烈地想抓住什么东西（譬如权力）来证明自己的存在，获得归属感，并安顿他痛苦的灵魂。如果桓公注定只是一个普通的公子，与君位无缘，那么可能桓公会安于现状，不至于那么痛苦，不至于有那么强烈的对权力的渴望，但问题是桓公的未来还存在很大的不确定性。隐公摄政让他对未来当上国君心存希望，如果兄长隐公是真正甘心摄政，等让出君位后桓公就能登上国君的宝座。但没有明确的让位日期，所以桓公会患得患失。幼年失怙的遭遇使孤独敏感的桓公很难真心去接纳别人，所以即便隐公真心摄政，有种种尊桓公之举，但桓公对兄长隐公并不信任，他对能否当上国君心存猜忌，天长日久，甚至对隐公久久不肯让位心存怨怼，隐公的存在成了他的心头大患，这种对未来的不确定性和患得患失的心态使桓公备受煎熬。年复一年，桓公心中的孤独感和危机感会越来越强烈，对权力的渴望也会更加强烈。所以当羽父向他提出杀掉隐公的计划时，他心中大喜，感到机会终于来了，终于有了出头之日。对权力的贪欲使他泯灭了兄弟亲情，泯灭了善恶是非。对于杀掉隐公他没有丝毫的犹豫和愧疚，而是跟羽父一拍即合、沆瀣一气。在与羽父合谋弑君事件中，羽父罪大恶极，桓公更是难逃其咎。试想如果没有桓公的支持，羽父是绝对没有胆量弑君的。可见桓公才是杀害隐公的幕后真凶。而且在隐公遇害后，还嫁祸于寪氏，寪氏成了弑君之罪的替罪羊，桓公非但没有惩罚羽父，对羽父还加以重用。与齐国缔结婚姻之

① 《左传·隐公二年经》。

好时，派遣迎娶文姜的使者就是羽父。能为国君去迎娶夫人，可见羽父的地位之尊贵。对羽父的放纵及重用显然是出于对羽父杀掉隐公，帮自己登上君位的报答。从弑兄之事可知桓公的心狠手辣。

隐公本有心让位桓公，“为桓公者，宜如何感激报称，敬爱君兄，而恪遵教训。乃齿未及冠，遽信贼臣之言，为此篡逆。若桓者，可谓鲁之乱臣贼子，而春秋之罪人矣”，“隐摄位而将授桓，国人所共知也。桓不有欲速之言，翚何由动心。翚之请杀桓者，知隐不去桓，而桓将不利于隐也。不然，知隐之让桓甚诚，何为无端而请杀桓耶？……若桓听翚之谮，不能执之以告君，又不以严辞禁阻，而其心不可问矣。然犹可诿之初不及料，及君既弑矣，而欣然行即位之礼，庇贼不讨，葬不成丧，又何以自解乎？”[①] 由此可见，桓公并非听信奸臣羽父的挑拨，而是早有对隐公的怨怼，甚至可以说处心积虑地盼望早日即位，不尊隐公之心由来已久，所以隐公被弑之后桓公的一系列举动才合情合理。否则，如果他对隐公有丝毫的愧疚和不忍，就不至于纵容羽父这种乱臣贼子苟活于世。我们可以把桓公与叔孙昭子相对照，叔孙昭子是叔孙穆子的庶子，因为叔孙氏家族的竖牛之祸，叔孙昭子幸运地成为叔孙氏的继承人，但他却能秉持公正，严惩竖牛，所以孔子赞之曰：“叔孙昭子之不劳，不可能也。周任有言曰：‘为政者不赏私劳，不罚私怨。’《诗》云：‘有觉德行，四国顺之。’”[②] 与叔孙昭子的义举相对照，更加显示出桓公的私心和贪心。

当然，在隐公被弑问题上，隐公也有不可推卸的责任。高士奇就曾义愤填膺地谴责隐公不像摄主，处处以国君的身份处理政事，其被弑完全是咎由自取。“顾隐之失不在于让，而所以处让之道有未善也。桓公始生之年虽不可考，但隐居摄十年，被弑而桓立，立三年而成昏于齐，距隐居摄之始，年十三岁耳。古未有十三岁而成昏者，以此推之，隐元年，桓即幼，亦不下三五岁矣。使隐能如周公辅成王故事，抱负以临群臣、听国政，即不然，令桓毓质深宫，己则身都鲁相，而代之经理，其发号施令，入告王朝，通问邻国，一称桓君而己无与焉，则名分定，而己之心迹亦明。虽有百奸人，乌能离间于其间哉？”[③]“世但以

① 韩席筹，《左传分国集注》，江苏人民出版社，1963 年，第 49 页。
②《左传・昭公五年传》。
③［清］高士奇撰，《左传纪事本末・鲁隐公嗣国》，中华书局，1979 年，第 52 页。

其让桓而桓弑之，恶桓深，则其贤隐也若不啻口；而不知如隐之让，则实足以启争端而为祸媒者也。太伯、仲雍、夷、齐让，而能远其迹；隐虽让桓，贪其位而摄之，此为寪氏之刃所由及也。”[①] 高士奇认为隐公摄政的方式不对，他理应像周公摄政一样，尊桓公为君，让天下都知道自己尊桓公之心，而不是贪恋君位，处处以国君的身份处理政事，从而给了奸人挑拨的口实。即便隐公有让桓之心，可惜居摄和让位的方式方法考虑不周，虽有心摄政，但却以国君的身份执政多年。隐公从执政之初就给桓公以希望，但这个希望却迟迟不能兑现，就像画饼不能充饥一样，桓公等得太过长久，感到希望遥不可及，他已经失去了耐心，从而失去了对隐公的信任，而对权力的渴望终于使他不惜背上弑君的千古骂名。

二 错上加错、贪婪忘义

一步走错，步步皆错。弑君之后，虽然桓公如愿当上了国君，登上了权力的巅峰，但内心并不安宁。一个十几岁的少年，即便再残忍狠毒，但冒天下之大不韪弑君之后内心肯定会充满恐惧，举国上下亦会充满对他的非议甚至责难。为了稳定自己得来不易的君位，他只好委曲求全，努力结交强大的外援。

当时的形势下，郑国和齐国最为强大。所以在即位的元年，桓公就讨好郑国，完成了以许易祊的非礼交易。郑桓公姬友是周宣王的弟弟，郑国的始封君。周宣王赐给郑桓公祊邑，是为了在天子祭祀泰山时，作为助祭汤沐之邑。《礼记·王制》曰：“方伯为朝天子，皆有汤沐之邑于天子之县内。”此前，由于周王室地位大大下降，隐公三年早有周郑交质、周郑交恶事件。周平王为了安抚郑庄公，竟然纡尊降贵，主动提出与郑国交换人质。周平王死后，周王室的人想把政权交给虢公，结果郑国一怒之下公然派兵割取了温地的麦子和成周的谷子。周朝和郑国彼此怀恨。即位后的郑庄公首次去周都朝见周桓王时，周桓王对之也不加礼遇，所以周、郑之间的矛盾越来越深。基于这种背景，早在隐公八年时，郑国就提出了以祊易许的要求。“郑伯请释泰山之祀而祀周公，以泰山

---

① ［清］高士奇撰，《左传纪事本末·鲁隐公嗣国》，中华书局，1979 年，第 53 页。

之祊易许田。”杜预注曰：“成王营王城，有迁都之志，故赐周公许田，以为鲁国朝宿之邑，后世因而立周公别庙焉。郑桓公，周宣王之母弟，封郑，有助祭泰山汤沐之邑在祊。郑以天子不能复巡狩，故欲以祊易许田，各从本国所近之宜。”祊邑近鲁，许田近郑。因许田有周公别庙，虽然郑国早就把祊邑送给鲁国，但鲁隐公在位时并未把许田交给郑国。而鲁桓公甫一即位，就不惜违礼以祊易许，以讨好郑国。《穀梁传・桓公元年》曰：“礼，天子在上，诸侯不得以地相与也。”作为秉周礼的周公后代，为了维护自己的君位，竟然放弃了祭祀周公的许田以结交强援，可见桓公弑君之后内心的极度恐慌，和他急于得到他国认可的强烈渴望。

为了讨好齐国，桓公又主动前往齐国，亲自与齐僖公约定婚姻之好。“会于嬴，成昏于齐也。”①《诗经・齐风・南山》云：“娶妻如之何？匪媒不得。”《豳风・伐柯》云：“伐柯如何？匪斧不克。取妻如何？匪媒不得。”当时婚姻极为重视父母之命、媒妁之言。《周礼・地官・媒氏》云：“媒氏掌万民之判”；《礼记・曲礼》云：“男女非有行媒，不相知名。非受币，不交不亲”。桓公不惜违礼结好齐国，显然亦是要争取强大的外援以安定君位。

与之形成鲜明对照的是，《左传》中还记述了郑太子忽拒绝齐婚的故事：在鲁桓公未与文姜订婚之时，齐僖公曾想把文姜嫁给郑太子忽，可是太子忽却辞谢了，并解释说：“人各有耦，齐大，非吾耦也。《诗》云：‘自求多福。’在我而已，大国何为？”② 太子忽狂傲自负，拒婚以维护自己的尊严，而桓公则迫不及待地巴结齐国，以稳固自己的君位。当然，从实际的利益和最终的结果看，郑太子忽不擅权谋，拒绝了齐国的婚姻，从而失去了强援，后来虽当上了国君，但因没有强大的外援被迫出奔。桓公则成为这场政治婚姻的受益者，君位得以稳固。但是从对比中我们也可以感受到两人人品的高下：郑太子忽是高傲自尊，桓公则卑躬屈膝，毫无礼义廉耻。

桓公自己的君位是通过不义的手段攫取的，当然对于别国的不义之举，他也无权并且无力做出公正的评判。宋国的太宰华父督因为觊觎大司马孔父嘉夫人的美貌，就残忍地杀掉了孔父嘉并霸占了他的妻子。由于担心受到国君的惩

---

①《左传・桓公三年传》。
②《左传・桓公六年传》。

罚，华父督索性一不做二不休，杀死了宋殇公。春秋初年，鲁国在列国中的地位比较尊贵，所以鲁、齐、陈、郑四国曾共同商讨平定宋国的内乱。但鲁桓公在接受了宋国送来的郜鼎后，就放弃了对宋国的讨伐，接受了华氏政权。鲁桓公不仅贪婪忘义、心安理得地接受宋国的贿赂，而且公然把贿赂的郜鼎安放在太庙里，大夫臧哀伯看到这种违礼之举，深为忧虑，遂旁征博引、语重心长地劝谏桓公："今灭德立违，而置其赂器于大庙，以明示百官，百官象之，其又何诛焉？国家之败，由官邪也。官之失德，宠赂章也。郜鼎在庙，章孰甚焉？武王克商，迁九鼎于洛邑，义士犹或非之，而况将昭违乱之赂器于大庙，其若之何？"指出国君应该发扬美德以垂范百官，给子孙后代做出表率，可惜鲁桓公却不听从。此时的桓公已经在非礼的邪径上越走越远，他自己本是弑君的幕后真凶，当然对华父督的弑君之举亦不以为意。

三　亲情缺失、敏感脆弱

娶夫人文姜而稳定了君位后，桓公对文姜百依百顺。这一方面源于文姜是齐国女子的身份，是桓公修好齐国的表示，同时也是源于桓公自幼年以来情感的极度缺失。父母早丧的不幸遭际使他的童年和少年时光弥漫着挥之不去的孤独感，内心极为敏感脆弱，所以他格外渴望情感的慰藉。齐女大多自由奔放，充满热情和活力，或许文姜的出现为他的生命带来了阳光，所以桓公对文姜应该是极度亲近依恋的，从太子出生时举行的隆重仪式就可见桓公对文姜的宠爱。"子同生，以大子生之礼举之，接以大牢，卜士负之，士妻食之。公与文姜、宗妇命之。"[①] 桓公在亲自咨询学识渊博的大夫申繻后，郑重其事地为太子取名为同。重视太子正是重视文姜、爱屋及乌的表现。

正是因为桓公对文姜的宠爱和依恋，所以他才会在桓公十八年时，为了取悦文姜，决定和文姜一起前往齐国。这显然不合礼仪，大夫申繻劝告说："女有家，男有室，无相渎也，谓之有礼。易此，必败。"《孟子·滕文公下》云："丈夫生而愿为之有室，女子生而愿为之有家。"孔疏曰："沈氏云，卿大夫称家，家者，内外之大名。户内曰室，但男子一家之主，职主内外，故曰家；妇人主

---

①《左传·桓公六年传》。

闺内之事，故为室也。”申缟劝桓公以礼，说女子应该安于丈夫之家，男子应该安于妻子之室，不要违背此礼，否则就会招致祸患。按照春秋礼仪，父母在世时，女子尚可归宁探望父母，如果父母去世，女子只能遣人探望家人，而自己则不能再回母家。文姜的父亲齐僖公早已去世，此时齐国是文姜的庶兄齐襄公执政，文姜依礼不应再回齐国。但桓公本就不看重礼仪，有多次违礼之举，所以他对德高望重的申缟大夫的苦苦劝告置若罔闻，坚持带着文姜前往齐国，孰料却招来杀身之祸。

“遂及文姜如齐。齐侯通焉。公谪之，以告。夏四月丙子，享公。使公子彭生乘公，公薨于车。”桓公和文姜到齐国后，文姜与齐襄公私通，这对桓公的伤害是极大的，桓公幼年失怙的遭际使他在情感上极为孤独、敏感和脆弱，使他在情感上极为依恋文姜。现在他最为亲近和信任的文姜竟然背叛了他，对桓公来说，这不仅是奇耻大辱，更是令他伤心欲绝、难以置信、难以承受。试想，桓公如果对文姜的感情不是那么深厚，他就能够忍住怒火，冷静下来，在深思熟虑后，想好对策。至少他可以装作毫不知情，等回到鲁国之后再秋后算账，可惜桓公用情太深，所以他无法忍受文姜的背叛，出离愤怒、伤心欲绝的桓公忘掉了他在齐国孤立无援的处境，忘掉了可能带来的恶果，痛斥文姜的淫乱和不忠。怒火发泄换来的结果是桓公命丧齐国。

在遭到桓公的斥责后，文姜畏惧慌乱，转告了齐襄公。齐襄公不但毫无悔意，反而恼羞成怒，假意宴请鲁桓公，在宴会结束后就授意公子彭生在帮助桓公登车时杀死了桓公。鲁国在国君遇害后，虽也知道齐襄公是真正的罪魁祸首，但齐强鲁弱，鲁国不敢得罪齐国，为了保住颜面，鲁国只好派使者到齐国请求处死彭生。“寡君畏君之威，不敢宁居，来修旧好，礼成而不反，无所归咎，恶于诸侯。请以彭生除之。”齐人杀死了彭生以向鲁国谢罪。《史记·鲁周公世家》记载此事时全采用《左传》史实：“申缟谏止，公不听，遂如齐。齐襄公通桓公夫人。公怒夫人，夫人以告齐侯。夏四月丙子，齐襄公飨公，公醉，使公子彭生抱鲁桓公，因命彭生摺其胁，公死于车。鲁人告于齐曰：‘寡君畏君之威，不敢宁居，来修好礼。礼成而不反，无所归咎，请得彭生除丑于诸侯。’齐人杀彭生以说鲁。”

对于文姜和齐襄公兄妹的乱伦之举，《毛诗序》认为《诗经·齐风》中《南山》《敝笱》《载驱》三首诗均为讽刺此事。《南山》首章云："南山崔崔，雄狐绥绥。鲁道有荡，齐子由归。既曰归止，曷又怀止？""《南山》，刺襄公也。鸟兽之行，淫乎其妹，大夫遇是恶，作诗而去之。"①《敝笱》首章云："敝笱在梁，其鱼鲂鳏。齐子归止，其从如云。""《敝笱》，刺文姜也。齐人恶鲁桓公微弱，不能防闲文姜，使至淫乱，为二国患焉。"②《载驱》首章云："载驱薄薄，簟茀朱鞹。鲁道有荡，齐子发夕。""《载驱》，齐人刺襄公也。无礼义，故盛其车服，疾驱于通道大都，与文姜淫，播其恶于万民焉。"③《史记》和《列女传》均认为文姜和齐襄公早在文姜成婚之前就已私通："齐襄公故尝私通鲁夫人。鲁夫人者，襄公女弟也，自僖公时嫁为鲁桓公妇，及桓公来而襄公复通焉。"④刘向在《列女传·孽嬖传》中写道："文姜者，齐侯之女，鲁桓公之夫人也。内乱其兄齐襄公。桓公将伐郑纳厉公，既行，与夫人俱将如齐也。"甚至有学者附会说，郑太子忽之所以辞谢齐僖公的提婚，是因为听说了文姜的淫乱。笔者对此说不敢苟同。文姜在成婚前应该是没有与齐襄公的乱伦行为，文姜婚前乱伦的说法不合情理。如果确有乱伦之事，作为信史的《左传》一定会秉笔直书，但是《左传》中却并无相关记载。如果文姜淫乱举世皆知，郑太子忽因之而辞婚，鲁国怎会毫不知情，桓公怎会主动请婚于齐，桓公怎会对文姜极为宠爱，怎会毫无顾忌地带着文姜回鲁国与齐襄公相会，怎会因得知文姜私情后方寸大乱、怒火中烧，以至于慌不择言、不计后果地怒斥文姜而招来杀身之祸。鲁桓公怒斥文姜之举是符合突然得知真相后的表现的，如果早有此事或早已知情，可能就不会如此出离愤怒了。

对于桓公因文姜乱伦而遇害，前人对桓公多有责备："帷薄不修，桓公不能辞其咎也。且桓公不能以礼防闲文姜，而纵使穷其欲者，盖身为篡逆，欲结大援以求免于讨耳。其成昏逆送，咸不以礼不顾也。但冀得文姜欢心，以无失齐援，而愿斯足。不然，鲁道有荡，齐子翱翔，行人犹指目之，桓公宁不知

① [汉]毛亨传，[汉]郑玄注，[唐]孔颖达疏，李学勤主编，《十三经注疏·毛诗正义》，北京大学出版社，1999年，第340页。
② 同上注，第349页。
③ 同上注，第352页。
④《史记·齐太公世家》。

耶！”[①]但笔者以为，此评论只说对了一半，桓公冀得文姜欢心，以无失齐援是真，但桓公并非是早已知情后故意放纵文姜的私欲，或者更确切地说，文姜在成婚前并无乱伦之事。同时需要指出的是，桓公处处取悦文姜，并非全是为了无失齐援，讨好齐国，桓公对文姜亦有深厚的感情。

总之，幼年父母双亡的经历使桓公格外孤独脆弱，隐公摄政的局面使他时刻对权力患得患失。为了攫取君位他残忍狠毒，不惜弑君弑兄；为了保住君位他只好一错再错，卑躬屈膝结交强援，甚至对违礼之举逐渐麻木。亲情的缺失使他对夫人文姜充满了依恋，但文姜的背叛让他出离愤怒，没有审时度势，而是逞一时痛快，斥责文姜结果招来杀身之祸。桓公既是弑君的罪人，同时最后也落得被弑的结局，是一个可恨又可悲的充满悖论的悲剧人物。

第三节　勇武礼贤——鲁庄公

鲁庄公生于鲁桓公六年，即位时才刚刚十三岁，执政三十二年。鲁庄公是春秋时期鲁国十二位国君中唯一以嫡长子身份即位的国君，其母为文姜。《左传》塑造了鲁庄公重德礼贤、勇武善战又优柔寡断的形象。

一　忍辱含垢、修德待时

鲁桓公在齐国遇害后，十三岁的庄公就肩负起了国家的重任。父亲因母亲的荒淫乱伦而惨死，庄公心中充满了强烈的羞辱感。母亲文姜怕受到惩罚不敢归鲁，庄公为此没有举行即位大典，并且断绝了与母亲的关系。“元年春，不称即位，文姜出故也。三月，夫人孙于齐。不称姜氏，绝不为亲，礼也。”[②]但毕竟他只是一个十几岁的少年，齐国又很强大，所以他没有能力报杀父之仇，甚至还要忍辱负重，在即位的当年秋天为杀父仇人齐襄公娶王姬主婚。孔疏曰：“凡昏姻，皆宾主敌体相对行礼。天子嫁女于诸侯，使诸侯为主，令与夫家为礼。天子聘后于诸侯，亦使诸侯为主，令与后家为礼。嫁女，则送女于鲁，令鲁嫁

① 韩席筹，《左传分国集注》，江苏人民出版社，1963 年，第 52 ～ 53 页。
②《左传 · 庄公元年传》。

女与人。迎后，则令鲁为主，使鲁遣使往逆。”① 周王室出于对鲁国的重视和亲密，在嫁女于齐襄公时，让鲁国为之主婚。鲁桓公无奈接受此项“殊荣”，想到非但不能手刃仇人，还要为仇人主婚，内心充满了强烈的羞辱感。但他只能含垢忍辱，以大局为重。

“庄公忘父之仇，不能兴一旅问罪之师，仅以一彭生塞责，而靦然主王姬之昏，同伐卫之举。及围郕而郕降于齐师，仲庆父请击齐师，犹欲引修德待时之义以自解。天下之无人心者，亦至此哉！”② 这种对庄公的批评太过苛刻，如果庄公刚刚即位就急躁冒进地去讨伐齐国，兴师问罪，未免太不自量力，无异于以卵击石。庄公年仅十三岁，无论是军事智慧还是外交能力都不具备，根本无力对抗强齐。所以他只有忍辱负重，以作远图。庄公即位八年之后，鲁国和齐国一起攻打郕国。郕国投降于齐师。庆父怨恨齐国不与鲁国分享胜利，所以想要讨伐齐国。庄公曰：“不可。我实不德，齐师何罪？罪我之由。《夏书》曰：‘皋陶迈种德，德，乃降。’姑务修德以待时乎。”高士奇认为庄公修德待时之语是为自己的无能寻找台阶，“此正庄公忘父仇之恶也，何善之有”③。笔者不敢苟同。修德待时之语可见鲁庄公谦恭重德、胸襟广阔、有自知之明，主张以德服人。君主能够罪己，而非罪人，实属难能可贵。“禹、汤罪己，其兴也悖焉；桀、纣罪人，其亡也忽焉。”④ 正因如此，《左传》作者才说“君子是以善鲁庄公”。其实庄公并没有忘记杀父之仇，他只是在审时度势、静待时机。等到齐襄公被弑，齐国发生内乱之际，鲁庄公果断决定帮助齐国的公子纠回齐为君，从而拥有对齐国的控制权。但可惜公子小白（齐桓公）抢先返齐，即位为君。虽然鲁庄公因为对齐桓公的实力估计不足，大意轻敌，在乾时之战中大败，但此事充分显示出鲁庄公并非忘掉杀父之仇的无耻之辈，他之前的委曲求全只不过是时机尚未成熟罢了。

二 虚怀若谷、礼贤下士

在齐国侵鲁的长勺之战中，鲁庄公礼贤下士、知人善任的政治家美德得到

①《春秋左传正义·桓公八年》。
②［清］高士奇撰，《左传纪事本末》，中华书局，1979年，第64页。
③ 同上注，第63页。
④《左传·庄公十一年传》臧文仲之语。

了充分的展示。齐桓公为报鲁庄公拥立公子纠之仇，发起了长勺之战。在敌兵压境之际，鲁庄公并没有囿于尊尊亲亲的传统，任人唯亲，而是能够任人唯贤，果断地不拘一格重用人才。曹刿虽是平民，但鲁庄公用之不疑，才取得了长勺之战的胜利。前贤提到长勺之战，多认为曹刿是深谋远虑、指挥若定的杰出军事家，战争获胜是曹刿的功劳，而把鲁庄公看作昏庸无能、急躁冒进的君主，是“肉食者鄙”的代表。对此笔者不敢苟同。如果没有鲁庄公的重用，曹刿即使再有才能，也得不到发挥。如果说曹刿是千里马的话，鲁庄公就是伯乐，正是由于鲁庄公的慧眼识珠，曹刿才得以驰骋千里。左思《咏史》其七云：“何世无奇才，遗之在草泽。”千里马并不匮乏，有多少豪杰沉沦草莽，壮志难酬，英雄无用武之地，只因世间少的是伯乐。所以鲁庄公重用曹刿显得尤为难能可贵。

从其乡人所说的“肉食者谋之，又何间焉”可推知，曹刿并非贵族。襄公二十八年传：“公膳，日双鸡。饔人窃更之以鹜。御者知之，则去其肉而以其洎馈。子雅、子尾怒。”昭公四年传载申丰答季武子曰：“……食肉之禄，冰皆与焉。大夫命妇，丧浴用冰。祭寒而藏之，献羔而启之，公始用之……”杜预注：“食肉之禄，谓在朝廷治其职事，就官食者也。”所以大夫都是食肉的。《孟子·梁惠王》曰：“鸡豚狗彘之畜，无失其时，七十者可以食肉矣。”七十岁的百姓能吃上肉是孟子的仁政理想，可知平民很少吃肉。曹刿虽然出身平民，但却满怀天下兴亡、匹夫有责的爱国热忱，而且对自己的才能非常自信，认为自己比那些目光短浅的食肉的贵族更有深谋远虑。听到齐桓公入侵的消息，在国家危难之际，他挺身而出去拜见鲁庄公，主动请缨，表现出了极高的爱国热情和责任感。同时我们更应该看到，鲁庄公对平民出身的曹刿并没有任何的轻视。这在尊崇周礼、尊尊亲亲的鲁国尤为难能可贵。

与齐人的举贤尚功不同，鲁人施行的是尊尊亲亲的治国方略。《吕氏春秋》《汉书》《淮南子》中都有类似的记载：“太公望封于齐，周公旦封于鲁，二君者甚相善也。相谓曰：‘何以治国？’太公望曰：‘尊贤尚功’。周公旦曰：‘亲亲尚恩’”，“其后齐日以大，至于霸”，“鲁日以削……二十世而亡”。[①]“昔太公始封，

①《吕氏春秋·长见篇》。

周公问：‘何以治齐？’太公曰：‘举贤而上功。’周公曰：‘后世必有篡杀之臣。’其后二十九世为强臣田和所灭，而和自立为齐侯”，“周公始封，太公问：‘何以治鲁？’周公曰：‘尊尊而亲亲。’太公曰：‘后世浸弱矣。’故鲁自文公以后，禄去公室，政在大夫，季氏逐昭公，陵夷微弱，三十四世而为楚所灭”。[①]“昔太公望、周公旦受封而相见，太公问周公曰：‘何以治鲁？’周公曰：‘尊尊亲亲。’太公曰：‘鲁从此弱矣！’周公问太公曰：‘何以治齐？’太公曰：‘举贤而上功。’周公曰：‘后世必有劫杀之君！’其后齐日以大，至于霸，二十四世而田氏代之。鲁日以削，至三十二世而亡”。[②]

鲁国尊崇周礼，伯禽执政之初，变其俗，革其礼，推行西周的礼乐教化，尊尊亲亲，世卿世禄。在鲁国这样谨守周礼的国家，鲁庄公能够重用平民曹刿，显示出了他礼贤下士的美德。

在大敌入侵的紧要关头，鲁庄公殚精竭虑，忧念国事，没有闲暇。但对于一个平民百姓的毛遂自荐，他并没有高高在上、拒之门外，或者不屑一顾、敷衍了事，而是认真地接见并倾听曹刿的意见。可见鲁庄公是一个多么平易近人、开明民主的君王。试想，如果鲁庄公不是平时就有礼贤下士、虚心纳谏的美名，出身寒微的曹刿断断不敢贸然前往进谏。

曹刿开门见山，问鲁庄公何以战，语气强硬狂妄，咄咄逼人，鲁庄公却并未动怒，而是认真思考作答：“衣食所安，弗敢专也，必以分人。”曹刿马上加以否定：“小惠未遍，民弗从也。”鲁庄公又曰：“牺牲玉帛，弗敢加也，必以信。”曹刿又批评说：“小信未孚，神弗福也。”当鲁庄公提出“小大之狱，虽不能察，必以情”时，曹刿才肯定说：“忠之属也，可以一战，战则请从。”在与鲁庄公谈论凭借什么作战时，曹刿直言敢谏，表现出了他重民的远见卓识，他否定了以衣食分人的小恩小惠，否定了祭祀神明的牺牲玉帛，而肯定了合情合理地审理案件一事，认为这是忠于国事的表现，必定会得到百姓的信服。“忠之属也”句杜预注曰：“上思利民，忠也。”孔疏云：“言以情审察，不用使之有枉，则是思欲利民，故为忠之属也。”面对曹刿并不恭敬的言辞，鲁庄公颇有容人的雅量，他不但丝毫不以为忤，反而从曹刿要取信于民的话语中判断出曹刿成竹

①《汉书 · 地理志》。
②《淮南子 · 齐俗训》。

在胸。对于曹刿“战则请从”的请求，他欣然应允，不顾尊卑之礼，作为一国之君，与平民曹刿同乘一辆战车参战，鲁庄公给了曹刿最大限度的尊重与信任。

战争中更是显示出鲁庄公从善如流、知人善任的美德。他用人不疑，对曹刿言听计从。当鲁庄公要击鼓进军和要追逐败北的齐师时，曹刿都加以阻止，鲁庄公虽然不知其故，但他还是果断地给予了曹刿充分的信任，毫无保留地听取曹刿的意见。曹刿极富军事谋略和指挥才能，面对紧张激烈、瞬息万变的战争，他沉着冷静又胸有成竹，睿智果决，指挥若定。面对强齐来势汹汹的攻势，他在战术上采用后发制人之术，避其锋芒，挫其锐气，以柔克刚，以逸待劳，等敌军三鼓之后军心涣散、士气衰竭时才果断地发动猛烈攻势，让敌军措手不及，无力招架。曹刿深谙兵法之道，担心敌军奔逃是故意诱鲁军深入的圈套，所以谨慎地“下视其辙，登轼而望之”；他又心细如发，思路缜密，仅仅凭借敌军的辙乱和旗靡就能断定敌军的溃败；然后果断命令鲁军乘胜追击。曹刿在战争中表现出了卓越的运筹帷幄、知己知彼的军事才能。由于曹刿的计谋，鲁军大胜。战争结束后，鲁庄公又谦虚地向曹刿请教刚才的疑惑，表现了他真诚谦逊、认真好学的美德。

诚然，长勺之战中，曹刿功劳巨大，但如果没有鲁庄公的慧眼识珠、知人善任，给曹刿施展才华的机会，那么曹刿便英雄无用武之地，不可能展示出他的军事智慧。如果说曹刿是精通谋略擅长用兵的将兵之才，那么鲁庄公则堪称将将之才。《史记·淮阴侯列传》记载了刘邦和韩信的一段有趣的对话，刘邦问曰：“如我能将几何？”信曰：“陛下不过能将十万。”刘邦曰：“于君何如？”韩信曰：“臣多多而益善耳。”刘邦笑曰：“多多益善，何为为我禽？”韩信曰：“陛下不能将兵，而善将将……”虽然刘邦不擅将兵，但善将将。刘邦也曾自信地说：“夫运筹帷帐之中，决胜千里之外，吾不如子房；镇国家，抚百姓，给馈饷，不绝粮道，吾不如萧何；连百万之军，战必胜，攻必取，吾不如韩信。此三者，皆人杰也，吾能用之，此吾所以取天下也。”刘邦重用张良、萧何、韩信，所以夺取了天下。作为国君，最忌讳的是刚愎自用、骄横专制，不一定非得精通军事，只要他能够做到知人善任、人尽其才，在众多贤才的辅佐下，何愁大业不成。鲁庄公在长勺之战中能够重用平民曹刿，就与刘邦相类，堪称将将之才，富有成大事的政治家的胆识和胸襟气度。

三 擅长治兵、勇武善战

前贤多因为长勺之战中鲁国已经大胜，鲁庄公尚且不知其故，还要向曹刿请教，从而得出错误的结论，认为鲁庄公在军事上昏庸无能，是见识鄙陋、轻率鲁莽的庸君。但事实并非如此，鲁庄公亦擅长治兵，富有军事才能，并且勇武善战、身先士卒，乘丘之役就很能体现鲁庄公的这一特点。

长勺之战中齐国虽然失败，但齐桓公却心有不甘，又联合宋军攻打鲁国的郎地（曲阜近郊）。公子偃精通兵法，认为齐宋联军虽然表面上势力强大，但可以先攻击虚弱的宋军，宋军失败了，齐军也必定会军心涣散。公子偃的计谋是集中优势兵力，分化瓦解敌军，以弱胜强。《左传》中多次记载了这种战术的运用。比如鲁桓公五年秋天著名的繻葛之战，周桓王带领诸侯之师以讨伐郑国，郑国就是采用了此种战术获胜。但王室地位衰微，兵力自然不能和齐国同日而语。春秋初年的齐国、宋国都是大国，两国联合攻打鲁国，鲁国势单力薄，处境危险，公子偃的分化瓦解之计也并没有十足的把握。所以鲁庄公最初审时度势，非常谨慎，不同意公子偃的冒险之举。公子偃个性狂妄、自高自大、目无尊长，他不顾君命，私自出击宋军，鲁庄公看事已至此，当机立断，即刻率领大军随后出战，结果宋军溃败，齐军也只好撤退。鲁庄公在处理突发事件时并不优柔寡断，他能够当机立断，迅速出击是乘丘之役获胜的原因。否则，如果鲁庄公不派大军接应的话，以公子偃的微弱兵力，乘丘之役的胜负可能就要改写。

在这场战役中，鲁庄公身先士卒，英勇善战，他箭术娴熟精湛，用金仆姑射中了南宫长万。南宫长万是宋国著名的猛士，是力大如牛之人。他在宋国弑君后逃奔陈国时，“以乘车辇其母，一日而至”①。杜预注云：“乘车，非兵车。驾人曰辇。宋去陈二百六十里，言万之多力。”能够射中南宫长万这样的勇士，可见鲁庄公的勇武。

鲁庄公箭术之高超有《诗经·齐风·猗嗟》为证：“猗嗟昌兮，颀而长兮。抑若扬兮，美目扬兮。巧趋跄兮，射则臧兮。猗嗟名兮，美目清兮，仪既成兮。终日射侯，不出正兮，展我甥兮。猗嗟娈兮，清扬婉兮。舞则选兮，射则贯兮。

①《左传·庄公十二年传》。

四矢反兮，以御乱兮。”孔子曾赞之曰：“四矢反，以御乱，吾喜之。”[①] 但《毛诗序》云：“《猗嗟》，刺鲁庄公也。齐人伤鲁庄公有威仪技艺，而不能以礼防闲其母，失子之道，人以为齐侯之子焉。”清人方玉润在《诗经原始》中有精辟的评价：“愚于是诗，不以为刺而以为美，非好立异，原诗人作诗本意盖如是耳。此齐人初见庄公而叹其威仪技艺之美，不失名门子，而又可以为戡乱材。诚哉，其为齐侯之甥矣！意本赞美，以其母不贤，故自后人观之而以为刺耳。于是议论纷纷，并谓‘展我甥兮’一句以为微词，将诗人忠厚待人本意尽情说坏。是皆后儒深文奇刻之论有以启之也。”方玉润之说更贴合《诗经》原旨。

《史记》中很多史实均采自《左传》，对于乘丘之役的结果，《史记》亦认为是鲁国取胜。“十年夏，宋伐鲁，战于乘丘，鲁生虏宋南宫万。”[②] 但《礼记・檀弓上》与《左传》不同，认为乘丘之战是鲁败宋胜。“鲁庄公及宋人战于乘丘，县贲父御，卜国为右。马惊，败绩，公队，佐车授绥。公曰：‘末之卜也。’县贲父曰：‘他日不败绩，而今败绩是无勇也。’遂死之。”《礼记》是后儒所著，难免讹误。

纵观鲁庄公执政三十二年间，共有十二次对外作战。三年，溺会齐师伐卫；五年，公会齐人、宋人、陈人、蔡人伐卫；八年，师及齐师围郕；九年，与齐乾时之战；十年，与齐师战于长勺；十年，大败宋师于乘丘；十一年，公败宋师于鄑；十八年，公追戎于济西；十九年，齐人、宋人、陈人伐鲁西鄙；二十六年，公伐戎；二十六年，公会宋人、齐人，伐徐；二十八年，公会齐人、宋人救郑。其中有六次是会同齐师作战，看不出鲁庄公的军事智慧；但两次对戎人作战，可见鲁庄公的英勇善战；与齐人战有三次，只有乾时之战因大意轻敌而败，而长勺之战和与对抗齐宋联军的乘丘之战，鲁国均取得胜利；宋国为报乘丘战役之仇而伐鲁的鄑地之战，鲁国亦取得胜利，可见鲁庄公确实治军有方。

---

① 陈桐生，《〈孔子诗论〉研究》，中华书局，2004 年，第 268 页。
②《史记・齐太公世家》。

四 儿女情长、优柔寡断

鲁庄公是个重情的君主，“公会杞伯姬于洮，非事也。天子非展义不巡守，诸侯非民事不举，卿非君命不越竟”[①]。对于出嫁的女儿，他不惜违礼相会，可见他对女儿的思念之深。

当初，鲁庄公看到党氏的女儿孟任非常美丽，对孟任一见钟情，就追求孟任，许诺孟任可以做国君夫人，孟任为庄公生下子般。但是庄公二十四年时，鲁庄公又为了国家利益，被迫娶齐女哀姜为夫人，所以孟任不可能做正室夫人，子般也并非嫡子。鲁庄公共有四个儿子：嫡夫人哀姜无子，孟任所生的子般，哀姜媵妾叔姜所生的公子启（鲁闵公），成风所生的公子申（鲁僖公）、公子遂（又称东门襄仲，不知其母）。鲁庄公因对孟任一往情深，所以爱屋及乌，对孟任所生的子般格外疼爱，但是鲁庄公却在立太子之事上优柔寡断，没有及早定下子般的太子之位，以致酿成祸端。

“庆父淫乱专横，未逾年而身弑二君，几倾公室，终春秋之世，鲁贵戚之祸，未有如庆父者也，虽东门遂、侨如、意如之祸，皆不及也。然而庆父之祸，哀姜成之，哀姜之祸，庄公酿之，庄公忘君父之仇，而又娶其女，丹楹刻桷以夸之，宗妇用币以觌之，废出孟任以骄之。纵其宣淫，卒酿成庆父之祸，非不幸也，宜也。”[②] 虽然韩席筹的指责过于苛刻，但不可否认，鲁庄公对于庆父之祸有不可推卸的责任。他没有及早定下子般的太子之位，以至于让庆父对君位产生觊觎之心、非分之想，终于酿成大乱。等到临终之际才寄命托孤，可惜已经为时晚矣。

孔疏曰：“传称‘公疾，问后于叔牙’，若已有大子，则不应须问。当问之时，似未有大子也。季友以死奉般，酖杀叔牙，盖于尔时始命为大子。公薨而般立，知其为大子也。”鲁庄公临危之际才想起立太子之事，是多么荒唐。

庄公八年传记载，鲁军与齐军一同伐郕，结果郕国投降了齐国。庆父怨恨齐国不与鲁国分享胜利，所以想要讨伐齐国，后来因鲁庄公反对而未成行。《左传》因此对鲁庄公的谦恭、重德的行为大加赞赏。与谦逊、退让的鲁庄公对比，

① 《左传·庄公二十七年传》。
② 韩席筹，《左传分国集注·庆父之难》，江苏人民出版社，1963 年，第 57 页。

也可看出庆父有军事才能，但相当自负，性格刚强，不肯吃亏。庆父的性格，必然会对新即位的国君造成威胁，可惜鲁庄公并未采取相应的措施，没有为子般铲除为政的障碍。

对于子般曾得罪过的大力士圉人荦，鲁庄公虽意识到其危险，但也并未防患于未然。圉人荦曾经从墙外调戏观看雩祭的鲁庄公之女，子般勃然大怒，让人鞭打了荦。鲁庄公曾评价说："不如杀之，是不可鞭。荦有力焉，能投盖于稷门。"圉人荦力气极大，不能羞辱他，不如直接把他杀掉，但遗憾的是，庄公并没有杀掉圉人荦，以致鲁庄公去世后，虽然有季友的支持和辅佐，子般顺利登位，但即位不到两个月，庆父就利用圉人荦杀掉了子般。《周礼·夏官·圉人》载："圉人掌养马刍牧之事。"昭公七年传曰："马有圉，牛有牧。"《公羊传》称圉人荦为邓扈乐，《公羊传·闵公元年》曰："使（邓扈乐）弑子般，然后诛邓扈乐而归狱焉。"对圉人荦的疏于防范也应归咎于庄公的优柔寡断。宋国的南宫长万弑宋闵公就是前车之辙，南宫长万是宋国著名的猛士，乘丘之役被鲁国俘虏，后被放回宋国，只因宋闵公跟他开了句玩笑，"始吾敬子，今子，鲁囚也。吾弗敬子矣"，南宫长万便怀恨在心，杀掉宋闵公。可惜鲁庄公并没有引以为鉴。

庆父先后杀掉子般和鲁闵公，罪大恶极。韩席筹认为庆父之祸，哀姜成之，而庄公纵容哀姜和庆父的淫乱，最终酿成庆父之乱，认为庄公是咎由自取，不值得同情。笔者认为此说不合情理。韩席筹的庄公纵容哀姜和庆父的淫乱之说应取自《史记》。考之《左传》，笔者以为鲁庄公在世时，应无哀姜和庆父的私通之事，他们的私通应该是在鲁庄公去世之后。

"闵公，哀姜之娣叔姜之子也，故齐人立之。共仲通于哀姜，哀姜欲立之。闵公之死也，哀姜与知之，故孙于邾。"[①]《左传》认为闵公是齐女所生，所以齐人立之，并认为庆父私通哀姜是在闵公即位之后，哀姜想立庆父为鲁君，所以庆父第二次弑君。《史记》则认为庆父私通哀姜是在鲁庄公去世之前，闵公也是共仲和哀姜所立。"先时庆父与哀姜私通，欲立哀姜娣子开。及庄公卒而季友立般，十月己未，庆父使圉人荦杀鲁公子般于党氏。季友奔陈。庆父竟立庄公子

①《左传·闵公二年传》。

开，是为湣公。湣公二年，庆父与哀姜通益甚。哀姜与庆父谋杀湣公而立庆父。庆父使卜齮袭杀湣公于武闱。”[①] 笔者以为应以《左传》说为是。考之《左传》鲁庄公三十二年经中“子般卒。公子庆父如齐”之语，闵公之立应该是齐桓公之意。庆父弑君后恐惧，到齐国去争取霸主齐桓公的支持。哀姜、叔姜本来就是政治婚姻缔结盟好的工具，齐桓公自然希望立齐女所生之子为鲁君，使之听命于齐国，所以默许了庆父的弑君之举，并命庆父拥立闵公。拥立闵公前庆父应该还未与哀姜私通，以鲁国谨秉周礼的现实环境来看，鲁庄公在世时，庆父即使再嚣张跋扈，也不敢犯下与国君夫人私通的大罪。再者，从常理来推测，如果庆父早已与庄姜私通，那么他杀掉子般后就会自立为君，而大可不必立了闵公然后杀之再求自立那么大费周章，所以韩席筹的庄公纵容哀姜和庆父的淫乱之说不符合事实。

当然，鲁庄公优柔寡断，没有及早定下子般的太子之位，没有及早消弭庆父的野心，没有及时杀掉圉人荦以防后患，最终酿成庆父弑二君的混乱局面，他难逃其咎。

纵观鲁庄公一生，他虽非雄图大略的圣主，有时候也固执己见，有如齐观社、丹桓宫楹、刻桓宫桷，让同姓大夫的夫人用玉帛作为觐见哀姜的见面礼之类的非礼之举，并且由于心地仁厚、优柔寡断，在嗣君问题上没有早作打算，以致酿成了庆父之祸，但在大节上他却有许多可取之处：能取信于民、尽职尽责，“牺牲玉帛，弗敢加也，必以信”，“衣食所安，弗敢专也，必以分人”，“小大之狱，虽不能察，必以情”；勇于罪已，主张“修德以待时”；礼贤下士、用人不疑；在战场上亲自参战、身先士卒，也算得上是一位贤德有为之主。

①《史记·鲁周公世家》。

第四章　宗邦之彦——《左传》中的鲁国宗卿

鲁国宗卿当中以臧氏、东门氏和三桓最为著名。其中虽有东门襄仲、叔孙侨如这样的败类，但也出现了许多忠贞贤德的宗邦之彦。

第一节　嘉言懿行——臧文仲

臧文仲即臧孙辰，是臧僖伯的曾孙，臧哀伯的孙子。“孝公生僖伯彄，彄生哀伯达，达生伯氏瓶，瓶生文仲辰。”[①] 臧文仲历仕庄、闵、僖、文四朝，从庄公二十八年以鲁卿的身份告籴于齐算起，到文公十年去世，在鲁国政坛活跃了五十余年。他是鲁国著名的贤臣，爱国爱民，慷慨慕义，致力于为鲁国创造和平的外交环境。他清醒理智，灵活务实，通达权变，从善如流，举贤尚功，可谓功业显赫，更以深邃警策的嘉言而不朽。

一　慷慨慕义、修睦邻邦

臧文仲首先是一个勇赴国难、爱国爱民的贤者。鲁国发生饥荒时，臧文仲充满了强烈的爱国热忱和责任感，求助于齐，化解了鲁国的危机。此事《左传》只有寥寥数语：“饥。臧孙辰告籴于齐，礼也。”[②] 通过《国语·鲁语上》的详细记载，我们可以感受到臧文仲急国家之难的崇高形象。在国家危难之际，忧心如焚的臧文仲为了拯民于饥馑，力劝国君拿出名器财宝，向齐国借粮，体现了臧文仲重民轻利的思想。“夫为四邻之援，结诸侯之信，重之以婚姻，申之以盟誓，固国之艰急是为。铸名器，藏宝财，固民之殄病是待。今国病矣，君盍以

---

①《左传·庄公二十八年经》疏引《世本》之语。
②《左传·庄公二十八年传》。

名器请籴于齐！”并勇于担当、主动请缨。“国有饥馑，卿出告籴，古之制也。辰也备卿，辰请如齐。”从者对他毛遂自荐的行为不理解，臧文仲解释说：“贤者急病而让夷，居官者当事不避难，在位者恤民之患，是以国家无违。今我不如齐，非急病也。在上不恤下，居官而惰，非事君也。”这种慷慨慕义、爱国爱民的情怀令后世敬仰。

臧文仲擅长外交辞令，是一个杰出的外交家。游说齐桓公时，他非常机智，仔细揣摩对方的心理，并且晓之以理、动之以情，言辞诚恳、感情激切，从而打动了对方。“天灾流行，戾于弊邑，饥馑荐降，民羸几卒，大惧乏周公、太公之命祀，职贡业事之不共而获戾。不腆先君之币器，敢告滞积，以纾执事；以救弊邑，使能共职。岂唯寡君与二三臣实受君赐，其周公、太公及百辟神祇实永飨而赖之！”因为齐桓公已于十三年前即鲁庄公十五年时称霸天下，霸业正隆，齐桓公称霸是打着尊奉周天子的旗号，所以臧文仲巧妙地说饥荒不仅使鲁国深受其害，不能祭祀周公，而且也难以供奉王室，让尊王攘夷的齐桓公感到救援鲁国即是尊奉王室，义不容辞。臧文仲又说也不能祭祀姜太公，暗示齐鲁自立国以来的密切关系，然后又把齐国助鲁的好处夸大到无以复加：“岂唯寡君与二三臣实受君赐，其周公、太公及百辟神祇实永飨而赖之！”这种恭维的话让齐桓公听了非常受用，所以齐桓公不仅借给鲁国粮食，而且归还了鲁国的宝器。此次毛遂自荐使初涉政坛的臧文仲脱颖而出，展示了他不凡的外交才华。

由于擅长外交辞令，应对得体，之后臧文仲就多次以外交家的身份，代表鲁国出使或应对宾客，并成功地帮鲁国营造了一个相对和平稳定的生存空间。

周襄王的母弟王子带作乱，率领狄人攻打周天子，王室军队大败，周襄王只好避居郑国。鲁国与周王室的关系最亲、爵位最高，周天子就先派使者求助于鲁，希望鲁国兴兵勤王。齐桓公已于七年前去世，天下无霸，这本来是诸侯勤王、建威立霸的好机会，“求诸侯，莫如勤王。诸侯信之，且大义也”①。但考虑到鲁国军事力量衰微，无法与齐、楚、秦、晋诸强国争衡，所以臧文仲在清醒地审时度势之后，定下只求自保，无心争霸的策略，并不打算有勤王之举。

①《左传·僖公二十五年传》狐偃之语。

他谦恭地说："天子蒙尘于外，敢不奔问官守？"[①] 不直言问候天子，而说奔问官守，官守即左右群臣之意，言辞中表达了对周天子的恭敬，但也只是言语间的恭敬而已，丝毫不提出兵勤王之事。在这表面的恭敬背后，实则是巧妙地婉拒了来使，使鲁国免于征战之苦。

臧文仲在外交上主张"夫为四邻之援，结诸侯之信，重之以婚姻，申之以盟誓，固国之艰急是为"[②]，所以他非常注重与各诸侯国结好。齐国的国庄子来聘时，自郊劳至于赠贿，礼成而加之以敏。臧文仲就向鲁僖公建议说："国子为政，齐犹有礼，君其朝焉。臣闻之，服于有礼，社稷之卫也。"[③] 臧文仲认为顺服于守礼的国家，国家才能稳固，齐国有国庄子这样遵守礼仪、举止得体的执政卿，证明齐国是守礼之国，所以力劝鲁僖公朝齐。联系当时的国际形势，虽然此时晋文公已经代齐称霸，但齐国的力量仍不容小觑，齐强鲁弱仍是不争的事实，所以臧文仲此举可谓是经过深思熟虑的，只不过恰好借着齐国来使有礼的托辞来达成他修好齐国的愿望。

臧文仲审时度势，看到陈、卫两国和睦，想要与陈国结成友好。在臧文仲的建议下，季文子到陈国行聘，"臧文仲以陈、卫之睦也，欲求好于陈。夏，季文子聘于陈"[④]，此事亦可见臧文仲一贯和平的外交主张。

救卫成公一事最能体现他灵活机智的外交手段与和平友好的外交策略。晋人抓住了卫成公，对他下毒，卫成公未死，晋国也不惩罚下毒之人。臧文仲善于揣摩心理，体贴人情，他看出了霸主晋文公现在骑虎难下的处境：不惩罚下毒者，是怕担上暗杀卫成公的嫌疑，有失光明磊落，但对卫成公也不好安置。于是臧文仲就劝鲁僖公去为卫成公求情："今晋人鸩卫侯不死，亦不讨其使者，讳而恶杀之也。有诸侯之请，必免之。臣闻之：班相恤也，故能有亲。夫诸侯之患，诸侯恤之，所以训民也。君盍请卫君以示亲于诸侯，且以动晋？夫晋新得诸侯，使亦曰：鲁不弃其亲，其亦不可以恶。"[⑤] 一是送晋文公一个台阶，成人之美，晋侯会感激鲁僖公识大体，善于办事，以后自会格外照顾鲁国；二是体

①《左传·僖公二十四年传》。
②《国语·鲁语上》。
③《左传·僖公三十三年传》。
④《左传·文公六年传》。
⑤《国语·鲁语上》。

现了鲁国对友好盟邦的热心帮助，救助了卫侯，对卫国有恩惠，卫侯当然也会对鲁感恩戴德；三是这样做会给鲁国带来很好的声誉，让各国均觉得鲁国值得亲近。臧文仲的这个计策可谓一石三鸟，对鲁国有莫大的好处。鲁僖公听了非常高兴，“行玉二十瑴，乃免卫侯。自是晋聘于鲁，加于诸侯一等，爵同，厚其好货。卫侯闻其臧文仲之为也，使纳赂焉”[①]。亲近晋国、营救卫侯，并为鲁国博得美名的功劳均源自臧文仲的良策。

臧文仲在外交上虽然力主和平，但当外敌入侵时，他也毫不畏惧，而且不辞劳苦，积极寻找外援来救助鲁国。鲁僖公二十六年，距离确立晋文公霸主地位的城濮之战、践土之盟还有两年的时间，此时是天下无霸的混乱局面。野心勃勃的齐孝公倚仗着齐桓公的遗烈，妄图称霸。春天时，齐孝公就派兵侵略鲁国的西部边境。可能由于太过轻敌，竟然出师不利，不但没有建立威名，反而遭到鲁僖公迎头痛击。齐孝公心有不甘，紧接着在夏天又攻打鲁国的北部边境。齐强鲁弱，鲁国虽然凭借着展喜犒师，以出色的外交辞令迫使齐国退兵，但这种退兵只是暂时的，强齐的威胁依然没有除去。臧文仲等人清醒地思虑之后，认为楚成王野心勃勃，想称霸中原，只有强大的楚国才能牵制齐国，所以东门襄仲和臧文仲到楚国去祈求援助。此时襄仲为执政卿，地位在臧文仲之上，由于臧文仲擅长外交，因此以襄仲副使的身份前往楚国。“东门襄仲、臧文仲如楚乞师，臧孙见子玉而道之伐齐、宋，以其不臣也。”楚国能够出师，当然归功于臧文仲的能言善辩。虽然臧文仲此次的外交辞令《左传》没有记载，不过从其成功地打动了楚成王出师助鲁伐齐来看，其言辞也是非常有力的。以至于到哀公二十四年晋侯乞师于鲁以伐齐时，还提到“臧文仲以楚师伐齐”的事例，可见其在当时和后世被广为传颂和津津乐道的程度。

二　理智务实、尊贤尚功

臧文仲不仅是一位成功的外交家，而且在内政方面也展示出了杰出的才干。因为旱灾严重，鲁僖公曾想烧死巫尫。对于这种荒谬的想法，臧文仲理智

---

①《国语・鲁语上》。

地指出，面对旱灾，当务之急是“修城郭、贬食、省用、务穑、劝分”[①]。修城郭是为了加强守备，以防无道之国趁机侵犯。贬食、省用都是提倡节俭，给百姓做出表率。“五谷不升谓之大侵。大侵之礼，君食不兼味，台榭不涂，弛侯、廷道不除，百官布而不制，鬼神祷而不祀”；[②]“凶，年谷不登，君膳不祭肺，马不食谷”[③]，都是在灾荒时提倡节俭之意。务穑是致力于农耕。劝分是统治者与百姓同甘共苦。“修城郭、贬食、省用、务穑、劝分”的建议体现了臧文仲作为理智务实的政治家的杰出治国能力。

此外，臧文仲巧妙地运用二难推理，从正反两方面为巫尪辩护：“巫尪何为？天欲杀之，则如勿生；若能为旱，焚之滋甚。”[④]他先从正面说不能迷信巫尪，面对旱灾，巫尪也无能为力，烧伤他们也于事无补；又从反面说，假如巫尪真有通神能力，旱灾是他们造成的话，那么烧伤他们，他们会报复，反而会造成更大的灾害。臧文仲还悲天悯人地说：“天欲杀之，则如勿生。”强调上天也不愿意杀死巫尪，因为当时人都敬奉天命，臧文仲把不杀巫尪说成是上天的意愿，更能令时人信服。谏焚巫尪表现了他对巫尪的同情和关切，体现了他仁民爱物的政治家的博大情怀。

鲁僖公轻视邾国，不做防备就与邾军作战。臧文仲对此深表忧虑，劝谏鲁僖公不要骄傲轻敌。臧文仲曰：“国无小，不可易也。无备，虽众不可恃也。《诗》曰：‘战战兢兢，如临深渊，如履薄冰’。又曰：‘敬之敬之，天惟显思，命不易哉！’先王之明德，犹无不难也，无不惧也，况我小国乎！君其无谓邾小。蜂虿有毒，而况国乎？”[⑤]“战战兢兢，如临深渊，如履薄冰”出自《诗经·小雅·小旻》，臧文仲取其谨慎戒惧之意。“敬之敬之，天惟显思，命不易哉”出自《诗经·周颂·敬之》，臧文仲用以劝谏鲁僖公要敬承天命。臧文仲引经据典，谆谆告诫，然后又用通俗易懂的比喻劝鲁僖公不要轻视邾国，国家无所谓小弱，不可轻视。如果骄傲轻敌，不做准备，即使人数再多，也不足为恃。可是鲁僖公不以为意，结果丢掉了头盔，狼狈而归。臧文仲不轻视小国，众不可

①《左传·僖公二十一年传》。
②《春秋穀梁传·襄公二十四年传》。
③《礼记·曲礼下》。
④《左传·僖公二十一年传》。
⑤《左传·僖公二十二年传》。

恃的观点，显示出他作为杰出政治家的清醒理智。

晋文公称霸后，因为曹共公曾对自己无礼，又在背地里投靠楚国，所以晋文公抓住了曹共公，要把曹国的土地分给各诸侯国。臧文仲作为鲁国的使者前往晋国。到重地时，天色已晚，就住在重地的馆舍里。重馆人劝告臧文仲要日夜兼程赶往晋国，以表达对晋国的恭敬，晋国新得诸侯，必定亲近恭敬的国家。臧文仲从善如流，按照重馆人所言，果真在朝晋的诸侯中分得了最多的土地。“分曹地，自洮以南，东傅于济，尽曹地也。”① 回国之后，臧文仲请求厚赏重馆人：“地之多也，重馆人之力也。臣闻之曰：善有章，虽贱赏也；恶有衅，虽贵罚也。今一言而辟境，其章大矣，请赏之。”② 由此可见，臧文仲不仅善于听取意见，从善如流，而且功成不受赏，不居功自傲，反而主动要求厚赏重馆人，体现了他谦逊的高风亮节的同时，也反映了他崇贤尚功的思想。鲁国深受周礼尊尊亲亲的影响，臧文仲思想上并不因循守旧，能够不囿于周礼的拘束和限制，尊重贤才、崇尚功业，体现了他作为杰出政治家的通达权变和灵活务实。

厚赏重馆人之事，体现了臧文仲并非嫉贤妒能的妄自尊大之辈，但孔子却批判臧文仲使展禽屈居下位为不仁之举③。孔子主张：“仁者，己欲立而立人，己欲达而达人。”④ 所以《论语》中亦有同样的批判：“臧文仲，其窃位者与？知柳下惠之贤而不与立也。”⑤ 其实臧文仲不立展禽乃是由于二人的思想政见不同，并非孔子所批评的不仁。孟子称柳下惠为“圣之和者”⑥，清代学者刘逢禄在《论语述何》中说：“在鲁言鲁，前乎夫子而圣与仁，柳下惠一人而已。”展禽的思想应该与孔子一致，应该也是恪守尊尊亲亲的周礼的，而臧文仲的思想中则多了些通达权变的因素，所以一生以克己复礼为己任的孔子才会推崇柳下惠而非臧文仲。

同样的原因，孔子批判臧文仲废六关为不仁之举⑦，杜预注云：“废六关，塞关、阳关之属，凡六关，所以禁绝末游而废之。”臧文仲废除鲁国的六关，有利

①《左传・僖公三十一年传》。
②《国语・鲁语上》。
③《左传・文公二年传》。
④《论语・雍也》。
⑤《论语・卫灵公》。
⑥《孟子・万章下》。
⑦《左传・文公二年传》。

于人们的自由往来，有利于商业的繁荣，这其实是对国家有利的举措。孔子批评臧文仲废六关，反而体现了孔子本人反对商业的保守思想，《孔子家语·颜回第十八》改“废”为“置”，王肃注云：“六关，关名，鲁本无此关，文仲置之以税行者，故为不仁。”废、置词意恰好相反，可能正是为了维护孔子的形象才曲为之解。从下展禽和废六关可以看出臧文仲作为优秀政治家的灵活务实的思想。

三 嘉言垂世、瑕不掩瑜

臧文仲于鲁文公十年去世。关于臧文仲生前的功过，《左传》记载了叔孙豹和孔子的不同评价。叔孙豹赞其为立言不朽的典范，而孔子则批判其三不仁、三不知。对于这两种截然不同的态度，我们亦应有清醒的认识。

穆叔提出了著名的“立德、立功、立言”三不朽的观点，认为臧文仲就是因立言而不朽的典范。“鲁有先大夫曰臧文仲，既没，其言立。其是之谓乎！豹闻之，大上有立德，其次有立功，其次有立言，虽久不废，此之谓不朽。”[①] 认为臧文仲精辟深刻的嘉言风流未沬、垂范千秋。孔子的“身殁言立，所以为文仲也”[②]，韩愈《送孟东野序》中“臧孙辰、孟轲、荀卿，以道鸣者也”，也都指出了臧文仲以言论而名垂青史的特点。

臧文仲的嘉言被后人作为箴言警句，《左传》中便有相关的例证。襄仲因为齐懿公说话极不严肃，而预言齐国不可能再侵鲁，其依据就是臧文仲的名言“民主偷必死”[③]，后来的事情也验证了臧文仲名言的可信性，半年后，齐懿公被弑。鲁文公收留弑君的莒太子仆，并下令奖赏仆城邑，季文子却让司寇把仆赶出鲁国国境，其理由是：“先大夫臧文仲教行父事君之礼，行父奉以周旋，弗敢失队。曰：‘见有礼于其君者，事之如孝子之养父母也。见无礼于其君者，诛之如鹰鹯之逐鸟雀也。’”[④] 季文子说臧文仲曾教导自己对事君以礼之人要恭敬有加，对事君无礼之人要疾之如仇。仆弑父弑君，罪不可赦。言辞中显示出对臧文仲话语的无限崇拜和绝对信服。

---

①《左传·襄公二十四年传》。
②《孔子家语·颜回》。
③《左传·文公十七年传》。
④《左传·文公十八年传》。

臧文仲的嘉言多精辟简练，且蕴含着深刻的哲理。宋国发生严重的水灾，鲁庄公派使者前去慰问，宋闵公言辞恭敬谦卑，自称孤，并且把宋国的灾害归咎于自己。臧文仲听到后大加赞扬："宋其兴乎。禹、汤罪己，其兴也悖焉；桀、纣罪人，其亡也忽焉。且列国有凶称孤，礼也。言惧而名礼，其庶乎。"[①]臧文仲赞扬宋闵公的谦恭守礼，并引用史实，认为禹汤责罚自己，夏商勃然兴起；桀纣迁怒别人，国家迅速灭亡。用禹汤桀纣的史实说明国君应该反躬自省，有罪己的德行，勇于担当责任，不怨天尤人，国家才会长盛不衰。臧文仲从宋闵公称孤守礼和罪己德行预见出宋国必将兴盛。那番得体的辞令其实是出自公子御说（宋桓公）之口。考察史实可知，宋桓公执政期间宋国基本太平。到齐桓公去世后，宋桓公之子宋襄公妄想称霸，虽然以失败而告终，但从中也可窥见宋国历经宋桓公时期的养精蓄锐之后，国力已经比较强大。历史的发展证明，臧文仲具有敏锐的洞察力和见微知著的真知灼见。国君有德，其兴也悖；国君无德，其亡也忽，这也是经历史多次证明的真理。

齐桓公去世后，中原无霸主。宋襄公因帮助齐孝公登上君位，从此便自以为有大功于齐，不自量力，妄图继齐桓公之后称霸诸侯。对于宋襄公的不自量力之举，臧文仲一针见血地指出其必然失败："以欲从人，则可；以人从欲，鲜济。"[②]自己的愿望服从别人的愿望可行，但要使别人服从自己的愿望就很难成功。宋襄公后来果真在诸侯大会上被楚成王活捉，被放回后仍不觉悟，一意孤行，又在泓之战中身受箭伤，大败而归，不久去世。事态的发展又一次证实了臧文仲的远见卓识和睿智的评判能力。

臧文仲听到六与蓼两国被楚国所灭的消息，叹息皋陶庭坚再也没人祭祀了。"皋陶自出少昊，其后为六，偃姓；庭坚乃出颛顼，其后为蓼，姬姓。二国之姓，并详见《世本》。"[③]臧文仲把六国与蓼国的灭亡归因于两国不建立德行，同情两国的百姓没人援助："德之不建，民之无援，哀哉！"[④]国家的灭亡往往是因为统治者没有德行，以致生灵涂炭，这也是颠扑不破的真理。

---

①《左传·庄公十一年传》。

②《左传·僖公二十一年传》。

③ 杨伯峻编著，《春秋左传注·文公五年传》（修订本），转引自雷学淇，《世本辑校》，中华书局，2000 年，第 540 页。

④《左传·文公五年传》。

臧文仲思想深刻，对现实有清醒的体认，并极富远见卓识，所以他的嘉言往往简短精辟，睿智警策，蕴含着深刻的哲理，像隽永的格言警句，发人深省，从而具有了高度的概括性、普遍的适应性和超越时空的永恒生命力，历久弥新，垂范后世。

但是金无足赤，人无完人。作为鲁国著名的贤臣，臧文仲也并非完美无缺，他也有妾织蒲、作虚器、纵逆祀和祭祀海鸟爰居的错误行为，所以才受到孔子的批判。孔子曰："臧文仲，其不仁者三，不知者三。下展禽，废六关，妾织蒲，三不仁也。作虚器，纵逆祀，祀爰居，三不知也。"① 孔子论人往往态度客观，不以个人爱憎而有所偏废，主张"如有所誉者，其有所试矣"。《史记·仲尼弟子列传》称孔子"于鲁数称臧文仲、柳下惠"，但在《左传》中却痛斥臧文仲三不仁、三不知。对于孔子的评价我们也应该一分为二地去看，其中下展禽和废六关体现了孔子和臧文仲的思想政见不同，并不能算作臧文仲的不仁；而妾织蒲、作虚器、纵逆祀、祀爰居则确实是臧文仲的错误。

妾织蒲，是纵容家人织蒲贩卖，是与民争利之举。因为在下位的人为了巴结臧文仲，可能会争相购买臧文仲家的蒲席，市场就形成了垄断，对其他贩卖蒲席的百姓自然无公平可言。《史记·循吏列传》中公仪休的做法与臧文仲正好相反："见其家织布好，而疾出其家妇，燔其机，云：'欲令农士工女安所雠其货乎？'"董仲舒曰："故受禄之家，食禄而已，不与民争业，然后利可均布，而民可家足。"臧文仲纵容家人织蒲贩卖确实不够仁德，但这也从一个侧面证明了臧文仲为官清廉，家人靠其俸禄不足以谋生，才会出此下策。毕竟织蒲贩卖在那个等级森严的时代被认为是下等民众所从事的贱事，除非不得已上层贵族是不屑为之的。

作虚器，杜预注云："谓居蔡山节藻棁也。有其器，而无其位，故曰虚。"《论语·公冶长》中也记载，子曰："臧文仲居蔡，山节藻棁，何如其知也？"《淮南子·说山训》云："大蔡神龟，出于沟壑。"高诱注曰："大蔡，元龟之所出地名，因名其龟为大蔡，臧文仲所居蔡是也。"春秋时人举凡重要事件都要进行占卜，大蔡就是占卜用的神龟。由此可见，虽然臧文仲曾经反对焚烧巫尪，表

①《左传·文公二年传》。

现出些许的唯物主义倾向，但更多的是出于一种悲天悯人的人道主义关怀，他其实也是迷信卜筮的。虽然子不语怪力乱神，但孔子也说敬鬼神而远之，祭如在，祭神如神在，孔子也并非完全彻底的理性。如果臧文仲只是为大龟建一座普通的房屋，也不会招来孔子那么强烈的不满，关键是臧文仲按天子庙饰的标准收藏神龟：斗拱上雕刻着山的形状，短柱上绘着藻草做装饰。《礼记·明堂位》："山节藻棁、复庙重檐、刮楹达乡、反坫出尊、崇坫康圭疏屏，天子之庙饰也。"所以臧文仲山节藻棁为明显的违礼僭越之举。这当然让正名分的孔子是可忍，孰不可忍了。

纵逆祀，是指放纵夏父弗忌在主持祭祀时，升僖公之位在闵公之上。逆祀的是夏父弗忌，夏父弗忌作为鲁国的宗伯，负责礼仪，这事表面上看与臧文仲无关，孔子之所以归咎于臧文仲，正如杨伯峻先生所言："盖臧文仲自庄公立于鲁之朝廷，历闵公、僖公以至文公，已为四朝老臣，其言行足以左右当时，虽此时执政者为公子遂，为季孙行父，但文仲不据当时之礼以止之，斯孔丘所以独责之与？"[①] 国之大事，在祀与戎。孔子认为，对于不按顺序祭祀这样的违礼之举，臧文仲不应该纵容。

祀爰居之事，在《国语·鲁语上》有相关的记载："海鸟曰'爰居'，止于鲁东门之外三日，臧文仲使国人祭之。展禽曰：'越哉，臧孙之为政也！夫祀，国之大节也；而节，政之所成也。故慎制祀以为国典。今无故而加典，非政之宜也。'"《论语·为政》中孔子说过"非其鬼而祭之，谄也"，反对不合礼的祭祀。孔子之所以讥臧文仲为不智，应该与展禽的观点一致，认为祭祀海鸟爰居不符合为政之道，"夫仁者讲功，而智者处物。无功而祀之，非仁也；不知而不能问，非智也"。虽然臧文仲此举不够明智，但他后来勇于直面自己的不足，"是岁也，海多大风，冬煖。文仲闻柳下季之言，曰：'信吾过也，季子之言不可不法也。'使书以为三"。这种知错能改的品德也是难能可贵的。

人非圣贤，孰能无过。即便臧文仲有妾织蒲的与民争利之举，有作虚器、纵逆祀的违礼僭越行为，有祀爰居的迷信荒唐做法，但仍不妨碍他成为春秋时

---

① 杨伯峻编著，《春秋左传注·文公二年传》（修订本），中华书局，2000年，第525～526页。

期“不世出的圣贤”[①]。外交方面，他慷慨慕义，为国事积极奔走，不惮劳苦以修睦邻邦；内政方面，他清醒理智，通达权变，尊贤尚功。其不朽的嘉言睿智警策、精辟隽永、垂范后世，蕴含着理性的光辉。作为鲁国著名的贤臣，其嘉言懿行将永远彪炳史册，光耀千秋。

第二节　忠贞文雅——季文子

季文子即季孙行父，是季友之孙。行父之父无佚可能早亡，所以史书无载。文是季孙行父的谥号，史称“季文子”。季文子历仕文宣成襄四朝，“鲁文公薨，而东门遂杀嫡立庶，鲁君于是乎失国，政在季氏”[②]。襄仲于宣公八年去世，季文子从宣公九年到襄公五年为执政卿。“故鲁之削，成于三桓，而季为之魁，宿及意如不容诛，而责备贤者乃在季友、行父，以其为事权所由始也。”[③]鲁国从东门襄仲杀嫡立庶开始，公室卑弱，三桓逐渐掌控了鲁国政权，三桓当中季氏势力最盛。虽然季氏家族中季武子和季平子都是飞扬跋扈、骄横专权、目中无君之人，但季成子和季文子却都是贤臣，也正是由于季成子和季文子的功绩，才使季孙氏逐渐确立了专政的地位。从高士奇的话语中可知，他也是肯定季成子和季文子是“贤者”的。目前学界对其人缺乏应有的重视，本书试图还原季文子这一重要人物的真实形象。

一　鞠躬尽瘁、忠于国事

季文子与孟献子齐名，都是维护鲁国江山社稷的股肱重臣，对鲁国的兴衰起着举足轻重的作用。鲁大夫声伯曾赞之曰：“则夫二人者，鲁国社稷之臣也。若朝亡之，鲁必夕亡。”[④]

季文子于鲁文公六年踏上政坛，“季文子聘于陈，且娶焉”[⑤]。由娶妻之事

---

① 童书业，《春秋史》，上海古籍出版社，2003 年，第 238 页。
②《左传·昭公三十二年传》。
③［清］高士奇撰，《左传纪事本末》，中华书局，1979 年，第 114 页。
④《左传·成公十六年传》。
⑤《左传·文公六年传》。

可推断，季文子此时还很年轻，初涉政坛就独立出使，可见年轻的季文子颇富才干。

这一时期晋国为中原霸主，为了维护鲁国的利益，季文子曾多次出使晋国，并表现出不凡的外交才华。子叔姬是鲁国宗室之女，嫁给齐昭公，生子名舍。齐昭公去世后，公子商人杀掉了舍，篡位为君，是为齐懿公。鲁人想借助王室的力量要回子叔姬，但齐懿公不但无视周顷王之命，反而变本加厉，拘捕了周王的使者单伯和子叔姬。事情非常棘手，为了维护王室和鲁国的尊严，季文子挺身而出，前往晋国求救，并顺利完成了使命。齐懿公迫于晋国的压力，先后放回了单伯和子叔姬。“齐人许单伯请而赦之，使来致命。”“齐人来归子叔姬，王故也。”[①]《左传》解释齐人放子叔姬回鲁国，是因为天子之命的缘故。这样写，是有为尊者讳的嫌疑。因为齐国如果真的尊重周天子的话，就不会在鲁文公十四年听到天子的命令后马上拘捕王室的使者单伯，一年之后又听从周天子的命令，那实在有牵强附会之嫌，难以令人信服。齐国之所以放回单伯和子叔姬，主要是不想得罪晋国。齐国如此强横，连王室的命令都不听从，晋国最初应该也不想得罪齐国。季文子能够使晋国不惮其烦地帮助鲁国要人，可见季文子作为使者是非常出色的。

为了国家利益，季文子此年当中还第二次出使晋国。古代交通不便，其烦难程度可以想见。“齐人侵我西鄙，故季文子告于晋”[②]，因为受到齐国的侵伐，季文子在文公十五年的秋天又一次风尘仆仆前往晋国。在季文子的请求下，晋侯率领诸侯结盟商讨伐齐。虽然晋灵公最后接受了齐人的贿赂，讨伐虎头蛇尾，无功而返，但季文子不辞劳苦，为国事奔波的爱国精神却令人钦佩。

虽然晋国是霸主，鲁国听命于晋国，但当国家利益受损时，季文子也能据理力争，以捍卫鲁国的尊严。鞍之战结束后，战败的齐国听从晋国之命归还了本属于鲁国的汶阳之田。但到鲁成公八年时，晋国又要求鲁国把汶阳之田再送给齐国。季文子义愤填膺，向晋国的使者韩穿表达了强烈的不满：“大国制义以为盟主，是以诸侯怀德畏讨，无有贰心。谓汶阳之田，敝邑之旧也，而用师于齐，使归诸敝邑。今有二命曰：‘归诸齐。’信以行义，义以成命，小国所望而

①《左传・文公十五年传》。
② 同上。

怀也。信不可知，义无所立，四方诸侯，其谁不解体？”季文子义正词严，据理力争：盟主处事符合道义，才能赢得小国的敬重畏惧。汶阳原是鲁国所有，根本不属于齐国，所以没有归还齐国之说。晋国要求归齐的命令是不符合道义的。而且鞌之战后，晋国命令齐国归还鲁国。现在又出尔反尔，不守信用。接着季文子又指明不守信用的危害：不守信用行为就不符合道义，不符合道义，四方诸侯就不会听取他的命令，逐渐疏远晋国，晋国的盟主之位就将不保。后来事态的发展也果真如季文子所料，“为归汶阳之田故，诸侯贰于晋”[①]。晋国果然因背信弃义，损害鲁国利益而失去了诸侯国的信任和拥戴。

晋国人为了维护盟主的地位，就在蒲地会见诸侯，以重温成公七年的马陵之盟。针对晋国这种劳烦列国的行为，季文子对晋国的范文子说：“德则不竞，寻盟何为？”[②]一针见血地指出，晋国德行已经衰败，重温旧盟又有何用？结果又如季文子所言，晋国邀请吴国参加盟会，但吴国没有参加。同年，郑国背叛了晋国。“楚人以重赂求郑，郑伯会楚公子成于邓。”“秦人、白狄伐晋，诸侯贰故也。”季文子面对强大的晋国，并非一味地畏惧和巴结逢迎，而是敢于申明自己的立场，敢于捍卫国家的利益，可见他对国家的无限忠贞。

季文子作为鲁国杰出的外交家，为了维护鲁国的和平稳定而奔走，还多次出使齐国。齐强鲁弱，鲁国深受其患，想与齐国结盟以平息祸难。文公十六年，恰好鲁君生病，不能亲往齐国，故派季文子前往，但齐懿公以为鲁国对己不恭，所以不肯与盟。直到收受了鲁国的贿赂，才与鲁国结盟。迫于齐国的强大，季文子在文公十八年又出使齐国。鲁宣公本不当立，是襄仲得到齐国的许可，废嫡立庶所致，所以宣公初年，鲁国对齐国百般顺服。宣公元年，季文子再次如齐，以示对齐的亲近，贿赂齐国以请求鲁宣公能与齐君相会，以此来稳定宣公的君位。宣公十年，齐顷公新即位，季文子又作为鲁使到齐国聘问。

在内政上，对于国君的违礼背德之举，他也不畏君威，敢于坚持正义。文公十八年传记载，莒国的太子仆杀死了莒纪公，逃到鲁国避难，把宝玉献给鲁文公。鲁文公贪图宝玉，就下令奖赏仆城邑，鲁文公曰：“今日必授。”季文子却坚决让司寇把仆赶出鲁国国境，曰：“今日必达。”之后季文子又说：“舜有大

---

①《左传·成公九年传》。

② 同上。

功二十而为天子，今行父虽未获一吉人，去一凶矣，于舜之功，二十之一也，庶几免于戾乎！”①

季文子也颇有军事才能，这体现在筑城保国和参与鞌之战两事当中。文公十二年经载：“季孙行父帅师城诸及郓。”同年传解释曰：“城诸及郓，书，时也。”杜预注曰：“郓，莒、鲁所争者。城阳姑幕县南有员亭。员即郓也。以其远逼外国，故帅师城之。”季文子率领军队在诸地及郓地筑城，都是为了加强守备，保卫边防，显示了季文子的军事智慧。人们又将“诸邑”称作“季孙城”。成公二年的鞌之战中“季文子帅师会之”，可见季文子也是擅长征战的将才。

二　崇俭废奢、谨慎戒惧

季文子生前非常俭朴，他清正廉洁，处处以国事为重，毫不贪图个人私利。“宰庀家器为葬备，无衣帛之妾，无食粟之马，无藏金玉，无重器备。”② 他家里没有穿丝绸的妾，没有吃粮食的马，没有收藏金玉宝器，所有的用具都没有多余的。去世时连丧葬用品都无法备齐，家臣只好收集家里的日用器物为其殉葬。季文子历仕四朝，在宣公、成公、襄公三朝为执政卿，官位至尊，却如此清贫，堪称廉吏的楷模。《左传》作者高度赞许了季文子这种忠贞爱国的德行：“君子是以知季文子之忠于公室也。相三君矣，而无私积，可不谓忠乎？”

仲孙它曾劝季文子：“子为鲁上卿，相二君矣，妾不衣帛，马不食粟，人其以子为爱，且不华国乎！”季文子坦诚地说：“吾亦愿之，然吾观国人，其父兄之食粗而衣恶者犹多矣，吾是以不敢。人之父兄食粗衣恶，而我美妾与马，无乃非相人者乎！且吾闻以德荣为国华，不闻以妾与马。”③ 从季文子披肝沥胆的平实话语中，我们不难感受到其仁民爱物的高尚情怀和严于律己、廉洁奉公的优秀品质。

季文子的忠贞清廉在当时就受到人们的赞誉。叔孙宣伯和鲁宣公夫人穆姜私通，想要除掉季文子和孟献子，从而霸占两人的家财。由于宣伯的陷害，季文子随鲁成公去参加晋国会盟时，在苕丘被晋国拘捕。晋国的执政卿范文子认

---

①《左传·文公十八年传》。
②《左传·襄公五年传》。
③《国语·鲁语上》。

为季文子忠贞无私，“季孙于鲁，相二君矣。妾不衣帛，马不食粟，可不谓忠乎”[①]，于是放回了季文子。可见季文子的清廉天下闻名。

季文子行事以谨慎戒惧、思虑周密而著称。他将要出聘晋国，先派人去请教遇到丧事的礼仪，在遭到别人质疑时，他解释说：“备豫不虞，古之善教也。求而无之，实难，过求何害？”[②]结果证明季文子的准备果真派上了用场，不久晋襄公去世。孔颖达曰：“依聘礼出使，唯以币物而行，无别赍遭丧之礼。若主国有凶，则临时办备。今文子聘晋，特求遭丧之礼，出聘之后，晋侯遂卒。考其情事，有异寻常。闻晋侯之疾，何为不可？”依照聘礼，本没有需要使者准备遭丧之礼的规定，季文子可能是因为知道晋侯生病，为了有备无患，才主动派人去请教遭丧之礼。这充分显示出季文子为了国事思虑周密、谨慎周到的特点。

季文子作为执政之卿，对国事往往思虑再三，并不独断专行，自己没有把握的事情，绝不肯随便应付或擅自做主，生怕给国家带来丝毫的不利。成公十八年，身为霸主的晋国打算会合诸侯救宋。晋国的士鲂前来请求鲁国参战。季文子非常谨慎谦虚，拿不准该出多少兵马，就向臧武仲请教。臧武仲认为，成公十七年时因为郑国顺服楚国，鲁国曾参加晋国组织的伐郑，当时来鲁请兵的知伯是下军之佐，与此次前来的士鲂地位一样，所以鲁国出兵的人数也应一样才符合礼仪。季文子认为臧武仲所言有理，就照办了。此事也体现了季文子忠于国事、谦虚谨慎的品格。

吴国攻打郯国，郯国向吴国求和。季文子听说后非常忧虑，道：“中国不振旅，蛮夷入伐，而莫之或恤，无吊者也夫！《诗》曰：‘不吊昊天，乱靡有定。’其此之谓乎！有上不吊，其谁不受乱？吾亡无日矣！”[③]蛮夷来侵时，中原诸国不能整顿军旅互相救助憨恤，季文子由小国郯国的祸难联想到中原诸国的忧患，感慨小国都将遭到祸难，覆巢之下，安有完卵，自己离灭亡的日子也不远了。所以《左传》作者借君子之口赞誉季文子“如惧如是，斯不亡矣”，季文子能够忧以天下，懂得戒惧，自然会事先谋划，远离祸患。在季文子的这番感慨中，

①《左传·成公十六年传》。
②《左传·文公六年传》。
③《左传·成公七年传》。

其谨慎戒惧的品格得到了充分的展示。

季文子行事如此谨慎，以至于孔子颇有微词。“季文子三思而后行。子闻之曰：‘再，斯可矣。’”① 不可否认，行事有时需要果决，思虑过甚，则有瞻前顾后、优柔寡断之嫌。但毋庸置疑的是，季文子所有的谨慎筹谋、小心戒惧都只是在事前，而一旦考虑周全，做出决定后，应该杀伐果断时他毫不手软，比如在铲除公孙归父一事上就可见其铁腕手段。他杀伐果敢，铲除异己，雷厉风行，毫不姑息。襄仲废嫡立庶，辅立鲁宣公为君。所以在鲁宣公年间襄仲炙手可热，三桓受到压抑和排斥。襄仲去世后，三桓渐渐得势，襄仲之子公孙归父与鲁宣公商讨欲除去三桓，可是没有想到鲁宣公却在公孙归父去晋国求援时去世，季文子抓住机会，毫不手软地除掉了公孙归父。设立的罪名是公孙归父之父襄仲“使我杀适立庶以失大援”，这一罪名当然是强词夺理。正如司寇臧宣叔所云：“当其时不能治也，后之人何罪？”襄仲活着时季文子不敢治其罪，又怎么能够株连其后人？季文子驱逐公孙归父之举虽然不那么光明磊落，加诸于公孙归父的罪名更是欲加之罪，何患无辞。但残酷的权力争夺本是如此。季文子此举既铲除了异己势力，为三桓的强盛铺平了道路，也维护了鲁国的稳定。

三　温文尔雅、擅长赋诗

季文子谥号“文”，可见时人对季文子文雅博学的肯定。季文子之文从《左传》中众多的其赋诗言志的记载即可得到证实。春秋时期的各种重要场合，人们往往赋诗言志，通过《诗经》含蓄的只言片语，双方无须多谈，觥筹交错间即可心领神会，是何等的风雅之举。所以孔子云：“不学诗，无以言。”② “颂诗三百，授之以政，不达；使于四方，不能专对；虽多，亦奚以为？”③《诗经》的功用在春秋时期被发挥得淋漓尽致。季文子熟谙经典，温文尔雅，赋诗娴熟自如，《左传》中所记季文子赋诗共六次九首，下面分别阐述。

季文子随鲁文公到晋国朝聘，途经卫国时，卫成公请求鲁国帮助卫国向晋国求和。鲁文公帮卫成公完成了心愿。在鲁文公回国途中，郑穆公也想请鲁国

①《论语·公冶长》。
②《论语·季氏》。
③《论语·子路》。

帮忙向晋求和。因为卫国本来就服从晋国，而且鲁文公正在朝晋的途中，所以对于卫文公的请求，鲁国乐得做顺水人情，很痛快地答应了。而郑国贰于楚，要化解晋郑的矛盾比较困难，鲁国对郑国的请求感到棘手。而且此时鲁文公与季文子是朝晋完毕，已在归鲁途中，如果再为郑国到晋国去，又比较麻烦，所以鲁国并没有痛快地答应。宴会上，子家作为郑穆公的相礼，赋诗言志，季文子作为鲁文公的相礼，也赋诗作答。“子家赋《鸿雁》。季文子曰：‘寡君未免于此。’文子赋《四月》。子家赋《载驰》之四章。文子赋《采薇》之四章。”①

子家赋《鸿雁》之诗，是表达希望鲁文公哀恤郑国，帮郑国朝晋。语调谦卑，哀哀情切。杜预注云：“义取侯伯哀恤鳏寡，有征行之劳。言郑国寡弱，欲使鲁侯还晋恤之。”季文子推辞说鲁国亦同郑国一样有微弱之忧，当然没有能力帮助郑国，然后赋《四月》言志，《四月》出自《诗经・小雅》，首章写道：“四月维夏，六月徂暑。先祖匪人，胡宁忍予？”此诗情思哀怨，语调沉痛，情景交融，极富文学意味。方玉润《诗经原始》道：“此诗明明逐臣南迁之词，而诸家所解，或主遭乱，或主行役，或主构祸，或主思祭，皆未尝即全诗而一诵之也。”季文子引用这首诗是断章取义，杜预注曰：“义取行役逾时，思归祭祀，不欲为还晋。”

子家又赋了《载驰》的第四章。《载驰》出自《诗经・鄘风》，卫懿公因为好鹤，不尊贤才，结果卫国被狄人攻陷，“许穆夫人赋《载驰》”。②《载驰》是许穆夫人闻卫灭亡后，思归唁兄之作，是一首著名的爱国诗，许穆夫人因之也成为历史上第一位有记载的著名的女诗人。杜预注子家引《载驰》之意，“义取小国有急，欲引大国以救助”，表达了希望得到大邦救助的热切愿望。季文子被感动了，于是赋《采薇》之四章，答应了郑国的请求。《采薇》出自《诗经・小雅》，本是下层征夫戍卒回乡途中所作，表达了对战争的复杂感受。其第四章云：“彼尔维何？维常之华。彼路斯何？君子之车。戎车既驾，四牡业业。岂敢定居？一月三捷。”季文子之赋《采薇》也是断章取义。杜预解释季文子赋《采薇》之意，“取其‘岂敢定居？一月三捷’。许为郑还，不敢安居”。

季文子在批评齐懿公时也两次引用《诗经》：“齐侯其不免乎。己则无礼，

①《左传・文公十三年传》。
②《左传・闵公二年传》。

而讨于有礼者，曰：‘女何故行礼！’礼以顺天，天之道也，己则反天，而又以讨人，难以免矣。诗曰：‘胡不相畏，不畏于天？’君子之不虐幼贱，畏于天也。在周颂曰：‘畏天之威，于时保之。’不畏于天，将何能保？以乱取国，奉礼以守，犹惧不终，多行无礼，弗能在矣！”[1] 季文子对礼极为推崇，认为礼以顺天，要尊礼守礼。齐懿公弑君自立，以乱取国，而且残暴无道，狂妄自大，因为曹国曾朝见鲁国而攻打曹国。季文子对齐懿公的多行无礼之举深表厌弃，批评齐懿公不仅自己不守礼法，还去讨伐谦卑守礼的曹国，终将难免祸难。而且季文子两引《诗经》以阐明他敬畏天命、奉礼以守的观点，指出不敬畏天命，多行无礼，将不得善终。

“胡不相畏？不畏于天？”出自《诗经·小雅·雨无正》。其首章曰：“浩浩昊天，不骏其德。降丧饥馑，斩伐四国。旻天疾威，弗虑弗图。舍彼有罪，既伏其辜。若此无罪，沦胥以铺。”《毛诗序》曰：“《雨无正》，大夫刺幽王也。”这里季文子引之以批评齐懿公不敬畏天命。“畏天之威，于时保之”出自《诗经·周颂·我将》。其诗曰：“我将我享，维羊维牛，维天其右之！仪式刑文王之典，日靖四方。伊嘏文王，既右飨之。我其夙夜，畏天之威，于时保之。”《毛诗序》曰：“《我将》，祀文王于明堂也。”是祭祀上帝和文王之歌，全诗充满强烈的敬畏之情。季文子引“畏天之威，于时保之”是从正面阐明国君应该敬畏天命，才能常保福禄。

晋景公曾对朝晋的鲁成公很不恭敬。季文子引《诗》批评晋景公定会不得善终。“晋侯必不免。《诗》曰：敬之敬之！天惟显思，命不易哉！夫晋侯之命在诸侯矣，可不敬乎？”[2] 其所引用的“敬之敬之，天惟显思，命不易哉！”的诗句，出自《诗经·周颂·敬之》：“敬之敬之，天维显思，命不易哉。无曰高高在上，陟降厥士，日监在兹。维予小子，不聪敬止。日就月将，学有缉熙于光明。佛时仔肩，示我显德行。”这本是周成王自我戒勉之作，季文子引用此语是要说明，晋国的霸主地位取决于诸侯的向背，晋景公作为国君应该谦恭谨慎、敬承天命，体现了他守礼敬天的思想。

对于吴国攻打郯国，季文子也援引《诗经》表达自己的忧虑：“《诗》曰：

① 《左传·文公十五年传》。
② 《左传·成公四年传》。

'不吊昊天，乱靡有定。'其此之谓乎！"[①]所引出自《诗经·小雅·节南山》。由诗中"家父作诵，以究王讻"句可知作者为家父，周时的大夫。《毛诗序》说："《节南山》，家父刺幽王也。"全诗感情激愤，表达了对周幽王时昏暗政治的不满。季文子引此诗之意，杜预解释曰："刺在上者不能吊愍下民，故号天告乱。"

当晋国要求鲁国把汶阳之田送给齐国时，季文子两次赋诗言志，以表达对晋国无礼要求的强烈不满。"《诗》曰：'女也不爽，士贰其行。士也罔极，二三其德。'七年之中，一与一夺，二三孰甚焉！士之二三，犹丧妃耦，而况霸主？霸主将德是以，而二三之，其何以长有诸侯乎？《诗》曰：'犹之未远，是用大简。'行父惧晋之不远犹而失诸侯也，是以敢私言之。"[②]在此段话语中，季文子两次赋诗言志。"女也不爽，士贰其行。士也罔极，二三其德"出自《诗经·卫风·氓》。这本是一首弃妇诗，表达的是对丈夫的怨恨之情。季文子则断章取义，杜预注曰："妇人怨丈夫不一其行，喻鲁事晋，犹女之事夫，不敢过差，而晋有罔极之心，反二三其德。"以丈夫比喻晋，以弃妇比喻鲁，暗含着对盟主晋国的尊敬之情，体现出鲁国的谦卑，又恰如其分地表达出对晋国反复无常、不守信用的哀怨，虽然是断章取义，但却非常得体。"犹之未远，是用大简"出自《诗经·小雅·板》。《毛诗序》称其为"刺厉王"之作。首章即开宗明义，点名题旨，"上帝板板，下民卒瘅。出话不然，为犹不远。靡圣管管。不实于亶。犹之未远，是用大谏"。因《板》的怨刺意味太过强烈，季文子在这里也是断章取义，不及其余。杜预注曰："言王者图事不远，故用大道谏之。"担心晋国不能深谋远虑，所以谨敢布陈私情，季文子引此诗就显示了自己和晋国的亲近，表达了对晋国的无限忠诚。

鲁国嫁女到宋国，季文子前往聘问。回国复命时，鲁成公设宴招待季文子。"季文子如宋致女，复命，公享之。赋《韩奕》之五章，穆姜出于房，再拜，曰：'大夫勤辱，不忘先君以及嗣君，施及未亡人。先君犹有望也！敢拜大夫之重勤。'又赋《绿衣》之卒章而入。"[③]宴会上，季文子赋《诗经·大雅·韩弈》第五章。陈奂《诗毛氏传疏》曰："韩，韩侯。奕，犹奕奕也。宣王命韩侯为侯

---

①《左传·成公七年传》。
②《左传·成公八年传》。
③《左传·成公九年传》。

伯，奕奕然大，故诗以《韩奕》命篇。”其第五章写道：“蹶父孔武，靡国不到。为韩姞相攸，莫如韩乐。孔乐韩土，川泽讦讦，鲂鱮甫甫，麀鹿噳噳，有熊有罴，有猫有虎。庆既令居，韩姞燕誉。”第五章写蹶父（周宣王的卿士，姞姓）为爱女千挑万选，没有比韩地更好的。蹶父就把女儿嫁给韩侯，其女因此被称为韩姞。韩地地大物博，出嫁后的韩姞安乐舒畅。季文子赋此诗非常贴切得体，以宋公比韩侯，宋伯姬（鲁女）出嫁后如韩姞般安乐舒畅。这当然让思女心切的穆姜听了非常安心，从而对季文子感激不尽。穆姜从房中出来，拜谢季文子。穆姜所赋《绿衣》出自《诗经·邶风》。《毛诗序》曰：“妾上僭，夫人失位，而作是诗也。”朱熹《诗集传》云：“庄公惑于嬖妾，夫人庄姜贤而失位，故作此诗。”今人多不取此说，而认为是悼亡之作。其卒章曰：“絺兮绤兮，凄其以风。我思古人，实获我心。”穆姜赋此诗也是断章取义，以卒章的“我思古人，实获我心”赞扬季文子深得己意，可见季文子是多么擅长赋诗。

季文子不但擅长赋诗言志，而且博闻强识，熟谙历史掌故和经史典籍，所以经常旁征博引，非常文雅。在驱逐莒仆事件中，季文子慷慨陈词，先是引用先大夫臧文仲的教导，说臧文仲曾教导自己事奉国君的礼仪：“见有礼于其君者，事之如孝子之养父母也。见无礼于其君者，诛之如鹰鹯之逐鸟雀也。”自己谨慎地遵守，不敢忘记。然后又引用周公所作的《周礼》和《誓命》之言：“先君周公制《周礼》曰：‘则以观德，德以处事，事以度功，功以食民。’作《誓命》曰：‘毁则为贼，掩贼为藏，窃贿为盗，盗器为奸。主藏之名，赖奸之用，为大凶德，有常无赦，在《九刑》不忘。’”[①] 季文子引经据典，无论是引用臧文仲之言还是《周礼》和《誓命》，都是为了增强自己观点的说服力。然后指出莒仆的弑君恶行罪无可赦。弑君弑父为不孝，偷窃宝玉为不忠，他的宝玉就是赃证。而如果有人保护他贪图他的宝玉，就是窝赃。在上位的人窝赃，百姓就无所取法。所以对于莒仆这样不忠不孝的盗贼，理应赶走。

季文子见识广博，旁征博引，引经据典之后又用历史上舜举贤除奸的故事来证明自己所为的正确性：舜举荐八恺和八元，于是天下和平无事，百姓懂得礼仪，兄友弟恭，父慈子孝。舜把浑敦、穷奇、梼杌、饕餮赶到荒蛮之地，让

---

①《左传·文公十八年传》。

他们去抵御魑魅魍魉。由于舜推举了十六相而驱逐了四凶，所以天下一体，同心同德，舜被拥戴为天子。季文子引用《尚书·虞书》来证明舜的功绩："故《虞书》数舜之功，曰'慎徽五典，五典克从'，无违教也。曰'纳于百揆，百揆时序'，无废事也。曰'宾于四门，四门穆穆'，无凶人也。"①

在这番长篇大论中，季文子引用臧文仲的名言、《周礼》和《誓命》、史实、《尚书》，显示了其见识的广博和对经典的熟稔。《国语·鲁语上》把驱逐莒仆的功绩记在里革名下："宣公使仆人以书命季文子曰：'夫莒太子不惮以吾故杀其君，而以其宝来，其爱我甚矣。为我予之邑。今日必授，无逆命矣。'里革遇之而更其书曰：'夫莒太子杀其君而窃其宝来，不识穷固又求自迩，为我流之于夷。今日必通，无逆命矣。'"里革即《左传》中的太史克。《左传》有"季文子使大史克对曰"，则太史克（里革）所言应是转达季文子之意。而且从《左传》行文的语气看，也应是出自季文子之语。

鲁成公在晋国没有受到礼遇，引以为耻，回国后就想投楚以叛晋。季文子分析晋国的形势，认为虽然晋景公无道，但国土广阔，群臣和睦，是鲁国的近邻，不应背叛。而楚国是异姓的国家，非我族类，是不会爱护帮助鲁国的。"晋虽无道，未可叛也。国大臣睦，而迩于我，诸侯听焉，未可以贰。史佚之《志》有之，曰：'非我族类，其心必异。楚虽大，非吾族也，其肯字我乎？'"② "史佚即《尚书·洛诰》之'作册逸'，逸、佚古通。《晋语》：'文王访于莘、尹'，注谓尹即尹佚。《逸周书·世俘解》：'武王降自东，乃俾史佚繇书。'《淮南子·道应训》云：'成王问政于尹佚。'则史佚历周文、武、成三代。"③ 评价楚国非我族类，其心必异，这也是春秋时期中原各国的共同观点。中原之邦一向以蛮夷视楚，心理上对楚排斥。季文子引用史佚之言，又一次体现了他对经典的博通熟洽。

从其言谈间的赋诗言志和旁征博引，我们可以想见季文子文雅博学的风范。

四　自我膨胀、偶有违礼

季文子位极人臣，为鲁国的安定做出了巨大的贡献，但偶尔也有得意忘形、

①《左传·文公十八年传》。

②《左传·成公四年传》。

③ 杨伯峻编著，《春秋左传注·僖公十五年传》（修订本），中华书局，2000年，第359～360页。

自我膨胀的时候，并因此被后人所诟病。

季文子为了纪念和表彰鞍之战中的武功而重修鲁武公之宗庙，这并不合于礼。因为鞍之战，晋为主，鲁国是倚仗晋国，服从晋国的。虽然从鞍之战取胜开始，齐国畏惧晋国，不但归还了汶阳的土田，而且数年间都不敢侵伐鲁国，鲁国获得了暂时的安宁，但鞍之战的胜利并不是季文子自己的功劳。“季文子以鞍之功立武宫，非礼也。听于人以救其难，不可以立武。立武由己，非由人也。”[①] “立武宫”之意，《公羊传》曰：“武宫者何？武公之宫也。”杜预则以为是既筑武军，又重修鲁武公之宗庙。注曰：“鲁人自鞍之功，至今无患，故筑武军，又作先君武公宫，以告成事，欲以示后世。”杨伯峻先生既不赞同《公羊传》的“武公之宫”说，也不赞成杜预的“武军”说，他认为：“不当解为武公之庙，当为表示武功之纪念建筑。”但考之《左传》，笔者以为此处“武宫”当解为鲁武公之宗庙。《礼记·明堂位》曰：“鲁公之庙，文世室也；武公之庙，武世室也。”世室，即宗庙之意。鲁国可能有取得军事胜利、建立武功后告祭于鲁武公之宗庙的习俗。

“武宫”一词，除季文子作武宫之外，《左传》中还出现过五次：僖公二十四年传中，重耳返晋后，“丁未，朝于武宫”。宣公二年传：“宣子使赵穿逆公子黑臀于周而立之。壬申，朝于武宫。”成公十八年传：“使荀罃、士鲂逆周子于京师而立之，生十四年矣……辛巳，朝于武宫。”襄公十年传：“晋侯有间，以偪阳子归，献于武宫，谓之夷俘。”昭公十五年经：“二月癸酉，有事于武宫。”前三次记载，分别是晋文公、晋成公、晋悼公即将做国君时入先君宗庙朝拜。其中的“武宫”一词指晋武公的宗庙。第四次是晋悼公向晋武公的宗庙奉献战俘。第五次是鲁国将要在鲁武公的宗庙举行祭祀。以上这五次“武宫”四指晋武公的宗庙，一指鲁武公的宗庙，“宫”一词都是宗庙之意。可见“武宫”之意并非杜预所注的“武军”，也并非杨伯峻所注的“武功之纪念建筑”，此点已经非常明确。

另外，《左传》中还有一段关于楚庄王建立武功后修“先君宫”的记载。在邲之战取胜后，潘党建议楚庄王作纪念武功的京观，楚庄王反对：“非尔所

---

①《左传·成公六年传》。

知也。夫文，止戈为武。……武有七德，我无一焉，何以示子孙？其为先君宫，告成事而已。'"[①] 楚庄王认为武功的最高极致是消弭战争，安定万邦。自己只可以修建楚国先君（应指楚武王）的宗庙，把成功的事祭告先君。考楚庄王的"其为先君宫，告成事而已"之语，再综合上述第四次关于"武宫"的记载，"晋侯有间，以偪阳子归，献于武宫"，可以推知，春秋时诸国在战争取胜、建立武功后，有修建本国武公宗庙、告祭先君的习俗。那么，季文子的立武宫理应是指重修鲁武公之宗庙，以军功告祭鲁武公。

齐姜是鲁成公的夫人，穆姜是鲁宣公的夫人、成公的母亲。穆姜曾经选择了上好的槚木，为自己准备了送终的内棺和颂琴。齐姜先于穆姜去世，季文子就用穆姜的内棺和颂琴安葬了齐姜。季文子此举可能是出于对穆姜的怨恨，因为穆姜曾与叔孙侨如私通，要除掉季文子。季文子可能怀恨在心，所以对穆姜极不尊重。但是季文子此举不合礼仪，因此《左传》作者以君子曰的形式批判其"亏姑以成妇，逆莫大焉"，不够明智。而且用《诗经·周颂·丰年》中的"为酒为醴，烝畀祖妣，以洽百礼，降福孔偕"[②] 之语，来反衬季文子的失礼之举。

鲁成公去世时，鲁襄公年仅三岁，"十八年，成公卒，子午立，是为襄公。是时襄公三岁也"[③]。所以季文子此时完全掌控了朝政，定姒是鲁成公之妾，襄公之母。定姒去世后，"不殡于庙，无榇，不虞"[④]。季文子对定姒之丧葬仪式并不重视，没有在祖庙内停放棺木，没有用内棺，没有举行虞祭。《礼记·檀弓上》"君即位而为椑"，夫人的尊贵与君相同，也应该活着时就备好榇棺。匠庆劝季文子对待小君之礼如此怠慢，非事君之道，并用季文子为自己准备的槚木给定姒做了棺椁。《左传》作者又借君子之口讥之为"多行无礼，必自及也"。

考察元典《左传》可知，季文子为国事鞠躬尽瘁、敬恭朝夕、崇俭废奢、谨慎戒惧，是鲁国的股肱重臣。他在内政上忠直敢谏，杀伐果断，维护了国内的稳定。在外交上不惮劳苦，多次奔走周旋于强大的晋、齐，使日渐衰落的鲁

①《左传·宣公十二年传》。
②《左传·襄公二年传》。
③《史记·鲁周公世家》。
④《左传·襄公四年传》。

国免于被侵伐之苦。“行父继以忠清，相三君而无私积，却莒仆之奸，等鹰鹯之逐，春秋列国名卿，盖未有能过之者。”①季文子且以文雅博学而著称于世，谈笑间旁征博引、赋诗言志，温文尔雅，挥洒自如。虽然他也偶有擅立武宫和不敬小君的违礼之举，但瑕不掩瑜，仍不妨其作为春秋时鲁国杰出政治家的事实，其忠贞爱国、文雅博学的形象被后世广为传颂。

第三节　国之柱石——孟献子

孟献子名蔑，谥号献，又称仲孙蔑，从宣公九年登上政坛，至襄公十九年去世，历仕宣、成、襄三朝，是孟氏家族的杰出代表。季文子也恰好是宣公九年始为执政卿，于是孟献子成为季文子最好的辅佐。季文子于襄公五年去世后，孟献子继之担任执政卿，执鲁政达十四年之久，是鲁国的股肱重臣。《左传》记人往往秉着实录的原则，客观公正，对人物的缺点往往直言不讳，可是从《左传》中却看不出孟献子的任何缺点。《左传》中所塑造的孟献子是一个知礼守礼、急国家之难、不畏强权的国家柱石。他俭朴持家，以养贤为富，并且见识高卓、洞察世事，是鲁国杰出的政治家。

一　知礼守礼、国之柱石

孟献子在鲁国以知礼守礼而著称。《礼记·檀弓上》曰：“孟献子禫，县而不乐，比御而不入。夫子曰：‘献子加于人一等矣。’”孔颖达正义释之曰：“此一节论献子除丧作乐，得礼之宜也。”

孟献子本人重礼守礼，对于违礼之人，他不屑一顾。晋国的郤锜来鲁国请求援兵时，态度傲慢，很不严肃。孟献子通过郤锜之举就预见到郤氏将要灭亡。“郤氏其亡乎！礼，身之干也。敬，身之基也。郤子无基。且先君之嗣卿也，受命以求师，将社稷是卫，而惰，弃君命也。不亡何为？”②从孟献子的评价中可以看出，孟献子非常重视礼仪和恭敬，认为礼仪和恭敬是为人的根本。像郤锜

① [清] 高士奇撰，《左传纪事本末·列卿嗣世》，中华书局，1979 年，第 83 页。
②《左传·成公十三年传》。

这样缺乏礼仪和恭敬、行事怠惰之人，早晚会灭亡。孟献子见识深刻，分析得非常精辟。果真如孟献子所言，四年之后三郤就因骄横专政被灭族，"胥童、夷羊五帅甲八百，将攻郤氏。……皆尸诸朝"。

孟献子在内政上重视礼仪。"三卜郊，不从，乃免牲。孟献子曰：'吾乃今而后知有卜筮。夫郊，祀后稷以祈农事也。是故启蛰而郊，郊而后耕。今既耕而卜郊，宜其不从也。'"[①] 郊祀是祭祀周部族始祖后稷以配天，而祈求农事顺利。后稷不仅是周部族的祖先，还是农业的始祖，《诗经·大雅·生民》中讲到了后稷教给周人播种五谷的功绩。《礼记·郊特牲》曰："万物本乎天，人本乎祖，此所以配上帝也。郊之祭也，大报本反始也。"孔疏曰："《诗·噫嘻序》曰：'春夏祈谷于上帝。'《礼》孟春之月《月令》曰：'是月也，天子乃以元日祈谷于上帝。'即是郊天之祭也。其下即云：'乃择元辰，天子亲载耒耜，躬耕帝籍。'是郊而后耕也。献子此言，正与《礼》合。"正常的顺序应该是先启蛰而郊，郊而后耕。而鲁国此次是既耕而郊，所以占卜的结果不吉利，鲁国因此免除了牺牲。这样当然不合礼仪，可见孟献子对礼仪的熟稔。

春秋时期，国君出行返国后，有告庙、饮至、策勋之礼："凡公行，告于宗庙；反行，饮至、舍爵，策勋焉，礼也。"[②] "公至自晋，孟献子书劳于庙，礼也。"[③] 鲁襄公从晋国回来，孟献子在宗庙里记载勋劳，即行策勋之礼，这亦是孟献子精通礼仪的表现。

孟献子在外交场合更是谦恭守礼，他第一次作为鲁卿参与政事，就言行得体，圆满完成了使命，获得了守礼的美名。"孟献子聘于周，王以为有礼，厚贿之。"[④] 其彬彬有礼的言行赢得了周定王的欣赏。孟献子的知礼守礼在与叔孙宣伯的对比中更是得到了充分的展现。鲁成公要到京师朝觐，叔孙宣伯想得到赏赐，主动请求先行出使。可是周简王只用对普通使者的礼仪接待他，没有丝毫赏赐。孟献子跟从鲁成公出行，因为言行谦恭有礼，得到了周简王的厚赏。[⑤]《国语·周语中》亦通过王孙说之口批判叔孙宣伯而赞美孟献子。"其享覲之币薄而言谄，

①《左传·襄公七年传》。
②《左传·桓公二年传》。
③《左传·襄公十三年传》。
④《左传·宣公九年传》。
⑤《左传·成公十三年传》。

殆请之也，若请之，必欲赐也。鲁执政唯强，故不欢焉而后遣之，且其状方上而锐下，宜触冒人。王其勿赐。若贪陵之人来而盈其愿，是不赏善也。”王孙说讥讽叔孙宣伯是谄媚卑下的贪婪之辈，而对孟献子的言辞谦让，王孙说则极为欣赏。“仲孙蔑为介，王孙说与之语，说让。说以语王，王厚贿之。”在与贪婪无耻的叔孙侨如的鲜明对比中，凸显了孟献子谦逊守礼的美德。

鲁襄公朝见晋侯，孟献子为相，孟献子让襄公行稽首大礼。“辨九拜，一曰稽首，二曰顿首，三曰空首，四曰振动，五曰吉拜，六曰凶拜，七曰奇拜，八曰褒拜，九曰肃拜，以享右祭祀。”[①] 稽首是最重的拜礼，鲁君和晋君都为诸侯，行顿首礼即可，诸侯在朝见天子时才行稽首礼。可是鲁弱晋强，鲁国需要仰仗晋国以对抗齐国的侵伐，所以鲁襄公在拜见晋悼公时谦卑地行稽首大礼，晋国的知武子连忙辞谢，说晋悼公不敢承受：“天子在，而君辱稽首，寡君惧矣。”但是孟献子却恭敬地解释说：“以敝邑介在东表，密迩仇雠，寡君将君是望，敢不稽首？”[②] 襄公三岁即位，“十八年，成公卒，子午立，是为襄公。是时襄公三岁也”[③]。到襄公三年时，鲁襄公才六岁，所以使襄公行稽首礼应该完全是孟献子的主意。鲁国国君幼弱，晋悼公时晋国国力强大，鲁国对晋国非常恭敬，谦卑事之。对于孟献子此举杜预加以肯定，杜预注曰：“传言献子能固事盟主。”

谦恭守礼并不意味着孟献子在外交上卑躬屈膝、委曲求全，为了国家利益，孟献子也能据理力争，毫不畏惧。襄公四年，孟献子辅佐七岁的鲁襄公到晋国去听取受贡赋多少之政事，并请求把鄫国作为鲁国的附庸。孔疏曰：“鄫乃子爵，而欲得属鲁者，春秋之世，小国不能自通，多附于大国。二十七年，齐人请邾，宋人请滕。邾、滕犹尚附人，况鄫又小也。故杜譬之如须句、颛臾之比。须句亦子爵，使助鲁出贡赋耳。”这种要求在春秋之世并不过分，许多小国也愿意依附大国以免于被征伐，但是晋悼公没有答应。孟献子慷慨陈词：“以寡君之密迩于仇雠，而愿固事君，无失官命。鄫无赋于司马，为执事朝夕之命敝邑，敝邑褊小，阙而为罪，寡君是以愿借助焉！”他先表达了对晋国的无限忠诚，同时也暗示鲁国靠近齐国、楚国，如果晋国不答应，鲁国在贡赋无法完成

①《周礼・春官・太祝》。
②《左传・襄公三年传》。
③《史记・鲁周公世家》。

的情况下，也会亲近齐、楚背叛晋国，提醒晋悼公考虑后果；然后又指出如果鄫国归属鲁国，会帮助鲁国缴纳贡赋，晋国就会得到实惠。此番辞令绵里藏针、以情动人，态度不卑不亢、有礼有节，所以晋悼公答应了孟献子的请求。

在国家危难之际，孟献子更是能够置自身安危于度外，慷慨赴义。鲁宣公十八年曾经派使者到楚国求援，希望楚国能够帮助鲁国伐齐。但是由于楚庄王和鲁宣公先后在这一年去世，因此两国没有能够建立友好关系。鲁成公即位后，又与晋国结好，会合晋国、卫国进攻齐国，参加了鞍之战，因此楚国的令尹子重在成公二年时发动阳桥之战来救援齐国。冬季，楚军攻打到鲁国的蜀地时，鲁成公想让臧宣叔去楚军求和。臧孙认为楚军远离本土，师劳力竭，马上就要退兵了，自己不敢接受使楚退兵的虚名，所以没有前往。但没想到楚军却步步紧逼，一直攻打到鲁国的阳桥。危难之际，孟献子挺身而出，主动请求前去楚军求和。由于孟献子得体的外交辞令，最终楚人退兵。

孟献子在朝中的地位非常重要，仅次于季文子。叔孙侨如与成公的母亲穆姜私通，想要去掉季文子和孟献子而霸占他们的家产。穆姜在鲁成公要去会合诸侯参加鄢陵之战时，威胁成公驱逐季文子和孟献子。成公无奈，只好先设置守备然后出行，并“使孟献子守于公宫”[①]，可见鲁成公对孟献子的信任。所以声伯曰：“则夫二人者，鲁国社稷之臣也。若朝亡之，鲁必夕亡。”[②]季孟二人是维护鲁国江山社稷的股肱重臣，对鲁国的兴衰起着举足轻重的作用。

二　俭朴持家、养贤为富

孟献子以俭朴而美名远扬。周定王派刘康公聘鲁，“季文子、孟献子皆俭，叔孙宣子、东门子家皆侈。归，王问鲁大夫孰贤？对曰：‘季、孟其长处鲁乎？叔孙、东门其亡乎！若家不亡，身必不免。’王曰：‘何故？’对曰：‘今夫二子者俭，其能足用矣，用足则族可以庇。二子者侈，侈则不恤匮，匮而不恤，忧必及之，若是则必广其身。且夫人臣而侈，国家弗堪，亡之道也’”[③]。刘康公是很有见识的人，他认为季文子、孟献子俭朴，所以能庇护家族；而东门氏和叔

①《左传·成公十六年传》。
② 同上。
③《国语·周语中》。

孙侨如奢侈，必定会后患无穷。果真如刘康公所言，季氏、孟氏都很昌盛，而东门氏（公孙归父）和叔孙侨如分别在宣公十八年和成公十六年逃亡。俭朴为立身保家之本，孟献子因俭朴受到刘康公的赞誉。

宋国的向戌来鲁国聘问时责备孟献子的房屋太奢华，认为会影响孟献子的好名声。孟献子只好据实相告，说华屋是自己出使晋国时哥哥所修建，要毁坏它得劳烦人力物力，而且也不敢指责哥哥的过错。“我在晋，吾兄为之，毁之重劳，且不敢间。”[①] 孟献子不毁华屋一是因为尊重哥哥的友于之情，更重要的是他生活俭朴，不想造成不必要的浪费。

孟献子不但严于律己，力行节俭，而且也以俭朴的标准要求家人。季文子生活俭朴，无衣帛之妾，无食粟之马。孟献子的儿子仲孙它见识浅陋，曾劝季文子：“子为鲁上卿，相二君矣，妾不衣帛，马不食粟，人其以子为爱，且不华国乎！”孟献子得知后，把儿子囚禁了七天作为惩罚。“自是，子服之妾衣不过七升之布，马饩不过稂莠。”[②]

孟献子在物质生活上节俭，而把重用贤才使邦国安定看作最大的财富。“鲁孟献子聘于晋，宣子觞之三徙，钟石之县，不移而具。献子曰：‘富哉家！’宣子曰：‘子之家庸与我家富？’献子曰：‘吾家甚贫，惟有二士，曰颜回，兹无灵者，使吾邦家安平，百姓和协，惟此二者耳！吾尽于此矣。’”宣子听后自惭形秽，曰：“彼君子也，以养贤为富。我鄙人也，以钟石金玉为富。”[③] 孔子对孟献子以养贤为富之举赞不绝口：“孟献子之富，可著于春秋。”《礼记·大学》中，孟献子曰：“畜马乘不察于鸡豚，伐冰之家不畜牛羊，百乘之家不畜聚敛之臣。与其有聚敛之臣，宁有盗臣。”

《左传》中亦记载了孟献子重贤礼贤的事迹。他常常代表鲁国参战，作为军事统帅，他对人才非常爱惜，崇尚功业，体现了尊贤尚功的特点。襄公十年晋国率领诸侯之师围困偪阳时，孟氏的家臣秦堇父独自拉辎重车到达偪阳城前；叔梁纥双手举起城门，让陷在城里的将士退出；狄虒弥左手举着蒙上皮甲的大车轮做成的大盾牌，右手拔戟，身先士卒。偪阳的守城人把布悬挂在城墙上，

---

①《左传·襄公十五年传》。
②《国语·鲁语上》。
③《新序·刺奢》。

引诱鲁军登城，秦堇父毫无畏惧，拉着布攀缘，守城人把布割断，秦堇父从数仞高的城墙顶重重地摔落下来，守城人再把布挂上，秦堇父苏醒过来后又再次拉着布登城，如是者多次，直到守城人都不忍心再挂布为止。对于秦堇父、叔梁纥和狄虒弥这三位勇士，孟献子引用《诗经·邶风·简兮》中“有力如虎”的诗来赞誉他们。孟献子尤其欣赏秦堇父的勇敢，回国后就让秦堇父做了车右，可见孟献子是多么爱惜人才，礼贤下士。

三　见识高卓、洞察世事

孟献子极富真知灼见，对列国间的形势了如指掌。宣公十二年的晋楚邲之战中楚国大胜，之后楚国出师伐宋，晋不能救。孟献子审时度势，看到楚庄王霸业日隆，力劝鲁宣公尽早与楚国修睦邦交：“臣闻小国之免于大国也，聘而献物，于是有庭实旅百。朝而献功，于是有容貌采章嘉淑，而有加货。谋其不免也。诛而荐贿，则无及也。今楚在宋，君其图之。”① 孟献子清醒理智的主张，使鲁国避免了楚国的侵伐。此事充分显示出了孟献子高瞻远瞩的战略眼光。

秦桓公已经和晋厉公在令狐结盟，却又背信弃义联合狄人和楚人要攻打晋国，诸侯因此倾向于晋国。晋厉公先使吕相绝秦，然后会合鲁、齐、宋、卫、郑、曹、邾、滕攻打秦国。孟献子预言：“晋帅乘和，师必有大功。”② 认为晋国的军队上下齐心，一定会大胜。晋秦在麻隧作战，秦军果然败绩。此事又可看出孟献子目光如炬、料事如神的特点。

郑国背晋向楚，又率兵攻宋。晋厉公感到霸权受到了威胁，所以派使者到卫国、齐国、鲁国请求出兵讨郑。孟献子又预言：“有胜矣。”③ 果真如孟献子所料，楚师救郑，晋军与楚军在鄢陵作战。鄢陵之战是晋楚争霸战争中继城濮之战、邲之战后又一次也是最后一次大战，楚军大败。

郑国顺服楚国，郑国的子耳先是带兵跟从楚国入侵鲁国，回国时又攻克萧地，不久又入侵宋国，率领军队连续三个月征战三次，师劳力竭，疲于奔命。

---

①《左传·宣公十四年传》。
②《左传·成公十三年传》。
③《左传·成公十六年传》。

孟献子对子耳之举大加批判："郑其有灾乎！师竞已甚。周犹不堪竞，况郑乎？有灾，其执政之三士乎！"[①] 认为郑国如此频繁地参与战争，肯定会带来祸患，而且祸患会降临到执政的三位大夫身上。郑简公即位时年仅五岁，"立釐公子嘉，嘉时年五岁，是为简公"[②]，到鲁襄公十年时，郑简公也不过在位三年，才八岁。此时郑国由三位大夫执政，孟献子对列国形势非常熟悉，所以才会有此预言。后来果真如孟献子所预料，郑国的三位大夫不久就遇害了。"尉止、司臣、侯晋、堵女父、子师仆帅贼以入，晨攻执政于西宫之朝，杀子驷、子国、子耳，劫郑伯以如北宫。"[③] 又一次显示了孟献子的料事如神。

孟献子不但对列国的军事实力、战争形势有清醒的认识，而且极富谋略。孟献子在参加晋国组织的如何使郑国顺服的盟会时，提出了"请城虎牢以逼郑"[④] 的建议，虎牢本来是郑国的领地，而且是军事要冲，此时已经被晋国所占取。在虎牢筑城，以威慑逼迫郑国，不需要战争郑国就能屈服于晋。晋国的知武子听了此计后对孟献子大加赞扬："吾子之请，诸侯之福也，岂唯寡君赖之。"[⑤] 晋国用孟献子之谋，在虎牢筑城后，郑国果真前来求和，不战而屈人之兵，消弭了晋郑的战争，可见孟献子谋略之妙。

"作三军"事件也显示了孟献子的过人智慧。"作三军，三分公室而各有其一。三子各毁其乘。季氏使其乘之人，以其役邑入者，无征；不入者，倍征。孟氏使半为臣，若子若弟。叔孙氏使尽为臣，不然，不舍。"[⑥] 季武子主张编定三军，以削弱公室，增加三桓的力量。关于"作三军"歧说甚多，本书尊从杨伯峻先生的意见。把公室的军队改编为三军，季氏、孟氏、叔孙氏各掌握一军。为弥补兵乘不足，三家也把各自私有的兵乘合并，季氏让他的私邑士兵自由选择，如果从军就免征赋税，不从军就加倍征税，以鼓励从军者。孟氏让他的私邑士兵中的一半从军，这些从军者都是年轻力壮之人。叔孙氏则让他的私邑士兵全部从军。孟献子比较仁厚，且富有军事智慧，让他的私邑士兵中那些年老

---

①《左传·襄公十年传》。
②《史记·郑世家》。
③《左传·襄公十年传》。
④《左传·襄公二年传》。
⑤ 同上。
⑥《左传·襄公十一年传》。

力衰的人离开，留下的都是年轻力壮的，这样会具有较强的战斗能力。

综上所述，孟献子重礼守礼，善事大国，对列国形势了如指掌，高瞻远瞩，洞察世事，并且为人俭朴，以养贤为富，不愧为鲁国的股肱重臣。

第四节　社稷之卫——叔孙穆子

叔孙穆子，名豹，是叔孙庄叔之子。“叔孙庄叔于是乎败狄于咸，获长狄侨如及虺也豹也，而皆以名其子。”[①] 叔孙庄叔的三个儿子侨如、虺、豹都是以鄋瞒俘虏的名字而命名。叔孙穆子年轻时曾因兄长侨如的原因而避居齐国。成公十六年时，叔孙侨如与鲁成公的母亲穆姜私通，妄图除掉季文子和孟献子而霸占他们的家产。鲁成公因受到穆姜的威胁，耽误了与诸侯之师相会的行程，是叔孙穆子作为使者前往晋军请求接应。“子叔声伯使叔孙豹请逆于晋师。为食于郑郊。师逆以至。”[②] 之后叔孙穆子怕受到侨如作乱的牵连，就趁机逃亡齐国，几个月后侨如也逃到齐国。叔孙穆子在齐国待了数年后，最迟在鲁襄公二年被召回鲁国。“凡君即位，卿出并聘，践修旧好，要结外援，好事邻国，以卫社稷，忠信卑让之道也。”[③] 襄公二年，叔孙穆子出聘宋国，“穆叔聘于宋，通嗣君也”[④]，可见他已成为叔孙氏的继承人，在朝中为卿。襄公十九年执政卿孟献子去世后，叔孙穆子继之担任执政卿。直到昭公四年叔孙穆子去世，其执鲁政达十六年之久。

一　大义凛然、忠贞卫国

叔孙穆子是鲁国杰出的外交家，“叔出季处”[⑤]，多年来都是叔孙氏出使，季孙氏守国。叔孙穆子多次代表鲁国接遇宾客应对诸侯，很好地维护了鲁国的尊严和利益。

---

①《左传·襄公三十年传》。
②《左传·成公十六年传》。
③《左传·文公元年传》。
④《左传·襄公二年传》。
⑤《左传·昭公元年传》。

在外交场合，穆子处事灵活机智，处处以鲁国利益为重。襄公四年时，鲁国曾向盟主晋国请求把鄫国作为鲁国的附庸。但是不久后鄫国遭到邾国、莒国攻打时，鲁国却不能救鄫，“臧纥救鄫，侵邾，败于狐骀”。在这样的背景下，襄公五年的夏天，叔孙穆子先是亲自带着鄫国的太子到晋国，以完成鄫国归属鲁国的仪式。然后在同年九月晋悼公组织的戚地会盟中，穆子担心晋国会因不能保护鄫国一事而责罚鲁国，认为鄫国的归属对鲁国不利，就让鄫国以独立的身份参加盟会。“穆叔以属鄫为不利，使鄫大夫听命于会。”[①] 杜预注曰：“鄫近鲁竟，故欲以为属国。既而与莒有忿，鲁不能救，恐致谴责，故复乞还之。”在鄫国的归属问题上，穆子处理得非常得体。

叔孙穆子代表鲁国参加晋楚弭兵之会，季武子派人对叔孙穆子假传鲁襄公的命令，让鲁国以和邾国、滕国一样的地位参加盟会。杜预注曰：“两事晋、楚则贡赋重，故欲比小国。武子恐叔孙不从其言，故假公命以敦之。”但在盟会上，齐国请求邾国属己，宋国请求滕国属己，邾国、滕国都无法独立参加结盟。叔孙穆子慷慨地说：“邾、滕，人之私也；我，列国也，何故视之？宋、卫，吾匹也。”[②] 邾、滕是附庸之国，叔孙穆子不愿把鲁国等同于邾、滕，为了捍卫鲁国的尊严，叔孙穆子坚持参加了结盟。

弭兵之盟五年后，在叔孙穆子参加虢地会盟时，专横贪婪的季武子趁机讨伐莒国。楚国认为鲁国在诸侯重温弭兵之会的时候公然伐莒，是轻视盟约，挑衅盟主，所以想和晋国协商，杀掉叔孙穆子以示惩戒。乐王鲋是晋国执政卿赵孟的助手，贪婪无耻，趁机敲诈叔孙穆子，他不好明说，就委婉地说要为叔孙穆子求情，并想要叔孙穆子的衣带。叔孙穆子当然明白乐王鲋要贿赂的本意，但为了维护国家的利益，叔孙穆子不愿苟且逢迎。其家臣梁其踁劝他为了保全性命，不要吝惜财物，叔孙穆子大义凛然地说：“诸侯之会，卫社稷也。我以货免，鲁必受师。是祸之也，何卫之为？人之有墙，以蔽恶也。墙之隙坏，谁之咎也？卫而恶之，吾又甚焉。虽怨季孙，鲁国何罪？叔出季处，有自来矣，吾又谁怨？”[③] 季武子在诸侯会盟期间就攻打莒国，置叔孙穆子性命于不顾。叔孙

---

①《左传·襄公五年传》。
②《左传·襄公二十七年传》。
③《左传·昭公元年传》。

穆子虽然怨恨季武子，但为了维护国家的利益，他抛弃了个人的恩怨，宁愿牺牲自己。如果自己用财物免除了杀身之祸，鲁国就会受到诸侯之师的侵伐。为了堵住乐王鲋之口，叔孙穆子就假装糊涂，裂裳帛而与之，并意味深长地说："带其褊矣。"表面上是说衣带太窄，更深层的意思是说，财物比起国家利益来说太微不足道了，讽刺乐王鲋见识浅陋，只贪图蝇头小利。叔孙穆子的言行感动了赵孟，赵孟赞叹叔孙穆子具有忠、信、贞、义的美德："临患不忘国，忠也。思难不越官，信也；图国忘死，贞也；谋主三者，义也。有是四者，又可戮乎？"[①] 并向楚国求情，免除了叔孙穆子之罪。

此事当中，季武子贪婪忘义，思虑欠周，贸然攻打莒国，差点给叔孙穆子造成杀身之祸。所以等叔孙穆子归来时，季武子主动前往迎接，以示歉意。叔孙穆子怨恨季武子，故意躲避，让季武子从早晨一直等到中午。后在曾阜的劝说下，叔孙指着楹柱慨叹道："虽恶是，其可去乎？"遂出而相见。为了鲁国的安定，叔孙穆子宽容忍让，与季武子尽释前嫌。

叔孙穆叔跟从鲁襄公到楚国朝聘时，恰逢楚康王去世。楚人想让鲁襄公亲自为楚康王的尸体赠送寿衣，这是把鲁襄公等同于普通的使者，是轻视鲁国的表现。杜预注曰："诸侯有遣使赗襚之礼。今楚欲遣使之比。"鲁襄公感到耻辱，但是楚国强大，他又不敢抗拒，所以深为忧虑。穆叔聪明机智，劝说鲁襄公，"祓殡而襚，则布币也"[②]，先使巫祓除殡之凶邪而行襚礼，就等同于朝见时奉献布币。孔疏曰："《檀弓》云：'君临臣丧，以巫祝桃茢执戈，恶之也。'郑玄云：'为有凶邪之气在侧。桃，鬼所恶。茢，萑苕，可埽不祥。'君临臣丧礼有此法，故使巫以桃茢先祓殡，若以楚子为臣然，所以屈楚也。"楚国非常后悔，本想羞辱鲁君，没想到反而自取其辱。此事可见穆叔优秀的外交才能，他精通礼仪，并且反应机敏，能够随机应变，变被动为主动，很好地维护了鲁国的尊严。

叔孙穆子不但善事大国，对小国也谦恭有礼。小邾穆公来鲁国朝见，季武子轻视邾国弱小，不想用接待诸侯的礼仪接待他。叔孙穆子劝道："曹、滕、二邾，实不忘我好，敬以逆之，犹惧其贰。又卑一睦，焉逆群好也？其如旧

①《左传·昭公元年传》。
②《左传·襄公二十九年传》。

而加敬焉！《志》曰：‘能敬无灾。’又曰：‘敬逆来者，天所福也。’”[①] 叔孙穆子认为对友好的国家要恭敬地去迎接和招待，这样才能使其他的国家来亲近鲁国。

在外交场合，叔孙穆子不仅能时时维护鲁国的权益，而且言语得体，也备受赞誉。昭公元年，楚国的公子围在和晋、鲁等国结盟时，陈列了楚国国君的服饰，并且有两个执戈卫士侍立在侧。“天子有虎贲，习武训也；诸侯有旅贲，御灾害也；大夫有贰车，备承事也；士有陪乘，告奔走也。今大夫而设诸侯之服，有其心矣。若无其心，而敢设服以见诸侯之大夫乎？将不入矣。夫服，心之文也。如龟焉，灼其中，必文于外。”[②] 对于公子围这种明显的僭越之举，叔孙穆子评价道：“楚公子美矣，君哉！”言辞中暗含讥讽。子羽听了之后对叔孙穆子大加赞扬：“叔孙绞而婉……保世之主也。”认为穆子之语恰当而委婉，是能使家族延续几代的大夫。

二　思想深邃、见解深刻

穆子到晋国朝聘，晋国的执政卿问穆子什么是死而不朽，并得意扬扬地炫耀说：“昔匄之祖，自虞以上，为陶唐氏，在夏为御龙氏，在商为豕韦氏，在周为唐杜氏，晋主夏盟为范氏，其是之谓乎？”穆叔反驳说这只不过是世禄而已，各国都有世禄的现象，不能算作不朽，“以豹所闻，此之谓世禄，非不朽也。鲁有先大夫曰臧文仲，既没，其言立。其是之谓乎！豹闻之，大上有立德，其次有立功，其次有立言，虽久不废，此之谓不朽”[③]。他提出了著名的“立德、立功、立言”的三不朽观点，立德指创制垂法，博施济众；立功指拯厄除难，功济于时；立言指言得其要，理足可传。穆子对人生有深刻的体悟，对世事有清醒的认识。《左传》中有很多他关于世事人生的睿智的见解。

季武子为削弱公室，增加三桓的力量，主张作三军：“季武子将作三军，告叔孙穆子曰：‘请为三军，各征其军。’穆子曰：‘政将及子，子必不能。’武子固

---

①《左传·昭公三年传》。
②《国语·鲁语下》。
③《左传·襄公二十四年传》。

请之，穆子曰：‘然则盟诸？’乃盟诸僖闳，诅诸五父之衢。”[①] 叔孙穆子深知作三军的危害，本不想同意，担忧鲁国一旦改作三军，晋国就会把鲁国当成大国而征更多的贡赋，《国语·鲁语下》对叔孙穆叔的意见记载得更加详细：“叔孙穆子曰：‘今我小侯也，处大国之间，缮贡赋以共从者，犹惧有讨。若为元侯之所，以怒大国，无乃不可乎？’”但无奈季武子坚决请求，所以叔孙穆子只好与季武子结盟。“自是齐、楚代讨于鲁，襄、昭皆如楚。”[②] 因为鲁作三军，结果引起齐国和楚国的征讨，证实了叔孙穆叔的深谋远虑。

叔孙穆叔跟从鲁襄公到楚国朝聘时，听到楚康王去世的消息，鲁襄公想要返回鲁国。叔仲昭伯坚持前行，劝襄公曰：“我楚国之为，岂为一人？行也！”子服惠伯则想回去：“君子有远虑，小人从迩。饥寒之不恤，谁遑其后？不如姑归也。”叔孙穆子听了两人的意见后，评价道：“叔仲子专之矣，子服子始学者也。”[③] 言辞中表达了对叔仲昭伯的赞许和对子服惠伯的批评，认为叔仲昭伯有长远打算，忠于国家，已经可以胜任出使专对。

楚王郏敖即位后，派遣大夫薳罢来鲁国聘问通好。穆叔多次向薳罢询问令尹王子围的情况，薳罢始终避而不谈。穆叔预言：“楚令尹将有大事，子荡将与焉，助之匿其情矣。”[④] 穆叔对楚国的形势了如指掌，后来王子围果然弑君自立，证实了穆叔的预言。

叔孙穆子对孟孝伯（仲孙羯）说：“赵孟将死矣。其语偷，不似民主。且年未盈五十，而谆谆焉如八九十者，弗能久矣。若赵孟死，为政者其韩子乎！吾子盍与季孙言之，可以树善，君子也。晋君将失政矣，若不树焉，使早备鲁，既而政在大夫，韩子懦弱，大夫多贪，求欲无厌，齐、楚未足与也，鲁其惧哉！”[⑤] 从晋国赵孟说话随便，毫无远虑，说话絮叨的表现，穆子预测赵孟寿命将尽，之后掌握晋国政权的应该是韩起。叔孙穆子建议孟孝伯去向季孙请求，未雨绸缪，趁着韩起还没执政，及早与韩起表示友好，韩起以后就会照顾鲁国。否则晋国以后政在大夫，韩起懦弱，大夫多贪，求欲无厌，齐国、楚国又无法

①《左传·襄公十一年传》。
②《国语·鲁语下》。
③《左传·襄公二十八年传》。
④《左传·襄公三十年传》。
⑤《左传·襄公三十一年传》。

依靠，鲁国将处境艰难。可是没想到孟孝伯也是得过且过，苟且偷安，比赵孟还要厉害，叔孙穆子只好又向季武子提出同样的建议，希望季武子及早和晋国的韩起建立友好关系，但季武子亦没有在意。结果等到赵孟去世后，果真像叔孙穆子所分析的那样，“晋公室卑，政在侈家。韩宣子为政，不能图诸侯。鲁不堪晋求，谗慝弘多”，鲁国不堪忍受晋国的重赋，甚至在昭公十三年的平丘之会上，还发生了晋国拘捕季孙意如的事件。

从晋文公称霸之后，鲁国对强大的晋国历来秉持恭敬谦卑的态度。襄公二十九年传中曾记载了晋国司马女叔侯之语：“鲁之于晋也，职贡不乏，玩好时至，公卿大夫相继于朝，史不绝书，府无虚月。”① 这可以说是对春秋中后期鲁国恭奉晋国的最好写照。但即便如此，晋国对鲁国的态度有时却并不友好，确实是弱国无外交，常处于被动的境地。弱国要想在乱世取容，仅有对大国的谦卑是不够的，还要懂得外交的技巧和策略，尤其是要与强国的执政卿建立友好的关系。如果季武子早点听取叔孙穆叔的建议，早点与韩起搞好关系，可能就不会发生季孙意如被拘捕之事。

鲁襄公朝楚时喜欢楚国式样的宫殿，回国后在国内修建楚宫。楚国虽然国力强盛，但在文化上落后，被视为蛮夷之邦，所以在尊奉周礼的鲁国修建楚宫不但劳民伤财，更是荒唐无礼。穆叔痛心疾首地说：“《大誓》云：‘民之所欲，天必从之。’君欲楚也夫！故作其宫。若不复适楚，必死是宫也。”② 果真如穆子所料，不久后鲁襄公就在楚宫里去世。

子野是敬归所生，未及即位便哀伤而死。季武子拥立敬归妹妹齐归的儿子公子裯，是为鲁昭公。安葬鲁襄公时，已经十九岁的公子裯犹有童心，调皮贪玩，虽多次更换丧服，但衣襟仍然肮脏不堪，像旧丧服一样。叔孙穆叔从公子裯居丧期间的表现断定他是不孝无礼之人，所以坚决反对：“大子死，有母弟则立之，无则长立。年钧择贤，义钧则卜，古之道也。非适嗣，何必娣之子？且是人也，居丧而不哀，在戚而有嘉容，是谓不度。不度之人，鲜不为患。若果立之，必为季氏忧。”③ 古代立君之道规定，太子去世，就应该选择太子的同母兄

①《左传·襄公二十九年传》。

②《左传·襄公三十一年传》。

③ 同上。

弟，其次选择年长的，年纪相若就选择贤德的，如果德行相差无几就占卜决定。子野非嫡，就不必非立子野母亲的妹妹之子。并预言如果立了公子裯，必定会成为季氏的忧患。但季武子独断专行，不听叔孙穆叔的良言相劝。最终鲁昭公不得善终，因为想驱逐季平子导致自己逃亡，客死他乡，季平子也背上了逐君的千古骂名。可见叔孙穆子对世事的真知灼见。

三 有斐君子、精通诗礼

“传曰‘不歌而诵谓之赋。登高能赋，可以为大夫’言感物造耑，材知深美，可与图事，故可以为列大夫也。古者诸侯卿大夫交接邻国，以微言相感，当揖让之时，必称《诗》以喻其志，盖以别贤不肖而观盛衰焉。故孔子曰：‘不学诗，无以言’也。”[①] 叔孙穆子是春秋时期擅长用诗的代表。他精通诗意，处处以礼自守，显示出受鲁文化影响的谦恭文雅。周礼尽在鲁，而穆子更是知礼守礼的典型代表。

叔孙穆子至京师朝聘时，周天子就嘉其有礼，“赐之大路”[②]。臧武仲在出使晋国前，冒雨去探望御叔。御叔正准备饮酒，悠闲自得，他嘲笑臧武仲：“焉用圣人！我将饮酒，而已雨行，何以圣为？”穆子听说后评论道：“不可使也，而傲使人，国之蠹也。”[③] 批评御叔是国家的蠹虫，自己没有才能出使反而傲视使者，非常无礼，所以穆叔就下令加倍征收御叔的赋税作为惩罚，以儆效尤。可见穆子非常重视谦恭的礼仪。

在用诗的场合，穆子亦非常注重礼仪，谦恭自守。到晋国聘问时，晋悼公设享礼招待穆子，“金奏《肆夏》之三，不拜。工歌《文王》之三，又不拜。歌《鹿鸣》之三，三拜”。晋国感到奇怪：“子以君命，辱于敝邑。先君之礼，藉之以乐，以辱吾子。吾子舍其大，而重拜其细，敢问何礼也？”穆子回答说：“三《夏》，天子所以享元侯也，使臣弗敢与闻。《文王》，两君相见之乐也，使臣不敢及。《鹿鸣》，君所以嘉寡君也，敢不拜嘉？《四牡》，君所以劳使臣也，敢不重拜？《皇皇者华》，君教使臣曰：‘必咨于周。’臣闻之：

---

①《汉书·艺文志》。
②《左传·襄公二十四年传》。
③《左传·襄公二十二年传》。

‘访问于善为咨，咨亲为询，咨礼为度，咨事为诹，咨难为谋。’臣获五善，敢不重拜？”①

《肆夏》之乐是天子宴请诸侯所奏的，《肆夏》乐曲已经亡佚，无可考证。杜预注曰：“《肆夏》，乐曲名。《周礼》以钟鼓奏九夏，其二曰《肆夏》，一名《樊》；三曰《韶夏》，一名《遏》；四曰《纳夏》，一名《渠》。盖击钟而奏此三《夏》曲。”《文王》之三是指《诗经·大雅》之首的《文王》《大明》《绵》三章。孔疏曰：“《诗序》：‘《文王》，言文王受命作周；《大明》，言文王有明德，故天复命武王伐纣；《绵》，言文王之兴，本由大王。’是《文王》之三，皆称文王之德，能受天命，造立周国，故诸侯会同，歌此以相燕乐也。”《鹿鸣》之三是指《诗经·小雅》之首的《鹿鸣》《四牡》《皇皇者华》三章。杜预注曰：“晋以叔孙为嘉宾，故歌《鹿鸣》之诗，取其‘我有嘉宾’。叔孙奉君命而来，嘉叔孙，乃所以嘉鲁君”；“《诗》言使臣乘四牡，騑騑然行不止。勤，劳也。晋以叔孙来聘，故以此劳之”；“《皇皇者华》，君遣使臣之诗。言忠臣奉使，能光辉君命如华之皇皇然。又当谘于忠信，以补己不及。忠信为周，其诗曰：‘周爰谘诹，周爰谘谋，周爰谘度，周爰谘询。’言必于忠信之人，谘此四事”。所以穆子说《鹿鸣》是君王嘉奖寡君的，《四牡》是君王慰劳使臣的，《皇皇者华》是教诲使臣要“必咨于周”，所以岂敢不拜？

《左传》中有许多穆子赋诗言志的记载。

晋国率领鲁、齐、宋、卫等国攻打秦国，叔孙穆子作为鲁国的代表参加。诸侯之军不肯渡河，晋国的叔向就去找叔孙穆子。穆子赋《匏有苦叶》以言志②，此诗出自《诗经·邶风》。《毛诗序》认为是讽刺卫宣公与夫人并为淫乱之作，今人多认为是女子等候意中人的爱情诗。穆子赋此诗亦属断章取义，杜预注云：“义取于‘深则厉，浅则揭’。言己志在于必济。”认为穆子以此诗表达必定渡河的决心，显示出对盟主晋国的忠诚和支持。叔向曰：“夫苦匏不材于人，共济而已。鲁叔孙赋《匏有苦叶》，必将涉矣。”③叔孙穆子此处赋诗，除表示必定渡河的决心外，还含有自谦之意，表达了对晋国的恭敬，非常得体。叔向听

①《左传·襄公四年传》。
②《左传·襄公十四年传》。
③《国语·鲁语下》。

到后非常高兴，回去后就马上准备船只，鲁国和莒国先行渡河。

穆叔去晋国聘问，请求帮助鲁国对付齐国。晋国推辞说晋平公的三年之丧还未结束，并且刚刚伐楚伐许，百姓不得休息，所以无法帮助鲁国。穆叔焦急地说："以齐人之朝夕释憾于敝邑之地，是以大请！敝邑之急，朝不及夕，引领西望曰：'庶几乎！'比执事之间，恐无及也！见中行献子，赋《圻父》。献子曰：'偃知罪矣！敢不从执事以同恤社稷，而使鲁及此。'见范宣子，赋《鸿雁》之卒章。宣子曰：'匄在此，敢使鲁无鸠乎？'"[①] 穆叔两次赋诗言志，描述了鲁国形势的危急和对晋国的期盼。《圻父》出自《诗经·小雅》。方玉润《诗经原始》云："禁旅责司马征调失常也。"杜预注曰："周司马掌封畿之兵甲，故谓之圻父。诗人责圻父为王爪牙，不修其职，使百姓受困苦之忧，而无所止居。"穆子赋此诗暗含着对晋国执政大夫的谴责。《鸿雁》亦出自《诗经·小雅》。杜预注曰："言鲁忧困，嗸嗸然若鸿雁之失所。"穆子赋此诗，以鸿雁比鲁国流离失所的哀民，希望得到晋国贤明的执政者的哀矜。范宣子听后慨然应允，所以有了襄公十八年的平阴之役，可见穆子赋诗的巨大作用。

平阴之战后齐晋讲和，鲁国忧惧，穆子就和范宣子在柯地会见，并进见叔向，赋《载驰》之四章。《载驰》出自《诗经·鄘风》，卫国被狄人攻陷后，"许穆夫人赋《载驰》"[②]，是一首著名的爱国诗，其第四章曰："我行其野，芃芃其麦。控于大邦，谁因谁极？大夫君子，无我有尤。百尔所思，不如我所之。"表达了希望得到大邦救助的热切愿望。穆子赋《载驰》，杜预注曰"取其欲引大国以自救助"，非常贴切。

昭公元年，叔孙穆子和晋国的赵孟一起经过郑国，郑简公要设享礼宴请他们。赵孟赋《瓠叶》。《瓠叶》出自《诗经·小雅》，《毛诗序》云："大夫刺幽王也。上弃礼而不能行，虽有牲牢饔饩不肯用也，故思古之人不以微薄废礼焉。"今人多认为这是主人宴请宾客时表达自谦之意的诗歌。杜预解释赵孟赋此诗之意云："义取古人不以微薄废礼，虽瓠叶兔首，犹与宾客享之。"叔孙穆子猜出了赵孟赋诗之意，指出赵孟想要一献之礼。按照朝聘制度的规定，大国之卿应用五献。孔疏云："《周礼·大行人》称'上公饔饩九牢，飨礼九献；侯伯七献；

---

①《左传·襄公十六年传》。
②《左传·闵公二年传》。

子男五献’，皆献数同饔饩之数也。案:《聘礼》‘卿聘，饔饩五牢’，故卿皆五献。”举行享礼时，郑国不敢只用一献，怕晋国责备，准备了五献之笾豆于幕下，可是赵孟却很坚决，所以最后还是如叔孙穆子所言，使用了一献。

叔孙穆子不但准确地猜测出了赵孟赋诗之意，而且在宴会上也赋诗言志，文雅得体。叔孙穆子先赋《鹊巢》，《鹊巢》出自《诗经·召南》，《毛诗序》云：“《鹊巢》，夫人之德也。国君积行累功以致爵位，夫人起家而居有之，德如鸤鸠乃可以配焉。”杜预解释穆叔赋此诗之意云：“言鹊有巢而鸠居之，喻晋君有国，赵孟治之。”赵孟谦虚地辞谢，于是叔孙穆子又赋《采蘩》，并且说：“小国为蘩，大国省穑而用之，其何实非命？”《采蘩》亦出自《诗经·召南》，杜预释曰：“义取蘩菜薄物，可以荐公侯，享其信，不求其厚。”赵孟赋《常棣》作答，取其“凡今之人，莫如兄弟”之语以示友好，穆叔等人起身下拜，感谢赵孟的好意，并曰：“小国赖子，知免于戾矣。”可见穆叔精通赋诗又善事大国，在外交场合表现得非常出色。

对于别人的违礼之举，穆子也常常引诗加以批评。卫国的大夫孙文子来鲁国聘问，鲁襄公迎接他时，鲁襄公登上台阶，孙林父也同时登上台阶，一点也不恭敬。《仪礼·聘礼》记载：“纳宾，宾入门左。介皆入门左，北面西上。三揖，至于阶，三让。公升二等，宾升。”所以登阶时，臣子应当后于国君一等。叔孙穆子劝孙文子稍缓一下，遵循为臣之道，可是孙林父毫无悔意。穆叔感慨说：“孙子必亡。为臣而君，过而不悛，亡之本也。《诗》曰：‘退食自公，委蛇委蛇。’谓从者也。衡而委蛇必折。”[①] 穆子所赋出自《诗经·召南·羔羊》。孔疏曰：“言大夫贤者，退朝而食，从公门入私门，委蛇委蛇然。委蛇，顺从之貌，《诗》之此意，谓顺者也。今孙子为臣，而君自处，是横不顺道。以横道而为委蛇，其人必将毁折，不得终其职位。”“孙子君于卫，而后不臣于鲁”[②]，孙文子在卫国即是飞扬跋扈，傲慢专横，所以到鲁国也不遵守礼仪。后来孙林父更是驱逐了卫献公，狂妄无礼到了顶点。叔孙穆子通过登阶这一小事就看出孙林父的狂妄无礼，也体现了叔孙穆子见微知著的敏锐的观察力和预见性。

叔孙穆子跟从鲁襄公到楚国朝聘，途经郑国时，郑国大夫伯有表现得很傲

---

①《左传·襄公七年传》。
②《韩非子·难四》。

慢无礼。穆子评价道："伯有无戾于郑，郑必有大咎。敬，民之主也，而弃之，何以承守？郑人不讨，必受其辜，济泽之阿，行潦之苹藻，置诸宗室，季兰尸之，敬也。敬可弃乎？"[①] 穆子此语是暗用《诗经・召南・采蘋》虔敬之意，杜预注曰："敬也。言取蘋藻之菜于阿泽之中，使服兰之女而为之主，神犹享之，以其敬也。"可见穆叔对礼仪的重视和对《诗经》的熟稔。

叔孙穆子甚至用诗来进行讽刺。齐国的庆封骄奢淫逸，来鲁国聘问，车子非常华丽。叔孙穆子厌恶地说："豹闻之：'服美不称，必以恶终。'美车何为？"[②] 叔孙穆子后来宴请庆封，庆封在酒宴上也非常骄傲，叔孙为他赋《相鼠》,《相鼠》出自《诗经・鄘风》，是一首讽刺诗,《毛诗序》曰："《相鼠》，刺无礼也。"庆封也不明白其中的讽刺意味。一年后庆封逃亡到鲁国，叔孙穆子宴请庆封，庆封氾祭。"氾祭犹《大祝》之周祭,《曲礼》之遍祭，叔孙宴庆封，非庆封所宜为，封不知礼也。"[③] 对庆封的违礼之举，"穆子不说，使工为之诵《茅鸱》，亦不知"。杜预注："《茅鸱》，逸诗，刺不敬。"

从穆子多次赋诗用诗的表现，我们可以想象到其温文尔雅的君子风范。

四　偏听偏信、不擅择人

穆子虽然世事洞明，富有真知灼见，但却不善择人。吴公子季札来鲁国聘问，非常喜欢叔孙穆子，他对穆子说："子其不得死乎？好善而不能择人。吾闻'君子务在择人'。吾子为鲁宗卿，而任其大政，不慎举，何以堪之？祸必及子！"[④] 季札认为叔孙穆子作为鲁国的执政卿，没有择人之明，恐怕不得善终。结果也正如季札所料，昭公四年时，穆子被自己非常信任的竖牛所害。

当初叔孙穆叔逃往齐国，途经庚宗时曾与一妇人私通，到齐国后又娶了齐国正卿国氏的女儿，生下孟丙、仲壬二子。有一次他做梦梦见天压着自己，危难之际，被一个黑而上偻、深目而豭喙的名叫牛的人所解救。等到叔孙穆子被召回鲁国做了叔孙氏的继承人后，庚宗妇人就带着她与穆叔所生的儿子来见穆

---

①《左传・襄公二十八年传》。
②《左传・襄公二十七年传》。
③ 杨伯峻编著,《春秋左传注・襄公二十八年传》(修订本)，中华书局，2000 年，第 1149 页。
④《左传・襄公二十九年传》。

子，此子的模样正是穆叔梦中所见的牛的模样，所以穆叔就称他为牛，对他非常宠爱，长大后又让他主持家政。穆子回国后没有及时接回在齐国所娶的妻子国姜，结果穆叔在齐国的好友公孙明娶了国姜。穆叔很生气，迁怒于两个儿子孟丙和仲壬，一直等到两个儿子长大后才把他们接回鲁国。

穆子生病时，竖牛想把整个家据为己有，就强迫孟丙盟誓，孟丙不答应，竖牛就陷害孟丙，挑拨离间穆叔与孟丙的父子之情。孟丙被穆叔杀掉后，竖牛又强迫仲壬结盟，仲壬不同意，竖牛又故计重施，陷害仲壬，仲壬被逐出家族，逃往齐国。等到穆子病危之际，想召见仲壬时，竖牛却百般阻挠。杜泄是对穆子忠心耿耿的家臣，进见穆子时，穆子悔恨交加，让杜泄杀掉竖牛，但此时竖牛的权力太大，只手遮天，为所欲为，杜泄也无可奈何。竖牛不让任何人见穆子，而且不给穆子食物，最后穆子被活活饿死。

叔孙穆子是鲁国杰出的政治家，危难之际，置一己生死于度外，捍卫国家的尊严和利益。他思想深邃，富有真知灼见，并且精通礼仪，擅长赋诗，是温润如玉的谦谦君子。可惜一世英名，最后却受小人蒙蔽，不得善终，实在令人惋惜。

第五节　睿智博学——臧武仲

臧武仲名纥，谥号武，是臧文仲之孙，臧宣叔之子。臧宣叔共有三子，臧贾、臧为、臧武仲。臧贾、臧为的母亲早死，臧武仲的母亲是臧宣叔的继室，是臧贾、臧为之母的侄女，而且还是鲁宣公夫人穆姜的姨母之女。由于穆姜的疼爱，臧武仲在宫中长大并被立为臧宣叔的继承人。①

臧武仲要出使晋国，临行前在一个下雨天去探望御邑大夫御叔。御叔正悠闲自得地准备饮酒，看到臧武仲冒雨前来，就嘲笑臧武仲："焉用圣人！我将饮酒，而己雨行，何以圣为？"② 由御叔之语可知，臧武仲被时人赞誉为"圣人"，孔疏曰："《周礼·大司徒》：'以乡三物教万民，而宾兴之。一曰六德：知、仁、

①《左传·襄公二十三年传》。
②《左传·襄公二十二年传》。

圣、义、忠、和。'郑玄云：'圣通而先识也。'《尚书·洪范》云'睿作圣'，是圣者通识之名，时人见其多知，故以圣人言之，非为武仲实是大圣也。"可见臧武仲的圣人之誉，是特指臧武仲聪明睿智、博学多识，跟赞誉孔子的"圣人"一词含义不同。孔子的圣人之誉中"圣人"的含义虽然也包括博闻强识，但更多的是对德行的强调。

鲁人都把臧武仲当成一个富有真知灼见的智者，把他的言论奉为圭臬。孟僖子的临终遗命中曾引用臧武仲之言，蕴含着对臧武仲话语的推崇。孟僖子因为跟从昭公出使鲁国时不精通礼仪而深感后悔，临终前让两个儿子孟懿子与南宫敬叔都向孔子学习礼仪。"臧孙纥有言曰：'圣人有明德者，若不当世，其后必有达人。'今其将在孔丘乎？我若获没，必属说与何忌于夫子，使事之，而学礼焉，以定其位。"[①] 孟僖子就因为臧武仲有"圣人有明德者，若不当世，其后必有达人"之语，而对孔子将来必会成为达人深信不疑，可见孟僖子是把臧武仲的话当成至理名言加以信奉的。孟僖子在昭公二十四年去世，此时距离臧武仲逃亡的襄公二十三年已经过去了三十一年之久，由此可知臧武仲在鲁国大夫心目中难以磨灭的印象。孔子也曾高度赞赏过臧武仲的智慧："若臧武仲之知，公绰之不欲，卞庄子之勇，冉求之艺，文之以礼乐，亦可以为成人矣。"[②]

一　理性睿智、博学多识

《左传》中记载了许多臧武仲精准的预言和理性的评判，显示出臧武仲超乎常人的聪明睿智。

楚共王准备讨伐陈国，但听到陈成公去世的消息后就停止了。杜预注曰："军礼不伐丧。"晋国也曾因为听到齐灵公去世的消息，而停止伐齐，被认为是合礼之举，"齐灵公卒。……晋士匄侵齐，及谷，闻丧而还，礼也"[③]。所以楚共王的做法是合礼的。但是陈国却不听从楚国的命令。臧武仲听后评价说："陈不服于楚，必亡。大国行礼焉而不服，在大犹有咎，而况小乎？"[④] 果真如臧武仲

①《左传·昭公七年传》。
②《论语·宪问》。
③《左传·襄公十九年传》。
④《左传·襄公四年传》。

所预料，不久，陈国就因其无礼受到楚国的侵伐。

卫献公被大夫孙林父和宁惠子赶出卫国，逃奔到齐国。臧武仲前去慰问，卫献公此时还不知悔改，态度粗暴。于是臧武仲就对手下人推测说："卫侯其不得入矣！其言粪土也，亡而不变，何以复国？"[①]认为国君应该具有谦逊和蔼的美德，才会得到臣子的拥护。卫献公逃亡了也不反省悔过，应该不能返国了。卫国的子展、子鲜听到臧武仲的评论后，主动去进见臧武仲，臧武仲与二人交谈后，改变了看法，又预言卫献公有子展、子鲜这样的贤臣辅佐，就一定能够返回卫国。"卫君必入。夫二子者，或挽之，或推之，欲无入，得乎？"[②]事实也验证了臧武仲的预言是正确的，卫献公十二年后又回国为君。

平阴之役的胜利本来是晋国的功劳，可是季武子却把从齐国得到的兵器制成了林钟，用来铭记鲁国的战功，臧武仲批评季武子曰："非礼也。夫铭，天子令德，诸侯言时计功，大夫称伐。今称伐则下等也，计功则借人也，言时则妨民多矣，何以为铭？且夫大伐小，取其所得以作彝器，铭其功烈以示子孙，昭明德而惩无礼也。今将借人之力以救其死，若之何铭之？小国幸于大国，而昭所获焉以怒之，亡之道也。"[③]天子用铭文来记载盛德，诸侯用铭文来记载善举和功绩，大夫用铭文来记载征伐。如果说这次有功绩，那是借助晋国之力；如果说举动合时，那么战争给民众带来的灾害很多。所以没有什么值得记载到铭文上。彝器是大国攻打小国取胜后，记载功烈以昭示子孙，宣扬明德而惩罚无礼的。现在鲁国借助了晋国的帮助来挽救败局，所以季武子此举是不合礼的。同时，臧武仲又指出季武子此举的危害：鲁国作为小国侥幸战胜大国齐国，不知道戒惧，反而昭示武功来激怒齐国，这是亡国之道。从臧武仲这番话中可以看出臧武仲深谙礼法，头脑清醒，并没有被平阴之役的胜利冲昏头脑，而是时刻保持着忧患意识。

臧武仲博学强识、精通礼仪，对治国之道、军事、国防、外交等都有深刻的见解。

晋国要会合诸侯救宋，士鲂来鲁请求出兵。因为臧武仲博学多识，执政卿

---

①《左传·襄公十四年传》。

② 同上。

③《左传·襄公十九年传》。

季文子就向臧武仲请教该出多少士卒。臧武仲对曰："伐郑之役，知伯实来，下军之佐也。今彘季亦佐下军，如伐郑可也。事大国，无失班爵而加敬焉，礼也。"① 臧武仲分析说，晋国组织诸侯伐郑时，请兵的知伯是下军之佐，与此次前来的士鲂地位一样，所以鲁国出兵的人数也应一样才符合礼仪。臧武仲还指出，事奉大国之道，是不违背使者的爵位次序而更加恭敬，才合于礼仪。

鲁国打算在防地筑城，可筑城的时间影响农事。臧武仲请求等农事忙完再筑，所以改在冬天筑城。② 这样做合于时令又合于礼仪。因为"凡土功，龙见而毕务，戒事也。火见而致用，水昏正而栽，日至而毕"③。筑城应该在农闲时分，以不耽误农事。此事也证明了臧武仲的博学知礼。

邾国的大夫庶其带着漆地和闾丘逃亡到鲁国，当时季武子执政，凭空得到土地，季武子非常高兴，为了表彰庶其，季武子就把鲁襄公的姑母嫁给了庶其，并且对所有跟随庶其来鲁的随从都进行了赏赐。这种做法实际上是奖励了盗贼，所以影响到了鲁国的风气，鲁国一时之间盗贼蜂起。因为臧武仲官任司寇，治理盗贼是司寇之职，季武子就责备臧武仲为何不禁止盗贼，臧武仲的回答却出人意料，说自己无能为力，并趁机劝谏："子召外盗而大礼焉，何以止吾盗？子为正卿，而来外盗；使纥去之，将何以能？庶其窃邑于邾以来，子以姬氏妻之，而与之邑，其从者皆有赐焉。若大盗礼焉以君之姑姊与其大邑，其次皁牧舆马，其小者衣裳剑带，是赏盗也。赏而去之，其或难焉。纥也闻之，在上位者，洒濯其心，壹以待人，轨度其信，可明征也，而后可以治人。夫上之所为，民之归也。上所不为而民或为之，是以加刑罚焉，而莫敢不惩。若上之所为而民亦为之，乃其所也，又可禁乎？《夏书》曰：'念兹在兹，释兹在兹，名言兹在兹，允出兹在兹，惟帝念功。'将谓由己壹也。信由己壹，而后功可念也。"④

臧武仲先指出季武子的非礼之举，对于外来的盗贼庶其不但不惩罚，反而厚加礼遇，甚至随从都受到赏赐，又如何能禁止国内的盗贼？季武子身为正卿，如此处事，是赏赐盗贼，会让鲁国形成不好的风气。赏赐了盗贼再想铲除盗贼，

①《左传·襄公十九年传》。
②《左传·襄公十三年传》。
③《左传·庄公二十九年传》。
④《左传·襄公二十一年传》。

就非常困难了。然后臧武仲又义正词严地指出正确的做法：上位者要敬心诚意，待人以诚，赤诚之心合于法度，自然会取信于人，这样才能去治理别人。上行下效，上有所好，下必甚焉，上位者的所做所为，民众自然会纷纷效仿。如果上位者做错了，又如何能禁止民众的错误行为？所以上位者要率先垂范，给民众做出榜样。最后，臧武仲又引经据典，以增强自己观点的说服力，用《夏书》中的"念兹在兹，释兹在兹，名言兹在兹，允出兹在兹，惟帝念功"来说明要敬心诚意、言行一致才能建立功业的道理。从这番言论可以看出臧武仲忠直敢谏的品格，此事与其高祖父臧僖伯谏隐公观鱼、曾祖父臧哀伯谏纳郜鼎一样，都是对上位者的违礼之举进行劝谏，而且都指出统治者要谨言慎行，要为下层做出表率的重要性。

正因为臧武仲睿智博学，所以常常接遇宾客，应对来使。郑国苦于晋国和楚国的不断征伐，就想彻底服晋。于是，郑国的子展建议去攻打晋国的盟国宋国，晋国必定会救援，郑国就顺势跟晋结盟。楚军就会来犯，郑国再屈服于楚国。这样晋国会非常气愤，就会竭尽全力攻打郑国，郑国就可以彻底服从晋国。果真如子展所料，晋国最后和郑国结盟，赦免了郑国的俘虏，并禁止掠夺郑国，然后向各诸侯国通告。鲁国派臧武仲接待宾客。臧孙纥是何等聪明之人，对时局有清醒的认识，他识穿了郑国的策略，也明白晋国的想法：晋国伐郑显示声威的同时，更想通过赦郑来显示对诸侯的宽大，使诸侯产生亲近之心。臧武仲没有说郑国罪不可赦，晋国攻打郑国战功赫赫，晋国作为盟主是多么强盛等等歌功颂德之语，这是普通人所能想到的，如此对晋国的赞美可谓隔靴搔痒，并没有说到重点，不会让晋国真正高兴。臧武仲巧妙地回答说："凡我同盟，小国有罪，大国致讨，苟有以藉手，鲜不赦宥。寡君闻命矣。"[①] 他在认可晋国伐郑正义性的同时，又大加赞赏晋国对有罪小国加以宽恕的美德。可见其心思之机敏，见识之高卓。

季平子在亳社用莒国的俘虏做牺牲进行祭祀，臧武仲听说后，怒斥道："周公其不飨鲁祭乎！周公飨义，鲁无义。《诗》曰：'德音孔昭，视民不佻。'佻之谓甚矣，而壹用之，将谁福哉？"[②] 言辞中对季平子的残暴行径非常气愤，所引

①《左传·襄公十一年传》。
②《左传·昭公十年传》。

的“德音孔昭，视民不佻”的诗句出自《诗经·小雅·鹿鸣》，本是描写周天子宴会宾客，和乐融融的宴飨诗，臧武仲在这里断章取义，意思是说上位者要有美德，对待民众不苟且。季武子如此视人命如草芥，把人同牲畜一样使用，再也不会受到上天的赐福。

臧武仲对孟庄子之死非常哀伤，痛哭流涕。他的御者感到奇怪，因为季武子喜欢臧武仲而孟庄子非常厌恶臧武仲。御者问臧武仲：“孟孙之恶子也，而哀如是。季孙若死，其若之何？”臧武仲答曰：“季孙之爱我，疾疢也。孟孙之恶我，药石也。美疢不如恶石。夫石犹生我，疢之美，其毒滋多。孟孙死，吾亡无日矣。”① 臧武仲此语确实体现了超乎常人的智慧。

臧武仲逃到齐国后，齐庄公爱惜臧武仲之才，想封给他土田。臧武仲听说后，就去拜见齐庄公。齐庄公曾趁晋国内乱时攻打晋国，是不自量力、趁火打劫之举，但他自己因为取得了暂时的胜利而沾沾自喜，言辞间向臧武仲有炫耀之意。臧武仲评论说：“多则多矣！抑君似鼠。夫鼠昼伏夜动，不穴于寝庙，畏人故也。今君闻晋之乱而后作焉。宁将事之，非鼠如何？”② 臧武仲的意思是说，虽然伐晋有很多好处，但齐庄公却像老鼠一样，昼伏夜出，贪而畏人，不够正大光明。想在晋国动乱之际趁火打劫，一旦晋国安宁又准备向晋国俯首称臣，反复无常。齐庄公听后很气愤，赏赐臧武仲土田之事就此作罢。杜预曰：“臧孙知齐侯将败，不欲受其邑，故以比鼠，欲使怒而止。”一年后，晋国就会合诸侯要攻打齐国，因为大水而未能成行。两年后齐庄公便被崔杼所弑，臧武仲也避免了不必要的牵连。由此可见，臧武仲故意用言辞激怒齐庄公，不愿接受齐庄公的赏赐，是多么富于远见的明智之举。所以孔子感叹说：“知之难也。”认为臧武仲能预见到齐庄公的祸难，而故意不要齐侯的封赏，是难得的智慧。

当然，臧武仲并非全才，虽然他睿智博学，擅长谋略，但却缺乏军事智慧，甚至打过败仗，受到大家的嘲笑。鄫国受到邾国、莒国联军的侵伐，鲁国派臧武仲出兵救援。但是臧武仲却在狐骀惨败，国人作歌讽刺：“臧之狐裘，败我于狐骀。我君小子，朱儒是使。朱儒！朱儒！使我败于邾。”③ 狐裘是上层贵族上朝

①《左传·襄公二十三年传》。
② 同上。
③《左传·襄公四年传》。

所服，《诗经·桧风·羔裘》曰“羔裘逍遥，狐裘以朝”，国人嘲笑臧武仲作为朝中公卿，地位尊贵，衣着光鲜，却缺乏谋略，大败而归。鲁成公去世时，鲁襄公年仅三岁，“十八年，成公卒，子午立，是为襄公。是时襄公三岁也”[①]，至襄公四年也才不过七岁。所以国人讽刺襄公年幼，还不会选拔人才，让臧武仲这样的侏儒受到重用。齐灵公攻打鲁国北部边境，臧武仲被围困在封邑防地。鲁国只好派兵到旅松迎接臧武仲，因畏惧齐师，不敢靠近防地，“郰叔纥、臧畴、臧贾帅甲三百，宵犯齐师，送之而复。齐师去之”[②]。臧武仲在郰叔纥、臧畴、臧贾的护送下才安全抵达旅松，可见臧武仲在军事上确实没什么能力。

二　不顺不恕、聪明误身

臧武仲如此睿智博学，但有时也会把聪明用错地方，以至于自作聪明，招人怨恨，反而连累了自己。襄公二十三年传记载，季武子有两个儿子公弥、季悼子，都不是嫡子，虽然公弥年长，但是季武子更喜欢悼子，想立悼子为继承人。臧武仲足智多谋，表示让季武子请自己喝酒，自己愿意帮助季武子。季氏就招待鲁国的大夫们来饮酒，臧武仲被敬为上宾。在酒宴上，臧武仲突然郑重其事地下令，在北面铺上双层的席子，重新换上洁净的酒杯，召见悼子，而且臧武仲恭敬地亲自走下台阶迎接悼子。大夫们看臧武仲如此，也全都站了起来迎接悼子。等到宾主敬酒酬答完毕，他才召见公弥，让公弥和其他宾客一起按年龄大小排座次。臧武仲这样做就表明悼子的地位比公弥尊贵，俨然已经是季氏的继承人。臧武仲此举出乎所有人的预料，连季武子本人都震惊得愀然变色。这种先斩后奏的做法果然奏效，因为鲁国的大夫几乎全都在场，所以都对悼子做继承人之事信以为真，以为是季武子本人的主意。但是臧武仲此举却大大得罪了公弥。季武子虽喜欢臧武仲，感谢臧武仲帮助自己完成了心愿，但心里也对臧武仲自作聪明、擅自做主的行为有些许不满。这也为以后臧武仲的出奔埋下了伏笔。

孟庄子有两个儿子，孺子秩和仲孙羯，仲孙羯也像季悼子一样，本不当立，

---

①《史记·鲁周公世家》。

②《左传·襄公十七年传》。

但孟庄子的车马官丰点知道公弥对臧武仲的痛恨，就帮助羯去游说公弥，“苟立羯，请仇臧氏”[①]，此语正说中了公弥的心病，公弥就帮助羯先向季武子请求，“孺子秩，固其所也。若羯立，则季氏信有力于臧氏矣”。意思是孺子秩被立为继承人是理所应当，所以即便被立也不会感谢季氏；而羯本不当立，如蒙得立，必定会对季武子感恩戴德。杜预注曰：“臧氏因季孙之欲而为定之，犹为有力。今若专立孟氏之少，则季氏有力过于臧氏。”公弥如法炮制，用臧武仲立悼子的办法，在孟庄子的丧礼上，帮助羯代替哥哥孺子秩做了孟庄子的继承人。

仲孙羯为了感谢公弥的帮助，同时也因为孟庄子生前厌恶臧武仲的缘故，就帮助公弥报复臧武仲。仲孙羯先假装害怕，大门紧闭，派人向季武子求援：“臧氏将为乱，不使我葬。”季武子开始时并不相信。臧武仲听到传言，就预先做了戒备。仲孙羯准备挖开墓道，故意从臧武仲那里借人帮忙。臧武仲就让正夫前往，自己则带着甲士前去视察。臧武仲因为害怕仲孙羯陷害，才随身带着甲兵，不料这正好予人口实，仲孙羯又去向季武子告状，说臧武仲带着甲兵要攻打自己。季武子信以为真，勃然大怒，下令攻打臧武仲。臧武仲被迫逃亡到邾国。一切都在臧武仲的预料当中，但可惜谋划不当，却害了自己。

《左传》中记载孔子曰：“有臧武仲之知，而不容于鲁国，抑有由也。作不顺而施不恕也。《夏书》曰：‘念兹在兹。’顺事、恕施也。”认为臧武仲因为行事不顺于事理，所为不合于恕道，所以不被鲁国所容。对于孔子评价臧武仲“作不顺”“施不恕”的具体所指，孔疏曰：“服虔云：‘不顺，谓阿季氏废长立少也；不恕，谓恶孟氏立庶也。’然则作而不顺，当如服言。传无恶孟氏之事，故不取，当谓知其不可而为之，是不恕也。”杨伯峻以为：“作事不顺无嫡则立长之礼，施为不恕被废者之心。”对于“作不顺”没有异议，是指帮助季武子废长立幼，“施不恕”，服虔认为是厌恶孟氏废孺子秩而立孟孝伯。孔颖达不赞同服虔，认为从《左传》中看不出臧武仲对孟氏立孟孝伯一事的厌恶，孔颖达认为是知其不可而为之，但具体什么事件孔颖达未言明。杨伯峻认为是不恕公弥之心。笔者以为以上三种解释都欠妥，“施不恕”应该指带甲兵视察孟氏墓道之事。臧武仲担心孟孝伯会伤害自己，就随身带着甲兵，这就有了攻击孟氏的嫌

---

①《左传·襄公二十三年传》。

疑，使孟孝伯抓住了把柄。正是带甲兵一事不合所谓的“己所不欲，勿施于人”的“恕”道。

臧武仲逃亡到邾国后，担心家族没有继承人，就从邾国派人给臧贾送去大龟，希望臧贾能回鲁国做臧氏的继承人。臧贾让弟弟臧为替他回鲁国进献大龟，可是没有想到，贪婪自私的臧为却请求立自己为继承人。臧武仲担心季氏不答应，又回到他的封邑防地，派人向鲁国报告：“纥非能害也，知不足也。非敢私请！苟守先祀，无废二勋，敢不辟邑。”臧武仲言辞虽卑微，但实际上是以防地为要挟，希望鲁国能够保存臧氏先人的祭祀。防地为齐鲁边境的军事要地，鲁国迫于无奈就立了臧为。臧武仲后献出防地逃亡齐国。孔子对臧武仲以防求后之事大加批评，《论语》中记载，子曰：“臧武仲以防求为后于鲁，虽曰不要君，吾不信也。”

《孔子家语·颜回》中孔子认为臧武仲的贤德超过臧文仲时，颜回非常疑惑：“武仲世称圣人而身不免于罪，是智不足称也；好言兵讨，而挫锐于邾，是智不足名也。”孔子则曰：“身殁言立，所以为文仲也。然犹有不仁者三，不智者三，是则不及武仲也。”“武仲在齐，齐将有祸，不受其田，以避其难，是智之难也。夫臧武仲之智而不容于鲁，抑有由焉，作而不顺，施而不恕也夫。夏书曰：‘念兹在兹，顺事恕施。’”孔子认为，虽然臧武仲也有缺点，但与其有三不仁、三不知的祖父臧文仲相比，武仲更贤。究其原因，臧文仲与孔子的思想不同，并且设虚器、纵逆祀均为违礼僭越之举，是正名的孔子绝对不能容忍的。与之相较，虽然臧武仲打过败仗，并且逃亡，但其帮助季氏废长立幼没有牵涉到朝政，再加上其逃亡的不幸结局，所以孔子对臧武仲有更多的同情，认为武仲之贤超过其祖文仲。

第五章 《左传》中的鲁国女性

《左传》所描绘的王纲陵夷、诸侯纷争的春秋乱世，是男子叱咤风云的舞台，女性恍如翩翩飞鸿，偶留倩影芳踪。“《左传会笺》云：‘凡妇女之事，左氏多不传，以其无关大义也。’”[①] 主观上源于男权文化下的《左传》作者对女性的漠视态度，孔子在《论语·阳货》中说“唯女子与小人为难养也”，对女性极端蔑视，所以产生于男权文化统治下的《左传》，作为解释孔子所修《春秋》的儒家经典，对女性也多持一种漠视的态度。客观上《左传》作为编年体的史书，重在记录军国大事，并不以塑造人物形象为主。尤其是在男权社会中，女性的踪迹多局限于家庭内部，所以《左传》中对女性鲜有述及，偶尔提到的女性亦多局限为周天子、诸侯或上层贵族的母亲、妻妾、女儿，因为她们是某个重大历史事件的参与者，不记录她们就无法清晰地描述那段历史，但对她们的记录也仅限于与政治、军事等有关的事迹，如政治婚姻、丧葬祭祀、废立太子等，所以这些女性的形象大多如惊鸿照影，昙花一现，就杳无踪迹。

第一节 君卿妻妾

《左传》中除鲁庄公妾孟任为鲁国出生的女性外，提到的其他 20 位鲁国国君妻妾和 10 位宗卿妻妾，母国均非鲁国。兹列其名如下：

国君妻妾：孟子、声子、仲子、文姜、哀姜、叔姜、成风、声姜、出姜、敬嬴、穆姜、齐姜、定姒（成公妾）、敬归、齐归、公衍母、公为母、吴孟子、定姒（定公妾）、公子荆之母。[②]

---

① 杨伯峻编著，《春秋左传注·僖公九年经》（修订本），中华书局，2000 年，第 324 页。

② 注：鲁庄公妾孟任放到鲁国出生的女性中分析。

宗卿妻妾：公孙兹所娶牟女，季文子所娶陈女，公孙敖所娶戴己、声己、己氏、施氏妇，臧宣叔所娶铸国女，叔孙穆子所娶国氏，季平子所娶宋国女，季公鸟所娶季姒。

《汉书·地理志》云："凡民函五常之性，而其刚柔缓急，音声不同，系水土之风气，故谓之风；好恶取舍，动静无常，随君上之情欲，故谓之俗。"地域不同会有不同的风俗，比如"（郑国）土狭而险，山居谷汲，男女亟聚会，故其俗淫。（卫国）有桑间濮上之阻，男女亦亟聚会，声色生焉，故俗称郑卫之音"。因国君妻妾大多出自齐国，下面仅以齐国为例简要说明。"太公亦封于齐，五月而报政周公。周公曰：'何疾也？'曰：'吾简其君臣礼，从其俗为也。'"[①] 由于跟鲁国统治者的变俗革礼不同，齐国统治者的简礼从俗的政策，使齐国的礼仪要求比较宽松，还保存了很多当地的风俗，因此齐国的婚姻礼俗就与鲁国有很大的差异，《管子·入国篇》有寡妇与鳏夫"合独"的政策。"凡国都皆有掌媒，丈夫无妻曰鳏，妇人无夫曰寡，取鳏寡而合之，予田宅而家室之，三年然后事之，此谓之合独。"齐国女性地位较高，长女不嫁，可以在家主持祭祀。"始桓公兄襄公淫乱，姑姊妹不嫁，于是令国中民家长女不得嫁，名曰'巫儿'，为家主祠，嫁者不利其家，民至今以为俗。"[②] 这种长女不嫁的习俗一直延续到战国时代，《战国策·齐四》载："太后问曰：'北宫之女婴儿子无恙耶？撤其环瑱，至老不嫁，以养父母。'""设为不嫁，行年三十而有七子，不嫁则不嫁，然嫁过毕矣。"齐女可招赘婿入女家，《史记·滑稽列传》云："淳于髡者，齐之赘婿也"，赘婿是"女之夫也，比于子，如人疣赘，是余剩之物也"。[③]《墨子·明鬼篇》载："燕之有祖，当齐之有社稷，宋之有桑林，楚之有云梦也。此男女之所属而观之。"受这种自由风俗的影响，齐国的女性有很多干政的现象，比如鲁桓公的夫人文姜、鲁宣公的夫人穆姜。同时，齐女在婚姻爱情上也比较自由，甚至有很多私通乱伦以及烝报现象。

因君卿妻妾多出自别国，她们的思想行事更多受到母国的影响，所以在本书中不做重点论述。

---

①《史记·鲁周公世家》。
②《汉书·地理志》。
③《史记·滑稽列传》索隐。

第二节　哀伤鸿影——鲁国出生的女性

作为近 20 万字的鲁史，所收录的鲁国出生的女子仅 26 位，无数的鲁女如云烟微尘般湮灭在浩渺的历史长河中。但是细细寻绎这 26 位鲁女的事迹，却真切地感受到尊崇礼仪的鲁文化对女性的压抑，感受到《左传》文字下潜藏流淌着的鲁女的绵绵哀伤和幽幽叹息。学界对《左传》中的女性多有述及，但对《左传》中的鲁国女性却尚未研究。《左传》中的鲁女遭际堪怜，其悲剧命运正是源于鲁文化对女性的束缚和压抑。更可悲的是，与别国女性相比，鲁国女性已经对性别观念自我认同，把压抑人性的礼教内化为她们的精神信仰，极端者更是不惜以身殉礼。美国学者麦克米伦说："妇女史远不止是开拓被人们遗忘的往事并歌颂之，它的目的必须是能表明，一旦我们把妇女问题的内容补充进去时，我们对过去的看法就会合理地改变，对历史问题的理解也会加深。"[①] 对鲁国女性的研究，会使整个鲁国文化史的研究更加深刻。

26 位鲁女列名如下：纪伯姬、纪叔姬、孟任、庄公之女、杞伯姬、莒叔姬、鄫季姬、荡伯姬、声伯之母、杞叔姬（两位）、子叔姬（两位）、郯伯姬、宋共姬、颜懿姬、鬷声姬、襄公姑母、穆孟姬、庚宗妇、泉丘二女、季公若之姊、秦姬、重、季姬。这些鲁女的命运大多不幸，遭际堪怜。

一　鲁女的悲剧命运

政治祭品

春秋时期贵族女性的婚姻多为政治婚姻，"春秋以降，诸侯更世相婚媾，结为盟国，以资系援"[②]。秦晋之好即是指秦晋两国之间世代通过联姻而取得稳固的友好同盟的政治婚姻。春秋时卫国的许穆夫人对女子在政治婚姻中的作用曾有清醒的认识和深刻的描述："初，许求之，齐亦求之，懿公将与许。女因其傅母而言曰：'古者诸侯之有女子也，所以苞苴玩弄，系援于大国也。言今者许小而远，齐大而近，若今之世，强者为雄，如使边境有寇戎之事，维是四方之故，

① ［英］赫夫顿等，《历史分支学科论坛：什么是妇女史》，《现代外国哲学社会科学文摘》1985 年第 12 期。

② 陈鹏，《中国婚姻史稿》，中华书局，1990 年，第 270 页。

赴告大国，妾在，不犹愈乎？今舍近而就远，离大而附小，一旦有车驰之难，孰可与虑社稷？'"[①]政治婚姻正是春秋时期诸侯列国女性的共同境遇。鲁国女性的婚姻亦多有强烈的结外援、固邦国的政治意图："夫为四邻之援，结诸侯之信，重之以婚姻，申之以盟誓，固国之艰急是为。"[②]女性成为政治婚姻的祭品，自我意识和情感在国家利益面前显得无足轻重，甚至完全被漠视。

26位鲁女中有七位嫁往齐国，三位嫁往杞国，两位嫁往纪国，两位嫁往宋国，另莒国、鄫国、郯国、小邾国各一位。鲁女们远嫁到陌生的国家后，首先要面对的就是骨肉分离、难以再见父母亲人的忧伤。因为春秋之世，女性一旦出嫁，归宁会受到许多限制，无故不得回母国，父母去世之后，更是不能再回母国，只能派卿大夫为之探望。《诗经·燕燕》中的"燕燕于飞，差池其羽。之子于归，远送于野，瞻望弗及，泣涕如雨"，说的就是卫国国君为妹妹送行时离别的忧伤。《诗经·载驰》中许穆夫人回母国亦会受到许国大夫们的百般阻挠。鲁女们远嫁他国后，就很少有机会再见到父母亲人。庄公二十七年传载："公会杞伯姬于洮，非事也。天子非展义不巡守，诸侯非民事不举，卿非君命不越竟。"鲁庄公就因为与长女伯姬私自相会不合礼法而受到责难。《穀梁传》云："妇人既嫁不逾竟，逾竟非正也。"《诗经·鄘风·蝃蝀》《诗经·邶风·泉水》《诗经·卫风·竹竿》中均有"女子有行，远父母兄弟"之语。

《礼记·昏义》曰："婚礼者，将合二姓之好，上以事宗庙，而下以继后世也，故君子重之。"婚姻的目的是要上事宗庙和传宗接代，夫妻之间的感情本不受重视。鲁女们作为结交强援的政治工具，琴瑟和鸣、伉俪情深的爱情对她们多是奢望；男尊女卑、男子多妻妾的现实，注定了男子们不可能专情，所以妻妾们大多难逃孤独冷寂的命运。迟迟钟鼓初长夜，耿耿星河欲曙天，无奈地消磨锦瑟华年，等待着衰老以至于死亡的降临。倘或不幸无子，那灰暗的人生便没有半点亮色和希望。即便有子，也未必能母凭子贵，文公十四年传中，齐昭公夫人子叔姬不受宠爱，儿子舍即位不久就遇害，子叔姬更是被齐国扣留，后通过周王室和晋国的斡旋，才被放回鲁国。儿子惨死，自己被拘禁，子叔姬内心的痛苦可想而知。

---

①《列女传·仁智传》。

②《国语·鲁语上》臧文仲之语。

远嫁的鲁女不但在夫国前途渺茫，即便是母国也未必全然顾念女儿的切身感受，常常肆意草率地决定女儿的去留。僖公十四年传中，鄫季姬归宁时，鲁僖公因为鄫子不来朝见勃然大怒，就扣留了女儿。鄫季姬在父亲与丈夫的矛盾中陷于两难境地，直至鄫子朝鲁后的第二年秋天，鄫季姬才被放回鄫国。可以想见她被扣留在鲁国的日日夜夜内心是如何痛苦，而回鄫国后鄫子因对鲁僖公的不满而迁怒于季姬，季姬也必定备受煎熬，以至于回鄫国不到一年，鄫季姬便抑郁而终。

媵妾比正妻地位更卑贱，《礼记·丧服》有“妾之事女君，与妇之事舅姑等”，哀公二十四年传写到，鲁哀公欲立妾为夫人，“国人始恶之”。媵妾往往由正妻的侄女或姐妹充当，如果正妻无子嗣，媵妾的儿子可以继续巩固母国与夫国的政治联盟。所以媵妾是父兄确保婚姻联盟稳固的替补筹码，就像附赠的物品一样，不但情感被漠视，尊严更是遭到践踏，遭遇也往往更加悲惨。纪叔姬就是姐姐伯姬的媵妾，因为年龄太小，在隐公二年伯姬出嫁时暂时没有跟随前往，但媵妾的身份已经被注定，五年后叔姬刚到适婚年龄，便被送到纪国。“叔姬者，伯姬之媵也。至是乃归者，待年父母国也。妇人八岁备数，十五从嫡，二十承事君子。”[①] 叔姬十五岁作为媵妾离开父母之邦，当时的纪国正受到齐国的逼迫，风雨飘摇，八年后纪侯抛弃家国而去，二十三岁的纪叔姬就过起了寡居的生活，一直到她去世，这种寡居的生活长达二十五年之久。她大好的青春年华就这样被悄无声息地埋没。

在作为政治祭品的鲁女当中，有些甚至被随意赠送或转送，她们仅仅是会呼吸的礼品而已。襄公二十一年传中，邾国的庶其带着土地逃亡到鲁国，鲁国的执政卿季武子就把鲁襄公的姑母嫁给他以示感谢。

弃妇悲剧

比起能终身作为政治祭品的女性，弃妇的命运更加可悲，她们连做政治祭品的权利也被剥夺，直接被淘汰出局，失去了维系政治联盟的价值，也就失去了她们存在的意义。她们被休弃后不但要忍受强烈的痛苦，还要面对世人的讥讽和冷眼。由《诗经》中著名的弃妇诗《氓》《谷风》《中谷有蓷》，读者自可感

①《春秋公羊传·隐公七年》。

受到弃妇的深哀剧痛。《左传》中写到了三位被别国休弃的鲁女：两位杞叔姬和郯伯姬。“内女为夫人者七，其三不克终，不书归，余皆有故而书。”[①] 在所写的26位鲁女中占了近九分之一的比重，数量不可谓不多。杞桓公在位七十一年，两位杞叔姬均是嫁给杞桓公。文公十二年传中，第一位杞叔姬被出时，杞国“请绝叔姬而无绝昏，公许之”。既然是只休弃叔姬而不断绝与鲁的婚姻，另一位鲁女叔姬成为杞夫人，那么政治婚姻的纽带就依然存在，对杞鲁两国婚姻联盟政治关系无害，作为政治婚姻纽带的是此叔姬还是彼叔姬对鲁国来说就没有什么区别，所以鲁国听之任之。周礼规定被出的母国也只能逆来顺受：“诸侯出夫人，夫人比至于其国，以夫人之礼行。至，以夫人入。使者将命曰：‘寡君不敏，不能从而事社稷、宗庙，使使臣某敢告于执事。’主人对曰：‘寡君固前辞不教矣。寡君敢不敬须以俟命！有司官陈器皿，主人有司亦官受之。’”[②] 鲁国亦是出于无可奈何，然而叔姬内心必定充满了强烈的痛苦，一个月后便含恨而终。成公五年传中，第二位杞叔姬同样是被休弃的命运，三年后也抑郁而终。此次鲁国为了顾全颜面，要求杞桓公迎回叔姬的尸体安葬。但是死后何知？即使丧礼再隆重完备，又如何能消解生前的万千愁苦和怨恨。

为礼殉身

宋共姬也属于政治婚姻的祭品，但更震撼人心的则是其为礼殉身的悲剧。鲁女大多拘泥守礼，循规蹈矩，宋共姬宁肯葬身火海也要守礼，更是鲁女守礼的极端例子。宋共姬出嫁六年后丈夫便去世，寡居三十四年，大火时坚守礼仪等待傅母被活活烧死。“宋大灾。宋伯姬卒，待姆也。”对于伯姬之死，《公羊传》和《列女传》有更详细的描述。《公羊传》曰：“宋灾，伯姬卒焉。其称谥何？贤也。何贤尔？宋灾，伯姬存焉。有司复曰：‘火至矣，请出！’伯姬曰：‘不可。吾闻之也：妇人夜出，不见傅、母不下堂。’傅至矣，母未至也，逮乎火而死。”[③]《列女传·贞顺传》曰：“伯姬既嫁于恭公十年，恭公卒，伯姬寡。至景公时，伯姬尝遇夜失火，左右曰：‘夫人少避火。’伯姬曰：‘妇人之义，保傅不俱，夜不下堂，待保傅来也。’保母至矣，傅母未至也。左右又曰：‘夫人少

① [清] 顾栋高，《春秋大事表·春秋嘉礼表卷十九》，中华书局，1993年，第1637页。
②《礼记·杂记下》。
③《春秋公羊传·襄公三十年》。

避火。’伯姬曰：‘妇人之义，傅母不至，夜不可下堂，越义求生，不如守义而死。’遂逮于火而死。春秋详录其事，为贤伯姬，以为妇人以贞为行者也。伯姬之妇道尽矣。”

对宋共姬来说，礼仪已经深入她的骨髓和灵魂中，成为她赖以立身处世的精神信仰，所以使她对大火焚烧肉体的深哀剧痛安之若素，想来她在逐渐接近死亡的分分秒秒是没有丝毫悔意的，否则她完全可以逃出室外。礼仪的力量是如此强大，使宋共姬毅然决然地弃生存礼，完全泯灭了个体生存的意义和价值，或者可以说她生存的意义和价值就是要维护在她看来至高无上、无与伦比的礼仪。礼仪完全超越于个体生命之上，以至于刘向《列女传》把她作为贞顺的代表："《诗》云：‘淑慎尔止，不愆于仪。’伯姬可谓不失仪矣。"[①]《穀梁传》赞曰："妇人以贞为行者也，伯姬之妇道尽矣。"顾栋高亦对宋共姬大加赞扬："共姬待傅姆而蹈烈火，秉礼守义，皭然不滓，庶几周公之教犹有存焉。故大书、特书，不一书，以为劝也。"[②]一个鲜活高贵的生命仅仅为了维护贞洁之名而香消玉殒，化为灰烬，其坦然就死的主动选择又是多么残酷和惨烈，足令人扼腕叹息，不胜悲悯。为了崇高的价值信仰可以义无反顾、舍生取义，但前提是要看其信仰价值是否足够崇高，是否值得她为之付出生命的代价。宋共姬为之甘愿牺牲生命也毫不后悔的礼仪是否足够崇高呢？显然并非如此。甚至《左传》的作者都不无同情和惋惜地感慨："宋共姬，女而不妇。女待人，妇义事也。"女待，妇可便宜行事。虽然《左传》作者的话语中隐含着如果是女子便理应如此（该死）的冷酷和残忍，但在轻微的埋怨和批判中，毕竟也是对宋共姬之死寄予了深切的同情。

抗争悲剧

春秋时期礼乐松弛，出现了某些女子自由择婚的现象，比如楚国的季芈，郑国的徐吾犯之妹。鲁国也出现了某些并非父母之命、媒妁之言的私奔的婚姻，《左传》中写到了孟任、声伯之母、庚宗妇人、泉丘二女这些迥异于流俗的女性，虽然她们具有飞蛾扑火的勇气，敢于自己选择婚姻和情感，但在尊崇礼仪的鲁国，她们也多以悲剧而告终。

---

①《列女传·贞顺传》。

②［清］顾栋高，《春秋大事表·春秋嘉礼表卷十九》，中华书局，1993年，第1637页。

《左传》中不乏对美貌女性的描写，如息妫的美貌引发了息国和蔡国的灭亡，孔父嘉之妻的美貌使华父督不惜杀掉孔父嘉并弑君发动政变；鲁女孟任也因旷世容颜，鲁庄公对她一见钟情。庄公三十二年传载："初，公筑台临党氏，见孟任，从之。閟，而以夫人言，许之。割臂盟公，生子般焉。"庄公因宠爱孟任，到三十七岁时为了政治联姻的需要，方才从齐国迎娶夫人哀姜。庄公立孟任所生的子般为继承人，可见他对孟任用情之深。但是庄公虽割臂以盟，却并未能兑现让孟任做夫人的誓言，奔则为妾的礼俗注定了追求平等的孟任最终也不能成为夫人，孟任心中未必没有深深的遗憾。庄公三十二年八月鲁庄公去世，十月刚即位的子般就遇害，三个月之内最亲近最重要的丈夫和儿子相继离世，谁又能够体会到孟任心中的悲哀？

私奔者的地位并不被认可，《礼记·内则》云"聘则为妻，奔则为妾"，甚至不聘的私奔者有时连妾的地位也难保，成公十一年传记载，声伯之父叔肸是鲁宣公同胞兄弟，声伯之母因为没有媒聘之礼，鲁宣公夫人穆姜就对她极为蔑视，"吾不以妾为姒"，即便声伯之母已经生下了声伯，也仍然被赶出了家族。昭公十一年传中，泉丘女因为梦见以其帷幕孟氏之庙，就私奔孟僖子，她的同伴也跟随前往。虽然她们没有像声伯之母一样被出，但也只能是妾的地位。私奔者往往把情看得至高无上，但可惜她们生活在男尊女卑的男权社会下，一夫一妻多妾，她们的丈夫又怎么能够用情专一。

在这些无视礼法、率性而为、毫无顾忌的私奔女中，庚宗妇人的遭遇尤其悲惨。她是叔孙穆子在逃难途中偶然遇到的，昭公四年传载："穆子去叔孙氏，及庚宗，遇妇人，使私为食而宿焉。问其行，告之故，哭而送之。"从离别时的痛苦可以感受到，"哭而送之"的庚宗妇人对穆子强烈的爱慕，一别经年，庚宗妇人独自含辛茹苦把儿子抚养长大，可是叔孙穆子却早已把庚宗妇人忘到了九霄云外，返回鲁国后并没有去找她，是庚宗妇人主动带着儿子前来相会。一个未婚的女子独自抚养儿子，个中艰辛只有庚宗妇人自己知道。

哀公八年传中写到，季康子之妹季姬嫁给来鲁国避难的齐悼公（还未做国君），齐悼公回齐后，季姬和叔父季鲂侯私通。即位后的齐悼公派人来鲁国迎接季姬，季康子知道妹妹的私情，不敢再把妹妹献给齐国。齐悼公得不到季姬，冲冠一怒为红颜，发兵攻鲁，鲁国迫于无奈，只好献上季姬以平息战争。虽然季姬归齐后非常受宠，虽然她和叔父私通为礼法所不容，但站在季姬的立场，被迫与所爱的季鲂侯分离，即便受悼公宠爱亦非她所愿。她只是平息战争的一件礼物，没有人会顾及她心中的情感。

牵连祸中

庄公三十二年传中写到，庄公的女儿在梁家时，受到圉人荦的调戏。庄公的儿子子般勃然大怒，就令人鞭打了圉人荦。结果子般即位不久，庆父就利用圉人荦对子般的怨恨，指使圉人荦刺杀了子般。庄公之女成了子般之死的导火索，《左传》甚至没有记载她的名字，可见其在《左传》作者心目中是无足轻重的。庄公之女何其无辜，身为女性，平白受到调戏，已备感屈辱，还要承受子般因之惨死的自责和痛苦。

比庄公之女更痛苦的是秦姬，秦姬是季氏家族中季公鸟之妹、鲁国大夫秦遄之妻。按照礼仪，同宗兄弟"异居而同财，有余则归之宗，不足则资之宗"[①]，家庭中男子去世后，其家庭由其同宗监管。昭公二十五年传记载，季公鸟去世后，季公亥、公思展和家臣申夜姑三人负责掌管其家务，季公鸟的妻子季姒在丈夫去世后与家臣私通，担心事情败露受到惩罚，就设计陷害掌管她家务的季公亥等三人。"乃使其妾抶己，以示秦遄之妻，曰：'公若欲使余，余不可而抶余。'又诉于公甫，曰：'展与夜姑将要余。'秦姬以告公之，公之与公甫告平子。"季姒用苦肉计引起了秦姬的同情，秦姬受到季姒的愚弄，成了季姒的帮凶，从而引起了季氏家族的内乱，甚至引发了后来的昭公出奔。等秦姬明白事情的真相后，是否会陷入无尽的自责当中，《左传》并没有追记，但哥哥去世、嫂子通奸，自己竟然助纣为虐，想来秦姬内心是不会得到安宁的。

二　悲剧成因：文化压抑与性别自我认同

鲁女的悲剧应从鲁文化中的伦常礼教当中去探寻原因。"凡民函五常之性，而其刚柔缓急，音声不同，系水土之风气，故谓之风；好恶取舍，动静无常，随君上之情欲，故谓之俗。"[②] 鲁女作为深受鲁国地域文化影响的女性，其思想

①《仪礼·丧服》。
②《汉书·地理志》。

行事无不打上深深的鲁地礼仪风俗的烙印，正是尊崇礼仪的鲁文化注定了生于斯的鲁女的不幸命运。鲁女的悲剧体现为压抑人性的鲁国女性观与个体人性自由的强烈冲突，在礼仪文化的沉重束缚下，鲁女的生命活力不得张扬，个性精神不得自由，其悲剧的结果是必然的痛苦甚或毁灭。“形成悲剧动作情节的真正意蕴，即决定悲剧人物去追求什么目的的出发点，是在人类意志领域中具有实体性的本身就有理由的一系列力量”[①]，这一力量即指影响人物思想情感的社会伦理。

“凡是合乎理性的东西都是现实的，凡是现实的都是合乎理性的。”[②] 毋庸讳言，鲁文化中那些压抑女性的思想亦即周礼中的女性观在产生之初也是合理的，作为周公所制的礼乐教化的一部分，它维护了男权社会统治的稳定。《礼记·郊特牲》云“男女有别，然后父子亲”，但随着社会的进步，这些思想慢慢变得僵化落后，反而成了束缚女性的精神枷锁，造成了众多鲁国女性的不幸命运。

男尊女卑

从《左传》可知，鲁文化中对女性的歧视非常严重。桓公十八年传记载，鲁桓公要和夫人姜氏一起前往齐国，鲁国大夫申繻劝阻说：“女有家，男有室，无相渎也。谓之有礼。易此，必败。”鲁国极为重视男女大防，认为“男女之别，国之大节”[③]，男女的礼物亦要有所不同，以示男尊女卑。庄公二十四年传记载了鲁大夫御孙之语：“男贽大者玉帛，小者禽鸟，以章物也。女贽不过榛栗枣脩，以告虔也。”《礼记·郊特牲》规定：“出乎大门而先，男帅女，女从男，夫妇之义由此始也。”僖公二十二年传记载：“郑文公夫人芈氏、姜氏劳楚子于柯泽。楚子使师缙示之俘馘。”就被君子讥之曰：“非礼也。妇人送迎不出门，见兄弟不逾阈，戎事不迩女器。”《左传》作者往往借“君子曰”来发议论，此处的“君子曰”很能代表《左传》作者或者鲁人的观点。

追本溯源，这种男尊女卑的观念亦是受周文化的影响。《诗经·鲁颂·閟宫》作于鲁僖公时，其中有：“赫赫姜嫄，其德不回。上帝是依，无灾无害。弥月不迟，是生后稷。”《诗经·大雅·生民》中亦记载了对姜嫄的赞美，姜嫄是

---

① [德] 黑格尔，《美学》第3卷下册，朱光潜译，商务印书馆，1981年，第284页。
② [德] 黑格尔，《小逻辑》，贺麟译，商务印书馆，1980年，第36页。
③《左传·庄公二十四年传》。

周部族以至鲁人的祖先，从诗中可见对女性的尊重，这是母系氏族社会的遗存。但是在父权制社会中，女子的地位却非常卑贱，《周易·说卦》“乾，天也，故称乎父；坤，地也，故称乎母”。《周易·系辞上》“天尊地卑，乾坤定矣，卑高以陈，贵贱位矣”，男尊女卑的女性观对女子充满蔑视。女子被认为是“从人者也”①，没有独立的地位。《礼记·丧服》曰：“妇人有三从之义，无专用之道，故未嫁从父，既嫁从夫，夫死从子。”男尊女卑，自天子嫔妃以降，有孕后都祈求生男。《礼记·月令》云：“后妃帅九嫔御，乃礼天子所御，带以弓韣，授以弓矢。”《吕氏春秋·仲春纪·仲春》中亦有类似的记载：“至之日，以太牢礼于高禖。天子亲往，后妃九嫔御，乃礼天子所御，带以弓韣，授以弓矢，于高禖之前。”《诗经·大雅·思齐》曰“大姒嗣徽音，则百斯男”，赞美周文王妻子太姒因为有美德，所以多子。《诗经·周南·螽斯》曰：“螽斯羽，诜诜兮，宜尔子孙，振振兮。螽斯羽，薨薨兮，宜尔子孙，绳绳兮。螽斯羽，揖揖兮，宜尔子孙，蛰蛰兮。”亦是表达多子的愿望。男女从一出生就受到不同的对待，显示出女性的卑微。《诗经·小雅·斯干》曰：“乃生男子，载寝之床，载衣之裳，载弄之璋。其泣喤喤，朱芾斯皇，室家君王”，“乃生女子，载寝之地，载衣之裼，载弄之瓦。无非无仪，唯酒食是议，无父母诒罹”。之所以如此，是因为“卧之床下，明其卑弱，主下人也。弄之瓦砖，明其习劳，主执勤也。斋告先君，明当主继祭祀也。三者盖女人之常道，礼法之典教矣”②。

《礼记·内则》曰：“（男子）十年，出就外傅，居宿于外，学书计，衣不帛襦裤，礼帅初，朝夕学幼仪，请肄简谅。十有三年，学乐，诵诗，舞勺，成童舞象，学射御。……女子十年不出，姆教婉娩听从，执麻枲，治丝茧，织纴组紃，学女事以共衣服，观于祭祀，纳酒浆笾豆菹醢，礼相助奠。”女子从小就接受与男子不同的教育，为长大后做贤妻良母做准备。

女子无独立的地位。《礼记·杂记》规定“凡妇人无爵，从其夫之爵位”，《礼记·郊特牲》云“共牢而食，同尊卑也；故妇人无爵，从夫之爵，坐以夫之齿”，经济上更是要依附男子。《礼记·内则》曰：“子妇无私货，无私畜，无私器，不敢私假，不敢私与，妇或赐之饮食、衣服、布帛、佩帨、茝兰，则受而

①《左传·僖公元年传》。
②［汉］班昭《女诫·卑弱篇》。

献诸舅姑，舅姑受之，则喜如新受赐；若反赐之，则辞；不得命，如更受赐，藏以待乏。妇若有私亲兄弟，将与之，则必复请其故，赐而后与之。”

“齐师败矣。辟女子，女子曰：‘君免乎？’曰：‘免矣。’曰：‘锐司徒免乎？’曰：‘免矣。’曰：‘苟君与吾父免矣，可若何！’乃奔。齐侯以为有礼，既而问之，辟司徒之妻也。予之石窌。”①齐顷公因锐司徒之妻言谈得体而赏赐给她封邑，这样的事情只能发生在齐国，尊奉周礼的鲁国是不可能发生的。

女性的行为被严格限制在家庭内部。《礼记·内则》曰：“男不言内，女不言外。非祭非丧，不相授器。其相授，则女受以篚。其无篚，则皆坐，奠之而后取之。外内不共井，不共湢浴，不通寝席，不通乞假。男女不通衣裳，内言不出，外言不入。”男女之间有森严的壁垒，不能逾越。“天子及诸侯合民事于外朝，合神事于内朝。自卿以下，合官职于外朝，合家事于内朝。寝门之内，妇人治其业焉。”②

女祸观念

《尚书·周书·牧誓》云：“牝鸡司晨，唯家之索”，“周法不昭，妇言是用”。女子干政更是为礼法所不容。鲁文化中表现出对女性的否定，僖公二十四年传有“女德无极，妇怨无终”。《论语·阳货》曰：“唯女子与小人为难养也。近之则不逊，远之则怨。”《论语·泰伯》记载：“武王曰：‘予有乱臣十人。’”孔子则把女子排除在外，认为“有妇人焉，九人而已”。

受男尊女卑和女祸思想的影响，鲁女大多严守礼仪，很少干涉政治，甘居于深宫内院，忍受孤寂冷清。其实考之春秋乱世，其他诸侯国的宫闱之内不乏争斗，有许多的母亲妄图母凭子贵，为了使儿子登上国君的宝座不遗余力、费尽心机，甚至心狠手辣，无所不用其极。比如晋献公的姬妾骊姬为了让自己的儿子奚齐能被立为太子，狠毒地陷害太子和诸公子，造成晋国多年的内乱。晋襄公去世后，太子年幼，赵孟等大臣想立一位年长的君主，太子的母亲穆嬴就天天抱着太子到朝廷上啼哭以逼迫赵孟，最终赵孟畏惧穆嬴，只好立了穆姬的儿子为晋君。

由于长幼有序，对孝道的推崇还使母亲尤其是寡母的地位变得尊贵。《礼

---

①《左传·成公二年传》。
②《国语·鲁语下》敬姜之语。

记·祭义》云:“夏后氏贵爵而尚齿，殷人贵富而尚齿，周人贵亲而尚齿。”《诗经·邶风·凯风》云:“棘心夭夭，母氏劬劳。”这就是对母亲的赞颂。母亲可以决定儿子的婚姻,《礼记·内则》云:“子妇未孝未敬，勿庸疾怨。姑教之，若不可教而后怒之，不可怒，子放妇出而不表礼焉”，“子甚宜其妻，父母不悦，出；子不宜其妻，父母曰:‘是善事我，子行夫妇之礼焉。’没身不衰”。做妻子的责任首先是要让公婆满意,《礼记·昏义》“顺于舅姑，和于室人，而后当于夫，以成丝麻布帛之事”，否则母亲不满，儿子就可以出妻。周代社会家国同构,《周易·家人》云:“家人有严君焉，父母之谓也；父父、子子、兄兄、弟弟、夫夫、妇妇而家道正，正家而天下定矣。”《荀子·大略》云:“夫妇之道，不可不正也，君臣父子之本也。”《韩非子·忠孝》云:“臣事君，子事父，妻事夫，三者顺则天下治，三者逆则天下乱，此天下之常道也。”在这种家国同构的现实下，寡母甚至可以干政，所以《左传》也记载了某些诸侯国国君的寡母干政之举，比如郑庄公的母亲武姜，因宠爱小儿子段，多次替段提一些非分的要求，甚至想和段里应外合，谋求篡位，结果造成兄弟反目。芮伯万的母亲芮姜因为厌恶儿子的宠姬太多，竟然把儿子赶出了国都。晋襄公的母亲文嬴，请求襄公释放在秦晋殽之战中俘获的秦国三帅，堕军实而长寇仇。《韩非子·备内》云:“唯母为后而子为主，则令无不行，禁无不止，男女之乐不减于先君，而擅万乘不疑。”不唯战国，春秋时代亦是如此。

鲁国国君的夫人中在立嫡问题上也有干政者，比如成风、敬嬴、公为之母，国君的寡母亦有干政者，比如文姜、哀姜、穆姜。但这些女性都非鲁国出生，所以她们受她们母国文化影响较深，比如齐女由于地位较高，大多刚毅果决，敢作敢为，重耳流亡齐国时曾经贪图安逸，不愿离开齐国，重耳的随行人员密谋要离开，被蚕妾听到，向姜氏告密。姜氏当机立断，杀掉蚕妾以防泄密，同时劝告重耳:“行也。怀与安，实败名。”[①] 在重耳不听的情况下，姜氏更是与子犯密谋，醉而遣之。姜氏为了重耳的远大前程，甘愿独自忍受离别的寂寞，并且有勇有谋，杀伐果敢，是齐国女性的典型代表。

鲁国出生的女子由于深受鲁文化的影响，并无强烈的权力欲望，很少有为

①《左传·僖公二十三年传》。

自己和儿子争取非分地位和权势的干政现象。即便她们也有聪明智慧和远见卓识，但她们却甘心忍受深宫内院的孤独寂寞。

《左传》所述鲁女中干政者仅穆孟姬一人。穆孟姬是叔孙侨如之女，嫁给齐灵公，其子即位为齐景公。昭公十年传载："（齐景）公与桓子莒之旁邑，辞。穆孟姬为之请高唐，陈氏始大。"《左传》中记载了许多齐国女性干政的现象，这与齐国的风俗文化有关。齐国的女性地位较高，所以穆孟姬在齐国干政是不足为奇的。齐女穆姜是鲁宣公的夫人，她有多次干政之举，但是受鲁文化的熏陶，后来却能真诚忏悔。鲁女穆孟姬到齐国后干政和齐女穆姜到鲁国干政后真诚忏悔相似，她们都是在嫁往别国后受当地文化影响，从而在思想观念上发生了转变。

贞节观念

鲁文化中的贞节观念也很强烈，《周易·恒卦·象传》云："妇人贞吉，从一而终也。"

"烝""报"本都是祭祀之名。"凡祀，启蛰而郊，龙见而雩，始杀而尝，闭蛰而烝。"[①]《礼记·王制》曰："天子诸侯宗庙之祭，春曰礿，夏曰禘，秋曰尝，冬曰烝。"《尔雅·释天》曰："春祭曰祠，夏祭曰礿，秋祭曰尝，冬祭曰烝。""烝"是指冬天祭祀宗庙的礼仪。《国语·鲁语上》云："幕，能帅颛顼者也，有虞氏报焉；杼，能帅禹者也，夏后氏报焉；上甲微，能帅契者也，商人报焉；高圉、大王，能帅稷者也，周人报焉。凡禘、郊、祖、宗、报，此五者国之祀典也。"韦昭注："报，报德谓祭也。"《礼记·郊特牲》云："蜡之祭也，主先啬，而祭司啬也。祭百种以报啬也。飨农及邮表畷、禽兽，仁之至，义之尽也。古之君子，使之必报之。迎猫，为其食田鼠也；迎虎，为其食田豕也，迎而祭之也。祭坊与水庸，事也。""报"是指祭祀祖先或农事祭祀。

《左传》中的"烝报"婚是指非礼的乱伦婚姻。《左传》中共记载"烝"婚五次。"初，卫宣公烝于夷姜，生急子，属诸右公子。"[②]夷姜是卫宣公的庶毋。"晋献公娶于贾，无子。烝于齐姜，生秦穆夫人及太子申生。"[③]齐姜是晋献公的庶母。"惠公之即位也少，齐人使昭伯烝于宣姜。不可，强之。生齐子、戴公、

①《左传·桓公五年传》。
②《左传·桓公十六年传》。
③《左传·庄公二十八年传》。

文公、宋桓夫人、许穆夫人。"[①] 宣姜是昭伯的庶母。"晋侯之入也，秦穆姬属贾君焉，且曰'尽纳群公子'。晋侯烝于贾君，又不纳群公子，是以穆姬怨之。"[②] 贾君是晋惠公的庶母。"楚之讨陈夏氏也，庄王欲纳夏姬……王以予连尹襄老。襄老死于邲，不获其尸，其子黑要烝焉。"[③] 夏姬是黑要的庶母。这五次"烝"均是指儿子烝庶母。这五次"烝"婚中，卫国两次，晋国两次，楚国一次。

《左传》中的"报"婚仅见于郑国："文公报郑子之妃，曰陈妫，生子华、子臧。"[④]"郑子即是子仪，为文公之叔父。子仪娶于陈，其妃为陈妫。《诗经·邶风·雄雉》孔《疏》引服虔云：'淫亲属之妻曰报。汉律，淫季父之妻曰报。'《晋书·石勒载记下》'又下书禁国人不听报嫂'，报亦淫也。"[⑤]"报"是指侄子娶叔父之妻。

顾颉刚先生最先对春秋时期的烝报现象进行了深入的研究："从父系氏族社会直到奴隶制社会，妇女都是氏族和宗族里的一笔财产。在生产不发达的社会里，氏族和宗族要守住一笔财产是很不容易的，所以从别的族里嫁来的女子不可任她流失，她的丈夫既死，弟、兄可以娶她，子、侄辈也可以娶她，甚至孙辈也可以娶她。"[⑥] 烝报婚所生的子女地位被认可，可以被立为太子继承君位或嫁为国君夫人。如卫国的宣姜被烝，"生齐子、戴公、文公、宋桓夫人、许穆夫人"[⑦]。晋献公烝于齐姜，生下秦穆夫人和太子申生。[⑧] 虽然烝报婚是源于族内转房婚的遗俗，有它的历史渊源，似乎合情，却是不合礼仪的，笔者赞同烝报婚是非礼乱伦行为的说法。而且对于春秋时期的上层贵族来说，财产说也并不确切。"烝、报完全属个人行为，是个人利用自己的宗族地位和政治地位而做出的违背社会价值取向的不道德行为"[⑨]，"烝"婚是指父亲死后，儿子娶庶母。《礼

---

①《左传·闵公二年传》。
②《左传·僖公十五年传》。
③《左传·成公六年传》。
④《左传·宣公三年传》。
⑤ 杨伯峻编著，《春秋左传注·宣公三年传》(修订本)，中华书局，2000 年，第 674 页。
⑥ 顾颉刚，《由烝、报等婚姻方式看社会制度的变迁》，见《文史》，中华书局，1982 年第 14 辑，第 29 页。
⑦《左传·闵公二年传》。
⑧《左传·庄公二十八年传》。
⑨ 陈筱芳，《烝、报、因：非春秋时期公认的婚制》，《西南民族学院学报》(哲学社会科学版) 1998 年第 4 期。

记·曲礼》曰:“夫唯禽兽无礼，故父子聚麀。”“烝”婚是“春秋时贵族男女非礼奸淫的事”[1]。

桓公十八年传中记载申繻之语:“女有家，男有室，无相渎也。谓之有礼。易此，必败。”在谨守周礼重视男女大防的鲁国，并无任何烝、报现象。

《左传》中记载的与鲁国有关的私通现象有九例:

桓公十八年，文姜通齐襄公；庄公三十二年，鲁庄公通孟任；闵公二年，共仲通哀姜；成公十六年，宣伯通于穆姜；成公十六年，宣伯通齐声孟子；昭公四年，穆子通于庚宗妇人；昭公十一年，泉丘女私奔孟僖子；昭公二十五年，季公鸟夫人季姒与檀私通；哀公八年，季康子之妹通于季鲂侯。

其中文姜与齐襄公的兄妹乱伦发生在齐国，可以不计算在内。宣伯通声孟子亦是在齐国发生的，亦可排除在外。而且九例当中有五例都是齐女（鲁国君卿之妇）:文姜、哀姜、穆姜、声孟子、季姒。齐地本来对女子的禁忌较少，齐人淳于髡曰:“若乃州闾之会，男女杂坐，行酒稽留，六博投壶，相引为曹，握手无罚，目眙不禁；前有堕珥，后有遗簪，日暮酒阑，合尊促坐。男女同席，履舄交错，杯盘狼藉。堂上烛灭，主人留髡而送客。罗襦襟解，微闻芗泽。”[2]虽然淳于髡描述的是战国时期的景象，但想来春秋时期齐国的自由程度亦相去不远。所以《左传》当中记载的齐女私通淫乱的行为较多，而鲁女则少有私通之举，作为记录鲁国国史的《左传》，在二百多年的春秋历史中仅记载了四例鲁女私通的现象，即孟任、庚宗妇人、泉丘女、季康子之妹。而且庚宗妇人、泉丘女还都来自民间，受民间自由奔放的风俗影响较多；季康子之妹季姬的私通发生在礼坏乐崩的春秋末世，由此可见鲁国上层贵族女性有强烈的贞节观念。

陈顾远在《中国婚姻史》中将婚姻的离弃分为四种：其一，淫于新婚，夫妻离绝；其二，兵革不息，男女相弃；其三，凶年饥馑，室家相弃；其四，男女无别，遂相奔诱，华落色衰，复相背弃。对《左传》中的贵族女性来说，兵革不息和凶年饥馑的原因应该不存在，这两种主要是针对下层的民间女性而言，所以上层贵族女性背弃原因应归咎于男子另结新欢和女子的华落色衰。《诗经·小雅·我行其野》之“我行其野，言采其葍。不思旧姻，求尔新特”,《诗

① 童书业,《春秋史》，上海古籍出版社，2003 年，第 76 页。
②《史记·滑稽列传》。

经·小雅·白华》之“鸳鸯在梁，戢其左翼。之子无良，二三其德”，都写出了贵族女子对喜新厌旧的男子的怨恨。鲁女被弃后内心的痛楚应与之相似。

礼坏乐崩的春秋乱世，很多女性并非从一而终，《左传》中也记载了某些被休弃后改嫁的女性。比如齐桓公的姬妾蔡姬就在被赶回母国后改嫁他国，僖公十三年“齐侯与蔡姬乘舟于囿，荡公，公惧变色，禁之不可，公怒归之”。郑国的雍姬之母更是说“人尽夫也”，郑国的祭仲专权，郑伯引以为患，就派祭仲的女婿雍纠去杀掉祭仲。祭仲的女儿雍姬知道后，内心非常矛盾，就去请教母亲：“父与夫孰亲？”其母曰：“人尽夫也，父一而已，胡可比也？”[①]“人尽可夫”的成语即源于此。秦国的怀嬴先是嫁给晋怀公，后又嫁给晋文公。夏姬更是多次出嫁。而且男子对改嫁也采取宽容认可的态度，比如重耳在要离开狄国时，对季隗说：“待我二十五年，不来而后嫁。”[②]虽然重耳的要求太过苛刻，季隗对曰：“我二十五年矣，又如是而嫁，则就木焉。请待子。”从季隗的话中我们可以看出重耳的自私虚伪，但是不可否认，重耳并没有要求季隗为他守节。

鲁文化中的贞节观念较之他国更为深厚，鲁女被弃后内心的压力和痛苦也会格外强烈，所以往往抑郁而终。

性别自我认同

《国语·鲁语下》载，公父文伯之母在其子死后，告诫儿子的妻妾：“吾闻之，好内，女死之；好外，士死之。今吾子夭死，吾恶其以‘好内’闻也。二三妇之辱共先者祀，请无瘠色，无洵涕，无掐膺，无忧容；有降服，无加服。从礼而静，是昭吾子也。”公父文伯之母是恭谨守礼的鲁女的代表，她已经把礼仪当成自己的行为准则，她“朝哭穆伯（丈夫）而暮哭文伯（儿子）”，《礼记·坊记》曰“寡妇不夜哭”，而且以礼仪严格要求儿子的妻妾，可见鲁国的女性时时处处以礼仪为标准，把礼仪作为她们的行为规范，压抑自己的情感以服从礼仪。

礼仪的外在要求已经内化为她们心中的信仰，使她们自愿放弃了自己的情感。鲁女多贞敬自守，所以即便她们面对的是没有情感的政治婚姻，依然安之若命、甘心承受，尤其是还有像宋共姬那样为守礼而死的女性。礼坏乐崩的时

---

①《左传·桓公十五年传》。

②《左传·僖公二十三年传》。

代风气下，鲁国君卿都有诸多违礼之举，所以鲁女中也偶尔会有违礼者，但并非主流。而且鲁女违礼者中除孟任是春秋早期外，庚宗妇人、泉丘女、声伯之母、季姬都在春秋末期，且孟任要夫人的名分，亦可见她内心对礼的重视。而庚宗妇人、泉丘女都出自民间，较少受周礼的影响。《周礼·地官·媒氏》"仲春之月，令会男女。于是时也，奔者不禁"，鲁地亦有原始风俗的遗存，虽然上层贵族受礼仪影响较深，但民间却较少禁忌。当然，民间风俗的自由宽松亦是相对而言，所以鲁女当中自由择婚的还是少数，虽偶有私通，但并没有乱伦以及烝报现象。

"悲剧将人生的有价值的东西毁灭给人看。"① 这些鲁国女性的悲剧对其个人来说是悲剧，但对整个社会的发展来说却是一种促进力量。尤其是那些以悲剧告终的抗争者，虽然个体是不幸的，但她们的抗争指明了前进的方向。社会和礼俗正是因为这些前行者的牺牲而得以进步。当然不仅仅是春秋时期的鲁国女性，在鲁文化的基础上孕育出的儒家思想成为汉以后封建王朝的统治思想，在儒家思想的禁锢下，封建时代的女性地位更加卑微，礼教的枷锁更为沉重。正是两千多年以来无数女性的悲剧才换来了今天女性的独立和自主，只是代价未免惨重了些。通过对这些鲁国女性悲剧命运的解读，我们感受到的"不是灾祸和苦痛，而是精神的安慰，因为在这种结局中，个别人物的遭遇的必然性才显现为绝对理性，而心情也才真正地从伦理的观点达到平静"②。

① 鲁迅，《鲁迅全集·再论雷峰塔的倒掉》，人民文学出版社，2005年，第203页。
② [德] 黑格尔，《美学》第3卷下册，朱光潜译，商务印书馆，1981年，第310页。

第六章 《左传》中的孔子

《左传》是《春秋》的传书,《春秋》是孔子所删定的鲁国的国史，所以《左传》和孔子有很多关联。孔子有感于春秋末世的混乱，作《春秋》以警戒乱臣贼子。如《孟子·滕文公下》云:“世衰道微，邪说暴行有作，臣弑其君者有之，子弑其父者有之。孔子惧，作《春秋》”,“孔子成《春秋》而乱臣贼子惧”。司马谈说:“幽、厉之后，王道缺，礼乐衰，孔子修旧起废，论《诗》《书》，作《春秋》。”[①] 孔子作《春秋》不但要惩恶劝善，还像叔孙穆子的“三不朽”说一样，要通过作《春秋》即立言的方式来使声名不朽。司马迁云:“子曰:‘弗乎弗乎，君子病没世而名不称焉。吾道不行矣，吾何以自见于后世哉?’乃因史记作《春秋》，上至隐公，下讫哀公十四年，十二公……《春秋》之义行，则天下乱臣贼子惧焉”[②],“是以孔子明王道，干七十余君莫能用。故西观周室，论史记旧闻，兴于鲁而次《春秋》”[③]。前人对孔子修《春秋》有很多论述。《汉书·艺文志》云:“以鲁，周公之国，礼文备物，史官有法，故与左丘明观其史记，据行事，仍人道，因兴以立功，就败以成罚，假日月以定历数，藉朝聘以正礼乐，有所褒讳贬损，不可书见，口授弟子。”刘勰说:“昔者夫子闵王道之缺，伤斯文之坠，静居以叹凤，临衢而泣麟，于是就太师以正《雅》《颂》，因鲁史以修《春秋》。”[④]《隋书·经籍志》云:“《春秋》者，鲁史策书之名。昔成周微弱，典章沦废，鲁以周公之故，遗制尚存。仲尼因其旧史，裁而正之，或婉而成章，以存大顺，或直书其事，以示首恶。”《春秋》表达了圣人对世事的褒贬和对人物的爱憎,《左传》作为解释《春秋》的传书，对修《春秋》的孔子极为推崇:“《春秋》之称，微而显，志而晦，婉而成章，尽而不污，惩恶而劝善，非圣人，

①《史记·太史公自序》。
②《史记·孔子世家》。
③《史记·十二诸侯年表序》。
④《文心雕龙·史传》。

谁能修之？”[①] 认为只有孔子这样的圣人才能写出微言大义、惩恶扬善的《春秋》。因为《左传》主要记载政治人物，孔子在政治上并不得意，所以《左传》对孔子的生平事迹记载并不多，但由于《左传》作者对孔子极其推崇，《左传》中常常借孔子之口，以“孔子曰”“仲尼曰”的方式表达对事件和人物的评价，这种“孔子曰”“仲尼曰”的记载跟“君子曰”“君子是以知”一样，都是《左传》作者借以品评事物发表见解的方式。据笔者统计，《左传》中关于孔子的记载共 38 次，其中包括家世、政绩和言论三种，以言论为主。

《左传》作为秉笔直书的信史，其中所记录的孔子言行中体现的孔子思想与《论语》有很大的相似性，是《论语》之外解读孔子的珍贵的史料，《史记·孔子世家》中有很多孔子事迹就采自《左传》。顾颉刚说：“各时代有各时代的孔子，即使在同一时代中也有种种不同的孔子呢。各时代的人，他们心中怎样想，便怎样说，孔子的人格也就跟着他们变个不歇。”[②] 周予同先生曾说：“孔子的真相，到现在还在学者间研究而没有完全解决。”[③] 而《论语》和《左传》中的孔子没有后人所加的种种神圣化的标签，具有原质性的特色，最贴近真实的孔子。本书试图在借鉴前贤研究的基础上，通过对《左传》的解读，力求还原《左传》中真实的孔子形象，并梳理《左传》中所体现的孔子思想。

第一节 《左传》中的孔子形象

虽然《左传》主要记录上层贵族中的当政者，而孔子从仕的时间很短，以至于《左传》记载的孔子的政绩并不多。钱穆先生在《国史新论》中甚至说：“如读《左传》，那是春秋时代二百四十年一部极详尽的历史。但孔子在《左传》里不占地位。《左传》里讲到孔子，可说是微不足道，哪能和其他人物相比？”[④] 但是通过对所收录的不多的言行事迹的梳理，我们也可以想见孔子的风范。

---

① 《左传·成公十四年传》。

② 顾颉刚，《春秋时代的孔子和汉代的孔子》，见《顾颉刚古史论文集》第 2 册，中华书局，1988 年，第 487 页。

③ 周予同，《周予同经学史论著选集》，上海人民出版社，1983 年，第 339 页。

④ 钱穆，《中国历史人物》，见《国史新论》，生活·读书·新知三联书店，2001 年，第 304 页。

一 家世渊源

《左传》讲述了孔子作为圣人之后的家世渊源。昭公七年传记载了鲁大夫孟僖子的临终遗言："礼，人之干也。无礼，无以立。吾闻将有达者曰孔丘，圣人之后也，而灭于宋。其祖弗父何，以有宋而授厉公。及正考父，佐戴、武、宣，三命兹益共。故其鼎铭云：'一命而偻，再命而伛，三命而俯。循墙而走，亦莫余敢侮。饘于是，鬻于是，以糊余口。'其共也如是。臧孙纥有言曰：'圣人有明德者，若不当世，其后必有达人。'今其将在孔丘乎？我若获没，必属说与何忌于夫子，使事之，而学礼焉，以定其位。"孟僖子因为跟随鲁昭公出使楚国时不能相礼，非常惭愧，所以对通达礼仪的人非常敬重，认为礼仪是人立身之本，而孔子就是精通礼仪的圣人之后，所以让两个儿子孟懿子与南宫敬叔师事仲尼。

此处孟僖子的临终遗言应该是预叙，因为昭公二十四年经中写道"仲孙貜卒"，仲孙貜即孟僖子。由《公羊传》和《穀梁传》可知，孔子生于鲁襄公二十一年，到孟僖子去世的昭公二十四年时，孔子三十四岁，通过孟僖子遗言中对孔子的赞赏可知，三十四岁的孔子已经以懂礼而闻名鲁国。

孔子是殷商的后裔，其祖先当中弗父何是宋闵公的世子、宋厉公之兄，本应继承君位，却甘心让国。正考父辅佐宋戴公、宋武公、宋宣公三朝，是地位尊贵的三命上卿，却异常谦恭。所以孟僖子预言说孔子作为圣人的后代，一定会声名显达。

到其六代祖孔父嘉时，因华父督觊觎孔父嘉之妻的美貌，杀掉了孔父嘉。"宋华父督见孔父之妻于路，目逆而送之，曰：'美而艳。'"①"二年春，宋督攻孔氏，杀孔父而取其妻。公怒，督惧，遂弑殇公。"②《诗经·商颂·那》疏引《世本》云："正考父生孔父嘉，为宋司马，华督杀之，而绝其世。其子木金父降为士。木金父生祁父，祁父生防叔，为华氏所逼，奔鲁，为防大夫，故曰防叔。防叔生伯夏，伯夏生叔梁纥，叔梁纥生仲尼。"《世本》认为孔子的祖上是到了孔防叔即孔子的曾祖父才来到鲁国的，但服虔、杜预均认为是从孔父嘉的儿子一代即逃奔鲁国。杜预注曰："孔子六代祖孔父嘉为宋华督所杀，其子奔鲁也。"

---

①《左传·桓公元年传》。
②《左传·桓公二年传》。

孔子的父亲叔梁纥是鲁国著名的勇士，以孔武有力、英勇善战而著称，在《左传》中共出现两次，一次是襄公十年传中“县门发，郰人纥抉之，以出门者”；一次是襄公十七年传，“郰叔纥、臧畴、臧贾帅甲三百，宵犯齐师，送之而复”。襄公十年，晋国的荀偃、士匄请求进攻偪阳，把偪阳作为宋国向戌的封邑，以此奖赏向戌，所以诸侯之师围困偪阳。《峄县志·古迹考》云：“偪阳城在运河南，即左氏所谓‘城小而固’者也。城周十余里，中据土山，外建六门”，“偪阳城，峄县南60里，城周9里，基址宏阔”。偪阳城虽小，却固若金汤，诸侯之师围之不克。孟氏的家臣秦堇父独自拉辎重车到达偪阳城前，守城人打开城门，想抢夺诸侯军队的辎重，勇敢的诸侯将士攻进城去，守城人又把闸门放下，想截断诸侯将士的退路。危难之际，叔梁纥双手举门，让陷在城里的将士退出。“县门发，郰人纥抉之，以出门者。”在这次战役中，叔梁纥和秦堇父都以勇猛而著称。孟献子引用《诗经·邶风·简兮》中的“有力如虎”的诗句来赞誉他们。秦堇父的儿子秦丕兹后来成为孔子的弟子。秦丕兹之名不见于《论语》，《史记·仲尼弟子列传》中写道：“秦商字子丕。”《索隐》云：“《家语》：‘鲁人，字丕慈。少孔子四岁。其父堇，与孔子父纥俱以力闻也。’”《正义》云：“《家语》云：‘鲁人，字丕兹。’”由此可知，秦丕兹是孔子年龄最大的弟子。襄公十七年，齐灵公攻打鲁国北部边境，齐国的高厚把臧武仲围困在防地（臧武仲的封邑），鲁国派兵到旅松接应臧武仲。“齐人以其未得志于我故，秋，齐侯伐我北鄙，围桃。高厚围臧纥于防。师自阳关逆臧孙，至于旅松。郰叔纥、臧畴、臧贾帅甲三百，宵犯齐师，送之而复。齐师去之。”杜预注曰：“旅松，近防地也。鲁师畏齐，不敢至防。”叔梁纥又一次显示出他的勇武，他与臧畴、臧贾一起把臧武仲安全护送到救援鲁军的大营，又连夜返回防地驻守。齐军也因为失去了臧武仲而离开了鲁国。

从孔子在夹谷之会上的临危不惧、大义凛然，和在堕三都时面对叛军的指挥若定，我们都可以看出他父亲叔梁纥勇武的影子。可以说，孔子作为殷商后裔、圣人之后，身上流淌着家族谦恭守礼的血脉，出生在鲁国的孔子又受到鲁国根深蒂固的礼仪文化的濡染，而父亲叔梁纥的勇武也深深地影响了孔子，所以历史上才有了博通礼仪、温文尔雅又智勇双全的孔子。

二　积极救世

孔子主要生活在襄公、昭公、定公、哀公四朝，而这一时期的鲁国，君权旁落，政在季氏。孔子在春秋末世礼乐崩坏的情况下一有机会，就坚持实践他的治国理念，表现出强烈的救世热忱。《左传》中记载了孔子为数不多的几项政绩。

首先，在定公十年的夹谷之会中，孔子表现出他政治家的杰出才能。鲁定公要和齐景公在夹谷相会，孔丘作为鲁定公的相礼。齐国的犁弥对齐景公说："孔丘知礼而无勇，若使莱人以兵劫鲁侯，必得志焉。"齐人对孔子非常蔑视，认为孔子只不过是迂腐守礼的文弱书生，齐景公听从了犁弥的建议，果真在盟会时用武力威吓鲁国，但孔子却没有丝毫的恐慌，而是义正词严地据理力争："士，兵之！两君合好，而裔夷之俘以兵乱之，非齐君所以命诸侯也。裔不谋夏，夷不乱华，俘不干盟，兵不偪好。于神为不祥，于德为愆义，于人为失礼，君必不然。"孔子首先沉着冷静地命令鲁国士兵准备反击，显示出鲁国早有防备，同时严厉斥责了齐侯的违礼悖德之举。齐景公理屈词穷，只好让莱人退避。齐人在盟誓时，又要欺侮鲁国，要在盟书上加上"齐师出竟，而不以甲车三百乘从我者，有如此盟"，俨然是把鲁国视为齐国的附庸。孔子反应敏捷，毫不示弱，他机智地使兹无还揖回答："而不反我汶阳之田，吾以共命者，亦如之。"要求齐国归还侵占鲁国的土田。

盟誓结束后，齐景公准备设享礼招待鲁定公。孔丘博通礼仪，又指出了齐侯不知礼的错误："事既成矣，而又享之，是勤执事也。且牺、象不出门，嘉乐不野合。飨而既具，是弃礼也。若其不具，用秕稗也。用秕稗，君辱，弃礼，名恶，子盍图之？夫享，所以昭德也。不昭，不如其已也。"齐人只好作罢。会盟结束后，齐人遵守盟约归还了郓、讙、龟阴之田。可以说这次齐鲁两国的夹谷之会，因为孔子的勇武果敢、敏锐机智、懂礼善辩，鲁国取得了全面的胜利。夹谷之会显示出孔子杰出的政治外交才能。

为了削弱大夫和家臣的势力，以强大公室，维护国君的利益，孔子积极隳三都。三都指三桓的采邑，分别是费邑、郈邑和成邑。当时陪臣执国命，三都之宰凭借着三都，其权力凌驾于三桓之上，并且将要成为鲁国的祸患，孔子的学生仲由字子路，当时为季氏的家臣之长，孔子授意仲由向季氏提议毁掉三都，孔疏曰："昭十三年南蒯以费叛，连年伐而不克；十年侯犯以郈叛，一年再围而不克，良由其城险固，家臣数以背叛。仲由为季氏宰，进计季孙，防其后患，令堕三都，以是故毁坏其城。虑其拒之，故帅师而往。……《左氏》不言孔子之计，当是仲由自立此谋。但传称费人袭鲁，而仲尼在焉，是仲尼知其事，谓堕之为是，故不禁也。"孔颖达认为堕三都是子路的主意，而《史记·孔子世家》采用《公羊传》的说法，云："定公十三年夏，孔子言于定公曰：'臣无藏甲，大夫毋百雉之城。'使仲由为季氏宰，将堕三都。"司马迁认为堕三都是孔子授意仲由所为，笔者赞同此说。由《史记·孔子世家》可知，孔子当时任司寇之职，堕三都虽由仲由提出，但应该是作为老师的孔子的意愿。因为后文写到费宰公山不狃和叔孙氏家臣叔孙辄带领费地兵马袭击鲁都时，"仲尼命申句须、乐颀下伐之"。申句须、乐颀都是鲁大夫，仲尼指挥若定，打败了叛军。

堕三都事件中叔孙氏毁掉了郈邑，费邑在反抗后也被毁，当要毁掉成邑时，孟氏的家臣之长公敛处父对孟懿子说："堕成，齐人必至于北门。且成，孟氏之保障也，无成，是无孟氏也。子伪不知，我将不堕。"因为成邑在鲁国的北部边境，是抵御齐国的屏障，而且公敛处父忠于孟氏，并没有反叛之心，所以成邑没有被毁。鲁定公亲自领兵包围成邑，也没有攻下。堕三都时，三桓的权力已经大不如前，受制于家臣。孟懿子的成邑之所以没有被毁，也是孟氏家臣之长公敛处父的决定。由此更加显示出堕三都的必要性和正确性，从堕三都事件可见孔子对鲁国君权至上的极力维护。

为了实现自己的理想，孔子曾经周游列国，积极求仕，但列国纷纷争夺霸业，孔子礼乐治国的思想并不能被接纳。哀公十一年，卫国的孔文子要攻打大叔疾，访于仲尼。仲尼曰："胡簋之事，则尝学之矣。甲兵之事，未之闻也。"孔子对卫国的执政者非常失望，他准备离开卫国时感慨道："鸟则择木，木岂能择鸟？"然后 67 岁的孔子回到了鲁国。而"择木之鸟"正是周游列国积极求仕的孔子的写照。

即便是到了暮年，孔子也仍然积极地关注现实，渴望救世。哀公十四年传记载，齐国的陈恒弑君。孔子斋戒三日，多次请求鲁哀公去攻打齐国。哀公推托，孔子自信地说："陈恒弑其君，民之不与者半。以鲁之众，加齐之半，可克也。"孔子坚决要求哀公出兵，可是哀公并没有实权，就让孔子去征询季康子的意见，孔子明白季康子在鲁国的地位跟陈恒在齐国的地位相当，自然不会征伐陈恒，所以只好失望地退出，并向人解释说："吾以从大夫之后也，故不敢不言。"《论语·宪问》亦载此事："陈成子弑简公。孔子沐浴而朝，告于哀公曰：'陈恒弑其君，请讨之。'公曰：'告夫三子。'孔子曰：'以吾从大夫之后，不敢不告也。君曰告夫三子者。'之三子告，不可。孔子曰：'以吾从大夫之后，不敢不告也。'"

孔子有强烈的用世之志，可惜生不逢时，乱世被俘获的麒麟正是身处乱世的孔子不为世用的象征。哀公十四年传记载，叔孙氏的驾车人子鉏商打猎时猎获一只麒麟，认为不吉利，便赏赐给虞人。仲尼观之，曰："麟也。""此夫子所以绝笔也，无限隐痛之情，自在言外。按'麟也'二字是惊讶神情，亦是唤醒口吻。冯素华谓细味此二字，直传出绝笔一片神理来，良然。"[①]《史记·孔子世家》详细记载了获麟后孔子复杂的心情："鲁哀公十四年，西狩获麟。子曰：'弗乎弗乎，君子病没世而名不称焉。吾道不行矣，吾何以自见于后世哉？'乃因史记作《春秋》，上至隐公，下讫哀公十四年，十二公。"杜预在《春秋左氏经传集解序》中说："麟凤五灵，王者之嘉瑞也。今麟出非其时，虚其应而失其归，此圣人所以为感也。绝笔于获麟之一句者，所感而起，固所以为终也。"由此可知，孔子心中充满了忧伤和无奈，所以《春秋》绝笔于获麟。两年之后，孔子便离开了人世。哀公十六年传记载，鲁哀公诔之曰："旻天不吊，不慭遗一老。俾屏余一人以在位，茕茕余在疚。呜呼哀哉！尼父。无自律。"诔文中充满了对孔子的敬重和推崇，以及对孔子的惋惜和留恋，但孔子的学生子贡却一针见血地批判鲁哀公："君其不没于鲁乎！夫子之言曰：'礼失则昏，名失则愆。'失志为昏，失所为愆。生不能用，死而诔之，非礼也。称一人，非名也。君两失之。"子贡认为鲁哀公在孔子活着时不能加以重用，死后写诔文亦无补于事。

《左传》通过对孔子一系列言行的记录，为我们塑造了孔子积极用世却生不逢时、不为世用的形象。"以孔子之圣而鲁不能用为主。夹谷之会，田赋之对，令读者一览而知为圣人足矣。记孟僖子之言，讥鲁之不能知孔子也。引择木之言，萧然神远矣。盖列国之不能用系带写，而终归咎于鲁君臣，故记季氏之问，

① 韩席筹，《左传分国集注》，江苏人民出版社，1963年，第135页。

谓孔子之道不行，以权在季氏也；记哀公之诔，亦哲人良木之伤也。哀公于孔子卒一事，所失多矣。意最沉痛。”①

三 睿智博学

孔子在春秋时代以睿智博学而著称。《左传》中记载了孔子两次精准的预测，可见孔子对事对人的敏锐洞察力。

哀公三年夏天时，鲁国的司铎官署发生火灾。火势越过公宫，蔓延到鲁桓公和鲁僖公的宗庙。当时孔子正在陈国，但听到火灾的消息，孔子就准确地预测说：“其桓、僖乎！”这应该是孔子根据僖公庙和桓公庙的位置以及夏天的风向做出的预测，可见孔子的博学善思。

哀公十五年，卫国太子蒯聩发动内乱时，孔子的两名弟子子路和子羔当时都在卫国。孔子闻卫乱，感慨道：“柴也其来，由也死矣。”果真如孔子预言的一样，子羔保全了性命，而子路置个人生死于度外，坚持“食焉，不辟其难”，“利其禄，必救其患”，结果遇害。钱穆评价说：“惟在子路之意，谓利其禄，必救其患，奉此标准以往，有死不顾。此则不得不谓其乃一种极富道德精神之表现也。”② 孔子之所以能做出精准的预言，是源于他对子羔和子路性格的了解，子羔处事谨慎，所以能明哲保身；子路刚直勇猛，仗义忠诚，所以会为义殉身。

孔子不但能够凭借着对人和事物的深刻了解做出准确的预测，而且见识广博，《庄子·秋水》中河伯有“且夫我尝闻少仲尼之闻而轻伯夷之义者，始吾弗信”之语，可知孔子以见识广博而著称。《左传》中记载了孔子对天文历法的精通。哀公十二年十二月，发生了蝗灾，这是反常的现象。季康子向孔子询问，孔子解释说：“丘闻之，火伏而后蛰者毕。今火犹西流，司历过也。”而且孔子还能辨别常人未知的奇特事物，比如能够识别传说中的瑞兽麒麟。

孔子还多次引经据典来评人论事，可见他对典籍的熟稔。《左传》中就多次记载了他言谈中对诗、书等的引用，列举如下：

评论泄冶时引用《诗经》中的“民之多辟，无自立辟”。（宣公九年）

---

① 吴闿生撰，白兆麟校注，《左传微》卷十一引“宗尧云”，黄山书社，1995 年，第 1059 页。
② 钱穆，《中国学术思想史论丛》卷一，安徽教育出版社，2004 年，第 190 页。

评论臧武仲时引用《夏书》中的“念兹在兹”。(襄公二十三年)

评论子产时引用《志》中的“言以足志，文以足言”。(襄公二十五年)

评论叔孙婼时引用《诗经》中的“有觉德行，四国顺之”。(昭公五年)

评论孟僖子时引用《诗经》中的“君子是则是效”。(昭公七年)

评论楚灵王时引用《志》中的“克己复礼，仁也”。(昭公十二年)

评论子产时引用《诗经》中的“乐只君子，邦家之基”。(昭公十三年)

评论子产时引用《诗经》中的“民亦劳止，汔可小康。惠此中国，以绥四方”，“毋从诡随，以谨无良。式遏寇虐，惨不畏明”，“柔远能迩，以定我王”，“不竞不絿，不刚不柔。布政优优，百禄是遒”。(昭公二十年)

评论魏献子时引用《诗经》中的“永言配命，自求多福”。(昭公二十八年)

评论楚昭王时引用《夏书》中的“惟彼陶唐，帅彼天常，有此冀方。今失其行，乱其纪纲，乃灭而亡”，“允出兹在兹”。(哀公六年)

《左传》中对孔子言行的记载共有三十八次，其中涉及言论的有三十二次。在这三十二次言谈中，孔子共引用《诗经》六次，《夏书》两次，《志》两次，可见孔子博通经典，所以在言谈时才能信手拈来，运用自如。

孔子之所以博学，是由于他谦逊好学的态度，如《论语》中所说的“吾十有五而志于学”[①]，“三人行，必有我师焉”[②]，“加我数年，五十以学《易》，可以无大过矣”。[③]“十室之邑，必有忠信如丘者焉，不如丘之好学也”[④]，“朝闻道，夕死可矣”[⑤]。《左传》中也记载了孔子好学的事例。郯子来鲁国朝见时，讲到了古代的官制：“昔者黄帝氏以云纪，故为云师而云名；炎帝氏以火纪，故为火师而火名；共工氏以水纪，故为水师而水名；大皞氏以龙纪，故为龙师而龙名。我高祖少皞挚之立也，凤鸟适至，故纪于鸟，为鸟师而鸟名。”孔子听说后，就主动向郯子去学习，并感慨道：“吾闻之：‘天子失官，学在四夷’，犹信。”[⑥]正是由于谦逊好学，孔子才能博采众长，从而具备了渊博的学识和深邃的思想。

---

①《论语·学而》。
②《论语·述而》。
③ 同上。
④《论语·公冶长》。
⑤《论语·里仁》。
⑥《左传·昭公十七年传》。

第二节 孔子思想对鲁文化的继承和超越

《左传》中体现的孔子的思想，可分为崇礼重德、重视事功、重视文辞三方面。其中崇礼重德、重视文辞的思想体现出孔子对鲁文化的继承，而重视事功的思想则可见孔子的与时俱进，以及他对鲁文化的超越。

一 崇礼重德

鲁国是春秋时期保存周礼最多的国家。身为鲁人，孔子亦深受崇礼重德的鲁文化的影响。周礼是周代的社会制度及其意识形态，《礼记·乐记》载："先王之制礼乐也，非以极口腹耳目之欲也，将以教民平好恶而反人道之正也"；"先王之制礼乐，人为之节：衰麻哭泣，所以节丧纪也；钟鼓干戚，所以和安乐也，昏姻冠笄，所以别男女也；射乡食飨，所以正交接也"。礼是治国之本。"礼，国之干也；敬，礼之舆也。不敬则礼不行，礼不行则上下昏，何以长世？"① 春秋时期，礼乐崩坏，出现了各种违礼僭越的现象，"礼乐征伐自诸侯出"，"礼乐征伐自大夫出"，"陪臣执国命"，《论语·八佾》中的孔子谓季氏："八佾舞于庭，是可忍也，孰不可忍也！""三家者以《雍》彻。子曰：'相维辟公，天子穆穆'，奚取于三家之堂！""子曰：'禘，自既灌而往者，吾不欲观之矣。'"以上都是孔子对僭礼的批判。

"盖治掌故以明礼，习礼文以致用，固当时之学问然也。即孔子所以见重于时人者，亦惟在其知礼。然孔子之知礼，则异于人。人之知礼者以应世，而孔子则以矫世。"②

《左传》中的孔子亦精通周礼。定公十年的夹谷之会中，齐国的犁弥言于齐侯曰"孔丘知礼而无勇"，可见孔子知礼是时人的共识。卫国的孔文子要攻打太叔疾时，询问孔子，孔子表示反对："胡簋之事，则尝学之矣。甲兵之事，未之闻也。"③ 孔子以自谦的口吻说自己熟悉礼仪，《论语·卫灵公》中的"俎豆之事，则尝闻之矣；军旅之事，未之学也"与之相类。在礼坏乐崩的春秋乱世，孔子

① 《左传·僖公十一年传》内史过之语。
② 钱穆，《国学概论·先秦诸子》，商务印书馆，1997 年，第 38 页。
③ 《左传·哀公十一年传》。

鼎力维护摇摇欲坠的礼乐文化的大厦，对僭礼者则往往予以强烈的谴责。

成公二年，新筑大夫仲叔于奚救了孙桓子，卫国想赏给仲叔于奚城邑，仲叔于奚却不满足，他请求赏赐给他诸侯所用的三面悬挂的乐器，并请求用繁缨装饰马匹来朝见，卫君答应了。仲尼闻之曰："惜也，不如多与之邑。唯器与名，不可以假人，君之所司也。名以出信，信以守器，器以藏礼，礼以行义，义以生利，利以平民，政之大节也。若以假人，与人政也。政亡，则国家从之，弗可止也已。""古代天子乐器，四面悬挂，象宫室四面有墙，谓之'宫悬'；诸侯去其南面乐器，三面悬挂，曰'轩县'，亦曰'曲县'……仲叔于奚请'曲县'，是以大夫而僭越用诸侯之礼。"[①] 孔子认为器物体现礼制，礼制推行道义，道义产生利益，利益治理百姓，是政权中的大节。失去了礼器，不遵循礼制，就失去了国家，所以对卫国国君的做法感到痛惜。

官制是周礼中的重要内容，孔子向郯子学古代官制亦可见他对礼的推崇。齐侯田于沛，招虞人以弓，不进。公使执之，辞曰："昔我先君之田也，旃以招大夫，弓以招士，皮冠以招虞人。臣不见皮冠，故不敢进。"乃舍之。仲尼曰："守道不如守官，君子韪之。"[②] 孔颖达疏曰："《周礼》'孤卿建旃'，大夫尊，故麾旃以招之也。《逸诗》'翘翘车乘，招我以弓'。古者，聘士以弓，故弓以招士也。诸侯服皮冠以田，虞人掌田猎，故皮冠以招虞人也。"可见孔子对虞人遵循官制的做法表示赞同。

孟僖子因随鲁昭公出使楚国时不能相礼而自责，开始学习礼仪，并在临终遗言中说："礼，人之干也。无礼，无以立。"孔子就因此赞扬他为能补过的君子："能补过者，君子也。《诗》曰：'君子是则是效。'孟僖子可则效已矣。"[③] 对于贪婪骄纵的楚灵王，孔子批评他不能克己复礼："古也有志：'克己复礼，仁也'。信善哉！楚灵王若能如是，岂其辱于乾溪？"[④] 对于捍卫国家利益的子产，孔子赞扬他为国家的基石，并说："合诸侯，艺贡事，礼也。"[⑤] 孔子的弟子琴张听说宗鲁遇害，将要前往吊唁，孔子认为宗鲁的行为不符合礼仪："齐豹之盗，

---

① 杨伯峻编著，《春秋左传注·成公二年传》（修订本），中华书局，2000 年，第 788 页。
②《左传·昭公二十年传》。
③《左传·昭公七年传》。
④《左传·昭公十二年传》。
⑤《左传·昭公十三年传》。

而孟縶之贼，女何吊焉？君子不食奸，不受乱，不为利疚于回，不以回待人，不盖不义，不犯非礼。”① 孔子认为齐豹成为坏人，孟縶遇害，都是由于宗鲁的缘故。宗鲁食孟縶之禄却不忠于孟縶，袒护不义，所行非礼。楚昭王生病时，卜者认为是黄河之神作怪，要楚昭王去祭祀河神。但楚昭王却坚持不去，楚昭王曰：“三代命祀，祭不越望。江、汉、睢、章，楚之望也。祸福之至，不是过也。不谷虽不德，河非所获罪也。”对于楚昭王遵循礼制的行为，孔子大加赞赏，曰：“楚昭王知大道矣！其不失国也，宜哉！《夏书》曰：‘惟彼陶唐，帅彼天常，有此冀方。今失其行，乱其纪纲，乃灭而亡。’又曰：‘允出兹在兹。’由己率常可矣。”②

定公十年的夹谷之会中孔子处处以周礼为依据，据礼力争，维护了鲁国的尊严和权益。“裔不谋夏，夷不乱华，俘不干盟，兵不偪好。于神为不祥，于德为愆义，于人为失礼，君必不然。”“牺、象不出门，嘉乐不野合。飨而既具，是弃礼也。若其不具，用秕稗也。用秕稗，君辱，弃礼，名恶，子盍图之？”因为以礼为据，所以义正词严，慷慨激昂。反对田赋时，孔子对冉求说：“君子之行也，度于礼。”要季孙遵循周公之典，不应贪冒无厌。孔子去世后，子贡还引用过孔子的“礼失则昏，名失则愆”的话语，这些都可见孔子对礼的重视。

对于晋国的赵鞅、荀寅铸刑鼎的变革，尊崇礼制的仲尼极为不满：“晋其亡乎！失其度矣。夫晋国将守唐叔之所受法度，以经纬其民，卿大夫以序守之。民是以能尊其贵，贵是以能守其业。贵贱不愆，所谓度也。文公是以作执秩之官，为被庐之法，以为盟主。今弃是度也，而为刑鼎，民在鼎矣，何以尊贵？贵何业之守？贵贱无序，何以为国？且夫宣子之刑，夷之蒐也，晋国之乱制也，若之何以为法？”③ 孔疏曰：“守其旧法，民不豫知，临时制宜，轻重难测。民是以能尊其贵，畏其威刑也。官有正法，民常畏威，贵是以能守其业，保禄位也。贵者执其权柄，贱者畏其威严，贵贱尊卑不愆，此乃所谓度也。言所谓法度，正如此是也。”“今弃是贵贱常度而为刑书之鼎，民知罪之轻重在于鼎矣。贵者断狱不敢加增，犯罪者取验于书，更复何以尊贵？威权在鼎，民不忌上，贵复

①《左传·昭公二十年传》。
②《左传·哀公六年传》。
③《左传·昭公二十九年传》。

何业之守？贵之所以为贵，只为权势在焉，势不足畏，故业无可守，贵无可守则贱不畏威，贵贱既无次序，何以得成为国？”孔子认为晋国的做法违背了古代的礼制，虽然这种观点是保守的，不符合历史发展的进程，但也体现出孔子对礼的极力推崇和维护。

钱穆说：“孔子生当春秋时代，其时也，臣弑其君，子弑其父，为中国一大乱世。但即在春秋时代，中国社会上之道德观念与道德精神，已极普遍存在，并极洋溢活跃，有其生命充沛之显现。”[①]《左传》所载的孔子言行也体现出对德的重视，具体表现为对尊君爱民、仁德、忠义、诚信等美德的推崇。

尊君爱民

孔子思想中有强烈的尊君爱民的特点。在君权衰微的春秋末世，孔子鼎力维护君权，以图救世。孔子做鲁国司寇期间，就通过他的实际行动表现了对国君的尊崇。定公元年传记载，鲁昭公的灵柩回鲁国后，季平子准备在阚地挖沟安葬鲁昭公，杜预注曰：“阚，鲁群公墓所在也。季孙恶昭公，欲沟绝其兆域，不使与先君同。”大夫荣驾鹅（荣成伯）劝季平子说：“生不能事，死又离之，以自旌也？纵子忍之，后必或耻之。”使鲁昭公的坟墓和祖茔隔离，只会昭示季平子的过错，会给后世带来耻辱。最终，季平子在先君墓道的南面安葬了鲁昭公。“诸墓在北，季孙葬昭公于道南，则虽不沟而实与鲁诸先公墓相隔较远。”[②]等到孔子做司寇时，孔子下令在昭公坟墓外挖沟扩大墓地，使鲁昭公之墓和先君之墓连接起来。孔疏曰：“孔子之为司寇，在定公十年以后，未知何年沟之。”孔子之所以这样做就是要“明臣无贬君之义”。僖公二十八年，晋文公召请周襄王来温地会盟，孔子批判说：“以臣召君，不可以训。”并在其所修的《春秋》中书“天王狩于河阳”，以维护天子的尊严；孔子在鲁国做司寇期间堕三都，以维护君权；鲁昭公夫人去世，孔子前往吊唁，“季氏不絻，放绖而拜”[③]，与季氏的狂傲不尊相对照，孔子除掉丧服下拜，以虔诚的礼仪显示出他对国君的尊重；臣子弑君，孔子更是深恶痛绝，当齐国的陈恒弑君，孔子斋戒三日，请求攻打陈恒。这些都表现了孔子尊君的思想。

① 钱穆，《中国学术思想史论丛》卷一，安徽教育出版社，2004 年，第 176 页。
② 杨伯峻编著，《春秋左传注 · 定公元年传》（修订本），中华书局，2000 年，第 1527 页。
③《左传 · 哀公十二年传》。

尊君的同时孔子主张爱民，哀公十一年传记载，季孙想要按田亩征税，多次派冉有询问孔子，孔子反对说："君子之行也，度于礼，施取其厚，事举其中，敛从其薄。如是则以丘亦足矣。若不度于礼，而贪冒无厌，则虽以田赋，将又不足。且子季孙若欲行而法，则周公之典在。若欲苟而行，又何访焉？"孔子主张施舍要丰厚，赋敛要微薄，统治者不能贪得无厌，体现出孔子爱民的思想。

重仁

鲁国为东夷故地，夷俗有好仁的传统，《后汉书·东夷列传》载："《王制》云：'东方曰夷'。夷者，柢也。言仁而好生，万物柢地而生。故天性柔顺，易以御道，是有君子不死之国焉。"孔子的"仁"德观念显然是受夷俗好仁的影响。《汉书·地理志》亦云："东夷天性柔顺，异于三方之外，故孔子悼道不行，设桴于海，欲居九夷，有以也。"

前已述及，《左传》中除孔子之外的鲁人提到"仁"仅一次。对于季康子要攻打邾国之举，子服景伯谏曰："小所以事大，信也。大所以保小，仁也。背大国，不信。伐小国，不仁。民保于城，城保于德，失二德者，危，将焉保？"[①] 由此可见"仁"在鲁人的道德观中并不受重视。

通过《论语》可知，仁是孔子思想的核心，《左传》中也同样体现了孔子对仁德的重视。孔子多次用仁来臧否人物，孔子批评臧文仲有三处不仁之举："下展禽，废六关，妾织蒲，三不仁也。"[②] 孔子批评臧文仲使展禽屈居下位之语，在《论语·卫灵公》中也有记载，子曰："臧文仲，其窃位者与？知柳下惠之贤而不与立也。"《论语·雍也》子曰："仁者，己欲立而立人，己欲达而达人。"所以孔子讥讽臧文仲不仁。废六关，杜预注云："废六关，塞关、阳关之属，凡六关，所以禁绝末游而废之。"臧文仲废除鲁国的六关，有利于人们的自由往来，有利于商业的繁荣，跟孔子重视农业的重民思想相抵触。妾织蒲，是纵容家人织蒲贩卖，是与民争利之举，因为在下位的人为了巴结臧文仲，可能会争相购买臧文仲家的蒲席，对其他贩卖蒲席的百姓自然无公平可言。《史记·循吏列传》中公仪休的做法与臧文仲正好相反："见其家织布好，而疾出其家妇，燔其

① 《左传·哀公七年传》。
② 《左传·文公二年传》。

机，云：‘欲令农士工女安所雠其货乎？’”董仲舒曰：“故受禄之家，食禄而已，不与民争业，然后利可均布，而民可家足。”所以臧文仲纵容家人织蒲贩卖确实不够仁德。对臧文仲不仁的批评体现了孔子重用贤才、爱护百姓的思想。

郑国人在乡校里游玩聚会，议论朝政得失。有人建议子产毁掉乡校，但子产却说：“夫人朝夕退而游焉，以议执政之善否。其所善者，吾则行之。其所恶者，吾则改之。是吾师也，若之何毁之？我闻忠善以损怨，不闻作威以防怨。岂不遽止，然犹防川，大决所犯，伤人必多，吾不克救也。不如小决使道。不如吾闻而药之也。”对于子产这种开明民主的政治家胸襟和气度，孔子赞之曰：“以是观之，人谓子产不仁，吾不信也。”①

楚灵王贪婪自负、野心勃勃，子革用《祈招》中的“祈招之愔愔，式昭德音。思我王度，式如玉，式如金。形民之力，而无醉饱之心”劝告他，楚灵王虽受到触动，但却不能克制自己的贪欲，结果“馈不食，寝不寐，数日，不能自克，以及于难”。孔子评论曰：“古也有志：‘克己复礼，仁也。’信善哉！楚灵王若能如是，岂其辱于乾溪？”② 克己复礼为仁，孔颖达正义引刘炫语云：“克训胜也，己谓身也。身有嗜欲，当以礼义齐之。嗜欲与礼义交战，使礼义胜其嗜欲，身得归复于礼，如是乃为仁也。复，反也，言情为嗜欲所逼，已离礼而更归复之。”

重义

《左传》中孔子对符合道义的举动都大加赞扬。叔孙昭子因叔孙家族中的竖牛之祸幸运地成为家族的继承人，但是叔孙昭子并没有因一己私利感激竖牛，而是站在家族之长的立场上秉公处理，要杀死竖牛。昭子即位后，把家族中的人聚集到一起，宣布说：“竖牛祸叔孙氏，使乱大从，杀适立庶，又披其邑，将以赦罪，罪莫大焉。必速杀之。”竖牛大为恐惧，逃亡后被孟丙、仲壬之子杀死。孔子认为叔孙昭子的做法符合道义，难能可贵，曰：“叔孙昭子之不劳，不可能也。周任有言曰：‘为政者不赏私劳，不罚私怨。’《诗》云：‘有觉德行，四国顺之。’”③ 叔向是晋国著名的政治家，孔子认为叔向不包庇亲人，做事符合道

①《左传·襄公三十一年传》。
②《左传·昭公十二年传》。
③《左传·昭公五年传》。

义，是“古之遗直”，有着古圣先贤的正直遗风。“治国制刑，不隐于亲，三数叔鱼之恶，不为末减。曰义也夫，可谓直矣。平丘之会，数其贿也，以宽卫国，晋不为暴。归鲁季孙，称其诈也，以宽鲁国，晋不为虐。邢侯之狱，言其贪也，以正刑书，晋不为颇。三言而除三恶，加三利，杀亲益荣，犹义也夫！”[①] 晋国的魏献子执政，举贤不避亲，让庶子魏戊做了梗阳大夫，并且重用贤才，司马弥牟、孟丙、乐霄、僚安四人均以贤德受到提拔。孔子认为魏献子选拔人才符合道义，赞叹道：“近不失亲，远不失举，可谓义矣。”[②]

孔子对奋勇杀敌、执干戈以卫社稷之举也赞之为义。在与齐师交战时，公为与其嬖僮汪锜乘，皆死，皆殡。孔疏曰：“此汪锜盖长殇也，时人疑其当降服。又葬殇之礼，亦异成人。《檀弓》云‘周人以殷人之棺椁葬长殇，以夏后氏之塈周葬中殇、下殇，以有虞氏之瓦棺葬无服之殇’。是其异于成人也。”孔子赞叹嬖僮说：“能执干戈以卫社稷，可无殇也。”冉有英勇善战，用矛于齐师，故能入其军。孔子曰：“义也。”[③]

重智

《左传》中的孔子还体现出对智慧的重视，孔子曾批评臧文仲有三不知（智）：“作虚器，纵逆祀，祀爰居，三不知也。”[④] 臧文仲按天子庙饰的标准收藏神龟：斗拱上雕刻着山的形状，短柱上绘着藻草做装饰。《礼记·明堂位》载：“山节藻棁、复庙重檐、刮楹达乡、反坫出尊、崇坫康圭疏屏，天子之庙饰也。”所以臧文仲山节藻棁为明显的违礼僭越之举。朱熹在《论语集注》中说：“当时以文仲为知，孔子言其不务民义，而谄渎鬼神如此，安得为知？《春秋传》所谓‘作虚器’，即此事也。”纵逆祀，是指放纵夏父弗忌在主持祭祀时升僖公之位在闵公之上。祀爰居之事，《论语·为政》中子曰：“非其鬼而祭之，谄也。”孔子反对不合礼的祭祀，认为祭祀海鸟爰居不符合为政之道，所以讥臧文仲为不智。

《论语·宪问》中孔子曾高度赞赏过臧武仲的智慧，子曰：“若臧武仲之知，

---

①《左传·昭公十四年传》。
②《左传·昭公二十八年传》。
③《左传·哀公十一年传》。
④《左传·文公二年传》。

公绰之不欲，卞庄子之勇，冉求之艺，文之以礼乐，亦可以为成人矣。”《左传》中记载孔子曰：“有臧武仲之知，而不容于鲁国，抑有由也。作不顺而施不恕也。《夏书》曰：‘念兹在兹。’顺事、恕施也。”[①] 孔子肯定了臧武仲的智慧，并认为因为其行事不顺于事理，所为不合于恕道，所以不被鲁国所容。可知孔子对智慧的要求是作顺施恕。

二 重视文辞

鲁国有重视文辞的传统，如叔孙穆子著名的“三不朽”观点，就认为立言是不朽之事。众多鲁人得体的外交辞令可见鲁人擅长言辞，尤其是众多鲁人赋诗言志的记载，更是显示出鲁人深厚的文化素养。

孔子亦非常重视言辞的巨大作用，《论语·子路》中说“一言而兴邦”“一言而丧邦”，其所修的《春秋》“微而显，志而晦，婉而成章，尽而不污”[②]，“《春秋》之称微而显，婉而辩”[③]。《论语》中记载的孔子的语言都含蓄隽永、寓意深刻。《论语·颜渊》中子贡曰：“文犹质也，质犹文也。虎豹之鞟犹犬羊之鞟。”子贡对文辞的重视亦是受到孔子的影响。《左传》中的孔子也非常重视文辞。晋国责问郑国为何攻打陈国，子产得体的辞令使晋国的赵文子心悦诚服，赞叹曰：“其辞顺，犯顺不祥。”对擅长言辞的子产，孔子也是赞不绝口：“《志》有之：‘言以足志，文以足言。’不言，谁知其志？言之无文，行而不远。晋为伯，郑入陈，非文辞不为功。慎辞也！”[④]

孔子主张慎辞，对于言辞不得体的人则予以批判。邾隐公朝见鲁定公时，邾隐公高举美玉，头高高仰起，鲁定公谦卑地低头接受美玉。子贡认为两位国君的行为都不合礼，预示着两位国君都快要死亡：“高、仰，骄也，卑、俯，替也。骄近乱，替近疾。君为主，其先亡乎！”不久，鲁定公薨。孔子批评子贡的多言：“赐不幸言而中，是使赐多言者也。”[⑤] 陈灵公与孔宁、仪行父都与夏姬

---

①《左传·襄公二十三年传》。
②《左传·成公十四年传》。
③《左传·昭公三十一年传》。
④《左传·襄公二十五年传》。
⑤《左传·定公十五年传》。

私通，并且都穿着夏姬的衵服，在朝廷上毫无顾忌地调笑。泄冶苦苦劝谏陈灵公："公卿宣淫，民无效焉，且闻不令，君其纳之。"但陈灵公非但不改，反而纵容孔宁、仪行父杀死了泄冶。孔子对泄冶之死非常惋惜，感慨道："《诗》云：'民之多辟，无自立辟。'其泄冶之谓乎。"[①] 前贤对此多有非议，如清代万斯大批评说："持论最不平者，莫如陈灵淫乱，泄冶谏杀，而先儒反罪泄冶，谬矣！"[②] 清代的《钦定春秋传说汇纂》云："将使鄙夫藉口，非缄默以取容，即见危而避害，堕犯颜敢谏之气，长顽钝无耻之心，安可以垂训于后世哉？"[③] 其实，此处孔子批评泄冶并非是孔子反对劝谏的忠臣，这里表现了孔子重视生命的观点，他反对以死相谏，不审时度势，认为泄冶所为是考虑不周的表现。与对泄冶的批评类似，孔子对鲍庄子也是持同样的态度。齐国的庆克与声孟子私通，鲍牵知情后报告给国武子。声孟子怀恨在心，向齐灵公陷害国武子和鲍牵谋反，结果鲍牵被砍去双脚。孔子评论道："鲍庄子之知不如葵，葵犹能卫其足。"[④] 这与《论语·卫灵公》中所说的"可与言而不与之言，失人；不可与言而与之言，失言。知者不失人，亦不失言"一样，都是说明说话要审时度势，分清对象和场合，以免招致不必要的祸患。

三 重视事功

与《论语》中的孔子相比，《左传》中的孔子更加注重事功。这亦体现出他不同于尊尊亲亲的鲁文化的思想。他曾多次赞叹子产的功业，如当盟主晋国责备郑国攻打陈国时，子产能言善辩，通过得体的外交辞令化解了危机，孔子对之大加赞赏；孔子还曾称赞子产的不毁乡校是仁者之举；对于子产通过得体的辞令使晋国减少了郑国的贡赋，孔子赞之曰："于是行也，足以为国基矣。《诗》曰：'乐只君子，邦家之基。'子产，君子之求乐者也。"且曰："合诸侯，艺贡

①《左传·宣公九年传》。

②［清］万斯大，《学春秋随笔》卷7，《清经解》第11种，阮元、王先谦编，凤凰出版社，2005年，第595页。

③《钦定春秋传说汇纂》卷20，《文津阁四库全书·经部·春秋类》第59册，商务印书馆，2005年，第628页。

④《左传·成公十七年传》。

事，礼也。”[①] 对于子产宽猛相济的政治主张，孔子更是倍加赞赏：“善哉！政宽则民慢，慢则纠之以猛。猛则民残，残则施之以宽。宽以济猛，猛以济宽，政是以和。《诗》曰：‘民亦劳止，汔可小康。惠此中国，以绥四方。’施之以宽也。‘毋从诡随，以谨无良。式遏寇虐，惨不畏明。’纠之以猛也。‘柔远能迩，以定我王。’平之以和也。又曰：‘不竞不絿，不刚不柔。布政优优，百禄是遒。’和之至也。”子产去世后，仲尼沉痛地流着眼泪，赞叹子产为“古之遗爱也”[②]。与之相类似，《论语·公冶长》中孔子也赞扬子产“有君子之道四焉：其行己也恭，其事上也敬，其养民也惠，其使民也义”，表达了对子产的功业的肯定。

对于晋国的政治家叔向，孔子也称赞他的政绩，评论叔向在治国上合于道义，正直公正，不包庇亲人叔鱼，三次指出叔鱼的罪恶，平丘盟会，责备叔鱼贪财以宽免卫国，使晋国不凶暴；利用叔鱼的欺诈，让鲁国季平子回国，以宽免鲁国，使晋国不凌虐；处理邢侯案件时，指出叔鱼的贪婪，执法不偏颇。叔向政绩显著，为人公正，是“古之遗直”。

对赵盾弑君一事，孔子也因为对赵盾政绩的赞赏而为赵盾辩护。晋灵公不君，昏庸荒淫，赵穿弑君时赵盾还未逃出晋国国境，晋灵公被弑后赵盾就又回国做了正卿，并且不惩罚弑君的凶手。所以晋国的太史董狐书曰：“赵盾弑其君。”以示于朝。赵盾不同意，董狐斥责赵盾曰：“子为正卿，亡不越竟，反不讨贼，非子而谁？”孔子评论道：“董狐，古之良史也，书法不隐。赵宣子，古之良大夫也，为法受恶。惜也，越竟乃免。”[③] 孔子认为董狐是古代的良史，不畏权势，秉笔直书，同时又为赵盾惋惜。对于这一点，前贤多怀疑此处是《左传》作者假托孔子之言，不能代表孔子的观点。如“吾以为此非仲尼之言”[④]，“不知非孔子之言也”[⑤]。朱熹在《朱子语类》卷八十三中云：“左氏见识甚卑，如言赵盾弑君之事，却云：‘孔子闻之，曰：“惜哉！越境乃免。”’如此，则专是回避，

---

①《左传·昭公十三年传》。

②《左传·昭公二十年传》。

③《左传·宣公二年传》。

④［北宋］刘敞，《春秋权衡》卷5，《文津阁四库全书·经部·春秋类》第50册，商务印书馆，2005年，第471页。

⑤［南宋］黄仲炎，《春秋通说》卷8，《文津阁四库全书·经部·春秋类》第52册，商务印书馆，2005年，第257页。

占便宜者得计，圣人岂有是意！圣人作《春秋》而乱臣贼子惧，岂反为之解免耶？”“左氏惑于邪说，乃托仲尼之言以贤赵盾。”[①] 笔者以为，《左传》作为信史，不会伪造孔子的言论，此处应是孔子本人所说，孔子之所以为赵盾辩护是因为赵盾是贤臣，且弑君的是赵穿，并非赵盾，且所弑之君晋灵公又是昏庸荒淫的君主。赵盾对晋国忠心耿耿，是有功之臣，晋灵公派去刺杀赵盾的锄麑都被赵盾的忠诚感动，宁愿触槐而死，也不愿杀死赵盾。“晨往，寝门辟矣，盛服将朝。尚早，坐而假寐。麑退，叹而言曰：‘不忘恭敬，民之主也……’”[②] 孔子为赵盾辩护体现了孔子尊重事实、注重功业的观点。

总之，《左传》通过对孔子言行的记载，为我们塑造了真实的孔子形象。他崇礼重德，忠君爱民，充满了救世的热忱，他智勇双全，博学好问，崇尚事功，可惜生不逢时，乱世被获的麒麟是孔子的最好写照。孔子崇礼重德、重视文辞的思想是他作为鲁人受鲁文化濡染的结果，而崇尚事功则是他受时代风气的影响对鲁文化的超越。正是鲁文化孕育了孔子的儒家文化，同时孔子的儒家文化又是对鲁文化的总结和超越。

---

① [清] 万斯大，《学春秋随笔》卷 7，《清经解》第 11 种，阮元、王先谦编，凤凰出版社，2005 年，第 594 页。

②《左传・宣公二年传》。

结　语

鲁国的内政经历了公室日渐削弱、大夫日渐强盛并专权的过程。随着霸主的迭兴，鲁国没有与时俱进，尊贤尚功，而是沿袭周礼尊尊亲亲的世卿世禄制度，致使鲁政下移，国势日渐衰落。在霸主迭兴的春秋乱世，王室地位的陵夷和鲁国的日渐衰落，导致鲁国为求自保，在外交上依附霸主，自顾尚且不暇，自然对衰微的王室更无暇顾及。鲁国与列国的外交以齐桓公称霸为界，可分为两个时期，前期独立自主，后期依附霸强。

春秋乱世，王室衰微，礼坏乐崩，鲁国成了保存周礼最多的诸侯国。但鲁国亦经历了礼坏乐崩的过程，违礼僭越之举愈演愈烈。鲁国只不过是更多地保留了礼仪的形式而已。礼已经失去了维护社会稳定、维护尊卑等级的精神特质，而只是揖让周旋的细枝末节。对于鲁文化应该一分为二地看，国家政治的衰败不能作为文化优劣的尺度，鲁国的衰败不能否认伦理道德、礼仪礼乐层面的鲁文化仍是一种优秀文化的现实，它孕育并滋养了孔子的儒家文化，沾溉后世，使中国成为著名的礼仪之邦。

《左传》共写到了鲁国 12 位国君。其中隐公、桓公、庄公形象鲜明，而从僖公朝起，卿大夫就逐渐崛起，季友、臧文仲、襄仲等卿大夫逐渐在朝政中取得了决定性的地位，而国君的形象渐次模糊，所以本书仅分析了谦恭仁者鲁隐公、乱臣逆子鲁桓公、勇武礼贤鲁庄公三位国君形象。

鲁国宗卿当中，以臧氏、东门氏和三桓最为著名。其中虽有东门襄仲、叔孙侨如这样的败类，但也出现了许多忠贞贤德的宗邦之彦。本书对《左传》中着力塑造的臧文仲、季文子、孟献子、叔孙穆子、臧武仲五位宗邦之彦进行了分析。

《左传》所收录的鲁国出生的女子仅 26 位，与别国女性相比，鲁国女性已经把压抑人性的礼教内化为她们的精神信仰，极端者更是不惜以身殉礼。正是尊崇礼仪的鲁文化，注定了生于斯的鲁女的不幸命运。

《左传》作为秉笔直书的信史，其中所记录的孔子言行中体现的孔子思想与

《论语》有很大的相似性，具有原质性的特色，最贴近真实的孔子。塑造了孔子睿智博学、积极用世却生不逢时、不为世用的形象。《左传》中体现的孔子的思想，可分为崇礼重德、重视文辞、重视事功三方面。其崇礼重德、重视文辞的思想是他作为鲁人受鲁文化濡染的结果，而崇尚事功则是他受时代风气的影响对鲁文化的超越。正是鲁文化孕育了孔子的儒家文化，同时儒家文化又是对鲁文化的总结和超越。

附　录

一　《左传》中的鲁国臣子资料辑录

费伯

隐公元年传：夏四月，费伯帅师城郎。不书，非公命也。

公子豫

隐公元年传：请师于邾，邾子使私于公子豫，豫请往，公弗许，遂行。及邾人、郑人盟于翼。不书，非公命也。

众父（益师）

隐公元年经：公子益师卒。

隐公元年传：众父卒。公不与小敛，故不书日。

无骇

隐公二年经：无骇帅师入极。

隐公二年传：司空无骇入极，费庈父胜之。

隐公八年经：冬十有二月，无骇卒。

隐公八年传：无骇卒。羽父请谥与族。公问族于众仲。众仲对曰："天子建德，因生以赐姓，胙之土而命之氏。诸侯以字为谥，因以为族。官有世功，则有官族，邑亦如之。"公命以字为展氏。

众仲

隐公四年传：公问于众仲曰："卫州吁其成乎？"对曰："臣闻以德和民，不闻以乱。以乱，犹治丝而棼之也。夫州吁，阻兵而安忍。阻兵无众，安忍无亲，众叛亲离，难以济矣。夫兵犹火也，弗戢，将自焚也。夫州吁弑其君而虐用其民，于是乎不务令德，而欲以乱成，必不免矣。"

隐公五年传：九月，考仲子之宫，将万焉。公问羽数于众仲。对曰："天子用八，诸侯用六，大夫四，士二。夫舞所以节八音而行八风，故自八以下。"公从之。于是初献六羽，始用六佾也。

隐公八年传：冬，齐侯使来告成三国。公使众仲对曰："君释三国之图以鸠其民，君之惠也。寡君闻命矣，敢不承受君之明德。"

无骇卒。羽父请谥与族。公问族于众仲。众仲对曰："天子建德，因生以赐姓，胙之土而命之氏。诸侯以字为谥，因以为族。官有世功，则有官族，邑亦如之。"公命以字为展氏。

羽父（公子翚）

隐公四年经：秋，翚帅师会宋公、陈侯、蔡人、卫人伐郑。

隐公四年传：秋，诸侯复伐郑。宋公使来乞师，公辞之。羽父请以师会之，公弗许，固请而行。故书曰"翚帅师"，疾之也。

隐公十年经：夏，翚帅师会齐人、郑人伐宋。

隐公十年传：夏五月羽父先会齐侯、郑伯伐宋。

隐公十一年传：十一年春，滕侯、薛侯来朝，争长。薛侯曰："我先封。"滕侯曰："我，周之卜正也。薛，庶姓也，我不可以后之。"公使羽父请于薛侯曰："君与滕君辱在寡人。周谚有之曰：'山有木，工则度之；宾有礼，主则择之。'周之宗盟，异姓为后。寡人若朝于薛，不敢与诸任齿。君若辱贶寡人，则愿以滕君为请。"薛侯许之，乃长滕侯。

隐公十一年传：羽父请杀桓公，将以求大宰。公曰："为其少故也，吾将授之矣。使营菟裘，吾将老焉。"羽父惧，反谮公于桓公而请弑之。公之为公子也，与郑人战于狐壤，止焉。郑人囚诸尹氏，赂尹氏而祷于其主钟巫，遂与尹氏归而立其主。十一月，公祭钟巫，齐于社圃，馆于寪氏。壬辰，羽父使贼弑公于寪氏，立桓公而讨寪氏，有死者。不书葬，不成丧也。

桓公三年经：公子翚如齐逆女。

桓公三年传：秋，公子翚如齐逆女。修先君之好。故曰"公子"。

臧僖伯（公子彄）

隐公五年传：五年春，公将如棠观鱼者。臧僖伯谏曰："凡物不足以讲大事，其材不足以备器用，则君不举焉。君将纳民于轨物者也。故讲事以度轨量谓之轨，取材以章物采谓之物，不轨不物谓之乱政。乱政亟行，所以败也。故春蒐夏苗，秋狝冬狩，皆于农隙以讲事也。三年而治兵，入而振旅，归而饮至，以数军实。昭文章，明贵贱，辨等列，顺少长，习威仪也。鸟兽之肉不登于俎，皮革齿牙、骨角毛羽不登于器，则公不射，古之制也。若夫山林川泽之实，器用之资，皂隶之事，官司之守，非君所及也。”公曰：“吾将略地焉。”遂往，陈鱼而观之。僖伯称疾，不从。书曰“公矢鱼于棠”，非礼也，且言远地也。

隐公五年经：冬十有二月辛巳，公子彄卒。

隐公五年传：臧僖伯卒。公曰：“叔父有憾于寡人，寡人弗敢忘。葬之加一等。”

挟

隐公九年经：挟卒。

寪氏

隐公十一年传：羽父请杀桓公，将以求大宰。公曰：“为其少故也，吾将授之矣。使营菟裘，吾将老焉。”羽父惧，反谮公于桓公而请弑之。公之为公子也，与郑人战于狐壤，止焉。郑人囚诸尹氏，赂尹氏而祷于其主钟巫，遂与尹氏归而立其主。十一月，公祭钟巫，齐于社圃，馆于寪氏。壬辰，羽父使贼弑公于寪氏，立桓公而讨寪氏，有死者。不书葬，不成丧也。

臧哀伯

桓公二年传：取郜大鼎于宋。戊申，纳于大庙。非礼也。臧哀伯谏曰：“君人者将昭德塞违，以临照百官，犹惧或失之。故昭令德以示子孙：是以清庙茅屋，大路越席，大羹不致，粢食不凿，昭其俭也。衮、冕、黻、珽，带、裳、幅、舄，衡、紞、纮、綖，昭其度也。藻、率、鞞、鞛，鞶、厉、游、缨，昭其数也。火、龙、黼、黻，昭其文也。五色比象，昭其物也。钖、鸾、和、铃，昭其声也。三辰旂旗，昭其明也。夫德，俭而有度，登降有数。文、物以纪之，声、明以发之，以临照百官，百官于是乎戒惧，而不敢易纪律。今灭德立违，而置其赂器于大庙，以明示百官，百官象之，其又何诛焉？国家之败，由官邪也。官之失德，宠赂章也。郜鼎在庙，章孰甚焉？武王克商，迁九鼎于雒邑，义士犹或非之，而况将昭违乱之赂器于大庙，其若之何？”公不听。周内史闻之曰：“臧孙达其有后于鲁乎！君违不忘谏之以德。”

庄公十一年传：秋，宋大水。公使吊焉，曰："天作淫雨，害于粢盛，若之何不吊？"对曰："孤实不敬，天降之灾，又以为君忧，拜命之辱。"

臧文仲曰："宋其兴乎。禹、汤罪己，其兴也悖焉；桀、纣罪人，其亡也忽焉。且列国有凶称孤，礼也。言惧而名礼，其庶乎。"既而闻之曰公子御说之辞也。臧孙达曰："是宜为君，有恤民之心。"

申繻

桓公六年传：九月丁卯，子同生，以大子生之礼举之，接以大牢，卜士负之，士妻食之。公与文姜、宗妇命之。

公问名于申繻。对曰："名有五，有信，有义，有象，有假，有类。以名生为信，以德命为义，以类命为象，取于物为假，取于父为类。不以国，不以官，不以山川，不以隐疾，不以畜牲，不以器币。周人以讳事神，名，终将讳之。故以国则废名，以官则废职，以山川则废主，以畜牲则废祀，以器币则废礼。晋以僖侯废司徒，宋以武公废司空，先君献，武废二山，是以大物不可以命。"公曰："是其生也，与吾同物，命之曰同。"

桓公十八年传：十八年春，公将有行，遂与姜氏如齐。申繻曰："女有家，男有室，无相渎也，谓之有礼。易此，必败。"

施父、施孝叔

桓公九年传：冬，曹大子来朝，宾之以上卿，礼也。享曹大子，初献，乐奏而叹。施父曰："曹大子其有忧乎？非叹所也。"

成公十一年传：声伯以其外弟为大夫，而嫁其外妹于施孝叔。郤犨来聘，求妇于声伯。声伯夺施氏妇以与之。妇人曰："鸟兽犹不失俪，子将若何？"曰："吾不能死亡。"妇人遂行，生二子于郤氏。郤氏亡，晋人归之施氏，施氏逆诸河，沉其二子。妇人怒曰："己不能庇其伉俪而亡之，又不能字人之孤而杀之，将何以终？"遂誓施氏。

成公十七年传：初，鲍国去鲍氏而来为施孝叔臣。施氏卜宰，匡句须吉。施氏之宰，有百室之邑。与匡句须邑，使为宰。以让鲍国，而致邑焉。施孝叔曰："子实吉。"对曰："能与忠良，吉孰大焉！"

庆父

庄公二年经：夏，公子庆父帅师伐于余丘。

庄公八年传：夏，师及齐师围郕。郕降于齐师。仲庆父请伐齐师。公曰："不可。我实不德，齐师何罪？罪我之由。《夏书》曰：'皋陶迈种德，德，乃降。'姑务修德以待时乎。"

庄公三十二年经：公子庆父如齐。

庄公三十二年传：八月癸亥，公薨于路寝。子般即位，次于党氏。冬十月己未，共仲使圉人荦贼子般于党氏。

闵公元年传：仲孙归曰："不去庆父，鲁难未已。"公曰："若之何而去之？"对曰："难不已，将自毙，君其待之。"公曰："鲁可取乎？"对曰："不可，犹秉周礼。周礼，所以本也。臣闻之，国将亡，本必先颠，而后枝叶从之。鲁不弃周礼，未可动也。君其务宁鲁难而亲之。亲有礼，因重固，间携贰，覆昏乱，霸王之器也。"

闵公二年经：公子庆父出奔莒。

闵公二年传：初，公傅夺卜齮田，公不禁。

秋八月辛丑，共仲使卜齮贼公于武闱。成季以僖公适邾。共仲奔莒，乃入，立之。以赂求共仲于莒，莒人归之。及密，使公子鱼请，不许。哭而往，共仲曰："奚斯之声也。"乃缢。

闵公，哀姜之娣叔姜之子也，故齐人立之。共仲通于哀姜，哀姜欲立之。闵公之死也，哀姜与知之，故孙于邾。齐人取而杀之于夷，以其尸归，僖公请而葬之。

公子溺

庄公三年经：三年春王正月，溺会齐师伐卫。

庄公三年传：三年春，溺会齐师伐卫，疾之也。

秦子、梁子（附录秦氏家族之秦堇父、秦丕兹、秦遄）

庄公九年传：秋，师及齐师战于乾时，我师败绩，公丧戎路，传乘而归。秦子、梁子以公旗辟于下道，是以皆止。

襄公十年传：晋荀偃、士匄请伐偪阳，而封宋向戌焉。荀罃曰："城小而固，胜之不武，弗胜为笑。"固请。丙寅，围之，弗克。孟氏之臣秦堇父辇重如役。偪阳人启门，诸侯之士门焉。县门发，郰人纥抉之，以出门者。狄虒弥建大车之轮，而蒙之以甲，以为橹，左执之，右拔戟，以成一队。孟献子曰：

"《诗》所谓'有力如虎'者也。"主人县布，堇父登之，及堞而绝之。队，则又县之，苏而复上者三。主人辞焉，乃退，带其断以徇于军三日。……

师归，孟献子以秦堇父为右。生秦丕兹，事仲尼。

昭公二十五年传：及季姒与饔人檀通，而惧，乃使其妾抶己，以示秦遄之妻，曰："公若欲使余，余不可而抶余。"又诉于公甫，曰："展与夜姑将要余。"秦姬以告公之，公之与公甫告平子。

定公五年传：乙亥，阳虎囚季桓子及公父文伯，而逐仲梁怀。冬十月丁亥，杀公何藐。己丑，盟桓子于稷门之内。庚寅，大诅，逐公父歜及秦遄，皆奔齐。

曹刿

庄公十年传：十年春，齐师伐我。公将战，曹刿请见。其乡人曰："肉食者谋之，又何间焉。"刿曰："肉食者鄙，未能远谋。"乃入见。问何以战。公曰："衣食所安，弗敢专也，必以分人。"对曰："小惠未遍，民弗从也。"公曰："牺牲玉帛，弗敢加也，必以信。"对曰："小信未孚，神弗福也。"公曰："小大之狱，虽不能察，必以情。"对曰："忠之属也，可以一战，战则请从。"

公与之乘。战于长勺。公将鼓之。刿曰："未可。"齐人三鼓，刿曰："可矣。"齐师败绩。公将驰之。刿曰："未可。"下视其辙，登轼而望之，曰："可矣。"遂逐齐师。

既克，公问其故。对曰："夫战，勇气也，一鼓作气，再而衰，三而竭。彼竭我盈，故克之。夫大国难测也，惧有伏焉。吾视其辙乱，望其旗靡，故逐之。"

庄公二十三年传：二十三年夏，公如齐观社，非礼也。曹刿谏曰："不可。夫礼，所以整民也。故会以训上下之则，制财用之节；朝以正班爵之义，帅长幼之序；征伐以讨其不然。诸侯有王，王有巡守，以大习之。非是，君不举矣。君举必书，书而不法，后嗣何观？"

公子偃

庄公十年传：夏六月，齐师、宋师次于郎。公子偃曰："宋师不整，可败也。宋败，齐必还，请击之。"公弗许。自雩门窃出，蒙皋比而先犯之。公从之。大败宋师于乘丘。齐师乃还。

臧文仲（附录重馆人）

庄公十一年传：秋，宋大水。公使吊焉，曰："天作淫雨，害于粢盛，若之何不吊？”对曰：“孤实不敬，天降之灾，又以为君忧，拜命之辱。”

臧文仲曰：“宋其兴乎。禹、汤罪己，其兴也悖焉；桀、纣罪人，其亡也忽焉。且列国有凶称孤，礼也。言惧而名礼，其庶乎。”既而闻之曰公子御说之辞也。臧孙达曰：“是宜为君，有恤民之心。”

庄公二十八年经：大无麦、禾，臧孙辰告籴于齐。

庄公二十八年传：冬，饥。臧孙辰告籴于齐，礼也。

僖公二十年传：宋襄公欲合诸侯，臧文仲闻之，曰：“以欲从人，则可；以人从欲，鲜济。”

僖公二十一年传：夏，大旱。公欲焚巫尪。臧文仲曰：“非旱备也。修城郭，贬食省用，务穑劝分，此其务也。巫尪何为？天欲杀之，则如勿生；若能为旱，焚之滋甚。”公从之。是岁也，饥而不害。

僖公二十二年传：邾人以须句故出师。公卑邾，不设备而御之。臧文仲曰：“国无小，不可易也。无备，虽众不可恃也。《诗》曰：‘战战兢兢，如临深渊，如履薄冰。’又曰：‘敬之敬之，天惟显思，命不易哉！’先王之明德，犹无不难也，无不惧也，况我小国乎！君其无谓邾小。蜂虿有毒，而况国乎？”弗听。

八月丁未，公及邾师战于升陉，我师败绩。邾人获公胄，县诸鱼门。

僖公二十四年传：王使来告难曰：“不谷不德，得罪于母弟之宠子带，鄙在郑地汜，敢告叔父。”臧文仲对曰：“天子蒙尘于外，敢不奔问官守？”

僖公二十六年传：东门襄仲、臧文仲如楚乞师，臧孙见子玉而道之伐齐、宋，以其不臣也。

公以楚师伐齐，取谷。凡师能左右之曰以。

僖公三十一年传：取济西田，分曹地也。使臧文仲往，宿于重馆。重馆人告曰：“晋新得诸侯，必亲其共，不速行，将无及也。”从之，分曹地，自洮以南，东傅于济，尽曹地也。

僖公三十三年传：齐国庄子来聘，自郊劳至于赠贿，礼成而加之以敏。臧文仲言于公曰：“国子为政，齐犹有礼，君其朝焉。臣闻之，服于有礼，社稷之卫也。”

文公二年传：仲尼曰：“臧文仲，其不仁者三，不知者三。下展禽，废六关，妾织蒲，三不仁也。作虚器，纵逆祀，祀爰居，三不知也。”

文公五年传：楚公子燮灭蓼，臧文仲闻六与蓼灭，曰：“皋陶庭坚不祀忽诸。德之不建，民之无援，哀哉！”

文公六年传：臧文仲以陈、卫之睦也，欲求好于陈。夏，季文子聘于陈，且娶焉。

文公十年经：十年春王三月辛卯，臧孙辰卒。

遄孙

庄公十一年传：乘丘之役，公以金仆姑射南宫长万，公右遄孙生搏之。

公子结

庄公十九年经：公子结媵陈人之妇于鄄，遂及齐侯、宋公盟。

御孙

庄公二十四年传：刻其桷，皆非礼也。御孙谏曰：“臣闻之：‘俭，德之共也；侈，恶之大也。’先君有共德而君纳诸大恶，无乃不可乎！”

秋，哀姜至。公使宗妇觌，用币，非礼也。御孙曰：“男贽大者玉帛，小者禽鸟，以章物也。女贽不过榛栗枣脩，以告虔也。今男女同贽，是无别也。男女之别，国之大节也。而由夫人乱之，无乃不可乎！”

季友

庄公二十五年经：公子友如陈。

庄公二十七年经：公子友如陈，葬原仲。

庄公二十七年传：公子友如陈，葬原仲，非礼也。原仲，季友之旧也。

庄公三十二年传：公疾，问后于叔牙。对曰：“庆父材。”问于季友，对曰：“臣以死奉般。”公曰：“乡者牙曰庆父材。”成季使以君命命僖叔待于鍼巫氏，使鍼季鸩之，曰：“饮此则有后于鲁国，不然，死且无后。”饮之，归及逵泉而卒，立叔孙氏。

八月癸亥，公薨于路寝。子般即位，次于党氏。冬十月己未，共仲使圉人荦贼子般于党氏。成季奔陈。立闵公。

闵公元年经：季子来归。

闵公元年传：公及齐侯盟于落姑，请复季友也。齐侯许之，使召诸陈，公次于郎以待之。“季子来归”，嘉之也。

闵公二年传：初，公傅夺卜齮田，公不禁。

秋八月辛丑，共仲使卜齮贼公于武闱。成季以僖公适邾。共仲奔莒，乃入，立之。以赂求共仲于莒，莒人归之。及密，使公子鱼请，不许。哭而往，共仲曰："奚斯之声也。"乃缢。

成季之将生也，桓公使卜楚丘之父卜之。曰："男也。其名曰友，在公之右。间于两社，为公室辅。季氏亡，则鲁不昌。"又筮之，遇《大有》之《乾》，曰："同复于父，敬如君所。"及生，有文在其手曰"友"，遂以命之。

成风闻成季之繇，乃事之，而属僖公焉，故成季立之。

僖公元年经：公子友帅师败莒师于郦。获莒拏。

僖公元年传：冬，莒人来求赂。公子友败诸郦，获莒子之弟拏。非卿也，嘉获之也。公赐季友汶阳之田及费。

僖公三年经：公子友如齐莅盟。

僖公三年传：齐侯为阳谷之会来寻盟。冬，公子友如齐莅盟。

僖公七年经：公子友如齐。

僖公十三年经：公子友如齐。

僖公十六年经：三月壬申，公子季友卒。

叔牙

庄公三十二年经：公子牙卒。

庄公三十二年传：公疾，问后于叔牙。对曰："庆父材。"问于季友，对曰："臣以死奉般。"公曰："乡者牙曰庆父材。"成季使以君命命僖叔待于鍼巫氏，使鍼季鸩之，曰："饮此则有后于鲁国，不然，死且无后。"饮之，归及逵泉而卒，立叔孙氏。

子般、党氏、梁氏、圉人荦

庄公三十二年经：子般卒。公子庆父如齐。

庄公三十二年传：初，公筑台临党氏，见孟任，从之。閟，而以夫人言，许之。割臂盟公，生子般焉。雩，讲于梁氏，女公子观之。圉人荦自墙外与之戏。子般怒，使鞭之。公曰："不如杀之，是不可鞭。荦有力焉，能投盖于稷门。"

公疾，问后于叔牙。对曰："庆父材。"问于季友，对曰："臣以死奉般。"公曰："乡者牙曰庆父材。"成季使以君命命僖叔待于鍼巫氏，使鍼季鸩之，曰："饮此则有后于鲁国，不然，死且无后。"饮之，归及逵泉而卒，立叔孙氏。

八月癸亥，公薨于路寝。子般即位，次于党氏。冬十月己未，共仲使圉人荦贼子般于党氏。

公傅、卜齮、公子鱼

闵公二年传：初，公傅夺卜齮田，公不禁。

秋八月辛丑，共仲使卜齮贼公于武闱。成季以僖公适邾。共仲奔莒，乃入，立之。以赂求共仲于莒，莒人归之。及密，使公子鱼请，不许。哭而往，共仲曰："奚斯之声也。"乃缢。

卜楚丘之父、卜楚丘

闵公二年传：成季之将生也，桓公使卜楚丘之父卜之。曰："男也。其名曰友，在公之右。间于两社，为公室辅。季氏亡，则鲁不昌。"又筮之，遇《大有》之《乾》，曰："同复于父，敬如君所。"及生，有文在其手曰"友"，遂以命之。

成风闻成季之繇，乃事之，而属僖公焉，故成季立之。

昭公五年传：初，穆子之生也，庄叔以《周易》筮之，遇《明夷》䷣之《谦》䷎，以示卜楚丘。曰："是将行，而归为子祀。以谗人入，其名曰牛，卒以馁死。《明夷》，日也。日之数十，故有十时，亦当十位。自王已下，其二为公，其三为卿。日上其中，食日为二，旦日为三。《明夷》之《谦》，明而未融，其当旦乎，故曰：'为子祀'。日之《谦》，当鸟，故曰'明夷于飞'。明之未融，故曰'垂其翼'。象日之动，故曰'君子于行'。当三在旦，故曰'三日不食'。《离》，火也。《艮》，山也。《离》为火，火焚山，山败。于人为言，败言为谗，故曰'有攸往，主人有言'，言必谗也。纯《离》为牛，世乱谗胜，胜将适《离》，故曰'其名曰牛'。谦不足，飞不翔，垂不峻，翼不广，故曰'其为子后乎'。吾子，亚卿也，抑少不终。"

叔孙戴伯（公孙兹）

僖公四年经：公孙兹帅师会齐人、宋人、卫人、郑人、许人、曹人侵陈。

僖公四年传：叔孙戴伯帅师，会诸侯之师侵陈。陈成，归辕涛涂。

僖公五年经：公孙兹如牟。

僖公五年传：公孙兹如牟，娶焉。

僖公十六年经：秋七月甲子，公孙兹卒。

孟穆伯（公孙敖，附录文伯、惠叔、己氏二子）

僖公十五年经：公孙敖帅师及诸侯之大夫救徐。

僖公十五年传：孟穆伯帅师及诸侯之师救徐，诸侯次于匡以待之。

文公元年经：秋，公孙敖会晋侯于戚。……公孙敖如齐。

文公元年传：王使内史叔服来会葬。公孙敖闻其能相人也，见其二子焉。叔服曰："谷也食子，难也收子。谷也丰下，必有后于鲁国。"

秋，晋侯疆戚田，故公孙敖会之。

穆伯如齐，始聘焉，礼也。凡君即位，卿出并聘，践修旧好，要结外援，好事邻国，以卫社稷，忠信卑让之道也。忠，德之正也；信，德之固也；卑让，德之基也。

文公二年经：公孙敖会宋公、陈侯、郑伯、晋士縠盟于垂陇。

文公二年传：穆伯会诸侯及晋司空士縠盟于垂陇，晋讨卫故也。

文公五年经：公孙敖如晋。

文公七年经：公孙敖如莒莅盟。

文公七年传：穆伯娶于莒，曰戴己，生文伯，其娣声己生惠叔。戴己卒，又聘于莒，莒人以声己辞，则为襄仲聘焉。

冬，徐伐莒。莒人来请盟。穆伯如莒莅盟，且为仲逆。及鄢陵。登城见之，美，自为娶之。仲请攻之，公将许之。叔仲惠伯谏曰："臣闻之，兵作于内为乱，于外为寇，寇犹及人，乱自及也。今臣作乱而君不禁，以启寇仇，若之何？"公止之，惠伯成之。使仲舍之，公孙敖反之，复为兄弟如初。从之。

文公八年经：公孙敖如京师，不至而复。丙戌，奔莒。

文公八年传：穆伯如周吊丧，不至，以币奔莒，从己氏焉。

文公十四年经：九月甲申，公孙敖卒于齐。

文公十四年传：穆伯之从己氏也，鲁人立文伯。穆伯生二子于莒而求复，文伯以为请。襄仲使无朝。听命，复而不出，二年而尽室以复适莒。文伯疾而请曰："谷之子弱，请立难也。"许之。文伯卒，立惠叔。穆伯请重赂以求复，惠叔以为请，许之。将来，九月卒于齐，告丧，请葬，弗许。

文公十五年经：齐人归公孙敖之丧。

文公十五年传：齐人或为孟氏谋，曰："鲁，尔亲也。饰棺置诸堂阜，鲁必取之。"从之。卞人以告。惠叔犹毁以为请。立于朝以待命。许之，取而殡之。齐人送之。书曰："齐人归公孙敖之丧。"为孟氏，且国故也。葬视共仲。

声己不视，帷堂而哭。襄仲欲勿哭，惠伯曰："丧，亲之终也。虽不能始，善终可也。史佚有言曰：'兄弟致美。'救乏、贺善、吊灾、祭敬、丧哀，情虽不同，毋绝其爱，亲之道也。子无失道，何怨于人？"襄仲说，帅兄弟以哭之。他年，其二子来，孟献子爱之，闻于国。或谮之曰："将杀子。"献子以告季文子。二子曰："夫子以爱我闻，我以将杀子闻，不亦远于礼乎？远礼不如死。"一人门于句鼆，一人门于戾丘，皆死。

夷伯

僖公十五年经：震夷伯之庙。

僖公十五年传：震夷伯之庙，罪之也，于是展氏有隐慝焉。

展喜、展禽

僖公二十六年传：齐师侵我西鄙，讨是二盟也。夏，齐孝公伐我北鄙。卫人伐齐，洮之盟故也。公使展喜犒师，使受命于展禽。齐侯未入竟，展喜从之，曰："寡君闻君亲举玉趾，将辱于敝邑，使下臣犒执事。"齐侯曰："鲁人恐乎？"对曰："小人恐矣，君子则否。"齐侯曰："室如县罄，野无青草，何恃而不恐？"对曰："恃先王之命。昔周公、大公股肱周室，夹辅成王。成王劳之而赐之盟，曰：'世世子孙，无相害也。'载在盟府，大师职之。桓公是以纠合诸侯而谋其不协，弥缝其阙而匡救其灾，昭旧职也。及君即位，诸侯之望曰：'其率桓之功。'我敝邑用不敢保聚，曰：'岂其嗣世九年而弃命废职，其若先君何？'君必不然。恃此以不恐。"齐侯乃还。

襄仲

僖公二十六年经：齐人伐我北鄙。卫人伐齐。公子遂如楚乞师。……公以楚师伐齐，取谷。

僖公二十六年传：东门襄仲、臧文仲如楚乞师，臧孙见子玉而道之伐齐、宋，以其不臣也。……

公以楚师伐齐，取谷。凡师能左右之曰以。

僖公二十七年经：公子遂帅师入杞。

僖公二十七年传：杞桓公来朝，用夷礼，故曰子。公卑杞，杞不共也。……秋，入杞，责无礼也。

僖公二十八年经：公子遂如齐。

僖公三十年经：公子遂如京师。遂如晋。

僖公三十年传：东门襄仲将聘于周，遂初聘于晋。

僖公三十一年经：公子遂如晋。

僖公三十一年传：襄仲如晋，拜曹田也。

僖公三十三年经：公子遂帅师伐邾。

僖公三十三年传：公伐邾，取訾娄，以报升陉之役。邾人不设备。秋，襄仲复伐邾。

文公二年经：公子遂如齐纳币。

文公二年传：襄仲如齐纳币，礼也。凡君即位，好舅甥，修昏姻，娶元妃以奉粢盛，孝也。孝，礼之始也。

文公六年经：公子遂如晋。葬晋襄公。

文公六年传：襄仲如晋。葬襄公。

文公七年传：穆伯娶于莒，曰戴己，生文伯，其娣声己生惠叔。戴己卒，又聘于莒，莒人以声己辞，则为襄仲聘焉。

冬，徐伐莒。莒人来请盟。穆伯如莒莅盟，且为仲逆。及鄢陵。登城见之，美，自为娶之。仲请攻之，公将许之。叔仲惠伯谏曰："臣闻之，兵作于内为乱，于外为寇，寇犹及人，乱自及也。今臣作乱而君不禁，以启寇仇，若之何？"公止之，惠伯成之。使仲舍之，公孙敖反之，复为兄弟如初。从之。

文公八年经：冬十月壬午，公子遂会晋赵盾盟于衡雍。乙酉，公子遂会洛戎盟于暴。

文公八年传：晋人以扈之盟来讨。冬，襄仲会晋赵孟，盟于衡雍，报扈之盟也，遂会伊洛之戎。书曰"公子遂"，珍之也。

文公九年经：公子遂会晋人、宋人、卫人、许人救郑。

文公十一年经：公子遂如宋。

文公十一年传：襄仲聘于宋，且言司城荡意诸而复之，因贺楚师之不害也。

文公十二年传：秦伯使西乞术来聘，且言将伐晋。襄仲辞玉曰："君不忘先君之好，照临鲁国，镇抚其社稷，重之以大器，寡君敢辞玉。"对曰："不腆敝器，不足辞也。"主人三辞。宾客曰："寡君愿徼福于周公、鲁公以事君，不腆先君之敝器，使下臣致诸执事以为瑞节，要结好命，所以藉寡君之命，结二国之好，是以敢致之。"襄仲曰："不有君子，其能国乎？国无陋矣。"厚贿之。

文公十四年传：襄仲使告于王，请以王宠求昭姬于齐。曰："杀其子，焉用其母？请受而罪之。"

文公十五年传：（公孙敖之丧），襄仲欲勿哭，惠伯曰："丧，亲之终也。虽不能始，善终可也。史佚有言曰：'兄弟致美。'救乏、贺善、吊灾、祭敬、丧哀，情虽不同，毋绝其爱，亲之道也。子无失道，何怨于人？"襄仲说，帅兄弟以哭之。

文公十六年经：公子遂及齐侯盟于郪丘。

文公十六年传：夏五月，公四不视朔，疾也。公使襄仲纳赂于齐侯，故盟于郪丘。

文公十七年经：冬，公子遂如齐。

文公十七年传：齐侯伐我北鄙，襄仲请盟。六月，盟于谷。

襄仲如齐，拜谷之盟。复曰："臣闻齐人将食鲁之麦。以臣观之，将不能。齐君之语偷。臧文仲有言曰：'民主偷必死。'"

文公十八年经：秋，公子遂、叔孙得臣如齐。

文公十八年传：秋，襄仲、庄叔如齐，惠公立故，且拜葬也。

文公二妃敬嬴生宣公。敬嬴嬖而私事襄仲。宣公长而属诸襄仲，襄仲欲立之，叔仲不可。仲见于齐侯而请之。齐侯新立而欲亲鲁，许之。

冬十月，仲杀恶及视而立宣公。书曰"子卒"，讳之也。

宣公元年经：公子遂如齐逆女。三月，遂以夫人妇姜至自齐。……公会齐侯于平州。公子遂如齐。

宣公元年传：元年春，王正月，公子遂如齐逆女，尊君命也。三月，遂以夫人妇姜至自齐，尊夫人也。

会于平州，以定公位。东门襄仲如齐拜成。

宣公八年经：夏六月，公子遂如齐，至黄乃复。辛巳，有事于大庙，仲遂卒于垂。

宣公八年传：有事于大庙，襄仲卒而绎，非礼也。

公子买

僖公二十八年经：公子买戍卫，不卒戍，刺之。

僖公二十八年传：公子买戍卫，楚人救卫，不克。公惧于晋，杀子丛以说焉。谓楚人曰："不卒戍也。"

叔孙得臣（附录侯叔夏、绵房甥、富父终甥）

文公元年经：叔孙得臣如京师。

文公元年传：王使毛伯卫来锡公命。叔孙得臣如周拜。

文公三年经：叔孙得臣会晋人、宋人、陈人、卫人、郑人伐沈。沈溃。

文公三年传：庄叔会诸侯之师伐沈，以其服于楚也。沈溃。

晋人惧其无礼于公也，请改盟。公如晋，及晋侯盟。晋侯飨公，赋《菁菁者莪》。庄叔以公降，拜，曰："小国受命于大国，敢不慎仪。君贶之以大礼，何乐如之？抑小国之乐，大国之惠也。"晋侯降，辞。登，成拜。公赋《嘉乐》。

文公九年经：叔孙得臣如京师。

文公九年传：二月庄叔如周。葬襄王。

文公十一年经：冬十月甲午，叔孙得臣败狄于咸。

文公十一年传：鄋瞒侵齐。遂伐我。公卜使叔孙得臣追之，吉。侯叔夏御庄叔，绵房甥为右，富父终甥驷乘。冬十月甲午，败狄于咸，获长狄侨如。富父终甥摏其喉以戈，杀之，埋其首于子驹之门，以命宣伯。

文公十八年经：秋，公子遂、叔孙得臣如齐。

文公十八年传：秋，襄仲、庄叔如齐，惠公立故，且拜葬也。

宣公五年经：叔孙得臣卒。

夏父弗忌

文公二年传：大事于大庙，跻僖公，逆祀也。于是夏父弗忌为宗伯，尊僖公，且明见曰："吾见新鬼大，故鬼小。先大后小，顺也。跻圣贤，明也。明、顺，礼也。"

季文子（附录大史克）

文公六年经：夏，季孙行父如陈。秋，季孙行父如晋。

文公六年传：夏，季文子聘于陈，且娶焉。

秋，季文子将聘于晋，使求遭丧之礼以行。其人曰："将焉用之？"文子曰："备豫不虞，古之善教也。求而无之，实难，过求何害？"

文公十二年经：季孙行父帅师城诸及郓。

文公十二年传：城诸及郓，书，时也。

文公十三年传：公如晋，朝，且寻盟。卫侯会公于沓，请平于晋。公还，郑伯会公于棐，亦请平于晋。公皆成之。郑伯与公宴于棐。子家赋《鸿雁》。季文子曰："寡君未免于此。"文子赋《四月》。子家赋《载驰》之四章。文子赋《采薇》之四章。郑伯拜。公答拜。

文公十五年经：季孙行父如晋。……齐人侵我西鄙。季孙行父如晋。

文公十五年传：季文子如晋，为单伯与子叔姬故也。

秋，齐人侵我西鄙，故季文子告于晋。

齐侯侵我西鄙，谓诸侯不能也。遂伐曹，入其郛，讨其来朝也。季文子曰："齐侯其不免乎。己则无礼，而讨于有礼者，曰：'女何故行礼！'礼以顺天，天之道也，己则反天，而又以讨人，难以免矣。诗曰：'胡不相畏，不畏于天？'君子之不虐幼贱，畏于天也。在《周颂》曰：'畏天之威，于时保之。'不畏于天，将何能保？以乱取国，奉礼以守，犹惧不终，多行无礼，弗能在矣！"

文公十六年经：季孙行父会齐侯于阳谷，齐侯弗及盟。

文公十六年传：春，王正月，及齐平。公有疾，使季文子会齐侯于阳谷。请盟，齐侯不肯，曰："请俟君间。"

文公十八年经：季孙行父如齐。

文公十八年传：莒纪公生大子仆，又生季佗，爱季佗而黜仆，且多行无礼于国。仆因国人以弑纪公，以其宝玉来奔，纳诸宣公。公命与之邑，曰："今日必授。"季文子使司寇出诸竟，曰："今日必达。"公问其故。季文子使大史克对曰："先大夫臧文仲教行父事君之礼，行父奉以周旋，弗敢失队。曰：'见有礼于其君者，事之如孝子之养父母也。见无礼于其君者，诛之如鹰鹯之逐鸟雀也。'先君周公制《周礼》曰：'则以观德，德以处事，事以度功，功以食民。'作《誓命》曰：'毁则为贼，掩贼为藏，窃贿为盗，盗器为奸。主藏之名，赖奸之用，为大凶德，有常无赦，在《九刑》不忘。’行父还观莒仆，莫可则也。孝敬忠信为吉德，盗贼藏奸为凶德。夫莒仆，则其孝敬，则弑君父矣；则其忠信，则窃宝玉矣。其人，则盗贼也；其器，则奸兆也，保而利之，则主藏也。以训则昏，民无则焉。不度于善，而皆在于凶德，是以去之。

昔高阳氏有才子八人，苍舒、隤敳、梼戭、大临、尨降、庭坚、仲容、叔达，齐圣广渊，明允笃诚，天下之民谓之八恺。高辛氏有才子八人，伯奋、仲堪、叔献、季仲、伯虎、仲熊、叔豹、季狸，忠肃共懿，宣慈惠和，天下之民谓之八元。此十六族也，世济其美，不陨其名，以至于尧，尧不能举。舜臣尧，举八恺，使主后土，以揆百事，莫不时序，地平天成。举八元，使布五教于四方，父义、母慈、兄友、弟共、子孝，内平外成。昔帝鸿氏有不才子，掩义隐贼，好行凶德，丑类恶物，顽嚚不友，是与比周，天下之民谓之浑敦。少皞氏有不才子，毁信废忠，崇饰恶言，靖谮庸回，服谗蒐慝，以诬盛德，天下之民谓之穷奇。颛顼有不才子，不可教训，不知话言，告之则顽，舍之则嚚，傲很明德，以乱天常，天下之民谓之梼杌。此三族也，世济其凶，增其恶名，以至于尧，尧不能去。缙云氏有不才子，贪于饮食，冒于货贿，侵欲崇侈，不可盈厌，聚敛积实，不知纪极，不分孤寡，不恤穷匮，天下之民以比三凶，谓之饕餮。舜臣尧，宾于四门，流四凶族浑敦、穷奇、梼杌、饕餮，投诸四裔，以御魑魅。是以尧崩而天下如一，同心戴舜以为天子，以其举十六相，去四凶也。故《虞书》数舜之功，曰‘慎徽五典，五典克从’，无违教也。曰‘纳于百揆，百揆时序’，无废事也。曰‘宾于四门，四门穆穆’，无凶人也。

舜有大功二十而为天子，今行父虽未获一吉人，去一凶矣，于舜之功，二十之一也，庶几免于戾乎！”

宣公元年经：夏，季孙行父如齐。……公会齐侯于平州。

宣公元年传：夏，季文子如齐，纳赂以请会。……会于平州，以定公位。

宣公十八年传：公孙归父以襄仲之立公也，有宠，欲去三桓以张公室。与公谋而聘于晋，欲以晋人去之。冬，公薨。季文子言于朝曰：“使我杀适立庶以失大援者，仲也夫。”臧宣叔怒曰：“当其时不能治也，后之人何罪？子欲去之，许请去之。”遂逐东门氏。子家还，及笙，坛帷，复命于介。既复命，袒、括发，即位哭，三踊而出。遂奔齐。书曰“归父还自晋”。善之也。

成公二年经：六月癸酉，季孙行父、臧孙许、叔孙侨如、公孙婴齐帅师会晋郤克、卫孙良夫、曹公子首及齐侯战于鞍，齐师败绩。

成公二年传：臧宣叔逆晋师，且道之。季文子帅师会之。

成公四年传：夏，公如晋，晋侯见公，不敬。季文子曰："晋侯必不免。《诗》曰：'敬之敬之！天惟显思，命不易哉！'夫晋侯之命在诸侯矣，可不敬乎？"

秋，公至自晋，欲求成于楚而叛晋，季文子曰："不可。晋虽无道，未可叛也。国大臣睦，而迩于我，诸侯听焉，未可以贰。史佚之《志》有之，曰：'非我族类，其心必异。'楚虽大，非吾族也，其肯字我乎？"公乃止。

成公六年经：冬，季孙行父如晋。

成公六年传：二月，季文子以鞍之功立武宫，非礼也。听于人以救其难，不可以立武。立武由己，非由人也。

冬，季文子如晋，贺迁也。

成公七年传：七年春，吴伐郯，郯成。季文子曰："中国不振旅，蛮夷入伐，而莫之或恤，无吊者也夫！《诗》曰：'不吊昊天，乱靡有定。'其此之谓乎！有上不吊，其谁不受乱？吾亡无日矣！"君子曰："如惧如是，斯不亡矣。"

成公八年传：晋侯使韩穿来言汶阳之田，归之于齐。季文子饯之，私焉，曰："大国制义以为盟主，是以诸侯怀德畏讨，无有贰心。谓汶阳之田，敝邑之旧也，而用师于齐，使归诸敝邑。今有二命曰：'归诸齐。'信以行义，义以成命，小国所望而怀也。信不可知，义无所立，四方诸侯，其谁不解体？《诗》曰：'女也不爽，士贰其行。士也罔极，二三其德。'七年之中，一与一夺，二三孰甚焉！士之二三，犹丧妃耦，而况霸主？霸主将德是以，而二三之，其何以长有诸侯乎？《诗》曰：'犹之未远，是用大简。'行父惧晋之不远犹而失诸侯也，是以敢私言之。"

晋士燮来聘，言伐郯也，以其事吴故。公赂之，请缓师，文子不可，曰："君命无贰，失信不立。礼无加货，事无二成。君后诸侯，是寡君不得事君也。燮将复之。"季孙惧，使宣伯帅师会伐郯。

成公九年经：季孙行父如宋致女。

成公九年传：为归汶阳之田故，诸侯贰于晋。晋人惧，会于蒲，以寻马陵之盟。季文子谓范文子曰："德则不竞，寻盟何为？"范文子曰："勤以抚之，宽以待之，坚强以御之，明神以要之，柔服而伐贰，德之次也。"是行也，将始会吴，吴人不至。

夏，季文子如宋致女，复命，公享之。赋《韩奕》之五章，穆姜出于房，再拜，曰："大夫勤辱，不忘先君以及嗣君，施及未亡人。先君犹有望也！敢拜大夫之重勤。"又赋《绿衣》之卒章而入。

成公十一年经：夏，季孙行父如晋。

成公十一年传：夏，季文子如晋报聘，且莅盟也。

成公十六年经：九月，晋人执季孙行父，舍之于苕丘。……十有二月乙丑，季孙行父及晋郤犨盟于扈。

成公十六年传：战之日，齐国佐、高无咎至于师。卫侯出于卫，公出于坏隤。宣伯通于穆姜，欲去季、孟，而取其室。将行，穆姜送公，而使逐二子。公以晋难告，曰："请反而听命。"姜怒，公子偃、公子鉏趋过，指之曰："女不可，是皆君也。"公待于坏隤，申宫儆备，设守而后行，是以后。使孟献子守于公宫。

宣伯使告郤犨曰："鲁之有季、孟，犹晋之有栾、范也，政令于是乎成。今其谋曰：'晋政多门，不可从也。宁事齐、楚，有亡而已，蔑从晋矣。'若欲得志于鲁，请止行父而杀之，我毙蔑也而事晋，蔑有贰矣。鲁不贰，小国必睦。不然，归必叛矣。"

九月，晋人执季文子于苕丘。公还，待于郓。使子叔声伯请季孙于晋，郤犨曰："苟去仲孙蔑而止季孙行父，吾与子国，亲于公室。"对曰："侨如之情，子必闻之矣。若去蔑与行父，是大弃鲁国而罪寡君也。若犹不弃，而惠徼周公之福，使寡君得事晋君。则夫二人者，鲁国社稷之臣也。若朝亡之，鲁必夕亡。以鲁之密迩仇雠，亡而为仇，治之何及？"郤犨曰："吾为子请邑。"对曰："婴齐，鲁之常隶也，敢介大国以求厚焉！承寡君之命以请，若得所请，吾子之赐多矣。又何求？"范文子谓栾武子曰："季孙于鲁，相二君矣。妾不衣帛，马不食粟，可不谓忠乎？信谗慝而弃忠良，若诸侯何？子叔婴齐奉君命无私，谋国家不贰，图其身不忘其君。若虚其请，是弃善人也。子其图之！"乃许鲁平，赦季孙。

十二月，季孙及郤犨盟于扈。归，刺公子偃，召叔孙豹于齐而立之。

成公十八年传：晋士鲂来乞师。季文子问师数于臧武仲，对曰："伐郑之役，知伯实来，下军之佐也。今彘季亦佐下军，如伐郑可也。事大国，无失班爵而加敬焉，礼也。"从之。

襄公二年传：齐姜薨。初，穆姜使择美槚，以自为榇与颂琴。季文子取以葬。君子曰："非礼也。礼无所逆，妇，养姑者也，亏姑以成妇，逆莫大焉。《诗》曰：'其惟哲人，告之话言，顺德之行。'季孙于是为不哲矣。且姜氏，君之妣也。《诗》曰：'为酒为醴，烝畀祖妣，以洽百礼，降福孔偕。'"

襄公四年传：秋，定姒薨。不殡于庙，无榇，不虞。匠庆谓季文子曰："子为正卿，而小君之丧不成，不终君也。君长，谁受其咎？"

初，季孙为己树六槚于蒲圃东门之外。匠庆请木，季孙曰："略。"匠庆用蒲圃之槚，季孙不御。君子曰："《志》所谓'多行无礼，必自及也'，其是之谓乎！"

襄公五年经：辛未，季孙行父卒。

襄公五年传：季文子卒。大夫入敛，公在位。宰庀家器为葬备，无衣帛之妾，无食粟之马，无藏金玉，无重器备。君子是以知季文子之忠于公室也。相三君矣，而无私积，可不谓忠乎？

叔仲惠伯（附录公冉务人）

文公七年传：穆伯娶于莒，曰戴己，生文伯，其娣声己生惠叔。戴己卒，又聘于莒，莒人以声己辞，则为襄仲聘焉。

冬，徐伐莒。莒人来请盟。穆伯如莒莅盟，且为仲逆。及鄢陵。登城见之，美，自为娶之。仲请攻之，公将许之。叔仲惠伯谏曰："臣闻之，兵作于内为乱，于外为寇，寇犹及人，乱自及也。今臣作乱而君不禁，以启寇仇，若之何？"公止之，惠伯成之。使仲舍之，公孙敖反之，复为兄弟如初。从之。

文公九年传：楚子越椒来聘，执币傲。叔仲惠伯曰："是必灭若敖氏之宗。傲其先君，神弗福也。"

文公十一年经：夏，叔仲彭生会晋郤缺于承筐。

文公十一年传：夏，叔仲惠伯会晋郤缺于承筐，谋诸侯之从于楚者。

文公十四年经：邾人伐我南鄙，叔彭生帅师伐邾。

文公十四年传：邾文公之卒也，公使吊焉，不敬。邾人来讨，伐我南鄙，故惠伯伐邾。

文公十五年传：（公孙敖之丧），襄仲欲勿哭，惠伯曰："丧，亲之终也。虽不能始，善终可也。史佚有言曰：'兄弟致美。'救乏、贺善、吊灾、祭敬、丧哀，情虽不同，毋绝其爱，亲之道也。子无失道，何怨于人？"襄仲说，帅兄弟以哭之。

文公十八年传：齐侯戒师期，而有疾，医曰："不及秋，将死。"公闻之，卜曰："尚无及期。"惠伯令龟，卜楚丘占之曰："齐侯不及期，非疾也。君亦不闻。令龟有咎。"二月丁丑，公薨。

冬十月，仲杀恶及视而立宣公。书曰"子卒"，讳之也。仲以君命召惠伯。其宰公冉务人止之，曰："入必死。"叔仲曰："死君命可也。"公冉务人曰："若君命可死，非君命何听？"弗听，乃入，杀而埋之马矢之中。公冉务人奉其帑以奔蔡，既而复叔仲氏。

孟献子

文公十五年传：他年，其二子来，孟献子爱之，闻于国。或谮之曰："将杀子。"献子以告季文子。二子曰："夫子以爱我闻，我以将杀子闻，不亦远于礼乎？远礼不如死。"一人门于句鼆，一人门于戾丘，皆死。

宣公九年经：夏，仲孙蔑如京师。

宣公九年传：九年春，王使来征聘。夏，孟献子聘于周，王以为有礼，厚贿之。

宣公十四年传：孟献子言于公曰："臣闻小国之免于大国也，聘而献物，于是有庭实旅百。朝而献功，于是有容貌采章嘉淑，而有加货。谋其不免也。诛而荐贿，则无及也。今楚在宋，君其图之。"公说。

宣公十五年经：仲孙蔑会齐高固于无娄。

成公二年传：冬，楚师侵卫，遂侵我，师于蜀。使臧孙往，辞曰："楚远而久，固将退矣。无功而受名，臣不敢。"楚侵及阳桥，孟孙请往，赂之以执斫、执针、织纴，皆百人。公衡为质，以请盟，楚人许平。

成公五年经：仲孙蔑如宋。

成公五年传：孟献子如宋，报华元也。

成公六年经：秋，仲孙蔑、叔孙侨如帅师侵宋。

成公六年传：秋，孟献子、叔孙宣伯侵宋，晋命也。

成公十三年传：晋侯使郤锜来乞师，将事不敬。孟献子曰："郤氏其亡乎！礼，身之干也。敬，身之基也。郤子无基。且先君之嗣卿也，受命以求师，将社稷是卫，而惰，弃君命也。不亡何为？"

三月，公如京师。宣伯欲赐，请先使，王以行人之礼礼焉。孟献子从。王以为介，而重贿之。

成公十六年传：栾黡来乞师，孟献子曰："有胜矣。"

战之日，齐国佐、高无咎至于师。卫侯出于卫，公出于坏隤。宣伯通于穆姜，欲去季、孟，而取其室。将行，穆姜送公，而使逐二子。公以晋难告，曰："请反而听命。"姜怒，公子偃、公子鉏趋过，指之曰："女不可，是皆君也。"公待于坏隤，申宫儆备，设守而后行，是以后。使孟献子守于公宫。

成公十八年经：仲孙蔑会晋侯、宋公、卫侯、邾子、齐崔杼同盟于虚朾。

成公十八年传：孟献子会于虚朾，谋救宋也。宋人辞诸侯而请师以围彭城。孟献子请于诸侯，而先归会葬。

襄公元年经：仲孙蔑会晋栾黡、宋华元、卫宁殖、曹人、莒人、邾人、滕人、薛人围宋彭城。……仲孙蔑会齐崔杼、曹人、邾人、杞人次于鄫。

襄公元年传：元年春己亥，围宋彭城。

夏五月，晋韩厥、荀偃帅诸侯之师伐郑，入其郛，败其徒兵于洧上。于是东诸侯之师次于鄫，以待晋师。

襄公二年经：秋七月，仲孙蔑会晋荀罃、宋华元、卫孙林父、曹人、邾人于戚。……冬，仲孙蔑会晋荀罃、齐崔杼、宋华元、卫孙林父、曹人、邾人、滕人、薛人、小邾人于戚，遂城虎牢。

襄公二年传：会于戚，谋郑故也。孟献子曰："请城虎牢以逼郑。"知武子曰："善。鄫之会，吾子闻崔子之言，今不来矣。滕、薛、小邾之不至，皆齐故也。寡君之忧不唯郑。罃将复于寡君，而请于齐。得请而告，吾子之功也。若不得请，事将在齐。吾子之请，诸侯之福也，岂唯寡君赖之。"

冬，复会于戚，齐崔武子及滕、薛、小邾之大夫皆会，知武子之言故也。遂城虎牢，郑人乃成。

襄公三年传：公如晋，始朝也。夏，盟于长樗。孟献子相，公稽首。知武子曰："天子在，而君辱稽首，寡君惧矣。"孟献子曰："以敝邑介在东表，密迩仇雠，寡君将君是望，敢不稽首？"

襄公四年传：冬，公如晋听政，晋侯享公。公请属鄫，晋侯不许。孟献子曰："以寡君之密迩于仇雠，而愿固事君，无失官命。鄫无赋于司马，为执事朝夕之命敝邑，敝邑褊小，阙而为罪，寡君是以愿借助焉！"晋侯许之。

襄公五年经：仲孙蔑、卫孙林父子会吴于善道。

襄公五年传：吴子使寿越如晋，辞不会于鸡泽之故，且请听诸侯之好。晋人将为之合诸侯，使鲁、卫先会吴，且告会期。故孟献子、孙文子会吴于善道。

襄公七年传：夏四月，三卜郊，不从，乃免牲。孟献子曰："吾乃今而后知有卜筮。夫郊，祀后稷以祈农事也。是故启蛰而郊，郊而后耕。今既耕而卜郊，宜其不从也。"

襄公十年传：晋荀偃、士匄请伐偪阳，而封宋向戌焉。荀罃曰："城小而固，胜之不武，弗胜为笑。"固请。丙寅，围之，弗克。孟氏之臣秦堇父辇重如役。偪阳人启门，诸侯之士门焉。县门发，郰人纥抉之，以出门者。狄虒弥建大车之轮，而蒙之以甲，以为橹，左执之，右拔戟，以成一队。孟献子曰："《诗》所谓'有力如虎'者也。"主人县布，堇父登之，及堞而绝之。队，则又县之，苏而复上者三。主人辞焉，乃退，带其断以徇于军三日。

师归，孟献子以秦堇父为右。生秦丕兹，事仲尼。

秋七月，楚子囊、郑子耳伐我西鄙。还，围萧，八月丙寅，克之。九月，子耳侵宋北鄙。孟献子曰："郑其有灾乎！师竞已甚。周犹不堪竞，况郑乎？有灾，其执政之三士乎！"

襄公十一年传：正月，作三军，三分公室而各有其一。三子各毁其乘。季氏使其乘之人，以其役邑入者，无征；不入者，倍征。孟氏使半为臣，若子若弟。叔孙氏使尽为臣，不然，不舍。

襄公十三年传：十三年春，公至自晋，孟献子书劳于庙，礼也。

襄公十五年传：十五年春，宋向戌来聘，且寻盟。见孟献子，尤其室，曰："子有令闻，而美其室，非所望也！"对曰："我在晋，吾兄为之，毁之重劳，且不敢间。"

襄公十九年经：八月丙辰，仲孙蔑卒。

公孙归父

宣公十年经：公孙归父如齐。……公孙归父帅师伐邾，取绎。……公孙归父如齐。

宣公十年传：冬，子家如齐，伐邾故也。

宣公十一年经：公孙归父会齐人伐莒。

宣公十四年经：冬，公孙归父会齐侯于谷。

宣公十四年传：冬，公孙归父会齐侯于谷。见晏桓子，与之言鲁乐。桓子告高宣子曰："子家其亡乎，怀于鲁矣。怀必贪，贪必谋人。谋人，人亦谋己。一国谋之，何以不亡？"

宣公十五年经：十有五年春，公孙归父会楚子于宋。

宣公十五年传：公孙归父会楚子于宋。

宣公十八年经：公孙归父如晋。冬十月壬戌，公薨于路寝。归父还自晋，至笙。遂奔齐。

宣公十八年传：公孙归父以襄仲之立公也，有宠，欲去三桓以张公室。与公谋而聘于晋，欲以晋人去之。冬，公薨。季文子言于朝曰："使我杀适立庶以失大援者，仲也夫。"臧宣叔怒曰："当其时不能治也，后之人何罪？子欲去之，许请去之。"遂逐东门氏。子家还，及笙，坛帷，复命于介。既复命，袒、括发，即位哭，三踊而出。遂奔齐。书曰："归父还自晋。"善之也。

叔肸

宣公十七年经：冬十有一月壬午，公弟叔肸卒。

宣公十七年传：冬，公弟叔肸卒。公母弟也。凡大子之母弟，公在曰公子，不在曰弟。凡称弟，皆母弟也。

臧宣叔

宣公十八年传：公孙归父以襄仲之立公也，有宠，欲去三桓以张公室。与公谋而聘于晋，欲以晋人去之。冬，公薨。季文子言于朝曰："使我杀适立庶以失大援者，仲也夫。"臧宣叔怒曰："当其时不能治也，后之人何罪？子欲去之，许请去之。"遂逐东门氏。子家还，及笙，坛帷，复命于介。既复命，袒、括发，即位哭，三踊而出。遂奔齐。书曰："归父还自晋。"善之也。

成公元年经：夏，臧孙许及晋侯盟于赤棘。

成公元年传：闻齐将出楚师，夏，盟于赤棘。

冬，臧宣叔令修赋、缮完、具守备，曰："齐、楚结好，我新与晋盟，晋、楚争盟，齐师必至。虽晋人伐齐，楚必救之，是齐、楚同我也。知难而有备，乃可以逞。"

成公二年经：六月癸酉，季孙行父、臧孙许、叔孙侨如、公孙婴齐帅师会晋郤克、卫孙良夫、曹公子首及齐侯战于鞍，齐师败绩。

成公二年传：臧宣叔亦如晋乞师。皆主郤献子。……臧宣叔逆晋师，且道之。

冬，楚师侵卫，遂侵我，师于蜀。使臧孙往，辞曰："楚远而久，固将退矣。无功而受名，臣不敢。"楚侵及阳桥，孟孙请往，赂之以执斫、执针、织纴，皆百人。公衡为质，以请盟，楚人许平。

楚师及宋，公衡逃归。臧宣叔曰："衡父不忍数年之不宴，以弃鲁国，国将若之何？谁居？后之人必有任是夫！国弃矣。"

成公三年传：晋侯使荀庚来聘，且寻盟。卫侯使孙良夫来聘，且寻盟。公问诸臧宣叔曰："中行伯之于晋也，其位在三。孙子之于卫也，位为上卿，将谁先？"对曰："次国之上卿当大国之中，中当其下，下当其上大夫。小国之上卿当大国之下卿，中当其上大夫，下当其下大夫。上下如是，古之制也。卫在晋，不得为次国。晋为盟主，其将先之。"丙午，盟晋，丁未，盟卫，礼也。

成公四年经：夏四月甲寅，臧孙许卒。

叔孙侨如

成公二年经：六月癸酉，季孙行父、臧孙许、叔孙侨如、公孙婴齐帅师会晋郤克、卫孙良夫、曹公子首及齐侯战于鞍，齐师败绩。

成公三年经：叔孙侨如帅师围棘。

成公三年传：秋，叔孙侨如围棘，取汶阳之田。棘不服，故围之。

成公五年经：叔孙侨如会晋荀首于谷。

成公六年经：秋，仲孙蔑、叔孙侨如帅师侵宋。

成公六年传：秋，孟献子、叔孙宣伯侵宋，晋命也。

成公八年经：晋侯使士燮来聘。叔孙侨如会晋士燮、齐人、邾人伐郯。

成公八年传：晋士燮来聘，言伐郯也，以其事吴故。公赂之，请缓师，文子不可，曰："君命无贰，失信不立。礼无加货，事无二成。君后诸侯，是寡君不得事君也。燮将复之。"季孙惧，使宣伯帅师会伐郯。

成公十一年经：秋，叔孙侨如如齐。

成公十一年传：秋，宣伯聘于齐，以修前好。

成公十三年传：三月，公如京师。宣伯欲赐，请先使，王以行人之礼礼焉。孟献子从。王以为介，而重贿之。

成公十四年经：秋，叔孙侨如如齐逆女。……九月，侨如以夫人妇姜氏至自齐。

成公十四年传：秋，宣伯如齐逆女。称族，尊君命也。

九月，侨如以夫人妇姜氏至自齐。舍族，尊夫人也。故君子曰："《春秋》之称，微而显，志而晦，婉而成章，尽而不污，惩恶而劝善。非圣人谁能修之？"

成公十五年经：冬十有一月，叔孙侨如会晋士燮、齐高无咎、宋华元、卫孙林父、郑公子鰌、邾人会吴于钟离。

成公十五年传：十一月，会吴于钟离，始通吴也。

成公十六年经：冬十月乙亥，叔孙侨如出奔齐。

成公十六年传：战之日，齐国佐、高无咎至于师。卫侯出于卫，公出于坏隤。宣伯通于穆姜，欲去季、孟，而取其室。将行，穆姜送公，而使逐二子。公以晋难告，曰："请反而听命。"姜怒，公子偃、公子鉏趋过，指之曰："女不可，是皆君也。"公待于坏隤，申宫儆备，设守而后行，是以后。使孟献子守于公宫。

秋，会于沙随，谋伐郑也。宣伯使告郤犨曰："鲁侯待于坏隤以待胜者。"郤犨将新军，且为公族大夫，以主东诸侯。取货于宣伯而诉公于晋侯，晋侯不见公。

七月，公会尹武公及诸侯伐郑。将行，姜又命公如初。公又申守而行。诸侯之师次于郑西。我师次于督扬，不敢过郑。子叔声伯使叔孙豹请逆于晋师。为食于郑郊。师逆以至。声伯四日不食以待之，食使者而后食。

宣伯使告郤犨曰："鲁之有季、孟，犹晋之有栾、范也，政令于是乎成。今其谋曰：‘晋政多门，不可从也。宁事齐、楚，有亡而已，蔑从晋矣。’若欲得志于鲁，请止行父而杀之，我毙蔑也而事晋，蔑有贰矣。鲁不贰，小国必睦。不然，归必叛矣。”

九月，晋人执季文子于苕丘。公还，待于郓。使子叔声伯请季孙于晋，郤犨曰：“苟去仲孙蔑而止季孙行父，吾与子国，亲于公室。”对曰：“侨如之情，子必闻之矣。若去蔑与行父，是大弃鲁国而罪寡君也。若犹不弃，而惠徼周公之福，使寡君得事晋君。则夫二人者，鲁国社稷之臣也。若朝亡之，鲁必夕亡。以鲁之密迩仇雠，亡而为仇，治之何及？”郤犨曰：“吾为子请邑。”对曰：“婴齐，鲁之常隶也，敢介大国以求厚焉！承寡君之命以请，若得所请，吾子之赐多矣。又何求？”范文子谓栾武子曰：“季孙于鲁，相二君矣。妾不衣帛，马不食粟，可不谓忠乎？信谗慝而弃忠良，若诸侯何？子叔婴齐奉君命无私，谋国家不贰，图其身不忘其君。若虚其请，是弃善人也。子其图之！”乃许鲁平，赦季孙。

冬十月，出叔孙侨如而盟之，侨如奔齐。

齐声孟子通侨如，使立于高、国之间。侨如曰：“不可以再罪。”奔卫，亦间于卿。

襄公二十五年传：叔孙宣伯之在齐也，叔孙还纳其女于灵公。嬖，生景公。

公孙婴齐（子叔声伯，叔肸之子，婴齐生叔老子叔，子叔生叔弓，叔弓生辄及鞅，辄生诣）

成公二年经：六月癸酉，季孙行父、臧孙许、叔孙侨如、公孙婴齐帅师会晋郤克、卫孙良夫、曹公子首及齐侯战于鞍，齐师败绩。

成公六年经：公孙婴齐如晋。

成公六年传：子叔声伯如晋。命伐宋。

成公八年经：公孙婴齐如莒。

成公八年传：声伯如莒，逆也。

成公十一年传：声伯以其外弟为大夫，而嫁其外妹于施孝叔。郤犨来聘，求妇于声伯。声伯夺施氏妇以与之。妇人曰：“鸟兽犹不失俪，子将若何？”曰：“吾不能死亡。”妇人遂行，生二子于郤氏。郤氏亡，晋人归之施氏，施氏逆诸河，沉其二子。妇人怒曰：“已不能庇其伉俪而亡之，又不能字人之孤而杀之，将何以终？”遂誓施氏。

成公十六年传：七月，公会尹武公及诸侯伐郑。将行，姜又命公如初。公又申守而行。诸侯之师次于郑西。我师次于督扬，不敢过郑。子叔声伯使叔孙豹请逆于晋师。为食于郑郊。师逆以至。声伯四日不食以待之，食使者而后食。

九月，晋人执季文子于苕丘。公还，待于郓。使子叔声伯请季孙于晋，郤犨曰：“苟去仲孙蔑而止季孙行父，吾与子国，亲于公室。”对曰：“侨如之情，子必闻之矣。若去蔑与行父，是大弃鲁国而罪寡君也。若犹不弃，而惠徼周公之福，使寡君得事晋君。则夫二人者，鲁国社稷之臣也。若朝亡之，鲁必夕亡。以鲁之密迩仇雠，亡而为仇，治之何及？”郤犨曰：“吾为子请邑。”对曰：“婴齐，鲁之常隶也，敢介大国以求厚焉！承寡君之命以请，若得所请，吾子之赐多矣。又何求？”范文子谓栾武子曰：“季孙于鲁，相二君矣。妾不衣帛，马不食粟，可不谓忠乎？信谗慝而弃忠良，若诸侯何？子叔婴齐奉君命无私，谋国家不贰，图其身不忘其君。若虚其请，是弃善人也。子其图之！”乃许鲁平，赦季孙。

成公十七年经：壬申，公孙婴齐卒于貍脤。

成公十七年传：初，声伯梦涉洹，或与己琼瑰，食之，泣而为琼瑰，盈其怀。从而歌之曰：“济洹之水，赠我以琼瑰。归乎！归乎！琼瑰盈吾怀乎！”惧不敢占也。还自郑，壬申，至于貍脤而占之，曰：“余恐死，故不敢占也。今众繁而从余三年矣，无伤也。”言之，之莫而卒。

仲婴齐（仲遂之子，公孙归父之弟）

成公十五年经：三月乙巳，仲婴齐卒。

公衡

成公二年传：楚师及宋，公衡逃归。臧宣叔曰：“衡父不忍数年之不宴，以弃鲁国，国将若之何？谁居？后之人必有任是夫！国弃矣。”

公子偃、公子鉏

成公十六年传：宣伯通于穆姜，欲去季、孟，而取其室。将行，穆姜送公，而使逐二子。公以晋难告，曰：“请反而听命。”姜怒，公子偃、公子鉏趋过，指之曰：“女不可，是皆君也。”

季孙及郤犨盟于扈。归，刺公子偃，召叔孙豹于齐而立之。

叔孙穆子（附录梁其踁、曾夭、曾阜、孟丙、仲壬、竖牛、莱书、杜泄）

成公十六年传：子叔声伯使叔孙豹请逆于晋师。为食于郑郊。

季孙及郤犨盟于扈。归，刺公子偃，召叔孙豹于齐而立之。

襄公二年经：叔孙豹如宋。

襄公二年传：穆叔聘于宋，通嗣君也。

襄公三年经：戊寅，叔孙豹及诸侯之大夫及陈袁侨盟。

襄公三年传：秋，叔孙豹及诸侯之大夫及陈袁侨盟，陈请服也。

襄公四年经：夏，叔孙豹如晋。

襄公四年传：穆叔如晋，报知武子之聘也，晋侯享之。金奏《肆夏》之三，不拜。工歌《文王》之三，又不拜。歌《鹿鸣》之三，三拜。韩献子使行人子员问之，曰："子以君命，辱于敝邑。先君之礼，藉之以乐，以辱吾子。吾子舍其大，而重拜其细，敢问何礼也？"对曰："三《夏》，天子所以享元侯也，使臣弗敢与闻。《文王》，两君相见之乐也，使臣不敢及。《鹿鸣》，君所以嘉寡君也，敢不拜嘉？《四牡》，君所以劳使臣也，敢不重拜？《皇皇者华》，君教使臣曰：'必咨于周。'臣闻之：'访问于善为咨，咨亲为询，咨礼为度，咨事为诹，咨难为谋。'臣获五善，敢不重拜？"

襄公五年经：叔孙豹、鄫世子巫如晋。

襄公五年传：穆叔觌鄫大子于晋，以成属鄫。书曰："叔孙豹、鄫大子巫如晋。"言比诸鲁大夫也。

九月丙午，盟于戚，会吴，且命戍陈也。穆叔以属鄫为不利，使鄫大夫听命于会。

襄公六年经：冬，叔孙豹如邾。

襄公六年传：冬，穆叔如邾，聘，且修平。

襄公七年传：卫孙文子来聘，且拜武子之言，而寻孙桓子之盟。公登亦登。叔孙穆子相，趋进曰："诸侯之会，寡君未尝后卫君。今吾子不后寡君，寡君未知所过。吾子其少安！"孙子无辞，亦无悛容。

穆叔曰："孙子必亡。为臣而君，过而不悛，亡之本也。《诗》曰：'退食自公，委蛇委蛇。'谓从者也。衡而委蛇必折。"

襄公十一年传：十一年春，季武子将作三军，告叔孙穆子曰："请为三军，各征其军。”穆子曰：“政将及子，子必不能。”武子固请之，穆子曰：“然则盟诸？”乃盟诸僖闳，诅诸五父之衢。

正月，作三军，三分公室而各有其一。三子各毁其乘。季氏使其乘之人，以其役邑入者，无征；不入者，倍征。孟氏使半为臣，若子若弟。叔孙氏使尽为臣，不然，不舍。

襄公十四年经：夏四月，叔孙豹会晋荀偃、齐人、宋人、卫北宫括、郑公孙虿、曹人、莒人、邾人、滕人、薛人、杞人、小邾人伐秦。

襄公十四年传：诸侯之大夫从晋侯伐秦，以报栎之役也。晋侯待于竟，使六卿帅诸侯之师以进。及泾，不济。叔向见叔孙穆子。穆子赋《匏有苦叶》。叔向退而具舟，鲁人、莒人先济。

襄公十五年经：季孙宿、叔孙豹帅师城成郛。

襄公十五年传：齐侯围成，贰于晋故也。于是乎城成郛。

襄公十六年经：叔孙豹如晋。

襄公十六年传：冬，穆叔如晋聘，且言齐故。晋人曰：“以寡君之未禘祀，与民之未息。不然，不敢忘。”穆叔曰：“以齐人之朝夕释憾于敝邑之地，是以大请！敝邑之急，朝不及夕，引领西望曰：‘庶几乎！’比执事之间，恐无及也！”见中行献子，赋《圻父》。献子曰：“偃知罪矣！敢不从执事以同恤社稷，而使鲁及此。”见范宣子，赋《鸿雁》之卒章。宣子曰：“匄在此，敢使鲁无鸠乎？”

襄公十九年经：叔孙豹会晋士匄于柯。

襄公十九年传：齐及晋平，盟于大隧。故穆叔会范宣子于柯。穆叔见叔向，赋《载驰》之四章。叔向曰：“肸敢不承命。”穆叔曰：“齐犹未也，不可以不惧。”乃城武城。

襄公二十三年经：八月，叔孙豹帅师救晋，次于雍榆。

襄公二十三年传：八月，叔孙豹帅师救晋，次于雍榆，礼也。

襄公二十四年经：叔孙豹如晋。……叔孙豹如京师。

襄公二十四年传：穆叔如晋。范宣子逆之，问焉，曰：“古人有言曰，‘死而不朽’，何谓也？”穆叔未对。宣子曰：“昔匄之祖，自虞以上，为陶唐氏，在夏为御龙氏，在商为豕韦氏，在周为唐杜氏，晋主夏盟为范氏，其是之谓乎？”穆叔曰：“以豹所闻，此之谓世禄，非不朽也。鲁有先大夫曰臧文仲，既没，其言立。其是之谓乎！豹闻之，大上有立德，其次有立功，其次有立言，虽久不废，此之谓不朽。若夫保姓受氏，以守宗祊，世不绝祀，无国无之，禄之大者，不可谓不朽。”

齐人城郏。穆叔如周聘，且贺城。王嘉其有礼也，赐之大路。

襄公二十七年经：叔孙豹会晋赵武、楚屈建、蔡公孙归生、卫石恶、陈孔奂、郑良霄、许人、曹人于宋。……豹及诸侯之大夫盟于宋。

襄公二十七年传：齐庆封来聘，其车美。孟孙谓叔孙曰：“庆季之车，不亦美乎？”叔孙曰：“豹闻之：‘服美不称，必以恶终。’美车何为？”叔孙与庆封食，不敬。为赋《相鼠》，亦不知也。

戊申，叔孙豹、齐庆封、陈须无、卫石恶至。

季武子使谓叔孙以公命，曰：“视邾、滕。”既而齐人请邾，宋人请滕，皆不与盟。叔孙曰：“邾、滕，人之私也；我，列国也，何故视之？宋、卫，吾匹也。”乃盟。故不书其族，言违命也。

襄公二十八年传：叔孙穆子食庆封，庆封汜祭。穆子不说，使工为之诵《茅鸱》，亦不知。既而齐人来让，奔吴。吴句余予之朱方，聚其族焉而居之，富于其旧。子服惠伯谓叔孙曰：“天殆富淫人，庆封又富矣。”穆子曰：“善人富谓之赏，淫人富谓之殃。天其殃之也，其将聚而歼旃？”

求崔杼之尸，将戮之，不得。叔孙穆子曰：“必得之。武王有乱臣十人，崔杼其有乎？不十人，不足以葬。”既，崔氏之臣曰：“与我其拱璧，吾献其柩。”于是得之。十二月乙亥朔，齐人迁庄公，殡于大寝。以其棺尸崔杼于市，国人犹知之，皆曰：“崔子也。”

为宋之盟故，公及宋公、陈侯、郑伯、许男如楚。公过郑，郑伯不在。伯有廷劳于黄崖，不敬。穆叔曰：“伯有无戾于郑，郑必有大咎。敬，民之主也，而弃之，何以承守？郑人不讨，必受其辜，济泽之阿，行潦之苹藻，置诸宗室，季兰尸之，敬也。敬可弃乎？”

及汉，楚康王卒。公欲反，叔仲昭伯曰：“我楚国之为，岂为一人？行也！”子服惠伯曰：“君子有远虑，小人从迩。饥寒之不恤，谁遑其后？不如姑归也。”叔孙穆子曰：“叔仲子专之矣，子服子始学者也。”荣成伯曰：“远图者，忠也。”公遂行。

襄公二十九年传：公在楚，释不朝正于庙也。楚人使公亲襚，公患之。穆叔曰：“祓殡而襚，则布币也。”乃使巫以桃茢先祓殡。楚人弗禁，既而悔之。

吴公子札来聘，见叔孙穆子，说之。谓穆子曰：“子其不得死乎？好善而不能择人。吾闻‘君子务在择人’。吾子为鲁宗卿，而任其大政，不慎举，何以堪之？祸必及子！”

襄公三十年传：楚子使薳罢来聘，通嗣君也。穆叔问：“王子之为政何如？”对曰：“吾侪小人，食而听事，犹惧不给命而不免于戾，焉与知政？”固问焉，不告。穆叔告大夫曰：“楚令尹将有大事，子荡将与焉，助之匿其情矣。”

为宋灾故，诸侯之大夫会，以谋归宋财。冬十月，叔孙豹会晋赵武、齐公孙虿、宋向戌、卫北宫佗、郑罕虎及小邾之大夫，会于澶渊。

襄公三十一年传：穆叔至自会，见孟孝伯，语之曰：“赵孟将死矣。其语偷，不似民主。且年未盈五十，而谆谆焉如八九十者，弗能久矣。若赵孟死，为政者其韩子乎！吾子盍与季孙言之，可以树善，君子也。晋君将失政矣，若不树焉，使早备鲁，既而政在大夫，韩子懦弱，大夫多贪，求欲无厌，齐、楚未足与也，鲁其惧哉！”孝伯曰：“人生几何？谁能无偷？朝不及夕，将安用树？”穆叔出而告人曰：“孟孙将死矣。吾语诸赵孟之偷也，而又甚焉。”又与季孙语晋故，季孙不从。

及赵文子卒，晋公室卑，政在侈家。韩宣子为政，不能图诸侯。鲁不堪晋求，谗慝弘多，是以有平丘之会。

公作楚宫。穆叔曰：“《大誓》云：‘民之所欲，天必从之。’君欲楚也夫！故作其宫。若不复适楚，必死是宫也。”六月辛巳，公薨于楚宫。

立敬归之娣齐归之子公子裯，穆叔不欲，曰：“大子死，有母弟则立之，无则长立。年钧择贤，义钧则卜，古之道也。非适嗣，何必娣之子？且是人也，居丧而不哀，在戚而有嘉容，是谓不度。不度之人，鲜不为患。若果立之，必为季氏忧。”武子不听，卒立之。比及葬，三易衰，衰衽如故衰。于是昭公十九年矣，犹有童心，君子是以知其不能终也。

昭公元年经：叔孙豹会晋赵武、楚公子围、齐国弱、宋向戌、卫齐恶、陈公子招、蔡公孙归生、郑罕虎、许人、曹人于虢。

昭公元年传：楚公子围设服离卫。叔孙穆子曰："楚公子美矣，君哉！"

退会，子羽谓子皮曰："叔孙绞而婉，宋左师简而礼，乐王鲋字而敬，子与子家持之，皆保世之主也。"

季武子伐莒，取郓，莒人告于会。楚告于晋曰："寻盟未退，而鲁伐莒，渎齐盟，请戮其使。"乐桓子相赵文子，欲求货于叔孙而为之请，使请带焉，弗与。梁其踁曰："货以藩身，子何爱焉？"叔孙曰："诸侯之会，卫社稷也。我以货免，鲁必受师。是祸之也，何卫之为？人之有墙，以蔽恶也。墙之隙坏，谁之咎也？卫而恶之，吾又甚焉。虽怨季孙，鲁国何罪？叔出季处，有自来矣，吾又谁怨？然鲋也贿，弗与，不已。"召使者，裂裳帛而与之，曰："带其褊矣。"赵孟闻之，曰："临患不忘国，忠也。思难不越官，信也；图国忘死，贞也；谋主三者，义也。有是四者，又可戮乎？"乃请诸楚曰："鲁虽有罪，其执事不辟难，畏威而敬命矣。子若免之，以劝左右可也。若子之群吏处不辟污，出不逃难，其何患之有？患之所生，污而不治，难而不守，所由来也。能是二者，又何患焉？不靖其能，其谁从之？鲁叔孙豹可谓能矣，请免之以靖能者。子会而赦有罪，又赏其贤，诸侯其谁不欣焉望楚而归之，视远如迩？疆埸之邑，一彼一此，何常之有？王伯之令也，引其封疆，而树之官。举之表旗，而著之制令。过则有刑，犹不可壹。于是乎虞有三苗，夏有观、扈，商有姺、邳，周有徐、奄。自无令王，诸侯逐进，狎主齐盟，其又可壹乎？恤大舍小，足以为盟主，又焉用之？封疆之削，何国蔑有？主齐盟者，谁能辩焉？吴、濮有衅，楚之执事岂其顾盟？莒之疆事，楚勿与知，诸侯无烦，不亦可乎？莒、鲁争郓，为日久矣，苟无大害于其社稷，可无亢也。去烦宥善，莫不竞劝。子其图之！"固请诸楚，楚人许之，乃免叔孙。

夏四月，赵孟、叔孙豹、曹大夫入于郑，郑伯兼享之。子皮戒赵孟，礼终，赵孟赋《瓠叶》。子皮遂戒穆叔，且告之。穆叔曰："赵孟欲一献，子其从之！"子皮曰："敢乎？"穆叔曰："夫人之所欲也，又何不敢？"及享，具五献之笾豆于幕下。赵孟辞，私于子产曰："武请于冢宰矣。"乃用一献。赵孟为客，礼终乃宴。穆叔赋《鹊巢》。赵孟曰："武不堪也。"又赋《采蘩》，曰："小国为蘩，大国省穑而用之，其何实非命？"子皮赋《野有死麕》之卒章。赵孟赋《常棣》，且曰："吾兄弟比以安，尨也可使无吠。"穆叔、子皮及曹大夫兴，拜，举兕爵，曰：“小国赖子，知免于戾矣。”

叔孙归，曾夭御季孙以劳之。旦及日中不出。曾夭谓曾阜曰：“旦及日中，吾知罪矣。鲁以相忍为国也，忍其外不忍其内，焉用之？”阜曰：“数月于外，一旦于是，庸何伤？贾而欲赢，而恶嚣乎？”阜谓叔孙曰：“可以出矣！”叔孙指楹曰：“虽恶是，其可去乎？”乃出见之。

昭公三年传：小邾穆公来朝。季武子欲卑之，穆叔曰：“不可。曹、滕、二邾，实不忘我好，敬以逆之，犹惧其贰。又卑一睦，焉逆群好也？其如旧而加敬焉！《志》曰：‘能敬无灾。’又曰：‘敬逆来者，天所福也。’”季孙从之。

昭公四年经：冬十有二月乙卯，叔孙豹卒。

昭公四年传：初，穆子去叔孙氏，及庚宗，遇妇人，使私为食而宿焉。问其行，告之故，哭而送之。适齐，娶于国氏，生孟丙、仲壬。梦天压己，弗胜。顾而见人，黑而上偻，深目而豭喙。号之曰：“牛！助余！”乃胜之。旦而皆召其徒，无之。且曰：“志之。”及宣伯奔齐，馈之。宣伯曰：“鲁以先子之故，将存吾宗，必召女。召女，何如？”对曰：“愿之久矣。”鲁人召之，不告而归。既立，所宿庚宗之妇人，献以雉。问其姓，对曰：“余子长矣，能奉雉而从我矣。”召而见之，则所梦也。未问其名，号之曰：“牛！”曰：“唯”。皆召其徒，使视之，遂使为竖。有宠，长使为政。公孙明知叔孙于齐，归，未逆国姜，子明取之。故怒，其子长而后使逆之。田于丘莸，遂遇疾焉。竖牛欲乱其室而有之，强与孟盟，不可。叔孙为孟钟，曰：“尔未际，飨大夫以落之。”既具，使竖牛请日。入，弗谒。出，命之日。及宾至，闻钟声。牛曰：“孟有北妇人之客。”怒，将往，牛止之。宾出，使拘而杀诸外，牛又强与仲盟，不可。仲与公御莱书观于公，公与之环。使牛入示之。入，不示。出，命佩之。牛谓叔孙：“见仲而何？”叔孙曰：“何为？”曰：“不见，既自见矣。公与之环而佩之矣。”遂逐之，奔齐。疾急，命召仲，牛许而不召。

杜泄见，告之饥渴，授之戈。对曰：“求之而至，又何去焉？”竖牛曰：“夫子疾病，不欲见人。”使置馈于个而退。牛弗进，则置虚，命彻。十二月癸丑，叔孙不食。乙卯，卒。牛立昭子而相之。

公使杜泄葬叔孙。竖牛赂叔仲昭子与南遗，使恶杜泄于季孙而去之。杜泄将以路葬，且尽卿礼。南遗谓季孙曰：“叔孙未乘路，葬焉用之？且冢卿无路，介卿以葬，不亦左乎？”季孙曰：“然。”使杜泄舍路。不可，曰：“夫子受命于朝，而聘于王。王思旧勋而赐之路。复命而致之君，君不敢逆王命而复赐之，使三官书之。吾子为司徒，实书名。夫子为司马，与工正书服。孟孙为司空，以书勋。今死而弗以，是弃君命也。书在公府而弗以，是废三官也。若命服，生弗敢服，死又不以，将焉用之？”乃使以葬。

季孙谋去中军。竖牛曰：“夫子固欲去之。”

昭公五年传：舍中军，卑公室也。毁中军于施氏，成诸臧氏。初作中军，三分公室而各有其一。季氏尽征之，叔孙氏臣其子弟，孟氏取其半焉。及其舍之也，四分公室，季氏择二，二子各一。皆尽征之，而贡于公。以书。使杜泄告于殡，曰：“子固欲毁中军，既毁之矣，故告。”杜泄曰：“夫子唯不欲毁也，故盟诸僖闳，诅诸五父之衢。”受其书而投之，帅士而哭之。叔仲子谓季孙曰：“带受命于子叔孙曰：‘葬鲜者自西门。’”季孙命杜泄。杜泄曰：“卿丧自朝，鲁礼也。吾子为国政，未改礼，而又迁之。群臣惧死，不敢自也。”既葬而行。

仲至自齐，季孙欲立之。南遗曰：“叔孙氏厚则季氏薄。彼实家乱，子勿与知，不亦可乎？”南遗使国人助竖牛以攻诸大库之庭。司宫射之，中目而死。竖牛取东鄙三十邑，以与南遗。

初，穆子之生也，庄叔以《周易》筮之，遇《明夷》䷣之《谦》䷎，以示卜楚丘。曰：“是将行，而归为子祀。以谗人入，其名曰牛，卒以馁死。《明夷》，日也。日之数十，故有十时，亦当十位。自王已下，其二为公，其三为卿。日上其中，食日为二，旦日为三。《明夷》之《谦》，明而未融，其当旦乎，故曰‘为子祀’。日之《谦》，当鸟，故曰‘明夷于飞’。明之未融，故曰‘垂其翼’。象日之动，故曰‘君子于行’。当三在旦，故曰‘三日不食’。《离》，火也。《艮》，山也。《离》为火，火焚山，山败。于人为言，败言为谗，故曰‘有攸往，主人有言’，言必谗也。纯《离》为牛，世乱谗胜，胜将适《离》，故曰‘其名曰牛’。谦不足，飞不翔，垂不峻，翼不广，故曰‘其为子后乎’。吾子，亚卿也，抑少不终。”

昭公二十四年传：晋士弥牟逆叔孙于箕。叔孙使梁其踁待于门内，曰：“余左顾而欬，乃杀之。右顾而笑，乃止。”叔孙见士伯，士伯曰：“寡君以为盟主之故，是以久子。不腆敝邑之礼，将致诸从者。使弥牟逆吾子。”叔孙受礼而归。

匡句须

成公十七年传：初，鲍国去鲍氏而来为施孝叔臣。施氏卜宰，匡句须吉。施氏之宰，有百室之邑。与匡句须邑，使为宰。以让鲍国，而致邑焉。施孝叔曰："子实吉。"对曰："能与忠良，吉孰大焉！"

臧武仲（附录臧畴、臧贾、臧坚、臧为、御叔）

成公十八年传：晋士鲂来乞师。季文子问师数于臧武仲，对曰："伐郑之役，知伯实来，下军之佐也。今彘季亦佐下军，如伐郑可也。事大国，无失班爵而加敬焉，礼也。"从之。

襄公四年传：三月，陈成公卒。楚人将伐陈，闻丧乃止。陈人不听命。臧武仲闻之，曰："陈不服于楚，必亡。大国行礼焉而不服，在大犹有咎，而况小乎？"夏，楚彭名侵陈，陈无礼故也。

冬十月，邾人、莒人伐鄫。臧纥救鄫，侵邾，败于狐骀。国人逆丧者皆髽。鲁于是乎始髽，国人诵之曰："臧之狐裘，败我于狐骀。我君小子，朱儒是使。朱儒！朱儒！使我败于邾。"

襄公十三年传：冬，城防，书事，时也。于是将早城，臧武仲请俟毕农事，礼也。

襄公十四年传：厚孙归，复命，语臧武仲曰："卫君其必归乎！有大叔仪以守，有母弟鱄以出，或抚其内，或营其外，能无归乎？"

卫侯在郲，臧纥如齐，唁卫侯。与之言，虐。退而告其人曰："卫侯其不得入矣！其言粪土也，亡而不变，何以复国？"子展、子鲜闻之，见臧纥，与之言，道。臧孙说，谓其人曰："卫君必入。夫二子者，或挽之，或推之，欲无入，得乎？"

襄公十七年传：齐人以其未得志于我故，秋，齐侯伐我北鄙，围桃。高厚围臧纥于防。师自阳关逆臧孙，至于旅松。郰叔纥、臧畴、臧贾帅甲三百，宵犯齐师，送之而复。齐师去之。

齐人获臧坚。齐侯使夙沙卫唁之，且曰："无死！"坚稽首曰："拜命之辱！抑君赐不终，姑又使其刑臣礼于士。"以杙抉其伤而死。

襄公十九年传：季武子以所得于齐之兵，作林钟而铭鲁功焉。臧武仲谓季孙曰:“非礼也。夫铭，天子令德，诸侯言时计功，大夫称伐。今称伐则下等也，计功则借人也，言时则妨民多矣，何以为铭?且夫大伐小，取其所得以作彝器，铭其功烈以示子孙，昭明德而惩无礼也。今将借人之力以救其死，若之何铭之?小国幸于大国，而昭所获焉以怒之，亡之道也。”

襄公二十一年传:邾庶其以漆、闾丘来奔。季武子以公姑姊妻之，皆有赐于其从者。

于是鲁多盗。季孙谓臧武仲曰:“子盍诘盗?”武仲曰:“不可诘也，纥又不能。”季孙曰:“我有四封，而诘其盗，何故不可?子为司寇，将盗是务去，若之何不能?”武仲曰:“子召外盗而大礼焉，何以止吾盗?子为正卿，而来外盗;使纥去之，将何以能?庶其窃邑于邾以来，子以姬氏妻之，而与之邑，其从者皆有赐焉。若大盗礼焉以君之姑姊与其大邑，其次阜牧舆马，其小者衣裳剑带，是赏盗也。赏而去之，其或难焉。纥也闻之，在上位者，洒濯其心，壹以待人，轨度其信，可明征也，而后可以治人。夫上之所为，民之归也。上所不为而民或为之，是以加刑罚焉，而莫敢不惩。若上之所为而民亦为之，乃其所也，又可禁乎?《夏书》曰:‘念兹在兹，释兹在兹，名言兹在兹，允出兹在兹，惟帝念功。’将谓由己壹也。信由己壹，而后功可念也。”

襄公二十二年传:二十二年春，臧武仲如晋，雨，过御叔。御叔在其邑，将饮酒，曰:“焉用圣人!我将饮酒，而己雨行，何以圣为?”穆叔闻之曰:“不可使也，而傲使人，国之蠹也。”令倍其赋。

襄公二十三年经:冬十月乙亥，臧孙纥出奔邾。

襄公二十三年传:季武子无适子，公弥长，而爱悼子，欲立之。访于申丰，曰:“弥与纥，吾皆爱之，欲择才焉而立之。”申丰趋退，归，尽室将行。他日，又访焉，对曰:“其然，将具敝车而行。”乃止。访于臧纥，臧纥曰:“饮我酒，吾为子立之。”季氏饮大夫酒，臧纥为客。既献，臧孙命北面重席，新尊絜之。召悼之，降，逆之。大夫皆起。及旅，而召公鉏，使与之齿，季孙失色。

季氏以公鉏为马正，愠而不出。闵子马见之，曰:“子无然!祸福无门，唯人所召。为人子者，患不孝，不患无所。敬共父命，何常之有?若能孝敬，富倍季氏可也。奸回不轨，祸倍下民可也。”公鉏然之。敬共朝夕，恪居官次。季孙喜，使饮己酒，而以具往，尽舍旃。故公鉏氏富，又出为公左宰。

孟孙恶臧孙，季孙爱之。孟氏之御驺丰点好羯也，曰：“从余言，必为孟孙。”再三云，羯从之。孟庄子疾，丰点谓公鉏：“苟立羯，请仇臧氏。”公鉏谓季孙曰：“孺子秩，固其所也。若羯立，则季氏信有力于臧氏矣。”弗应。己卯，孟孙卒，公鉏奉羯立于户侧。季孙至，入，哭，而出，曰：“秩焉在？”公鉏曰：“羯在此矣！”季孙曰：“孺子长。”公鉏曰：“何长之有？唯其才也。且夫子之命也。”遂立羯。秩奔邾。

臧孙入，哭甚哀，多涕。出，其御曰：“孟孙之恶子也，而哀如是。季孙若死，其若之何？”臧孙曰：“季孙之爱我，疾疢也。孟孙之恶我，药石也。美疢不如恶石。夫石犹生我，疢之美，其毒滋多。孟孙死，吾亡无日矣。”

孟氏闭门，告于季孙曰：“臧氏将为乱，不使我葬。”季孙不信。臧孙闻之，戒。冬十月，孟氏将辟，藉除于臧氏。臧孙使正夫助之，除于东门，甲从己而视之。孟氏又告季孙。季孙怒，命攻臧氏。乙亥，臧纥斩鹿门之关以出，奔邾。

初，臧宣叔娶于铸，生贾及为而死。继室以其侄，穆姜之姨子也。生纥，长于公宫。姜氏爱之，故立之。臧贾、臧为出在铸。臧武仲自邾使告臧贾，且致大蔡焉，曰：“纥不佞，失守宗祧，敢告不吊。纥之罪，不及不祀。子以大蔡纳请，其可。”贾曰：“是家之祸也，非子之过也。贾闻命矣。”再拜受龟。使为以纳请，遂自为也。臧孙如防，使来告曰：“纥非能害也，知不足也。非敢私请！苟守先祀，无废二勋，敢不辟邑。”乃立臧为。臧纥致防而奔齐。其人曰：“其盟我乎？”臧孙曰：“无辞。”将盟臧氏，季孙召外史掌恶臣，而问盟首焉，对曰：“盟东门氏也，曰：‘毋或如东门遂，不听公命，杀适立庶。’盟叔孙氏也，曰：‘毋或如叔孙侨如，欲废国常，荡覆公室。’”季孙曰：“臧孙之罪，皆不及此。”孟椒曰：“盍以其犯门斩关？”季孙用之。乃盟臧氏曰：“无或如臧孙纥，干国之纪，犯门斩关。”臧孙闻之，曰：“国有人焉！谁居？其孟椒乎！”

齐侯将为臧纥田。臧孙闻之，见齐侯，与之言伐晋，对曰：“多则多矣！抑君似鼠。夫鼠昼伏夜动，不穴于寝庙，畏人故也。今君闻晋之乱而后作焉。宁将事之，非鼠如何？”乃弗与田。

仲尼曰：“知之难也。有臧武仲之知，而不容于鲁国，抑有由也。作不顺而施不恕也。《夏书》曰：‘念兹在兹。’顺事、恕施也。”

昭公十年传：秋七月，平子伐莒，取郠，献俘，始用人于亳社。臧武仲在齐，闻之，曰："周公其不飨鲁祭乎！周公飨义，鲁无义。《诗》曰：'德音孔昭，视民不佻。'佻之谓甚矣，而壹用之，将谁福哉？"

匠庆

襄公四年传：秋，定姒薨。不殡于庙，无榇，不虞。匠庆谓季文子曰："子为正卿，而小君之丧不成，不终君也。君长，谁受其咎？"

初，季孙为己树六檟于蒲圃东门之外。匠庆请木，季孙曰："略。"匠庆用蒲圃之檟，季孙不御。君子曰："《志》所谓'多行无礼，必自及也'，其是之谓乎！"

季武子（附录公弥、季悼子、申丰、闵子马、公冶）

襄公六年经：季孙宿如晋。

襄公六年传：晋人以鄫故来讨，曰："何故亡鄫？"季武子如晋见，且听命。

襄公七年经：秋，季孙宿如卫。

襄公七年传：秋，季武子如卫，报子叔之聘，且辞缓报，非贰也。

襄公八年经：季孙宿会晋侯、郑伯、齐人、宋人、卫人、邾人于邢丘。

襄公八年传：五月甲辰，会于邢丘，以命朝聘之数，使诸侯之大夫听命。季孙宿、齐高厚、宋向戌、卫宁殖、邾大夫会之。

晋范宣子来聘，且拜公之辱，告将用师于郑。公享之，宣子赋《摽有梅》。季武子曰："谁敢哉！今譬于草木，寡君在君，君之臭味也。欢以承命，何时之有？"武子赋《角弓》。宾将出，武子赋《彤弓》。宣子曰："城濮之役，我先君文公献功于衡雍，受彤弓于襄王，以为子孙藏。匄也，先君守官之嗣也，敢不承命？"君子以为知礼。

襄公九年经：夏，季孙宿如晋。

襄公九年传：夏，季武子如晋，报宣子之聘也。

冬十月，诸侯伐郑。庚午，季武子、齐崔杼、宋皇郧从荀罃、士匄门于鄟门。

公送晋侯。晋侯以公宴于河上，问公年，季武子对曰："会于沙随之岁，寡君以生。"晋侯曰："十二年矣！是谓一终，一星终也。国君十五而生子。冠而生子，礼也，君可以冠矣！大夫盍为冠具？"武子对曰："君冠，必以祼享之礼行之，以金石之乐节之，以先君之祧处之。今寡君在行，未可具也。请及兄弟之国而假备焉。”晋侯曰：“诺。”公还，及卫，冠于成公之庙，假钟磬焉，礼也。

襄公十一年传：十一年春，季武子将作三军，告叔孙穆子曰：“请为三军，各征其军。”穆子曰：“政将及子，子必不能。”武子固请之，穆子曰：“然则盟诸？”乃盟诸僖闳，诅诸五父之衢。

正月，作三军，三分公室而各有其一。三子各毁其乘。季氏使其乘之人，以其役邑入者，无征；不入者，倍征。孟氏使半为臣，若子若弟。叔孙氏使尽为臣，不然，不舍。

襄公十二年经：莒人伐我东鄙，围台。季孙宿帅师救台，遂入郓。

襄公十二年传：十二年春，莒人伐我东鄙，围台。季武子救台，遂入郓，取其钟以为公盘。

襄公十四年经：十有四年春王正月，季孙宿、叔老会晋士匄、齐人、宋人、卫人、郑公孙虿、曹人、莒人、邾人、滕人、薛人、杞人、小邾人会吴于向。

冬，季孙宿会晋士匄、宋华阅、卫孙林父、郑公孙虿、莒人、邾人于戚。

襄公十五年经：季孙宿、叔孙豹帅师城成郛。

襄公十五年传：齐侯围成，贰于晋故也。于是乎城成郛。

襄公十九年经：季孙宿如晋。

襄公十九年传：晋栾鲂帅师从卫孙文子伐齐。季武子如晋拜师，晋侯享之。范宣子为政，赋《黍苗》。季武子兴，再拜稽首曰：“小国之仰大国也，如百谷之仰膏雨焉！若常膏之，其天下辑睦，岂唯敝邑？”赋《六月》。

季武子以所得于齐之兵，作林钟而铭鲁功焉。臧武仲谓季孙曰：“非礼也。夫铭，天子令德，诸侯言时计功，大夫称伐。今称伐则下等也，计功则借人也，言时则妨民多矣，何以为铭？且夫大伐小，取其所得以作彝器，铭其功烈以示子孙，昭明德而惩无礼也。今将借人之力以救其死，若之何铭之？小国幸于大国，而昭所获焉以怒之，亡之道也。”

襄公二十年经：季孙宿如宋。

襄公二十年传：季武子如宋，报向戌之聘也。褚师段逆之以受享，赋《常棣》之七章以卒。宋人重贿之。归，复命，公享之。赋《鱼丽》之卒章。公赋

《南山有台》。武子去所，曰：“臣不堪也。”

襄公二十一年传：邾庶其以漆、闾丘来奔。季武子以公姑姊妻之，皆有赐于其从者。

于是鲁多盗。季孙谓臧武仲曰：“子盍诘盗？”武仲曰：“不可诘也，纥又不能。”季孙曰：“我有四封，而诘其盗，何故不可？子为司寇，将盗是务去，若之何不能？”武仲曰：“子召外盗而大礼焉，何以止吾盗？子为正卿，而来外盗；使纥去之，将何以能？庶其窃邑于邾以来，子以姬氏妻之，而与之邑，其从者皆有赐焉。若大盗礼焉以君之姑姊与其大邑，其次皁牧舆马，其小者衣裳剑带，是赏盗也。赏而去之，其或难焉。纥也闻之，在上位者，洒濯其心，壹以待人，轨度其信，可明征也，而后可以治人。夫上之所为，民之归也。上所不为而民或为之，是以加刑罚焉，而莫敢不惩。若上之所为而民亦为之，乃其所也，又可禁乎？《夏书》曰：‘念兹在兹，释兹在兹，名言兹在兹，允出兹在兹，惟帝念功。’将谓由己壹也。信由己壹，而后功可念也。”

襄公二十三年传：季武子无适子，公弥长，而爱悼子，欲立之。访于申丰，曰：“弥与纥，吾皆爱之，欲择才焉而立之。”申丰趋退，归，尽室将行。他日，又访焉，对曰：“其然，将具敝车而行。”乃止。访于臧纥，臧纥曰：“饮我酒，吾为子立之。”季氏饮大夫酒，臧纥为客。既献，臧孙命北面重席，新尊絜之。召悼之，降，逆之。大夫皆起。及旅，而召公鉏，使与之齿，季孙失色。

季氏以公鉏为马正，愠而不出。闵子马见之，曰：“子无然！祸福无门，唯人所召。为人子者，患不孝，不患无所。敬共父命，何常之有？若能孝敬，富倍季氏可也。奸回不轨，祸倍下民可也。”公鉏然之。敬共朝夕，恪居官次。季孙喜，使饮己酒，而以具往，尽舍旃。故公鉏氏富，又出为公左宰。

孟孙恶臧孙，季孙爱之。孟氏之御驺丰点好羯也，曰：“从余言，必为孟孙。”再三云，羯从之。孟庄子疾，丰点谓公鉏：“苟立羯，请仇臧氏。”公鉏谓季孙曰：“孺子秩，固其所也。若羯立，则季氏信有力于臧氏矣。”弗应。己卯，孟孙卒，公鉏奉羯立于户侧。季孙至，入，哭，而出，曰：“秩焉在？”公鉏曰：“羯在此矣！”季孙曰：“孺子长。”公鉏曰：“何长之有？唯其才也。且夫子之命也。”遂立羯。秩奔邾。

孟氏闭门，告于季孙曰：“臧氏将为乱，不使我葬。”季孙不信。臧孙闻之，戒。冬十月，孟氏将辟，藉除于臧氏。臧孙使正夫助之，除于东门，甲从己而视之。孟氏又告季孙。季孙怒，命攻臧氏。乙亥，臧纥斩鹿门之关以出，奔邾。

襄公二十七年经：叔孙豹会晋赵武、楚屈建、蔡公孙归生、卫石恶、陈孔奂、郑良霄、许人、曹人于宋。……豹及诸侯之大夫盟于宋。

襄公二十七年传：戊申，叔孙豹、齐庆封、陈须无、卫石恶至。

季武子使谓叔孙以公命，曰："视邾、滕。"既而齐人请邾，宋人请滕，皆不与盟。叔孙曰："邾、滕，人之私也；我，列国也，何故视之？宋、卫，吾匹也。"乃盟。故不书其族，言违命也。

襄公二十九年传：公还，及方城。季武子取卞，使公冶问，玺书追而与之，曰："闻守卞者将叛，臣帅徒以讨之，既得之矣，敢告。"公冶致使而退，及舍而后闻取卞。公曰："欲之而言叛，只见疏也。"公谓公冶曰："吾可以入乎？"对曰："君实有国，谁敢违君！"公与公冶冕服。固辞，强之而后受。公欲无入，荣成伯赋《式微》，乃归。五月，公至自楚。公冶致其邑于季氏，而终不入焉。曰："欺其君，何必使余？"季孙见之，则言季氏如他日。不见，则终不言季氏。及疾，聚其臣，曰："我死，必无以冕服敛，非德赏也。且无使季氏葬我。"

襄公三十年传：季武子曰："晋未可媮也。有赵孟以为大夫，有伯瑕以为佐，有史赵、师旷而咨度焉，有叔向、女齐以师保其君。其朝多君子，其庸可媮乎？勉事之而后可。"

襄公三十一年传：穆叔至自会，见孟孝伯，语之曰："赵孟将死矣。其语偷，不似民主。且年未盈五十，而谆谆焉如八九十者，弗能久矣。若赵孟死，为政者其韩子乎！吾子盍与季孙言之，可以树善，君子也。晋君将失政矣，若不树焉，使早备鲁，既而政在大夫，韩子懦弱，大夫多贪，求欲无厌，齐、楚未足与也，鲁其惧哉！"孝伯曰："人生几何？谁能无偷？朝不及夕，将安用树？"穆叔出而告人曰："孟孙将死矣。吾语诸赵孟之偷也，而又甚焉。"又与季孙语晋故，季孙不从。

及赵文子卒，晋公室卑，政在侈家。韩宣子为政，不能图诸侯。鲁不堪晋求，谗慝弘多，是以有平丘之会。

昭公二年经：季孙宿如晋。

昭公二年传：晋侯使韩宣子来聘，且告为政而来见，礼也。观书于大史氏，见《易》《象》与《鲁春秋》，曰："周礼尽在鲁矣。吾乃今知周公之德，与周之所以王也。"公享之。季武子赋《绵》之卒章。韩子赋《角弓》。季武子拜，曰："敢拜子之弥缝敝邑，寡君有望矣。"武子赋《节》之卒章。既享，宴于季氏，有嘉树焉，宣子誉之。武子曰："宿敢不封殖此树，以无忘《角弓》。"遂赋《甘棠》。宣子曰："起不堪也，无以及召公。"

晋少姜卒。公如晋，及河。晋侯使士文伯来辞，曰："非伉俪也。请君无辱！"公还，季孙宿遂致服焉。

昭公三年传：小邾穆公来朝。季武子欲卑之，穆叔曰："不可。曹、滕、二邾，实不忘我好，敬以逆之，犹惧其贰。又卑一睦，焉逆群好也？其如旧而加敬焉！《志》曰：'能敬无灾。'又曰：'敬逆来者，天所福也。'"季孙从之。

昭公四年传：大雨雹。季武子问于申丰曰："雹可御乎？"对曰："圣人在上，无雹，虽有，不为灾。古者，日在北陆而藏冰；西陆，朝觌而出之。其藏冰也，深山穷谷，固阴冱寒，于是乎取之。其出之也，朝之禄位，宾食丧祭，于是乎用之。其藏之也，黑牲、秬黍，以享司寒。其出之也，桃弧、棘矢，以除其灾。其出入也时。食肉之禄，冰皆与焉。大夫命妇，丧浴用冰。祭寒而藏之，献羔而启之，公始用之。火出而毕赋。自命夫、命妇，至于老疾，无不受冰。山人取之，县人传之，舆人纳之，隶人藏之。夫冰以风壮，而以风出。其藏之也周，其用之也遍，则冬无愆阳，夏无伏阴，春无凄风，秋无苦雨，雷不出震，无灾霜雹，疠疾不降，民不夭札。今藏川池之冰，弃而不用。风不越而杀，雷不发而震。雹之为灾，谁能御之？《七月》之卒章，藏冰之道也。"

公使杜泄葬叔孙。竖牛赂叔仲昭子与南遗，使恶杜泄于季孙而去之。杜泄将以路葬，且尽卿礼。南遗谓季孙曰："叔孙未乘路，葬焉用之？且冢卿无路，介卿以葬，不亦左乎？"季孙曰："然。"使杜泄舍路。不可，曰："夫子受命于朝，而聘于王。王思旧勋而赐之路。复命而致之君，君不敢逆王命而复赐之，使三官书之。吾子为司徒，实书名。夫子为司马，与工正书服。孟孙为司空，以书勋。今死而弗以，是弃君命也。书在公府而弗以，是废三官也。若命服，生弗敢服，死又不以，将焉用之？"乃使以葬。

季孙谋去中军。竖牛曰："夫子固欲去之。"

昭公五年传：舍中军，卑公室也。毁中军于施氏，成诸臧氏。初作中军，三分公室而各有其一。季氏尽征之，叔孙氏臣其子弟，孟氏取其半焉。及其舍之也，四分公室，季氏择二，二子各一。皆尽征之，而贡于公。以书。使杜泄告于殡，曰："子固欲毁中军，既毁之矣，故告。"杜泄曰："夫子唯不欲毁也，故盟诸僖闳，诅诸五父之衢。"受其书而投之，帅士而哭之。叔仲子谓季孙曰："带受命于子叔孙曰：'葬鲜者自西门。'"季孙命杜泄。杜泄曰："卿丧自朝，鲁礼也。吾子为国政，未改礼，而又迁之。群臣惧死，不敢自也。"既葬而行。

仲至自齐，季孙欲立之。南遗曰："叔孙氏厚则季氏薄。彼实家乱，子勿与知，不亦可乎？"南遗使国人助竖牛以攻诸大库之庭。司宫射之，中目而死。竖牛取东鄙三十邑，以与南遗。

昭公六年经：季孙宿如晋。

昭公六年传：季孙宿如晋，拜莒田也。晋侯享之，有加笾。武子退，使行人告曰："小国之事大国也，苟免于讨，不敢求贶。得贶不过三献。今豆有加，下臣弗堪，无乃戾也。"韩宣子曰："寡君以为欢也。"对曰："寡君犹未敢，况下臣，君之隶也，敢闻加贶？"固请彻加而后卒事。晋人以为知礼，重其好货。

昭公七年经：冬十有一月癸未，季孙宿卒。

昭公七年传：晋人来治杞田，季孙将以成与之。谢息为孟孙守，不可。曰："人有言曰：'虽有挈瓶之知，守不假器，礼也。'夫子从君，而守臣丧邑，虽吾子亦有猜焉。"季孙曰："君之在楚，于晋罪也。又不听晋，鲁罪重矣。晋师必至，吾无以待之，不如与之，间晋而取诸杞。吾与子桃，成反，谁敢有之？是得二成也。鲁无忧而孟孙益邑，子何病焉？"辞以无山，与之莱、柞，乃迁于桃。晋人为杞取成。

十一月，季武子卒。

昭公二十三年传：为叔孙故，申丰以货如晋。叔孙曰："见我，吾告女所行货。"见，而不出。

昭公二十六年传：齐侯将纳公，命无受鲁货。申丰从女贾，以币锦二两，缚一如瑱，适齐师。谓子犹之人高齮："能货子犹，为高氏后，粟五千庾。"高齮以锦示子犹，子犹欲之。齮曰："鲁人买之，百两一布，以道之不通，先入币财。"子犹受之，言于齐侯曰："群臣不尽力于鲁君者，非不能事君也。然据有异焉。宋元公为鲁君如晋，卒于曲棘。叔孙昭子求纳其君，无疾而死。不知天之弃鲁耶，抑鲁君有罪于鬼神，故及此也？君若待于曲棘，使群臣从鲁君以卜焉。若可，师有济也。君而继之，兹无敌矣。若其无成，君无辱焉。”齐侯从之，使公子锄帅师从公。

昭公十八年传：秋，葬曹平公。往者见周原伯鲁焉，与之语，不说学。归以语闵子马。闵子马曰：“周其乱乎？夫必多有是说，而后及其大人。大人患失而惑，又曰：‘可以无学，无学不害。’不害而不学，则苟而可。于是乎下陵上替，能无乱乎？夫学，殖也，不学将落，原氏其亡乎？”

昭公二十六年传：闵马父闻子朝之辞，曰：“文辞以行礼也。子朝干景之命，远晋之大，以专其志，无礼甚矣，文辞何为？”

南遗

襄公七年传：南遗为费宰。叔仲昭伯为隧正，欲善季氏而求媚于南遗，谓遗：“请城费，吾多与而役。”故季氏城费。

昭公四年传：公使杜泄葬叔孙。竖牛赂叔仲昭子与南遗，使恶杜泄于季孙而去之。杜泄将以路葬，且尽卿礼。南遗谓季孙曰：“叔孙未乘路，葬焉用之？且冢卿无路，介卿以葬，不亦左乎？”季孙曰：“然。”使杜泄舍路。不可，曰：“夫子受命于朝，而聘于王。王思旧勋而赐之路。复命而致之君，君不敢逆王命而复赐之，使三官书之。吾子为司徒，实书名。夫子为司马，与工正书服。孟孙为司空，以书勋。今死而弗以，是弃君命也。书在公府而弗以，是废三官也。若命服，生弗敢服，死又不以，将焉用之？”乃使以葬。

昭公五年传：仲至自齐，季孙欲立之。南遗曰：“叔孙氏厚则季氏薄。彼实家乱，子勿与知，不亦可乎？”南遗使国人助竖牛以攻诸大库之庭。司宫射之，中目而死。竖牛取东鄙三十邑，以与南遗。

叔仲昭伯（叔仲惠伯之孙，名带）

襄公七年传：南遗为费宰。叔仲昭伯为隧正，欲善季氏而求媚于南遗，谓遗：“请城费，吾多与而役。”故季氏城费。

襄公二十八年传：及汉，楚康王卒。公欲反，叔仲昭伯曰：“我楚国之为，岂为一人？行也！”子服惠伯曰：“君子有远虑，小人从迩。饥寒之不恤，谁遑其后？不如姑归也。”叔孙穆子曰：“叔仲子专之矣，子服子始学者也。”荣成伯曰:“远图者，忠也。”公遂行。

襄公三十一年传：叔仲带窃其拱璧，以与御人，纳诸其怀而从取之，由是得罪。

昭公四年传：公使杜泄葬叔孙。竖牛赂叔仲昭子与南遗，使恶杜泄于季孙而去之。

昭公五年传：叔仲子谓季孙曰:“带受命于子叔孙曰:‘葬鲜者自西门。’”季孙命杜泄。杜泄曰:“卿丧自朝，鲁礼也。吾子为国政，未改礼，而又迁之。群臣惧死，不敢自也。”既葬而行。

郰人纥、狄虒弥

襄公十年传：晋荀偃、士匄请伐偪阳，而封宋向戌焉。荀罃曰:“城小而固，胜之不武，弗胜为笑。”固请。丙寅，围之，弗克。孟氏之臣秦堇父辇重如役。偪阳人启门，诸侯之士门焉。县门发，郰人纥抉之，以出门者。狄虒弥建大车之轮，而蒙之以甲，以为橹，左执之，右拔戟，以成一队。孟献子曰:“《诗》所谓‘有力如虎’者也。”主人县布，堇父登之，及堞而绝之。队，则又县之，苏而复上者三。主人辞焉，乃退，带其断以徇于军三日。

襄公十七年传：齐人以其未得志于我故，秋，齐侯伐我北鄙，围桃。高厚围臧纥于防。师自阳关逆臧孙，至于旅松。郰叔纥、臧畴、臧贾帅甲三百，宵犯齐师，送之而复。齐师去之。

叔老

襄公十四年经：季孙宿、叔老会晋士匄、齐人、宋人、卫人、郑公孙虿、曹人、莒人、邾人、滕人、薛人、杞人、小邾人会吴于向。

襄公十六年经：叔老会郑伯、晋荀偃、卫宁殖、宋人伐许。

襄公二十年经：叔老如齐。

襄公二十年传：齐子初聘于齐，礼也。

襄公二十二年经：秋七月辛酉，叔老卒。

厚成叔

襄公十四年传，公使厚成叔吊于卫，曰:“寡君使瘠，闻君不抚社稷，而越在他竟，若之何不吊？以同盟之故，使瘠敢私于执事曰:‘有君不吊，有臣不敏，君不赦宥，臣亦不帅职，增淫发泄，其若之何？’”卫人使大叔仪对曰:

"群臣不佞，得罪于寡君。寡君不以即刑而悼弃之，以为君忧。君不忘先君之好，辱吊群臣，又重恤之。敢拜君命之辱，重拜大贶。"厚孙归，复命，语臧武仲曰："卫君其必归乎！有大叔仪以守，有母弟鱄以出，或抚其内，或营其外，能无归乎？"

孟庄子

襄公十六年传：秋，齐侯围郕，孟孺子速徼之。齐侯曰："是好勇，去之以为之名。"速遂塞海陉而还。

襄公十八年传：（平阴之役），伐雍门之萩。范鞅门于雍门，其御追喜以戈杀犬于门中。孟庄子斩其橁以为公琴。

襄公二十年经：仲孙速会莒人盟于向。……仲孙速帅师伐邾。

襄公二十年传：二十年春，及莒平。孟庄子会莒人，盟于向，督扬之盟故也。

邾人骤至，以诸侯之事，弗能报也。秋，孟庄子伐邾以报之。

襄公二十三年经：己卯，仲孙速卒。

孺子秩、丰点、孟孝伯（羯）

襄公二十三年传：孟孙恶臧孙，季孙爱之。孟氏之御驺丰点好羯也，曰："从余言，必为孟孙。"再三云，羯从之。孟庄子疾，丰点谓公鉏："苟立羯，请仇臧氏。"公鉏谓季孙曰："孺子秩，固其所也。若羯立，则季氏信有力于臧氏矣。"弗应。己卯，孟孙卒，公鉏奉羯立于户侧。季孙至，入，哭，而出，曰："秩焉在？"公鉏曰："羯在此矣！"季孙曰："孺子长。"公鉏曰："何长之有？唯其才也。且夫子之命也。"遂立羯。秩奔邾。

襄公二十四年经：仲孙羯帅师侵齐。

襄公二十四年传：孟孝伯侵齐，晋故也。

襄公二十七年传：齐庆封来聘，其车美。孟孙谓叔孙曰："庆季之车，不亦美乎？"叔孙曰："豹闻之：'服美不称，必以恶终。'美车何为？"叔孙与庆封食，不敬。为赋《相鼠》，亦不知也。

襄公二十八年经：仲孙羯如晋。

襄公二十八年传：孟孝伯如晋，告将为宋之盟故如楚也。

襄公二十九年经：仲孙羯会晋荀盈、齐高止、宋华定、卫世叔仪、郑公孙段、曹人、莒人、滕人、薛人、小邾人城杞。……仲孙羯如晋。

襄公二十九年传：晋平公，杞出也，故治杞。六月，知悼子合诸侯之大夫以城杞，孟孝伯会之。

冬，孟孝伯如晋，报范叔也。

襄公三十一年经：己亥，仲孙羯卒。

襄公三十一年传：穆叔至自会，见孟孝伯，语之曰："赵孟将死矣。其语偷，不似民主。且年未盈五十，而谆谆焉如八九十者，弗能久矣。若赵孟死，为政者其韩子乎！吾子盍与季孙言之，可以树善，君子也。晋君将失政矣，若不树焉，使早备鲁，既而政在大夫，韩子懦弱，大夫多贪，求欲无厌，齐、楚未足与也，鲁其惧哉！"孝伯曰："人生几何？谁能无偷？朝不及夕，将安用树？"穆叔出而告人曰："孟孙将死矣。吾语诸赵孟之偷也，而又甚焉。"又与季孙语晋故，季孙不从。

及赵文子卒，晋公室卑，政在侈家。韩宣子为政，不能图诸侯。鲁不堪晋求，谗慝弘多，是以有平丘之会。

己亥，孟孝伯卒。

孟公绰

襄公二十五年传：齐崔杼帅师伐我北鄙，以报孝伯之师也。公患之，使告于晋。孟公绰曰："崔子将有大志，不在病我，必速归，何患焉！其来也不寇，使民不严，异于他日。"齐师徒归。

子服惠伯（子服椒，孟献子之孙，仲孙他之子）

襄公二十三年传：将盟臧氏，季孙召外史掌恶臣，而问盟首焉，对曰："盟东门氏也，曰：'毋或如东门遂，不听公命，杀适立庶。'盟叔孙氏也，曰：'毋或如叔孙侨如，欲废国常，荡覆公室。'"季孙曰："臧孙之罪，皆不及此。"孟椒曰："盍以其犯门斩关？"季孙用之。乃盟臧氏曰："无或如臧孙纥，干国之纪，犯门斩关。"臧孙闻之，曰："国有人焉！谁居？其孟椒乎！"

襄公二十五年传：晋侯济自泮，会于夷仪，伐齐，以报朝歌之役。齐人以庄公说，使隰鉏请成。庆封如师，男女以班。赂晋侯以宗器、乐器。自六正、五吏、三十帅、三军之大夫、百官之正长、师旅及处守者，皆有赂。晋侯许之。使叔向告于诸侯。公使子服惠伯对曰："君舍有罪，以靖小国，君之惠也。寡君闻命矣！”

襄公二十八年传：叔孙穆子食庆封，庆封氾祭。穆子不说，使工为之诵《茅鸱》，亦不知。既而齐人来让，奔吴。吴句余予之朱方，聚其族焉而居之，富于其旧。子服惠伯谓叔孙曰：“天殆富淫人，庆封又富矣。”穆子曰：“善人富谓之赏，淫人富谓之殃。天其殃之也，其将聚而歼旃？”

及汉，楚康王卒。公欲反，叔仲昭伯曰：“我楚国之为，岂为一人？行也！”子服惠伯曰：“君子有远虑，小人从迩。饥寒之不恤，谁遑其后？不如姑归也。”叔孙穆子曰：“叔仲子专之矣，子服子始学者也。”荣成伯曰：“远图者，忠也。”公遂行。

襄公三十一年传：冬十月，滕成公来会葬，惰而多涕。子服惠伯曰：“滕君将死矣！怠于其位，而哀已甚，兆于死所矣。能无从乎？”

昭公三年传：五月，叔弓如滕，葬滕成公，子服椒为介。及郊，遇懿伯之忌，敬子不入。惠伯曰：“公事有公利，无私忌，椒请先入。”乃先受馆。敬子从之。

昭公七年传：公将往，梦襄公祖。梓慎曰：“君不果行。襄公之适楚也，梦周公祖而行。今襄公实祖，君其不行。”子服惠伯曰：“行。先君未尝适楚，故周公祖以道之。襄公适楚矣，而祖以道君，不行，何之？”

昭公十二年传：南蒯枚筮之，遇《坤》䷁之《比》䷇，曰：“黄裳元吉。”以为大吉也，示子服惠伯，曰：“即欲有事，何如？”惠伯曰：“吾尝学此矣，忠信之事则可，不然必败。外强内温，忠也。和以率贞，信也。故曰‘黄裳元吉’。黄，中之色也。裳，下之饰也。元，善之长也。中不忠，不得其色。下不共，不得其饰。事不善，不得其极。外内倡和为忠，率事以信为共，供养三德为善，非此三者弗当。且夫《易》，不可以占险，将何事也？且可饰乎？中美能黄，上美为元，下美则裳，参成可筮。犹有阙也，筮虽吉，未也。”

昭公十三年传：邾人、莒人诉于晋曰：“鲁朝夕伐我，几亡矣。我之不共，鲁故之以。”晋侯不见公，使叔向来辞曰：“诸侯将以甲戌盟，寡君知不得事君矣，请君无勤。”子服惠伯对曰：“君信蛮夷之诉，以绝兄弟之国，弃周公之后，亦唯君。寡君闻命矣。”叔向曰：“寡君有甲车四千乘在，虽以无道行之，必可畏也，况其率道，其何敌之有？牛虽瘠，偾于豚上，其畏不死？南蒯、子仲之忧，其庸可弃乎？若奉晋之众，用诸侯之师，因邾、莒、杞、鄫之怒，以讨鲁罪，间其二忧，何求而弗克？”鲁人惧，听命。

公不与盟。晋人执季孙意如，以幕蒙之，使狄人守之。司铎射怀锦，奉壶饮冰，以蒲伏焉。守者御之，乃与之锦而入。晋人以平子归，子服湫从。

季孙犹在晋，子服惠伯私于中行穆子曰：“鲁事晋，何以不如夷之小国？鲁，兄弟也，土地犹大，所命能具。若为夷弃之，使事齐、楚，其何瘳于晋？亲亲，与大，赏共、罚否，所以为盟主也。子其图之。谚曰：‘臣一主二。’吾岂无大国？”穆子告韩宣子，且曰：“楚灭陈、蔡，不能救，而为夷执亲，将焉用之？”乃归季孙。惠伯曰：“寡君未知其罪，合诸侯而执其老。若犹有罪，死命可也。若曰无罪而惠免之，诸侯不闻，是逃命也，何免之为？请从君惠于会。”宣子患之，谓叔向曰：“子能归季孙乎？”对曰：“不能。鲋也能。”乃使叔鱼。叔鱼见季孙曰：“昔鲋也得罪于晋君，自归于鲁君。微武子之赐，不至于今。虽获归骨于晋，犹子则肉之，敢不尽情？归子而不归，鲋也闻诸吏，将为子除馆于西河，其若之何？”且泣。平子惧，先归。惠伯待礼。

梓慎

襄公二十八年传：春，无冰。梓慎曰：“今兹宋、郑其饥乎？岁在星纪，而淫于玄枵，以有时灾，阴不堪阳。蛇乘龙。龙，宋、郑之星也，宋、郑必饥。玄枵，虚中也。枵，秏名也。土虚而民秏，不饥何为？”

昭公七年传：公将往，梦襄公祖。梓慎曰：“君不果行。襄公之适楚也，梦周公祖而行。今襄公实祖，君其不行。”子服惠伯曰：“行。先君未尝适楚，故周公祖以道之。襄公适楚矣，而祖以道君，不行，何之？”

昭公十五年传：将禘于武公，戒百官。梓慎曰：“禘之日，其有咎乎！吾见赤黑之祲，非祭祥也，丧氛也。其在莅事乎？”

昭公二十年传：王二月己丑，日南至。梓慎望氛曰：“今兹宋有乱，国几亡，三年而后弭。蔡有大丧。”叔孙昭子曰：“然则戴、桓也！汏侈无礼已甚，乱所在也。”

昭公二十一年传：秋七月壬午朔，日有食之。公问于梓慎曰：“是何物也，祸福何为？”对曰：“二至、二分，日有食之，不为灾。日月之行也，分，同道也；至，相过也。其他月则为灾，阳不克也，故常为水。”

昭公二十四年传：夏五月乙未朔，日有食之。梓慎曰："将水。"昭子曰："旱也。日过分而阳犹不克，克必甚，能无旱乎？阳不克莫，将积聚也。"

秋八月，大雩，旱也。

荣成伯（荣驾鹅，叔肸曾孙）

襄公二十八年传：及汉，楚康王卒。公欲反，叔仲昭伯曰："我楚国之为，岂为一人？行也！"子服惠伯曰："君子有远虑，小人从迩。饥寒之不恤，谁遑其后？不如姑归也。"叔孙穆子曰："叔仲子专之矣，子服子始学者也。"荣成伯曰："远图者，忠也。"公遂行。

襄公二十九年传：公欲无入，荣成伯赋《式微》，乃归。

定公元年传：季孙使役如阚公氏，将沟焉。荣驾鹅曰："生不能事，死又离之，以自旌也？纵子忍之，后必或耻之。"乃止。季孙问于荣驾鹅曰："吾欲为君谥，使子孙知之。"对曰："生弗能事，死又恶之，以自信也？将焉用之？"乃止。

展庄叔、展瑕、展玉父、公巫召伯、仲颜庄叔、鄫鼓父、党叔

襄公二十八年传：（庆封）遂来奔。献车于季武子，美泽可以鉴。展庄叔见之，曰："车甚泽，人必瘁，宜其亡也。"

襄公二十九年传：范献子来聘，拜城杞也。公享之，展庄叔执币。射者三耦，公臣不足，取于家臣，家臣：展瑕、展玉父为一耦。公臣，公巫召伯、仲颜庄叔为一耦，鄫鼓父、党叔为一耦。

叔弓

襄公三十年经：叔弓如宋，葬宋共姬。

襄公三十年传：叔弓如宋，葬共姬也。

昭公元年传：叔弓帅师疆郓田，因莒乱也。

昭公二年经：叔弓如晋。

昭公二年传：叔弓聘于晋，报宣子也。晋侯使郊劳。辞曰："寡君使弓来继旧好，固曰：'女无敢为宾！'彻命于执事，敝邑弘矣。敢辱郊使？请辞。"致馆。辞曰："寡君命下臣来继旧好，好合使成，臣之禄也。敢辱大馆？"叔向曰："子叔子知礼哉！吾闻之曰：'忠信，礼之器也。卑让，礼之宗也。'辞不忘国，忠信也。先国后己，卑让也。《诗》曰：'敬慎威仪，以近有德。'夫子近德矣。”

昭公三年经：叔弓如滕。五月，葬滕成公。

昭公三年传：五月，叔弓如滕，葬滕成公，子服椒为介。及郊，遇懿伯之忌，敬子不入。惠伯曰：“公事有公利，无私忌，椒请先入。”乃先受馆。敬子从之。

昭公五年经：叔弓帅师败莒师于蚡泉。

昭公五年传：莒人来讨，不设备。戊辰，叔弓败诸蚡泉，莒未陈也。

昭公六年经：叔弓如楚。

昭公六年传：叔弓如楚聘，且吊败也。

昭公八年经：叔弓如晋。

昭公八年传：叔弓如晋，贺虒祁也。游吉相郑伯以如晋，亦贺虒祁也。史赵见子大叔，曰：“甚哉，其相蒙也！可吊也，而又贺之？”子大叔曰：“若何吊也？其非唯我贺，将天下实贺。”

昭公九年经：九年春，叔弓会楚子于陈。

昭公九年传：叔弓、宋华亥、郑游吉、卫赵黡会楚子于陈。

昭公十年经：秋七月，季孙意如、叔弓、仲孙貜帅师伐莒。

昭公十一年经：叔弓如宋，葬宋平公。

昭公十一年传：叔弓如宋，葬平公也。

昭公十三年经：叔弓帅师围费。

昭公十三年传：叔弓围费，弗克，败焉。

昭公十五年经：二月癸酉，有事于武宫。籥入，叔弓卒。去乐，卒事。

昭公十五年传：二月癸酉，禘，叔弓莅事，籥入而卒。去乐，卒事，礼也。

子野

襄公三十一年经：秋九月癸巳，子野卒。

襄公三十一年传：立胡女敬归之子子野，次于季氏。秋九月癸巳，卒，毁也。

叔孙昭子

昭公五年传：昭子即位，朝其家众，曰：“竖牛祸叔孙氏，使乱大从，杀適立庶，又披其邑，将以赦罪，罪莫大焉。必速杀之。”竖牛惧，奔齐。孟、仲之子杀诸塞关之外，投其首于宁风之棘上。

仲尼曰："叔孙昭子之不劳，不可能也。周任有言曰：'为政者不赏私劳，不罚私怨。'《诗》云：'有觉德行，四国顺之。'"

昭公七年经：叔孙婼如齐莅盟。

昭公九年传：冬，筑郎囿，书，时也。季平子欲其速成也，叔孙昭子曰："《诗》曰：'经始勿亟，庶民子来。'焉用速成？其以剿民也？无囿犹可，无民其可乎？"

昭公十年经：九月，叔孙婼如晋，葬晋平公。

昭公十年传：叔孙婼、齐国弱、宋华定、卫北宫喜、郑罕虎、许人、曹人、莒人、邾人、薛人、杞人、小邾人如晋，葬平公也。

昭公十二年传：宋华定来聘，通嗣君也。享之，为赋《蓼萧》，弗知，又不答赋。昭子曰："必亡。宴语之不怀，宠光之不宣，令德之不知，同福之不受，将何以在？"

季悼子之卒也，叔孙昭子以再命为卿。及平子伐莒，克之，更受三命。叔仲子欲构二家，谓平子曰："三命逾父兄，非礼也。"平子曰："然。"故使昭子。昭子曰："叔孙氏有家祸，杀适立庶，故婼也及此。若因祸以毙之，则闻命矣。若不废君命，则固有著矣。"昭子朝，而命吏曰："婼将与季氏讼，书辞无颇。"季孙惧，而归罪于叔仲子。故叔仲小、南蒯、公子慭谋季氏。慭告公，而遂从公如晋。南蒯惧不克，以费叛如齐。子仲还，及卫，闻乱，逃介而先。及郊，闻费叛，遂奔齐。

平子欲使昭子逐叔仲小。小闻之，不敢朝。昭子命吏谓小待政于朝，曰："吾不为怨府。"

昭公十六年传：叔孙昭子曰："诸侯之无伯，害哉！齐君之无道也，兴师而伐远方，会之，有成而还，莫之亢也，无伯也夫！《诗》曰：'宗周既灭，靡所止戾。正大夫离居，莫知我肄。'其是之谓乎！"

昭公十七年传：十七年春，小邾穆公来朝，公与之燕。季平子赋《采菽》，穆公赋《菁菁者莪》。昭子曰："不有以国，其能久乎？"

夏六月甲戌朔，日有食之。祝史请所用币。昭子曰："日有食之，天子不举，伐鼓于社；诸侯用币于社，伐鼓于朝。礼也。"平子御之，曰："止也。唯正月朔，慝未作，日有食之，于是乎有伐鼓用币，礼也。其余则否。”大史曰：“在此月也。日过分而未至，三辰有灾。于是乎百官降物，君不举，辟移时，乐奏鼓，祝用币，史用辞。故《夏书》曰：‘辰不集于房，瞽奏鼓，啬夫驰，庶人走。’此月朔之谓也。当夏四月，是谓孟夏。”平子弗从。昭子退曰：“夫子将有异志，不君君矣。”

秋，郯子来朝，公与之宴。昭子问焉，曰：“少皞氏鸟名官，何故也？”郯子曰：“吾祖也，我知之。昔者黄帝氏以云纪，故为云师而云名；炎帝氏以火纪，故为火师而火名；共工氏以水纪，故为水师而水名；大皞氏以龙纪，故为龙师而龙名。我高祖少皞挚之立也，凤鸟适至，故纪于鸟，为鸟师而鸟名。凤鸟氏，历正也。玄鸟氏，司分者也；伯赵氏，司至者也；青鸟氏，司启者也；丹鸟氏，司闭者也。祝鸠氏，司徒也；鴡鸠氏，司马也；鳲鸠氏，司空也；爽鸠氏，司寇也；鹘鸠氏，司事也。五鸠，鸠民者也。五雉，为五工正，利器用、正度量，夷民者也。九扈为九农正，扈民无淫者也。自颛顼以来，不能纪远，乃纪于近，为民师而命以民事，则不能故也。”仲尼闻之，见于郯子而学之。既而告人曰：“吾闻之：‘天子失官，学在四夷’，犹信。”

昭公十九年传：楚工尹赤迁阴于下阴，令尹子瑕城郏。叔孙昭子曰：“楚不在诸侯矣！其仅自完也，以持其世而已。”

昭公二十一年传：葬蔡平公。蔡大子朱失位，位在卑。大夫送葬者归，见昭子。昭子问蔡故，以告。昭子叹曰：“蔡其亡乎！若不亡，是君也必不终。《诗》曰：‘不解于位，民之攸塈。’今蔡侯始即位，而适卑，身将从之。”

夏，晋士鞅来聘，叔孙为政。季孙欲恶诸晋，使有司以齐鲍国归费之礼为士鞅。士鞅怒，曰：“鲍国之位下，其国小，而使鞅从其牢礼，是卑敝邑也。将复诸寡君。”鲁人恐，加四牢焉，为十一牢。

于是叔辄哭日食。昭子曰：“子叔将死，非所哭也。”八月，叔辄卒。

昭公二十三年经：叔孙婼如晋。……晋人执我行人叔孙婼。

昭公二十三年传：邾人诉于晋，晋人来讨。叔孙婼如晋，晋人执之。书曰：“晋人执我行人叔孙婼。”言使人也。晋人使与邾大夫坐。叔孙曰：“列国之卿，当小国之君，固周制也。邾又夷也。寡君之命介子服回在，请使当之，不敢废周制故也。”乃不果坐。

韩宣子使邾人取其众，将以叔孙与之。叔孙闻之，去众与兵而朝。士弥牟谓韩宣子曰：“子弗良图，而以叔孙与其仇，叔孙必死之。鲁亡叔孙，必亡邾。邾君亡国，将焉归？子虽悔之，何及？所谓盟主，讨违命也。若皆相执，焉用盟主？”乃弗与，使各居一馆。士伯听其辞而诉诸宣子，乃皆执之。士伯御叔孙，从者四人，过邾馆以如吏。先归邾子。士伯曰：“以刍荛之难，从者之病，将馆子于都。”叔孙旦而立，期焉。乃馆诸箕。舍子服昭伯于他邑。

范献子求货于叔孙，使请冠焉。取其冠法，而与之两冠，曰：“尽矣。”为叔孙故，申丰以货如晋。叔孙曰：“见我，吾告女所行货。”见，而不出。吏人之与叔孙居于箕者，请其吠狗，弗与。及将归，杀而与之食之。叔孙所馆者，虽一日必葺其墙屋，去之如始至。

公为叔孙故如晋，及河，有疾而复。

昭公二十四年经：婼至自晋。

昭公二十四年传：晋士弥牟逆叔孙于箕。叔孙使梁其踁待于门内，曰：“余左顾而欬，乃杀之。右顾而笑，乃止。”叔孙见士伯，士伯曰：“寡君以为盟主之故，是以久子。不腆敝邑之礼，将致诸从者。使弥牟逆吾子。”叔孙受礼而归。二月，婼至自晋，尊晋也。

夏五月乙未朔，日有食之。梓慎曰：“将水。”昭子曰：“旱也。日过分而阳犹不克，克必甚，能无旱乎？阳不克莫，将积聚也。”

秋八月，大雩，旱也。

昭公二十五年经：叔孙婼如宋。……冬十月戊辰，叔孙婼卒。

昭公二十五年传：叔孙婼聘于宋，桐门右师见之。语，卑宋大夫，而贱司城氏。昭子告其人曰：“右师其亡乎！君子贵其身而后能及人，是以有礼。今夫子卑其大夫而贱其宗，是贱其身也，能有礼乎？无礼必亡。”

宋公享昭子，赋《新宫》。昭子赋《车辖》。明日宴，饮酒，乐，宋公使昭子右坐，语相泣也。乐祁佐，退而告人曰：“今兹君与叔孙，其皆死乎？吾闻之：‘哀乐而乐哀，皆丧心也。’心之精爽，是谓魂魄。魂魄去之，何以能久？”

叔孙昭子如阚，公居于长府。九月戊戌，伐季氏。

昭子自阚归，见平子。平子稽颡，曰：“子若我何？”昭子曰：“人谁不死？子以逐君成名，子孙不忘，不亦伤乎！将若子何？”平子曰：“苟使意如得改事君，所谓生死而肉骨也。”昭子从公于齐，与公言。子家子命适公馆者执之。公与昭子言于幄内，曰将安众而纳公。公徒将杀昭子，伏诸道。左师展告公，公使昭子自铸归。平子有异志。冬十月辛酉，昭子齐于其寝，使祝宗祈死。戊辰，卒。

孟僖子、谢息、南宫敬叔

昭公七年传：三月，公如楚，郑伯劳于师之梁。孟僖子为介，不能相仪。及楚，不能答郊劳。

晋人来治杞田，季孙将以成与之。谢息为孟孙守，不可。曰：“人有言曰：‘虽有挈瓶之知，守不假器，礼也’。夫子从君，而守臣丧邑，虽吾子亦有猜焉。”季孙曰：“君之在楚，于晋罪也。又不听晋，鲁罪重矣。晋师必至，吾无以待之，不如与之，间晋而取诸杞。吾与子桃，成反，谁敢有之？是得二成也。鲁无忧而孟孙益邑，子何病焉？”辞以无山，与之莱、柞，乃迁于桃。晋人为杞取成。

九月，公至自楚。孟僖子病不能相礼，乃讲学之，苟能礼者从之。及其将死也，召其大夫曰：“礼，人之干也。无礼，无以立。吾闻将有达者曰孔丘，圣人之后也，而灭于宋。其祖弗父何，以有宋而授厉公。及正考父，佐戴、武、宣，三命兹益共。故其鼎铭云：‘一命而偻，再命而伛，三命而俯。循墙而走，亦莫余敢侮。饘于是，鬻于是，以糊余口。’其共也如是。臧孙纥有言曰：‘圣人有明德者，若不当世，其后必有达人。’今其将在孔丘乎？我若获没，必属说与何忌于夫子，使事之，而学礼焉，以定其位。”故孟懿子与南宫敬叔师事仲尼。仲尼曰：“能补过者，君子也。《诗》曰：‘君子是则是效。’孟僖子可则效已矣。”

昭公九年经：秋，仲孙貜如齐。

昭公九年传：孟僖子如齐殷聘，礼也。

昭公十年经：秋七月，季孙意如、叔弓、仲孙貜帅师伐莒。

昭公十一年经：仲孙貜会邾子，盟于祲祥。

昭公十一年传：孟僖子会邾庄公，盟于祲祥，修好，礼也。泉丘人有女梦以其帷幕孟氏之庙，遂奔僖子，其僚从之。盟于清丘之社，曰：“有子，无相弃也。”僖子使助薳氏之簉。反自祲祥，宿于薳氏，生懿子及南宫敬叔于泉丘人。其僚无子，使字敬叔。

昭公二十四年经：春王二月丙戌，仲孙貜卒。

哀公三年传：司铎火。火逾公宫，桓、僖灾。救火者皆曰："顾府。"南宫敬叔至，命周人出御书，俟于宫，曰："庀女而不在，死。"

季平子（附录司铎射）

昭公九年传：冬，筑郎囿，书，时也。季平子欲其速成也，叔孙昭子曰："《诗》曰：'经始勿亟，庶民子来。'焉用速成？其以勦民也？无囿犹可，无民其可乎？"

昭公十年经：秋七月，季孙意如、叔弓、仲孙貜帅师伐莒。

昭公十年传：秋七月，平子伐莒，取郠，献俘，始用人于亳社。臧武仲在齐，闻之，曰："周公其不飨鲁祭乎！周公飨义，鲁无义。《诗》曰：'德音孔昭，视民不佻。'佻之谓甚矣，而壹用之，将谁福哉？"

昭公十一年经：季孙意如会晋韩起、齐国弱、宋华亥、卫北宫佗、郑罕虎、曹人、杞人于厥慭。

昭公十二年传：季悼子之卒也，叔孙昭子以再命为卿。及平子伐莒，克之，更受三命。叔仲子欲构二家，谓平子曰："三命逾父兄，非礼也。"平子曰："然。"故使昭子。昭子曰："叔孙氏有家祸，杀适立庶，故婼也及此。若因祸以毙之，则闻命矣。若不废君命，则固有著矣。"昭子朝，而命吏曰："婼将与季氏讼，书辞无颇。"季孙惧，而归罪于叔仲子。故叔仲小、南蒯、公子慭谋季氏。慭告公，而遂从公如晋。南蒯惧不克，以费叛如齐。子仲还，及卫，闻乱，逃介而先。及郊，闻费叛，遂奔齐。

平子欲使昭子逐叔仲小。小闻之，不敢朝。昭子命吏谓小待政于朝，曰："吾不为怨府。"

昭公十三年经：晋人执季孙意如以归。

昭公十三年传：叔弓围费，弗克，败焉。平子怒，令见费人执之以为囚俘。冶区夫曰："非也。若见费人，寒者衣之，饥者食之，为之令主，而共其乏困。费来如归，南氏亡矣，民将叛之，谁与居邑？若惮之以威，惧之以怒，民疾而叛，为之聚也。若诸侯皆然，费人无归，不亲南氏，将焉入矣？"平子从之，费人叛南氏。

晋人执季孙意如，以幕蒙之，使狄人守之。司铎射怀锦，奉壶饮冰，以蒲伏焉。守者御之，乃与之锦而入。晋人以平子归，子服湫从。

季孙犹在晋，子服惠伯私于中行穆子曰："鲁事晋，何以不如夷之小国？鲁，兄弟也，土地犹大，所命能具。若为夷弃之，使事齐、楚，其何瘳于晋？亲亲，与大，赏共、罚否，所以为盟主也。子其图之。谚曰：'臣一主二。'吾岂无大国？"穆子告韩宣子，且曰："楚灭陈、蔡，不能救，而为夷执亲，将焉用之？"乃归季孙。惠伯曰："寡君未知其罪，合诸侯而执其老。若犹有罪，死命可也。若曰无罪而惠免之，诸侯不闻，是逃命也，何免之为？请从君惠于会。"宣子患之，谓叔向曰："子能归季孙乎？"对曰："不能。鲋也能。"乃使叔鱼。叔鱼见季孙曰："昔鲋也得罪于晋君，自归于鲁君。微武子之赐，不至于今。虽获归骨于晋，犹子则肉之，敢不尽情？归子而不归，鲋也闻诸吏，将为子除馆于西河，其若之何？"且泣。平子惧，先归。惠伯待礼。

昭公十四年经：意如至自晋。

昭公十四年传：意如至自晋，尊晋罪已也。尊晋、罪已，礼也。

昭公十六年经：季孙意如如晋。冬十月，葬晋昭公。

昭公十六年传：公至自晋。子服昭伯语季平子曰："晋之公室，其将遂卑矣。君幼弱，六卿强而奢傲，将因是以习，习实为常，能无卑乎？"平子曰："尔幼，恶识国？"

冬十月，季平子如晋葬昭公。平子曰："子服回之言犹信，子服氏有子哉！"

昭公十七年传：十七年春，小邾穆公来朝，公与之燕。季平子赋《采菽》，穆公赋《菁菁者莪》。昭子曰："不有以国，其能久乎？"

夏六月甲戌朔，日有食之。祝史请所用币。昭子曰："日有食之，天子不举，伐鼓于社；诸侯用币于社，伐鼓于朝。礼也。"平子御之，曰："止也。唯正月朔，慝未作，日有食之，于是乎有伐鼓用币，礼也。其余则否。"大史曰："在此月也。日过分而未至，三辰有灾。于是乎百官降物，君不举，辟移时，乐奏鼓，祝用币，史用辞。故《夏书》曰：'辰不集于房，瞽奏鼓，啬夫驰，庶人走。'此月朔之谓也。当夏四月，是谓孟夏。"平子弗从。昭子退曰："夫子将有异志，不君君矣。"

昭公二十五年传：九月戊戌，伐季氏，杀公之于门，遂入之。平子登台而请曰：“君不察臣之罪，使有司讨臣以干戈，臣请待于沂上以察罪。”弗许。请囚于费，弗许。请以五乘亡，弗许。子家子曰：“君其许之！政自之出久矣，隐民多取食焉。为之徒者众矣，日入慝作，弗可知也。众怒不可蓄也，蓄而弗治，将蕰。蕰畜，民将生心。生心，同求将合。君必悔之。”弗听。郈孙曰：“必杀之。”公使郈孙逆孟懿子。叔孙氏之司马鬷戾言于其众曰：“若之何？”莫对。又曰：“我，家臣也，不敢知国。凡有季氏与无，于我孰利？”皆曰：“无季氏，是无叔孙氏也。”鬷戾曰：“然则救诸！”帅徒以往，陷西北隅以入。公徒释甲，执冰而踞。遂逐之。孟氏使登西北隅，以望季氏。见叔孙氏之旌，以告。孟氏执郈昭伯，杀之于南门之西，遂伐公徒。子家子曰：“诸臣伪劫君者，而负罪以出，君止。意如之事君也，不敢不改。”公曰：“余不忍也。”与臧孙如墓谋，遂行。

昭公二十七年传：秋，会于扈，令戍周，且谋纳公也。宋、卫皆利纳公，固请之。范献子取货于季孙，谓司城子梁与北宫贞子曰：“季孙未知其罪，而君伐之，请囚，请亡，于是乎不获。君又弗克，而自出也。夫岂无备而能出君乎？季氏之复，天救之也。休公徒之怒，而启叔孙氏之心。不然，岂其伐人而说甲执冰以游？叔孙氏惧祸之滥，而自同于季氏，天之道也。鲁君守齐，三年而无成。季氏甚得其民，淮夷与之，有十年之备，有齐、楚之援，有天之赞，有民之助，有坚守之心，有列国之权，而弗敢宣也，事君如在国。故鞅以为难。二子皆图国者也，而欲纳鲁君，鞅之愿也，请从二子以围鲁。无成，死之。”二子惧，皆辞。乃辞小国，而以难复。

昭公二十九年传：平子每岁贾马，具从者之衣屦，而归之于乾侯。公执归马者，卖之，乃不归马。

昭公三十一年经：季孙意如会晋荀跞于适历。……晋侯使荀跞唁公于乾侯。

昭公三十一年传：晋侯将以师纳公。范献子曰：“若召季孙而不来，则信不臣矣。然后伐之，若何？”晋人召季孙，献子使私焉，曰：“子必来，我受其无咎。”季孙意如会晋荀跞于适历。荀跞曰：“寡君使跞谓吾子：‘何故出君？有君不事，周有常刑，子其图之！’”季孙练冠麻衣跣行，伏而对曰：“事君，臣之所不得也，敢逃刑命？君若以臣为有罪，请囚于费，以待君之察也，亦唯君。若以先臣之故，不绝季氏，而赐之死。若弗杀弗亡，君之惠也，死且不朽。若得从君而归，则固臣之愿也。敢有异心？”

夏四月，季孙从知伯如乾侯。子家子曰：“君与之归。一慚之不忍，而终身慚乎？”公曰：“诺。”众曰：“在一言矣，君必逐之。”荀跞以晋侯之命唁公，且曰：“寡君使跞以君命讨于意如，意如不敢逃死，君其入也！”公曰：“君惠顾先君之好，施及亡人将使归粪除宗祧以事君，则不能见夫人。己所能见夫人者，有如河！”荀跞掩耳而走，曰：“寡君其罪之恐，敢与知鲁国之难？臣请复于寡君。”退而谓季孙：“君怒未怠，子姑归祭。”子家子曰：“君以一乘入于鲁师，季孙必与君归。”公欲从之，众从者胁公，不得归。

昭公三十二年传：赵简子问于史墨曰：“季氏出其君，而民服焉，诸侯与之，君死于外，而莫之或罪也。”对曰：“物生有两，有三，有五，有陪贰。故天有三辰，地有五行，体有左右，各有妃耦。王有公，诸侯有卿，皆有贰也。天生季氏，以贰鲁侯，为日久矣。民之服焉，不亦宜乎？鲁君世从其失，季氏世修其勤，民忘君矣。虽死于外，其谁矜之？社稷无常奉，君臣无常位，自古以然。故《诗》曰：‘高岸为谷，深谷为陵。’三后之姓，于今为庶，王所知也。在《易》卦，雷乘《乾》曰《大壮》，天之道也。昔成季友，桓之季也，文姜之爱子也，始震而卜。卜人谒之，曰：‘生有嘉闻，其名曰友，为公室辅。’及生，如卜人之言，有文在其手曰‘友’，遂以名之。既而有大功于鲁，受费以为上卿。至于文子、武子，世增其业，不废旧绩。鲁文公薨，而东门遂杀适立庶，鲁君于是乎失国，政在季氏，于此君也，四公矣。民不知君，何以得国？是以为君，慎器与名，不可以假人。”

定公元年传：夏，叔孙成子逆公之丧于乾侯。季孙曰：“子家子亟言于我，未尝不中吾志也。吾欲与之从政，子必止之，且听命焉。”

季孙使役如阚公氏，将沟焉。荣驾鹅曰：“生不能事，死又离之，以自旌也？纵子忍之，后必或耻之。”乃止。季孙问于荣驾鹅曰：“吾欲为君谥，使子孙知之。”对曰：“生弗能事，死又恶之，以自信也？将焉用之？”乃止。

昭公出，故季平子祷于炀公。九月，立炀宫。

定公五年经：六月丙申，季孙意如卒。

定公五年传：季平子行东野，还，未至，丙申，卒于房。

南蒯（南遗之子）、公子慭（子仲）、叔仲穆子（叔仲小，叔仲带之子）、冶区夫、司徒老祁、虑癸

昭公十二年传：取郠之役，莒人诉于晋，晋有平公之丧，未之治也，故辞公。公子慭遂如晋。

季平子立，而不礼于南蒯。南蒯谓子仲："吾出季氏，而归其室于公。子更其位。我以费为公臣。"子仲许之。南蒯语叔仲穆子，且告之故。

季悼子之卒也，叔孙昭子以再命为卿。及平子伐莒，克之，更受三命。叔仲子欲构二家，谓平子曰："三命逾父兄，非礼也。"平子曰："然。"故使昭子。昭子曰："叔孙氏有家祸，杀适立庶，故婼也及此。若因祸以毙之，则闻命矣。若不废君命，则固有著矣。"昭子朝，而命吏曰："婼将与季氏讼，书辞无颇。"季孙惧，而归罪于叔仲子。故叔仲小、南蒯、公子慭谋季氏。慭告公，而遂从公如晋。南蒯惧不克，以费叛如齐。子仲还，及卫，闻乱，逃介而先。及郊，闻费叛，遂奔齐。

南蒯之将叛也，其乡人或知之，过之而叹，且言曰："恤恤乎，湫乎，攸乎！深思而浅谋，迩身而远志，家臣而君图，有人矣哉。"南蒯枚筮之，遇《坤》䷁之《比》䷇，曰："黄裳元吉。"以为大吉也，示子服惠伯，曰："即欲有事，何如？"惠伯曰："吾尝学此矣，忠信之事则可，不然必败。外强内温，忠也。和以率贞，信也。故曰'黄裳元吉'。黄，中之色也。裳，下之饰也。元，善之长也。中不忠，不得其色。下不共，不得其饰。事不善，不得其极。外内倡和为忠，率事以信为共，供养三德为善，非此三者弗当。且夫《易》，不可以占险，将何事也？且可饰乎？中美能黄，上美为元，下美则裳，参成可筮。犹有阙也，筮虽吉，未也。"

将适费，饮乡人酒。乡人或歌之曰："我有圃，生之杞乎！从我者子乎，去我者鄙乎，倍其邻者耻乎！已乎已乎，非吾党之士乎！"

平子欲使昭子逐叔仲小。小闻之，不敢朝。昭子命吏谓小待政于朝，曰："吾不为怨府。"

昭公十三年传：叔弓围费，弗克，败焉。平子怒，令见费人执之以为囚俘。冶区夫曰："非也。若见费人，寒者衣之，饥者食之，为之令主，而共其乏困。费来如归，南氏亡矣，民将叛之，谁与居邑？若惮之以威，惧之以怒，民疾而叛，为之聚也。若诸侯皆然，费人无归，不亲南氏，将焉入矣？"平子从之，费人叛南氏。

昭公十四年传：南蒯之将叛也，盟费人。司徒老祁、虑癸伪废疾，使请于南蒯曰："臣愿受盟而疾兴，若以君灵不死，请待间而盟。"许之。二子因民之欲叛也，请朝众而盟。遂劫南蒯曰："群臣不忘其君，畏子以及今，三年听命矣。子若弗图，费人不忍其君，将不能畏子矣。子何所不逞欲？请送子。"请期五日。遂奔齐。侍饮酒于景公。公曰："叛夫！"对曰："臣欲张公室也。"子韩皙曰："家臣而欲张公室，罪莫大焉。"司徒老祁、虑癸来归费，齐侯使鲍文子致之。

子服昭伯（子服回，惠伯之子）

昭公十六年传：公至自晋。子服昭伯语季平子曰："晋之公室，其将遂卑矣。君幼弱，六卿强而奢傲，将因是以习，习实为常，能无卑乎？"平子曰："尔幼，恶识国？"

冬十月，季平子如晋葬昭公。平子曰："子服回之言犹信，子服氏有子哉！"

昭公二十三年传：叔孙婼如晋，晋人执之。书曰："晋人执我行人叔孙婼。"言使人也。晋人使与邾大夫坐。叔孙曰："列国之卿，当小国之君，固周制也。邾又夷也。寡君之命介子服回在，请使当之，不敢废周制故也。"乃不果坐。

叔孙旦而立，期焉。乃馆诸箕。舍子服昭伯于他邑。

祝史、大史、申须

昭公十七年传：夏六月甲戌朔，日有食之。祝史请所用币。昭子曰："日有食之，天子不举，伐鼓于社；诸侯用币于社，伐鼓于朝。礼也。"平子御之，曰："止也。唯正月朔，慝未作，日有食之，于是乎有伐鼓用币，礼也。其余则否。"大史曰："在此月也。日过分而未至，三辰有灾。于是乎百官降物，君不举，辟移时，乐奏鼓，祝用币，史用辞。故《夏书》曰：'辰不集于房，瞽奏鼓，啬夫驰，庶人走。'此月朔之谓也。当夏四月，是谓孟夏。"平子弗从。昭子退曰："夫子将有异志，不君君矣。"

冬，有星孛于大辰，西及汉。申须曰："彗所以除旧布新也。天事恒象，今除于火，火出必布焉。诸侯其有火灾乎？"

叔辄

昭公二十一年经：八月乙亥，叔辄卒。

昭公二十一年传：于是叔辄哭日食。昭子曰："子叔将死，非所哭也。"八月，叔辄卒。

叔鞅

昭公二十二年经：叔鞅如京师，葬景王，王室乱。

昭公二十三年经：癸丑，叔鞅卒。

叔诣

昭公二十五年经：夏，叔诣会晋赵鞅、宋乐大心，卫北宫喜、郑游吉、曹人、邾人、滕人、薛人、小邾人于黄父。

昭公二十九年经：夏四月庚子，叔诣卒。

季公若（季公亥）、季公鸟、公思展、申夜姑、饔人檀、公甫、公之

昭公二十五年传：季公若之姊为小邾夫人，生宋元夫人，生子以妻季平子。昭子如宋聘，且逆之。公若从，谓曹氏勿与，鲁将逐之。曹氏告公，公告乐祁。乐祁曰："与之。如是，鲁君必出。政在季氏三世矣，鲁君丧政四公矣。无民而能逞其志者，未之有也。国君是以镇抚其民。《诗》曰：'人之云亡，心之忧矣。'鲁君失民矣，焉得逞其志？靖以待命犹可，动必忧。"

初，季公鸟娶妻于齐鲍文子，生甲。公鸟死，季公亥与公思展与公鸟之臣申夜姑相其室。及季姒与饔人檀通，而惧，乃使其妾抶己，以示秦遄之妻，曰："公若欲使余，余不可而抶余。"又诉于公甫，曰："展与夜姑将要余。"秦姬以告公之，公之与公甫告平子。平子拘展于卞而执夜姑，将杀之。公若泣而哀之，曰："杀是，是杀余也。"将为之请。平子使竖勿内，日中不得请。有司逆命，公之使速杀之。故公若怨平子。

郈昭伯、臧昭伯、臧会、公为（务人）、公果、公贲、侍人僚相、子家懿伯、鬷戾、公衍

昭公二十五年传：季、郈之鸡斗。季氏介其鸡，郈氏为之金距。平子怒，益宫于郈氏，且让之。故郈昭伯亦怨平子。臧昭伯之从弟会，为谗于臧氏，而逃于季氏，臧氏执旃。平子怒，拘臧氏老。将禘于襄公，万者二人，其众万于季氏。臧孙曰："此之谓不能庸先君之庙。"大夫遂怨平子。公若献弓于公为，且与之出射于外，而谋去季氏。公为告公果、公贲。公果、公贲使侍人僚相告公。公寝，将以戈击之，乃走。公曰："执之。"亦无命也。惧而不出，数月不见，公不怒。又使言，公执戈惧之，乃走。又使言，公曰："非小人之所及也。"公果自言，公以告臧孙，臧孙以难。告郈孙，郈孙以可，劝。告子家懿伯，懿伯曰："谗人以君侥幸，事若不克，君受其名，不可为也。舍民数世，以求克事，不可必也。且政在焉，其难图也。"公退之。辞曰："臣与闻命矣，言若泄，臣不获死。"乃馆于公。

九月戊戌，伐季氏，杀公之于门，遂入之。平子登台而请曰："君不察臣之罪，使有司讨臣以干戈，臣请待于沂上以察罪。"弗许。请囚于费，弗许。请以五乘亡，弗许。子家子曰："君其许之！政自之出久矣，隐民多取食焉。为之徒者众矣，日入慝作，弗可知也。众怒不可蓄也，蓄而弗治，将蕴。蕴畜，民将生心。生心，同求将合。君必悔之。"弗听。郈孙曰："必杀之。"公使郈孙逆孟懿子。叔孙氏之司马鬷戾言于其众曰："若之何？"莫对。又曰："我，家臣也，不敢知国。凡有季氏与无，于我孰利？"皆曰："无季氏，是无叔孙氏也。"鬷戾曰："然则救诸！"帅徒以往，陷西北隅以入。公徒释甲，执冰而踞。遂逐之。孟氏使登西北隅，以望季氏。见叔孙氏之旌，以告。孟氏执郈昭伯，杀之于南门之西，遂伐公徒。子家子曰："诸臣伪劫君者，而负罪以出，君止。意如之事君也，不敢不改。"公曰："余不忍也。"与臧孙如墓谋，遂行。

己亥，公孙于齐，次于阳州。齐侯将唁公于平阴，公先于野井。齐侯曰："寡人之罪也。使有司待于平阴，为近故也。"书曰："公孙于齐，次于阳州，齐侯唁公于野井。"礼也。将求于人，则先下之，礼之善物也。齐侯曰："自莒疆以西，请致千社，以待君命。寡人将帅敝赋以从执事，唯命是听，君之忧，寡人之忧也。"公喜。子家子曰："天禄不再，天若胙君，不过周公，以鲁足矣。失鲁，而以千社为臣，谁与之立？且齐君无信，不如早之晋。"弗从。臧昭伯率从者将盟，载书曰："戮力壹心，好恶同之。信罪之有无，缱绻从公，无通外内。"以公命示子家子。子家子曰："如此，吾不可以盟，羁也不佞，不能与二三子同心，而以为皆有罪。或欲通外内，且欲去君。二三子好亡而恶定，焉可同也？陷君于难，罪孰大焉？通外内而去君，君将速入，弗通何为？而何守焉？"乃不与盟。

初，臧昭伯如晋，臧会窃其宝龟偻句，以卜为信与僭，僭吉。臧氏老将如晋问，会请往。昭伯问家故，尽对。及内子与母弟叔孙，则不对。再三问，不对。归，及郊，会逆，问，又如初。至，次于外而察之，皆无之。执而戮之，逸，奔郈。郈鲂假使为贾正焉。计于季氏。臧氏使五人以戈盾伏诸桐汝之间。会出，逐之，反奔，执诸季氏中门之外。平子怒，曰："何故以兵入吾门？"拘臧氏老。季、臧有恶。及昭伯从公，平子立臧会。会曰："偻句不余欺也。"

昭公二十七年传：孟懿子、阳虎伐郓。郓人将战，子家子曰："天命不慆久矣。使君亡者，必此众也。天既祸之，而自福也，不亦难乎？犹有鬼神，此必败也。呜呼！为无望也夫，其死于此乎！"公使子家子如晋，公徒败于且知。

冬，公如齐，齐侯请飨之。子家子曰："朝夕立于其朝，又何飨焉？其饮酒也。"乃饮酒，使宰献，而请安。子仲之子曰重，为齐侯夫人，曰："请使重见。"子家子乃以君出。

昭公二十八年传：公如晋，将如乾侯。子家子曰："有求于人，而即其安，人孰矜之？其造于竟。"弗听。使请逆于晋。晋人曰："天祸鲁国，君淹恤在外。君亦不使一个辱在寡人，而即安于甥舅，其亦使逆君？"使公复于竟而后逆之。

昭公二十九年传：公至自乾侯，处于郓。齐侯使高张来唁公，称主君。子家子曰："齐卑君矣，君只辱焉。"公如乾侯。

卫侯来献其乘马曰启服，堑而死，公将为之椟。子家子曰："从者病矣，请以食之。"乃以帏裹之。

公赐公衍羔裘，使献龙辅于齐侯，遂入羔裘。齐侯喜，与之阳谷。公衍、公为之生也，其母偕出。公衍先生，公为之母曰："相与偕出，请相与偕告。"三日，公为生，其母先以告，公为为兄。公私喜于阳谷而思于鲁，曰："务人为此祸也。且后生而为兄，其诬也久矣。"乃黜之，而以公衍为大子。

昭公三十一年传：夏四月，季孙从知伯如乾侯。子家子曰："君与之归。一惭之不忍，而终身惭乎？"公曰："诺。"众曰："在一言矣，君必逐之。"荀跞以晋侯之命唁公，且曰："寡君使跞以君命讨于意如，意如不敢逃死，君其入也！"公曰："君惠顾先君之好，施及亡人将使归粪除宗祧以事君，则不能见夫人。已所能见夫人者，有如河！"荀跞掩耳而走，曰："寡君其罪之恐，敢与知鲁国之难？臣请复于寡君。"退而谓季孙："君怒未怠，子姑归祭。"子家子曰："君以一乘入于鲁师，季孙必与君归。"公欲从之，众从者胁公，不得归。

昭公三十二年传：公疾，遍赐大夫，大夫不受。赐子家子双琥，一环，一璧，轻服，受之。大夫皆受其赐。己未，公薨。子家子反赐于府人，曰："吾不敢逆君命也。"大夫皆反其赐。

定公元年传：夏，叔孙成子逆公之丧于乾侯。季孙曰："子家子亟言于我，未尝不中吾志也。吾欲与之从政，子必止之，且听命焉。"子家子不见叔孙，易几而哭。叔孙请见子家子，子家子辞，曰："羁未得见，而从君以出。君不命而薨，羁不敢见。"叔孙使告之曰："公衍、公为实使群臣不得事君。若公子宋主社稷，则群臣之愿也。凡从君出而可以入者，将唯子是听。子家氏未有后，季孙愿与子从政，此皆季孙之愿也，使不敢以告。"对曰："若立君，则有卿士、大夫与守龟在，羁弗敢知。若从君者，则貌而出者，入可也；寇而出者，行可也。若羁也，则君知其出也，而未知其入也，羁将逃也。"

公孙朝、泄声子、冉竖、林雍、颜鸣

昭公二十六年传：成大夫公孙朝谓平子曰："有都以卫国也，请我受师。"许之。请纳质，弗许，曰："信女，足矣。"告于齐师曰："孟氏，鲁之敝室也。用成已甚，弗能忍也，请息肩于齐。"齐师围成。成人伐齐师之饮马于淄者，曰："将以厌众。"鲁成备而后告曰："不胜众。"师及齐师战于炊鼻。齐子渊捷从泄声子，射之，中楯瓦。繇朐汏辀，匕入者三寸。声子射其马，斩鞅，殪。改驾，人以为鬷戾也而助之。子车曰："齐人也。"将击子车，子车射之，殪。其御曰："又之。"子车曰："众可惧也，而不可怒也。"子囊带从野泄，叱之。泄曰："军无私怒，报乃私也，将亢子。"又叱之，亦叱之。冉竖射陈武子，中手，失弓而骂。以告平子，曰："有君子白皙，鬒须眉，甚口。"平子曰："必子强也，无乃亢诸？"对曰："谓之君子，何敢亢之？"林雍羞为颜鸣右，下。苑何忌取其耳，颜鸣去之。苑子之御曰："视下顾。"苑子刜林雍，断其足。鑋而乘于他车以归，颜鸣三入齐师，呼曰："林雍乘！"

孟懿子、公敛处父、苫夷、申句须、乐颀

昭公二十七年传：孟懿子、阳虎伐郓。

定公元年传：孟懿子会城成周，……城三旬而毕，乃归诸侯之戍。

定公三年经：仲孙何忌及邾子盟于拔。

定公三年传：盟于郯，修邾好也。

定公六年经：季孙斯、仲孙何忌如晋。……季孙斯、仲孙忌帅师围郓。

定公六年传：公侵郑，取匡，为晋讨郑之伐胥靡也。往不假道于卫；及还，阳虎使季、孟自南门入，出自东门，舍于豚泽。卫侯怒，使弥子瑕追之。公叔文子老矣，辇而如公，曰："尤人而效之，非礼也。昭公之难，君将以文之舒鼎，成之昭兆，定之鞶鉴，苟可以纳之，择用一焉。公子与二三臣之子，诸侯苟忧之，将以为之质。此群臣之所闻也。今将以小忿蒙旧德，无乃不可乎！大姒之子，唯周公、康叔为相睦也。而效小人以弃之，不亦诬乎！天将多阳虎之罪以毙之，君姑待之，若何？"乃止。

夏，季桓子如晋，献郑俘也。阳虎强使孟懿子往报夫人之币。晋人兼享之。孟孙立于房外，谓范献子曰："阳虎若不能居鲁，而息肩于晋，所不以为中军司马者，有如先君！"献子曰："寡君有官，将使其人。鞅何知焉？"献子谓简子曰："鲁人患阳虎矣，孟孙知其衅，以为必适晋，故强为之请，以取入焉。"

定公七年传：齐国夏伐我。阳虎御季桓子，公敛处父御孟懿子，将宵军齐师。齐师闻之，堕，伏而待之。处父曰："虎不图祸，而必死。"苫夷曰："虎陷二子于难，不待有司，余必杀女。"虎惧，乃还，不败。

定公八年经：季孙斯、仲孙何忌帅师侵卫。

定公十年经：叔孙州仇、仲孙何忌帅师围郈。秋，叔孙州仇、仲孙何忌帅师围郈。

定公十二年经：季孙斯、仲孙何忌帅师堕费。

定公十二年传：仲由为季氏宰，将堕三都，于是叔孙氏堕郈。季氏将堕费，公山不狃、叔孙辄帅费人以袭鲁。公与三子入于季氏之宫，登武子之台。费人攻之，弗克。入及公侧。仲尼命申句须、乐颀下，伐之，费人北。国人追之，败诸姑蔑。二子奔齐，遂堕费。将堕成，公敛处父谓孟孙："堕成，齐人必至于北门。且成，孟氏之保障也，无成，是无孟氏也。子伪不知，我将不堕。"

哀公元年经：仲孙何忌帅师伐邾。

哀公二年经：季孙斯、叔孙州仇、仲孙何忌帅师伐邾，取漷东田及沂西田。癸巳，叔孙州仇、仲孙何忌及邾子盟于句绎。

哀公三年经：叔孙州仇、仲孙何忌帅师围邾。

哀公六年经：仲孙何忌帅师伐邾。

哀公十四年经：八月辛丑，仲孙何忌卒。

哀公十四年传：秋八月辛丑，孟懿子卒。

阳虎、仲梁怀、公山不狃、公父文伯（公父歜）、公何藐、季寤、公锄极、叔孙辄、叔仲志、林楚、阳越

昭公二十七年传：孟懿子、阳虎伐郓。

昭公三十二年经：仲孙何忌会晋韩不信、齐高张、宋仲几、卫世叔申、郑国参、曹人、莒人、薛人、杞人、小邾人城成周。

定公五年传：季平子行东野，还，未至，丙申，卒于房。阳虎将以玙璠敛，仲梁怀弗与，曰："改步改玉。"阳虎欲逐之，告公山不狃。不狃曰："彼为君也，子何怨焉？"既葬，桓子行东野，及费。子泄为费宰，逆劳于郊，桓子敬之。劳仲梁怀，仲梁怀弗敬。子泄怒，谓阳虎："子行之乎？"

乙亥，阳虎囚季桓子及公父文伯，而逐仲梁怀。冬十月丁亥，杀公何藐。己丑，盟桓子于稷门之内。庚寅，大诅，逐公父歜及秦遄，皆奔齐。

定公六年传：公侵郑，取匡，为晋讨郑之伐胥靡也。往不假道于卫；及还，阳虎使季、孟自南门入，出自东门，舍于豚泽。卫侯怒，使弥子瑕追之。公叔文子老矣，辇而如公，曰："尤人而效之，非礼也。昭公之难，君将以文之舒鼎，成之昭兆，定之鞶鉴，苟可以纳之，择用一焉。公子与二三臣之子，诸侯苟忧之，将以为之质。此群臣之所闻也。今将以小忿蒙旧德，无乃不可乎！大姒之子，唯周公、康叔为相睦也。而效小人以弃之，不亦诬乎！天将多阳虎之罪以毙之，君姑待之，若何？"乃止。

夏，季桓子如晋，献郑俘也。阳虎强使孟懿子往报夫人之币。晋人兼享之。孟孙立于房外，谓范献子曰："阳虎若不能居鲁，而息肩于晋，所不以为中军司马者，有如先君！"献子曰："寡君有官，将使其人。鞅何知焉？"献子谓简子曰："鲁人患阳虎矣，孟孙知其衅，以为必适晋，故强为之请，以取入焉。"

阳虎又盟公及三桓于周社，盟国人于亳社，诅于五父之衢。

定公七年传：齐人归郓、阳关，阳虎居之以为政。

齐国夏伐我。阳虎御季桓子，公敛处父御孟懿子，将宵军齐师。齐师闻之，堕，伏而待之。处父曰："虎不图祸，而必死。"苫夷曰："虎陷二子于难，不待有司，余必杀女。"虎惧，乃还，不败。

定公八年传：季寤、公锄极、公山不狃皆不得志于季氏，叔孙辄无宠于叔孙氏，叔仲志不得志于鲁。故五人因阳虎。阳虎欲去三桓，以季寤更季氏，以叔孙辄更叔孙氏，己更孟氏。冬十月，顺祀先公而祈焉。辛卯，禘于僖公。壬辰，将享季氏于蒲圃而杀之，戒都车曰："癸巳至。"成宰公敛处父告孟孙，曰："季氏戒都车，何故？"孟孙曰："吾弗闻。"处父曰："然则乱也，必及于子，先备诸？"与孟孙以壬辰为期。

阳虎前驱，林楚御桓子，虞人以铍盾夹之，阳越殿，将如蒲圃。桓子咋谓林楚曰："而先皆季氏之良也，尔以是继之。"对曰："臣闻命后。阳虎为政，鲁国服焉。违之，征死。死无益于主。"桓子曰："何后之有？而能以我适孟氏乎？"对曰："不敢爱死，惧不免主。"桓子曰："往也。"孟氏选圉人之壮者三百人，以为公期筑室于门外。林楚怒马及衢而骋，阳越射之，不中，筑者阖门。有自门间射阳越，杀之。阳虎劫公与武叔，以伐孟氏。公敛处父帅成人，自上东门入，与阳氏战于南门之内，弗胜。又战于棘下，阳氏败。阳虎说甲如公宫，取宝玉、大弓以出，舍于五父之衢，寝而为食。其徒曰："追其将至。"虎曰："鲁人闻余出，喜于征死，何暇追余？"从者曰："嘻！速驾！公敛阳在。"公敛阳请追之，孟孙弗许。阳欲杀桓子，孟孙惧而归之。子言辨舍爵于季氏之庙而出。阳虎入于讙、阳关以叛。

定公九年传：阳虎归宝玉、大弓。

伐阳关。阳虎使焚莱门。师惊，犯之而出，奔齐，请师以伐鲁，曰："三加必取之。"齐侯将许之。鲍文子谏曰："臣尝为隶于施氏矣，鲁未可取也。上下犹和，众庶犹睦，能事大国，而无天灾，若之何取之？阳虎欲勤齐师也，齐师罢，大臣必多死亡，己于是乎奋其诈谋。夫阳虎有宠于季氏，而将杀季孙，以不利鲁国，而求容焉。亲富不亲仁，君焉用之？君富于季氏，而大于鲁国，兹阳虎所欲倾覆也。鲁免其疾，而君又收之，无乃害乎！"齐侯执阳虎，将东之。阳虎愿东，乃囚诸西鄙。尽借邑人之车，锲其轴，麻约而归之。载葱灵，寝于其中而逃。追而得之，囚于齐。又以葱灵逃，奔晋，适赵氏。仲尼曰："赵氏其世有乱乎！"

哀公二年传：晋赵鞅纳卫大子于戚。宵迷，阳虎曰："右河而南，必至焉。"使大子絻，八人衰绖，伪自卫逆者。告于门，哭而入，遂居之。

秋八月，齐人输范氏粟，郑子姚、子般送之。士吉射逆之，赵鞅御之，遇于戚。阳虎曰："吾车少，以兵车之旆，与罕、驷兵车先陈。罕、驷自后随而从之，彼见吾貌，必有惧心。于是乎会之，必大败之。"从之。

哀公八年传：吴为邾故，将伐鲁，问于叔孙辄。叔孙辄对曰："鲁有名而无情，伐之，必得志焉。"退而告公山不狃。公山不狃曰："非礼也。君子违，不适仇国。未臣而有伐之，奔命焉，死之可也。所托也则隐。且夫人之行也，不以所恶废乡。今子以小恶而欲覆宗国，不亦难乎？若使子率，子必辞，王将使我。"子张疾之。王问于子泄，对曰："鲁虽无与立，必有与毙；诸侯将救之，未可以得志焉。晋与齐、楚辅之，是四仇也。夫鲁、齐、晋之唇，唇亡齿寒，君所知也。不救何为？"

三月，吴伐我，子泄率，故道险，从武城。

叔孙成子

定公元年传：夏，叔孙成子逆公之丧于乾侯。季孙曰："子家子亟言于我，未尝不中吾志也。吾欲与之从政，子必止之，且听命焉。"子家子不见叔孙，易几而哭。叔孙请见子家子，子家子辞，曰："羁未得见，而从君以出。君不命而薨，羁不敢见。"叔孙使告之曰："公衍、公为实使群臣不得事君。若公子宋主社稷，则群臣之愿也。凡从君出而可以入者，将唯子是听。子家氏未有后，季孙愿与子从政，此皆季孙之愿也，使不敢以告。"对曰："若立君，则有卿士、大夫与守龟在，羁弗敢知。若从君者，则貌而出者，入可也；寇而出者，行可也。若羁也，则君知其出也，而未知其入也，羁将逃也。"

定公五年经：秋七月壬子，叔孙不敢卒。

季桓子、正常

定公六年经：季孙斯、仲孙何忌如晋。季孙斯、仲孙忌帅师围郓。

定公六年传：公侵郑，取匡，为晋讨郑之伐胥靡也。往不假道于卫；及还，阳虎使季、孟自南门入，出自东门，舍于豚泽。卫侯怒，使弥子瑕追之。公叔文子老矣，辇而如公，曰："尤人而效之，非礼也。昭公之难，君将以文之舒鼎，成之昭兆，定之鞶鉴，苟可以纳之，择用一焉。公子与二三臣之子，诸侯苟忧之，将以为之质。此群臣之所闻也。今将以小忿蒙旧德，无乃不可乎！大姒之子，唯周公、康叔为相睦也。而效小人以弃之，不亦诬乎！天将多阳虎之罪以毙之，君姑待之，若何？"乃止。

夏，季桓子如晋，献郑俘也。

定公八年经：季孙斯、仲孙何忌帅师侵卫。

定公十二年经：季孙斯、仲孙何忌帅师堕费。

哀公二年经：季孙斯、叔孙州仇、仲孙何忌帅师伐邾，取漷东田及沂西田。

哀公三年经：季孙斯、叔孙州仇帅师城启阳。……秋七月丙子，季孙斯卒。

哀公三年传：（司铎火），季桓子至，御公立于象魏之外，命救火者伤人则止，财可为也。命藏《象魏》，曰："旧章不可亡也。"

秋，季孙有疾，命正常曰："无死。南孺子之子，男也，则以告而立之。女也，则肥也可。"季孙卒，康子即位。既葬，康子在朝。南氏生男，正常载以如朝，告曰："夫子有遗言，命其圉臣曰：'南氏生男，则以告于君与大夫而立之。'今生矣，男也，敢告。"遂奔卫。康子请退。公使共刘视之，则或杀之矣，乃讨之。召正常，正常不反。

颜高、颜息、冉猛、苫越、阳州

定公八年传：八年春，王正月，公侵齐，门于阳州。士皆坐列，曰："颜高之弓六钧。"皆取而传观之。阳州人出，颜高夺人弱弓，籍丘子锄击之，与一人俱毙。偃，且射子锄，中颊，殪。颜息射人中眉，退曰："我无勇，吾志其目也。"师退，冉猛伪伤足而先。其兄会乃呼曰："猛也殿！"

阳虎伪不见冉猛者，曰："猛在此，必败。"猛逐之，顾而无继，伪颠。虎曰："尽客气也。"

苫越生子，将待事而名之。阳州之役获焉，名之曰阳州。

叔孙州仇、公若藐、公南、侯犯、驷赤

定公十年经：叔孙州仇、仲孙何忌帅师围郈。秋，叔孙州仇、仲孙何忌帅师围郈。……叔孙州仇如齐。

定公十年传：初，叔孙成子欲立武叔，公若藐固谏曰："不可。"成子立之而卒。公南使贼射之，不能杀。公南为马正，使公若为郈宰。武叔既定，使郈马正侯犯杀公若，不能。其圉人曰："吾以剑过朝，公若必曰：'谁也剑也？'吾称子以告，必观之。吾伪固，而授之末，则可杀也。"使如之，公若曰："尔欲吴王我乎？"遂杀公若。侯犯以郈叛，武叔懿子围郈，弗克。

秋，二子及齐师复围郈，弗克。叔孙谓郈工师驷赤曰："郈非唯叔孙氏之忧，社稷之患也。将若之何？”对曰：“臣之业，在《扬水》卒章之四言矣。”叔孙稽首。驷赤谓侯犯曰：“居齐、鲁之际，而无事，必不可矣。子盍求事于齐以临民？不然，将叛。”侯犯从之。齐使至，驷赤与郈人为之宣言于郈中曰：“侯犯将以郈易于齐，齐人将迁郈民。”众凶惧。驷赤谓侯犯曰：“众言异矣。子不如易于齐，与其死也。犹是郈也，而得纾焉，何必此？齐人欲以此逼鲁，必倍与子地。且盍多舍甲于子之门，以备不虞？”侯犯曰：“诺。”乃多舍甲焉。侯犯请易于齐，齐有司观郈，将至。驷赤使周走呼曰：“齐师至矣！”郈人大骇，介侯犯之门甲，以围侯犯。驷赤将射之。侯犯止之，曰：“谋免我。”侯犯请行，许之。驷赤先如宿，侯犯殿。每出一门，郈人闭之。及郭门，止之，曰：“子以叔孙氏之甲出，有司若诛之，群臣惧死。”驷赤曰：“叔孙氏之甲有物，吾未敢以出。”犯谓驷赤曰：“子止而与之数。”驷赤止，而纳鲁人。侯犯奔齐，齐人乃致郈。

武叔聘于齐，齐侯享之，曰：“子叔孙！若使郈在君之他竟，寡人何知焉？属与敝邑际，故敢助君忧之。”对曰：“非寡君之望也。所以事君，封疆社稷是以。敢以家隶勤君之执事？夫不令之臣，天下之所恶也。君岂以为寡君赐？”

定公十二年经：叔孙州仇帅师堕郈。

哀公二年经：季孙斯、叔孙州仇、仲孙何忌帅师伐邾，取漷东田及沂西田。癸巳，叔孙州仇、仲孙何忌及邾子盟于句绎。

哀公三年经：季孙斯、叔孙州仇帅师城启阳。……叔孙州仇、仲孙何忌帅师围邾。

叔还（叔弓曾孙）

定公十一年经：冬，及郑平。叔还如郑莅盟。

定公十一年传：冬，及郑平，始叛晋也。

哀公五年经：冬，叔还如齐。

哀公六年经：叔还会吴于柤。

哀公十四年经：庚戌，叔还卒。

子服景伯、富父槐、澹台子羽之父、微虎、公孙成

哀公三年传：（司铎火），子服景伯至，命宰人出礼书，以待命：“命不共，有常刑。”校人乘马，巾车脂辖。百官官备，府库慎守，官人肃给。济濡帷幕，郁攸从之，蒙葺公屋。自大庙始，外内以悛，助所不给。有不用命，则有常刑，无赦。公父文伯至，命校人驾乘车。季桓子至，御公立于象魏之外，命救火者伤人则止，财可为也。命藏《象魏》，曰："旧章不可亡也。"富父槐至，曰："无备而官办者，犹拾沈也。"于是乎去表之槀，道还公宫。

哀公七年传：夏，公会吴于鄫。吴来征百牢，子服景伯对曰："先王未之有也。"吴人曰："宋百牢我，鲁不可以后宋。且鲁牢晋大夫过十，吴王百牢，不亦可乎？"景伯曰："晋范鞅贪而弃礼，以大国惧敝邑，故敝邑十一牢之。君若以礼命于诸侯，则有数矣。若亦弃礼，则有淫者矣。周之王也，制礼，上物不过十二，以为天之大数也。今弃周礼，而曰必百牢，亦唯执事。"吴人弗听。景伯曰："吴将亡矣！弃天而背本不与，必弃疾于我。"乃与之。

季康子欲伐邾，乃飨大夫以谋之。子服景伯曰："小所以事大，信也。大所以保小，仁也。背大国，不信。伐小国，不仁。民保于城，城保于德，失二德者，危，将焉保？"孟孙曰："二三子以为何如？恶贤而逆之？"对曰："禹合诸侯于涂山，执玉帛者万国。今其存者，无数十焉。唯大不字小，小不事大也。知必危，何故不言？鲁德如邾，而以众加之，可乎？"不乐而出。

哀公八年传：吴伐我，子泄率，故道险，从武城。初，武城人或有因于吴竟田焉，拘鄫谒之沤菅者，曰："何故使吾水滋？"及吴师至，拘者道之，以伐武城，克之。王犯尝为之宰，澹台子羽之父好焉。国人惧，懿子谓景伯："若之何？"对曰："吴师来，斯与之战，何患焉？且召之而至，又何求焉？"吴师克东阳而进，舍于五梧，明日，舍于蚕室。公宾庚、公甲叔子与战于夷，获叔子与析朱锄。献于王，王曰："此同车，必使能，国未可望也。"明日，舍于庚宗，遂次于泗上。微虎欲宵攻王舍，私属徒七百人，三踊于幕庭，卒三百人，有若与焉，及稷门之内。或谓季孙曰："不足以害吴，而多杀国士，不如已也。"乃止之。吴子闻之，一夕三迁。吴人行成，将盟。景伯曰："楚人围宋，易子而食，析骸而爨，犹无城下之盟。我未及亏，而有城下之盟，是弃国也。吴轻而远，不能久，将归请少待之。"弗从。景伯负载，造于莱门，乃请释子服何于吴，吴人许之。以王子姑曹当之，而后止。吴人盟而还。

哀公十三年传：吴人将以公见晋侯，子服景伯对使者曰："王合诸侯，则伯帅侯牧以见于王。伯合诸侯，则侯帅子男以见于伯。自王以下，朝聘玉帛不同。

故敝邑之职贡于吴，有丰于晋，无不及焉，以为伯也。今诸侯会，而君将以寡君见晋君，则晋成为伯矣，敝邑将改职贡。鲁赋于吴八百乘，若为子男，则将半邾以属于吴，而如邾以事晋。且执事以伯召诸侯，而以侯终之，何利之有焉？”吴人乃止。既而悔之，将囚景伯，景伯曰：“何也立后于鲁矣。将以二乘与六人从，迟速唯命。”遂囚以还。及户牖，谓大宰曰：“鲁将以十月上辛，有事于上帝先王，季辛而毕。何世有职焉，自襄以来，未之改也。若不会，祝宗将曰：‘吴实然。’且谓鲁不共，而执其贱者七人，何损焉？”大宰嚭言于王曰：“无损于鲁，而只为名，不如归之。”乃归景伯。

哀公十五年传：冬，及齐平。子服景伯如齐，子贡为介。见公孙成，曰：“人皆臣人，而有背人之心。况齐人虽为子役，其有不贰乎？子，周公之孙也，多飨大利，犹思不义。利不可得，而丧宗国，将焉用之？”成曰：“善哉！吾不早闻命。”

陈成子馆客，曰：“寡君使恒告曰：‘寡君愿事君如事卫君。’”景伯揖子贡而进之。对曰：“寡君之愿也。昔晋人伐卫，齐为卫故，伐晋冠氏，丧车五百，因与卫地，自济以西，禚、媚、杏以南，书社五百。吴人加敝邑以乱，齐因其病，取讙与阐。寡君是以寒心。若得视卫君之事君也，则固所愿也。”成子病之，乃归成。公孙宿以其兵甲入于嬴。

季康子、颜羽、邴泄、管周父、孟之侧、林不狃、汪锜

哀公七年传：大宰嚭召季康子，康子使子贡辞。

季康子欲伐邾，乃飨大夫以谋之。子服景伯曰：“小所以事大，信也。大所以保小，仁也。背大国，不信。伐小国，不仁。民保于城，城保于德，失二德者，危，将焉保？”孟孙曰：“二三子以为何如？恶贤而逆之？”对曰：“禹合诸侯于涂山，执玉帛者万国。今其存者，无数十焉。唯大不字小，小不事大也。知必危，何故不言？鲁德如邾，而以众加之，可乎？”不乐而出。

哀公十一年传：齐为鄎故，国书、高无丕帅师伐我，及清。季孙谓其宰冉求曰：“齐师在清，必鲁故也。若之何？”求曰：“一子守，二子从公御诸竟。”季孙曰：“不能。”求曰：“居封疆之间。”季孙告二子，二子不可。求曰：“若不可，则君无出。一子帅师，背城而战。不属者，非鲁人也。鲁之群室，众于齐之兵车。一室敌车，优矣。子何患焉？二子之不欲战也宜，政在季氏。当子之身，齐人伐鲁而不能战，子之耻也。大不列于诸侯矣。”季孙使从于朝，俟于党氏之沟。武叔呼而问战焉，对曰：“君子有远虑，小人何知？”懿子强问之，对曰：“小人虑材而言，量力而共者也。”武叔曰：“是谓我不成丈夫也。”退而蒐乘，孟孺子泄帅右师，颜羽御，邴泄为右。冉求帅左师，管周父御，樊迟为右。季孙曰：“须也弱。”有子曰：“就用命焉。”季氏之甲七千，冉有以武城人三百为己徒卒。老幼守宫，次于雩门之外。五日，右师从之。公叔务人见保者而泣，曰：“事充政重，上不能谋，士不能死，何以治民？吾既言之矣，敢不勉乎！”

师及齐师战于郊，齐师自稷曲，师不逾沟。樊迟曰：“非不能也，不信子也。请三刻而逾之。”如之，众从之。师入齐军，右师奔，齐人从之，陈瓘、陈庄涉泗。孟之侧后入以为殿，抽矢策其马，曰：“马不进也。”林不狃之伍曰：“走乎？”不狃曰：“谁不如？”曰：“然则止乎？”不狃曰：“恶贤？”徐步而死。师获甲首八十，齐人不能师。宵，谍曰：“齐人遁。”冉有请从之三，季孙弗许。孟孺子语人曰：“我不如颜羽，而贤于邴泄。子羽锐敏，我不欲战而能默。泄曰：‘驱之。’”公为与其嬖僮汪锜乘，皆死，皆殡。孔子曰：“能执干戈以卫社稷，可无殇也。”冉有用矛于齐师，故能入其军。孔子曰：“义也。”

秋，季孙命修守备，曰：“小胜大，祸也。齐至无日矣。”

季孙欲以田赋，使冉有访诸仲尼。

哀公十四年传：初，孟孺子泄将圉马于成。成宰公孙宿不受，曰：“孟孙为成之病，不圉马焉。”孺子怒，袭成。从者不得入，乃反。成有司使，孺子鞭之。秋八月辛丑，孟懿子卒。成人奔丧，弗内。袒免哭于衢，听共，弗许。惧，不归。

哀公二十三年传：宋景曹卒。季康子使冉有吊，且送葬，曰：“敝邑有社稷之事，使肥与有职竞焉，是以不得助执绋，使求从舆人。曰：‘以肥之得备弥甥也，有不腆先人之产马，使求荐诸夫人之宰，其可以称旌繁乎？’”

哀公二十四年传：公如越，得大子适郢，将妻公，而多与之地。公孙有山使告于季孙，季孙惧，使因大宰嚭而纳赂焉，乃止。

哀公二十五年传：公至自越。季康子、孟武伯逆于五梧。郭重仆，见二子，曰：“恶言多矣，君请尽之。”公宴于五梧，武伯为祝，恶郭重，曰：“何肥也！”

季孙曰："请饮彘也。以鲁国之密迩仇雠，臣是以不获从君，克免于大行，又谓重也肥。"公曰："是食言多矣，能无肥乎？"饮酒不乐，公与大夫始有恶。

哀公二十七年传：盟于平阳，三子皆从。康子病之，言及子赣，曰："若在此，吾不及此夫！"武伯曰："然。何不召？"曰："固将召之。"文子曰："他日请念。"

夏四月己亥，季康子卒。公吊焉，降礼。

季鲂侯（季康子叔父）

哀公八年传：齐悼公之来也，季康子以其妹妻之，即位而逆之。季鲂侯通焉，女言其情，弗敢与也。齐侯怒，夏五月，齐鲍牧帅师伐我，取讙及阐。

臧宾如（臧会之子）

哀公八年传：及齐平。九月，臧宾如如齐莅盟。

子锄商

哀公十四年传：十四年春，西狩于大野，叔孙氏之车子锄商获麟，以为不祥，以赐虞人。仲尼观之，曰："麟也。"然后取之。

孟武伯（名彘、字泄）

哀公十一年传：退而蒐乘，孟孺子泄帅右师，颜羽御，邴泄为右。冉求帅左师，管周父御，樊迟为右。

哀公十五年传：十五年春，成叛于齐。武伯伐成，不克，遂城输。

哀公十七年传：公会齐侯，盟于蒙，孟武伯相。齐侯稽首，公拜。齐人怒，武伯曰："非天子，寡君无所稽首。"武伯问于高柴曰："诸侯盟，谁执牛耳？"季羔曰："鄫衍之役，吴公子姑曹。发阳之役，卫石魋。"武伯曰："然则彘也。"

哀公二十五年传：公至自越。季康子、孟武伯逆于五梧。郭重仆，见二子，曰："恶言多矣，君请尽之。"公宴于五梧，武伯为祝，恶郭重，曰："何肥也！"季孙曰："请饮彘也。以鲁国之密迩仇雠，臣是以不获从君，克免于大行，又谓重也肥。"公曰："是食言多矣，能无肥乎？"饮酒不乐，公与大夫始有恶。

哀公二十七年传：公患三桓之侈也，欲以诸侯去之。三桓亦患公之妄也，故君臣多间。公游于陵阪，遇孟武伯于孟氏之衢，曰："请有问于子，余及死乎？"对曰："臣无由知之。"三问，卒辞不对。公欲以越伐鲁，而去三桓。秋八月甲戌，公如公孙有陉氏，因孙于邾，乃遂如越。国人施公孙有山氏。

叔青（叔还之子）

哀公十九年传：叔青如京师，敬王崩故也。

哀公二十三年传：秋八月，叔青如越，始使越也。越诸鞅来聘，报叔青也。

臧石（臧宾如之子）

哀公二十四年传：晋侯将伐齐，使来乞师，曰："昔臧文仲以楚师伐齐，取谷。宣叔以晋师伐齐，取汶阳。寡君欲徼福于周公，愿乞灵于臧氏。"臧石帅师会之，取廪丘。军吏令缮，将进。莱章曰："君卑政暴，往岁克敌，今又胜都。天奉多矣，又焉能进？是躗言也。役将班矣！"晋师乃还。饩臧石牛，大史谢之，曰："以寡君之在行，牢礼不度，敢展谢之。"

衅夏

哀公二十四年传：公子荆之母嬖，将以为夫人，使宗人衅夏献其礼。对曰："无之。"公怒曰："女为宗司，立夫人，国之大礼也，何故无之？"对曰："周公及武公娶于薛，孝、惠娶于商，自桓以下娶于齐，此礼也则有。若以妾为夫人，则固无其礼也。"公卒立之，而以荆为大子。国人始恶之。

郭重

哀公二十五年传：公至自越。季康子、孟武伯逆于五梧。郭重仆，见二子，曰："恶言多矣，君请尽之。"公宴于五梧，武伯为祝，恶郭重，曰："何肥也！"季孙曰："请饮彘也。以鲁国之密迩仇雠，臣是以不获从君，克免于大行，又谓重也肥。"公曰："是食言多矣，能无肥乎？"饮酒不乐，公与大夫始有恶。

叔孙舒

哀公二十六年传：叔孙舒帅师会越皋如、后庸、宋乐茷，纳卫侯。

二 《左传》中的鲁国女性资料辑录

30 位君卿妻妾：

孟子、声子、仲子

隐公元年前无经之传：惠公元妃孟子。孟子卒，继室以声子，生隐公。宋武公生仲子，仲子生而有文在其手，曰为鲁夫人，故仲子归于我。生桓公而惠公薨，是以隐公立而奉之。

隐公元年经：天王使宰咺来归惠公、仲子之赗。

隐公元年传：天王使宰咺来归惠公、仲子之赗。缓，且子氏未薨，故名。天子七月而葬，同轨毕至；诸侯五月，同盟至；大夫三月，同位至；士逾月，外姻至。赠死不及尸，吊生不及哀，豫凶事，非礼也。

隐公二年经：十有二月乙卯，夫人子氏薨。

隐公三年经：夏四月辛卯，君氏卒。

隐公三年传：君氏卒。声子也。不赴于诸侯，不反哭于寝，不祔于姑，故不曰薨。不称夫人，故不言葬，不书姓。为公故，曰“君氏”。

隐公五年经：九月，考仲子之宫。初献六羽。

隐公五年传：考仲子之宫，将万焉。公问羽数于众仲。对曰：“天子用八，诸侯用六，大夫四，士二。夫舞所以节八音而行八风，故自八以下。”公从之。于是初献六羽，始用六佾也。

文姜

桓公三年经：公子翚如齐逆女。九月，齐侯送姜氏于讙。公会齐侯于讙。夫人姜氏至自齐。

桓公三年传：会于嬴，成昏于齐也。

秋，公子翚如齐逆女。修先君之好。故曰“公子”。

齐侯送姜氏于讙，非礼也。凡公女嫁于敌国，姊妹则上卿送之，以礼于先君，公子则下卿送之。于大国，虽公子亦上卿送之。于天子，则诸卿皆行，公不自送。于小国，则上大夫送之。

冬，齐仲年来聘，致夫人也。

桓公六年传：公之未昏于齐也，齐侯欲以文姜妻郑大子忽。大子忽辞，人问其故，大子曰：“人各有耦，齐大，非吾耦也。《诗》云：‘自求多福。’在我而已，大国何为？”君子曰：“善自为谋。”

九月丁卯，子同生，以大子生之礼举之，接以大牢，卜士负之，士妻食之。公与文姜、宗妇命之。

桓公十八年经：公会齐侯于泺。公与夫人姜氏遂如齐。夏四月丙子，公薨于齐。

桓公十八年传：春，公将有行，遂与姜氏如齐。申繻曰：“女有家，男有室，无相渎也，谓之有礼。易此，必败。”

公会齐侯于泺，遂及文姜如齐。齐侯通焉。公谪之，以告。

夏四月丙子，享公。使公子彭生乘公，公薨于车。

鲁人告于齐曰：“寡君畏君之威，不敢宁居，来修旧好，礼成而不反，无所归咎，恶于诸侯。请以彭生除之。”齐人杀彭生。

庄公元年经：三月，夫人孙于齐。

庄公元年传：元年春，不称即位，文姜出故也。

三月，夫人孙于齐。不称姜氏，绝不为亲，礼也。

庄公二年经：冬十有二月，夫人姜氏会齐侯于禚。

庄公二年传：夫人姜氏会齐侯于禚。书，奸也。

庄公四年经：四年春王二月，夫人姜氏享齐侯于祝丘。

庄公五年经：夏，夫人姜氏如齐师。

庄公六年经：冬，齐人来归卫俘。

庄公六年传：冬，齐人来归卫宝，文姜请之也。

庄公七年经：七年春，夫人姜氏会齐侯于防。

冬，夫人姜氏会齐侯于谷。

庄公七年传：七年春，文姜会齐侯于防，齐志也。

庄公十五年经：夏，夫人姜氏如齐。

庄公十九年经：夫人姜氏如莒。

庄公二十年经：夫人姜氏如莒。

庄公二十一年经：秋七月戊戌，夫人姜氏薨。

庄公二十二年经：癸丑，葬我小君文姜。

哀姜、叔姜

庄公二十二年经：冬，公如齐纳币。

庄公二十四年经：夏，公如齐逆女。秋，公至自齐。八月丁丑，夫人姜氏入。戊寅，大夫宗妇觌，用币。

庄公二十四年传：秋，哀姜至。公使宗妇觌，用币，非礼也。御孙曰：“男贽大者玉帛，小者禽鸟，以章物也。女贽不过榛栗枣脩，以告虔也。今男女同贽，是无别也。男女之别，国之大节也。而由夫人乱之，无乃不可乎！”

闵公二年经：九月，夫人姜氏孙于邾。

闵公二年传：闵公，哀姜之娣叔姜之子也，故齐人立之。共仲通于哀姜，哀姜欲立之。闵公之死也，哀姜与知之，故孙于邾。齐人取而杀之于夷，以其尸归，僖公请而葬之。

僖公元年经：秋七月戊辰，夫人姜氏薨于夷，齐人以归。……十有二月丁巳，夫人氏之丧至自齐。

僖公元年传：夫人氏之丧至自齐。君子以齐人杀哀姜也为已甚矣，女子，从人者也。

僖公二年经：夏五月辛巳，葬我小君哀姜。

僖公八年经：秋七月，禘于大庙，用致夫人。

僖公八年传：秋，禘而致哀姜焉，非礼也。凡夫人不薨于寝，不殡于庙，不赴于同，不祔于姑，则弗致也。

成风

闵公二年传：成风闻成季之繇，乃事之，而属僖公焉，故成季立之。

僖公二十一年传：任、宿、须句、颛臾，风姓也。实司大皞与有济之祀，以服事诸夏。邾人灭须句，须句子来奔，因成风也。成风为之言于公曰："崇明祀，保小寡，周礼也；蛮夷猾夏，周祸也。若封须句，是崇皞、济而修祀，纾祸也。"

文公四年经：冬十有一月壬寅，夫人风氏薨。

文公四年传：冬，成风薨。

文公五年经：五年春王正月，王使荣叔归含，且赗。三月辛亥，葬我小君成风。王使召伯来会葬。

文公五年传：五年春，王使荣叔来含且赗，召昭公来会葬，礼也。

声姜

僖公十一年经：夏，公及夫人姜氏会齐侯于阳谷。

僖公十七年经：秋，夫人姜氏会齐侯于卞。九月，会至自会。

僖公十七年传：师灭项。淮之会，公有诸侯之事未归而取项。齐人以为讨，而止公。秋，声姜以公故，会齐侯于卞。九月，公至。书曰："至自会。"犹有诸侯之事焉，且讳之也。

文公十六年经：秋八月辛未，夫人姜氏薨。

文公十六年传：有蛇自泉宫出，入于国，如先君之数。秋八月辛未，声姜薨，毁泉台。

文公十七年经：夏四月癸亥，葬我小君声姜。

文公十七年传：夏四月癸亥，葬声姜。有齐难，是以缓。

出姜（哀姜）

文公二年经：公子遂如齐纳币。

文公二年传：襄仲如齐纳币，礼也。凡君即位，好舅甥，修昏姻，娶元妃以奉粢盛，孝也。孝，礼之始也。

文公四年经：夏，逆妇姜于齐。

文公四年传：逆妇姜于齐，卿不行，非礼也。君子是以知出姜之不允于鲁也。曰："贵聘而贱逆之，君而卑之，立而废之，弃信而坏其主，在国必乱，在家必亡。不允宜哉？《诗》曰：'畏天之威，于时保之。'敬主之谓也。"

文公九年经：夫人姜氏如齐。……三月，夫人姜氏至自齐。

文公十八年经：夫人姜氏归于齐。

文公十八年传：夫人姜氏归于齐，大归也。将行，哭而过市曰："天乎，仲为不道，杀适立庶。"市人皆哭，鲁人谓之哀姜。

敬嬴

文公十八年传：文公二妃敬嬴生宣公。敬嬴嬖而私事襄仲。宣公长而属诸襄仲，襄仲欲立之，叔仲不可。仲见于齐侯而请之。齐侯新立而欲亲鲁，许之。

宣公八年经：戊子，夫人嬴氏薨。……冬十月己丑，葬我小君敬嬴。雨，不克葬。庚寅，日中而克葬。

宣公八年传：冬，葬敬嬴。旱，无麻，始用葛茀。雨，不克葬，礼也。礼，卜葬，先远日，辟不怀也。

穆姜

宣公元年经：公子遂如齐逆女。三月，遂以夫人妇姜至自齐。

宣公元年传：公子遂如齐逆女，尊君命也。三月，遂以夫人妇姜至自齐，尊夫人也。

成公十一年传：声伯之母不聘，穆姜曰："吾不以妾为姒。"生声伯而出之，嫁于齐管于奚。

成公十六年传：宣伯通于穆姜，欲去季、孟，而取其室。将行，穆姜送公，而使逐二子。公以晋难告，曰："请反而听命。"姜怒，公子偃、公子鉏趋过，指之曰："女不可，是皆君也。"

七月，公会尹武公及诸侯伐郑。将行，姜又命公如初。

襄公九年经：五月辛酉，夫人姜氏薨。秋八月癸未，葬我小君穆姜。

襄公九年传：穆姜薨于东宫。始往而筮之，遇《艮》之八䷳。史曰："是谓《艮》之《随》䷐。《随》其出也。君必速也。"姜曰："亡。是于《周易》曰：'《随》，元亨利贞，无咎。'元，体之长也；亨，嘉之会也；利，义之和也；贞，事之干也。体仁足以长人，嘉德足以合礼，利物足以和义，贞固足以干事，然，故不可诬也，是以虽《随》无咎。今我妇人而与于乱。固在下位而有不仁，不可谓元。不靖国家，不可谓亨。作而害身，不可谓利。弃位而姣，不可谓贞。有四德者，《随》而无咎。我皆无之，岂《随》也哉？我则取恶，能无咎乎？必死于此，弗得出矣。"

襄公二十三年传：初，臧宣叔娶于铸，生贾及为而死。继室以其侄，穆姜之姨子也。生纥，长于公宫。姜氏爱之，故立之。臧贾、臧为出在铸。

齐姜

成公十四年经：秋，叔孙侨如如齐逆女。

九月，侨如以夫人妇姜氏至自齐。

成公十四年传：秋，宣伯如齐逆女。称族，尊君命也。

九月，侨如以夫人妇姜氏至自齐。

襄公二年经：夏五月庚寅，夫人姜氏薨。……己丑，葬我小君齐姜。

襄公二年传：夏，齐姜薨。初，穆姜使择美槚，以自为榇与颂琴。季文子取以葬。

君子曰："非礼也。礼无所逆，妇，养姑者也，亏姑以成妇，逆莫大焉。《诗》曰：'其惟哲人，告之话言，顺德之行。'季孙于是为不哲矣。且姜氏，君之妣也。《诗》曰：'为酒为醴，烝畀祖妣，以洽百礼，降福孔偕。'"

齐侯使诸姜宗妇来送葬。

定姒（成公妾）

襄公四年经：秋七月戊子，夫人姒氏薨。……八月辛亥，葬我小君定姒。

襄公四年传：秋，定姒薨。不殡于庙，无榇，不虞。匠庆谓季文子曰："子为正卿，而小君之丧不成，不终君也。君长，谁受其咎？"

敬归、齐归

襄公三十一年传：立胡女敬归之子子野，次于季氏。秋九月癸巳，卒，毁也。

立敬归之娣齐归之子公子裯，穆叔不欲。

昭公十一年经：五月甲申，夫人归氏薨。……九月己亥，葬我小君齐归。

昭公十一年传：五月，齐归薨，大蒐于比蒲，非礼也。

九月，葬齐归，公不戚。晋士之送葬者，归以语史赵。史赵曰："必为鲁郊。"侍者曰："何故？"曰："归姓也，不思亲，祖不归也。"叔向曰："鲁公室其卑乎？君有大丧，国不废蒐。有三年之丧，而无一日之戚。国不恤丧，不忌君也。君无戚容，不顾亲也。国不忌君，君不顾亲，能无卑乎？殆其失国。"

公衍母、公为母

昭公二十九年传：公赐公衍羔裘，使献龙辅于齐侯，遂入羔裘。齐侯喜，与之阳谷。公衍、公为之生也，其母偕出。公衍先生，公为之母曰："相与偕出，请相与偕告。"三日，公为生，其母先以告，公为为兄。公私喜于阳谷而思于鲁，曰："务人为此祸也。且后生而为兄，其诬也久矣。"乃黜之，而以公衍为大子。

定姒（定公妾）

定公十五年经：秋七月壬申，姒氏卒。……辛巳，葬定姒。

定公十五年传：秋七月壬申，姒氏卒。不称夫人，不赴，且不祔也。

葬定姒。不称小君，不成丧也。

吴孟子

哀公十二年经：夏五月甲辰，孟子卒。

哀公十二年传：夏五月，昭夫人孟子卒。昭公娶于吴，故不书姓。死不赴，故不称夫人。不反哭，故言不葬小君。

公子荆之母

哀公二十四年传：公子荆之母嬖，将以为夫人，使宗人衅夏献其礼。对曰：

“无之。”公怒曰：“女为宗司，立夫人，国之大礼也，何故无之？”对曰：“周公及武公娶于薛，孝、惠娶于商，自桓以下娶于齐，此礼也则有。若以妾为夫人，则固无其礼也。”公卒立之，而以荆为大子。国人始恶之。

公孙兹所娶牟女

僖公五年传：夏，公孙兹如牟，娶焉。

季文子所娶陈女

文公六年传：夏，季文子聘于陈，且娶焉。

公孙敖所娶戴己、声己、己氏

文公七年传：穆伯娶于莒，曰戴己，生文伯，其娣声己生惠叔。戴己卒，又聘于莒，莒人以声己辞，则为襄仲聘焉。

冬，徐伐莒。莒人来请盟。穆伯如莒莅盟，且为仲逆。及鄢陵。登城见之，美，自为娶之。仲请攻之，公将许之。叔仲惠伯谏曰：“臣闻之，兵作于内为乱，于外为寇，寇犹及人，乱自及也。今臣作乱而君不禁，以启寇仇，若之何？”公止之，惠伯成之。使仲舍之，公孙敖反之，复为兄弟如初。从之。

文公八年传：穆伯如周吊丧，不至，以币奔莒，从己氏焉。

文公十四年传：穆伯之从己氏也，鲁人立文伯。穆伯生二子于莒而求复，文伯以为请。襄仲使无朝。听命，复而不出，二年而尽室以复适莒。文伯疾而请曰：“谷之子弱，请立难也。”许之。文伯卒，立惠叔。穆伯请重赂以求复，惠叔以为请，许之。将来，九月卒于齐，告丧，请葬，弗许。

文公十五年传：齐人或为孟氏谋，曰：“鲁，尔亲也。饰棺置诸堂阜，鲁必取之。”从之。卞人以告。惠叔犹毁以为请。立于朝以待命。许之，取而殡之。齐人送之。书曰：“齐人归公孙敖之丧。”为孟氏，且国故也。葬视共仲。声己不视，帷堂而哭。

施氏妇

成公十一年传：声伯（叔肸之子，公孙婴齐）之母不聘，穆姜曰：“吾不以妾为姒。”生声伯而出之，嫁于齐管于奚。生二子而寡，以归声伯。声伯以其外弟为大夫，而嫁其外妹于施孝叔。郤犨来聘，求妇于声伯。声伯夺施氏妇以与之。妇人曰：“鸟兽犹不失俪，子将若何？”曰：“吾不能死亡。”妇人遂行，生二子于郤氏。郤氏亡，晋人归之施氏，施氏逆诸河，沉其二子。妇人怒曰：“已不能庇其伉俪而亡之，又不能字人之孤而杀之，将何以终？”遂誓施氏。

臧宣叔所娶铸国女

襄公二十三年传：初，臧宣叔娶于铸，生贾及为而死。继室以其侄，穆姜之姨子也。生纥，长于公宫。姜氏爱之，故立之。臧贾、臧为出在铸。

叔孙穆子所娶国氏

昭公四年传：初，穆子去叔孙氏，及庚宗，遇妇人，使私为食而宿焉。问其行，告之故，哭而送之。适齐，娶于国氏，生孟丙、仲壬……公孙明知叔孙于齐，归，未逆国姜，子明取之。故怒，其子长而后使逆之。

季平子所娶宋女

昭公二十五年传：季公若之姊为小邾夫人，生宋元夫人，生子以妻季平子。昭子如宋聘，且逆之。

季公鸟所娶季姒

昭公二十五年传：初，季公鸟娶妻于齐鲍文子，生甲。公鸟死，季公亥与公思展与公鸟之臣申夜姑相其室。及季姒与饔人檀通，而惧，乃使其妾抶己，以示秦遄之妻，曰：“公若欲使余，余不可而抶余。”又诉于公甫，曰：“展与夜姑将要余。”秦姬以告公之，公之与公甫告平子。平子拘展于卞而执夜姑，将杀之。公若泣而哀之，曰：“杀是，是杀余也。”将为之请。平子使竖勿内，日中不得请。有司逆命，公之使速杀之。故公若怨平子。

26 位鲁国出生的女性：

纪伯姬

隐公二年经：九月，纪裂繻来逆女。冬十月，伯姬归于纪。纪子帛、莒子盟于密。

隐公二年传：九月，纪裂繻来逆女，卿为君逆也。

冬，纪子帛、莒子盟于密，鲁故也。

隐公八年传：公及莒人盟于浮来，以成纪好也。

桓公五年传：夏，齐侯、郑伯朝于纪，欲以袭之。纪人知之。

桓公六年传：夏，会于成，纪来咨谋齐难也。

冬，纪侯来朝，请王命以求成于齐，公告不能。

桓公十七年传：十七年春，盟于黄，平齐、纪，且谋卫故也。

庄公三年传：秋，纪季以酅入于齐，纪于是乎始判。

冬，公次于滑，将会郑伯，谋纪故也。郑伯辞以难。

庄公四年经：三月，纪伯姬卒。……纪侯大去其国。六月乙丑，齐侯葬纪伯姬。

庄公四年传：纪侯不能下齐，以与纪季。夏，纪侯大去其国，违齐难也。

纪叔姬

隐公七年经：七年春王三月，叔姬归于纪。

庄公十二年经：十有二年春王三月，纪叔姬归于酅。

庄公二十九年经：冬十有二月，纪叔姬卒。

庄公三十年经：八月癸亥，葬纪叔姬。

孟任、庄公之女

庄公三十二年传：初，公筑台临党氏，见孟任，从之。闷，而以夫人言，许之。割臂盟公，生子般焉。雩，讲于梁氏，女公子观之。圉人荦自墙外与之戏。子般怒，使鞭之。公曰："不如杀之，是不可鞭。荦有力焉，能投盖于稷门。"

八月癸亥，公薨于路寝。子般即位，次于党氏。冬十月己未，共仲使圉人荦贼子般于党氏。

杞伯姬

庄公二十五年经：伯姬归于杞。

庄公二十七年经：二十有七年春，公会杞伯姬于洮。……冬，杞伯姬来。莒庆来逆叔姬。杞伯来朝。

庄公二十七年传：春，公会杞伯姬于洮，非事也。天子非展义不巡守，诸侯非民事不举，卿非君命不越竟。

冬，杞伯姬来，归宁也。凡诸侯之女，归宁曰来，出曰来归。夫人归宁曰如某，出曰归于某。

僖公五年经：五年春……杞伯姬来朝其子。

僖公三十一年经：冬，杞伯姬来求妇。

莒叔姬

庄公二十七年经：莒庆来逆叔姬。

鄫季姬

僖公十四年传：鄫季姬来宁，公怒，止之，以鄫子之不朝也。夏，遇于防，而使来朝。

僖公十五年经：季姬归于鄫。

僖公十六年经：夏四月丙申，鄫季姬卒。

荡伯姬

僖公二十五年经：宋荡伯姬来逆妇。

声伯之母

成公十一年传：声伯（叔肸之子，公孙婴齐）之母不聘，穆姜曰："吾不以妾为姒。"生声伯而出之，嫁于齐管于奚。生二子而寡，以归声伯。声伯以其外弟为大夫，而嫁其外妹于施孝叔。郤犨来聘，求妇于声伯。声伯夺施氏妇以与之。妇人曰："鸟兽犹不失俪，子将若何？"曰："吾不能死亡。"妇人遂行，生二子于郤氏。郤氏亡，晋人归之施氏，施氏逆诸河，沉其二子。妇人怒曰："己不能庇其伉俪而亡之，又不能字人之孤而杀之，将何以终？"遂誓施氏。

杞叔姬

文公十二年传：杞桓公来朝，始朝公也。且请绝叔姬而无绝昏，公许之。

二月，叔姬卒，不言杞，绝也。书叔姬，言非女也。

杞叔姬

成公四年传：杞伯来朝，归叔姬故也。

成公五年经：五年春王正月，杞叔姬来归。

成公八年传：冬，杞叔姬卒。来归自杞，故书。

成公九年经：九年春王正月，杞伯来逆叔姬之丧以归。

成公九年传：九年春，杞桓公来逆叔姬之丧，请之也。杞叔姬卒，为杞故也。逆叔姬，为我也。

子叔姬

文公十四年经：齐公子商人弑其君舍。……冬，单伯如齐。齐人执单伯。齐人执子叔姬。（孔疏云：不知是何公之女，鲁是其父母家。）

文公十四年传："子叔姬妃齐昭公，生舍。叔姬无宠，舍无威。公子商人骤施于国，而多聚士，尽其家，贷于公，有司以继之。夏五月，昭公卒，舍即位。”

襄仲使告于王，请以王宠求昭姬于齐。曰：“杀其子，焉用其母？请受而罪之。”

冬，单伯如齐，请子叔姬，齐人执之。又执子叔姬。

文公十五年传：季文子如晋，为单伯与子叔姬故也。

齐人来归子叔姬，王故也。

子叔姬

宣公五年经：秋九月，齐高固来逆叔姬。……冬，齐高固及子叔姬来。

宣公五年传：五年春，公如齐，高固使齐侯止公，请叔姬焉。

秋九月，齐高固来逆女，自为也。故书曰：“逆叔姬。”卿自逆也。

冬，来，反马也。

郯伯姬

宣公十六年经：秋，郯伯姬来归。

宣公十六年传：秋，郯伯姬来归，出也。

宋共姬

成公八年传：宋华元来聘，聘共姬也。

夏，宋公使公孙寿来纳币，礼也。

卫人来媵共姬，礼也。凡诸侯嫁女，同姓媵之，异姓则否。

成公九年经：二月伯姬归于宋。夏，季孙行父如宋致女。晋人来媵。

成公九年传：二月，伯姬归于宋。

夏，季文子如宋致女，复命，公享之。……

晋人来媵，礼也。

成公十五年传，夏六月，宋共公卒。

襄公三十年经：五月甲午。宋灾。宋伯姬卒。……秋七月，叔弓如宋，葬宋共姬。

襄公三十年传：或叫于宋大庙，曰：“嘻，嘻！出出！”鸟鸣于亳社，如曰：“嘻嘻。”甲午，宋大灾。宋伯姬卒，待姆也。君子谓：“宋共姬，女而不妇。女待人，妇义事也。”

秋七月，叔弓如宋，葬共姬也。

颜懿姬、鬷声姬

襄公十九年传：齐侯娶于鲁，曰颜懿姬，无子。其侄鬷声姬，生光，以为大子。诸子仲子、戎子，戎子嬖。仲子生牙，属诸戎子。戎子请以为大子，许之。仲子曰："不可。废常，不祥；间诸侯，难。光之立也，列于诸侯矣。今无故而废之，是专黜诸侯，而以难犯不祥也。君必悔之。"公曰："在我而已。"遂东大子光。使高厚傅牙，以为大子，夙沙卫为少傅。

齐侯疾，崔杼微逆光。疾病，而立之。光杀戎子，尸诸朝，非礼也。妇人无刑。虽有刑，不在朝市。

夏五月壬辰晦，齐灵公卒。庄公即位。

襄公姑母

襄公二十一年传：邾庶其以漆、闾丘来奔。季武子以公姑姊妻之，皆有赐于其从者。

武仲曰："……庶其窃邑于邾以来，子以姬氏妻之，而与之邑，其从者皆有赐焉。若大盗礼焉以君之姑姊与其大邑，其次皁牧舆马，其小者衣裳剑带，是赏盗也。"

穆孟姬

襄公二十五年传：叔孙宣伯之在齐也，叔孙还纳其女于灵公。嬖，生景公。丁丑，崔杼立而相之。庆封为左相。

昭公十年传：公与桓子莒之旁邑，辞。穆孟姬为之请高唐，陈氏始大。

庚宗妇

昭公四年传：初，穆子去叔孙氏，及庚宗，遇妇人，使私为食而宿焉。问其行，告之故，哭而送之。

鲁人召之，不告而归。既立，所宿庚宗之妇人，献以雉。问其姓，对曰："余子长矣，能奉雉而从我矣。"召而见之，则所梦也。未问其名，号之曰："牛！"曰："唯"。皆召其徒，使视之，遂使为竖。有宠，长使为政。公孙明知叔孙于齐，归，未逆国姜，子明取之。故怒，其子长而后使逆之。

泉丘二女

昭公十一年传：孟僖子会邾庄公，盟于祲祥，修好，礼也。泉丘人有女梦以其帷幕孟氏之庙，遂奔僖子，其僚从之。盟于清丘之社，曰："有子，无相弃也。”僖子使助薳氏之簉。反自祲祥，宿于薳氏，生懿子及南宫敬叔于泉丘人。其僚无子，使字敬叔。

季公若之姊

昭公二十五年传：季公若之姊为小邾夫人，生宋元夫人，生子以妻季平子。

秦姬

昭公二十五年传：初，季公鸟娶妻于齐鲍文子，生甲。公鸟死，季公亥与公思展与公鸟之臣申夜姑相其室。及季姒与饔人檀通，而惧，乃使其妾抶己，以示秦遄之妻，曰："公若欲使余，余不可而抶余。"又诉于公甫，曰："展与夜姑将要余。"秦姬以告公之，公之与公甫告平子。平子拘展于卞而执夜姑，将杀之。公若泣而哀之，曰："杀是，是杀余也。"将为之请。平子使竖勿内，日中不得请。有司逆命，公之使速杀之。故公若怨平子。

重

昭公二十七年传：冬，公如齐，齐侯请飨之。子家子曰："朝夕立于其朝，又何飨焉？其饮酒也。"乃饮酒，使宰献，而请安。子仲之子曰重，为齐侯夫人，曰："请使重见。"子家子乃以君出。

季姬

哀公八年传：齐悼公之来也，季康子以其妹妻之，即位而逆之。季鲂侯通焉，女言其情，弗敢与也。齐侯怒，夏五月，齐鲍牧帅师伐我，取讙及阐。

秋，及齐平。九月，臧宾如如齐莅盟，齐闾丘明来莅盟，且逆季姬以归，嬖。

冬十二月，齐人归讙及阐，季姬嬖故也。

三 《左传》中的孔子资料辑录

僖公二十八年传：是会也，晋侯召王，以诸侯见，且使王狩。仲尼曰："以臣召君，不可以训。"故书曰："天王狩于河阳。"言非其地也，且明德也。

文公二年传：仲尼曰："臧文仲，其不仁者三，不知者三。下展禽，废六关，妾织蒲，三不仁也。作虚器，纵逆祀，祀爰居，三不知也。"

宣公二年传：乙丑，赵穿攻灵公于桃园。宣子未出山而复。大史书曰："赵盾弑其君。”以示于朝。宣子曰：“不然。”对曰：“子为正卿，亡不越竟，反不讨贼，非子而谁？”宣子曰：“呜呼，‘我之怀矣，自诒伊戚’，其我之谓矣！”孔子曰：“董狐，古之良史也，书法不隐。赵宣子，古之良大夫也，为法受恶。惜也，越竟乃免。”

宣公九年传：陈灵公与孔宁、仪行父通于夏姬，皆衷其衵服，以戏于朝。泄冶谏曰：“公卿宣淫，民无效焉，且闻不令，君其纳之。”公曰：“吾能改矣。”公告二子，二子请杀之，公弗禁，遂杀泄冶。孔子曰：“《诗》云：‘民之多辟，无自立辟。’其泄冶之谓乎。”

成公二年传：新筑人仲叔于奚救孙桓子，桓子是以免。

既，卫人赏之以邑，辞。请曲县、繁缨以朝，许之。

仲尼闻之曰：“惜也，不如多与之邑。唯器与名，不可以假人，君之所司也。名以出信，信以守器，器以藏礼，礼以行义，义以生利，利以平民，政之大节也。若以假人，与人政也。政亡，则国家从之，弗可止也已。”

成公十七年传：齐庆克通于声孟子，与妇人蒙衣乘辇而入于闳。鲍牵见之，以告国武子，武子召庆克而谓之。庆克久不出，而告夫人曰：“国子谪我！”夫人怒。国子相灵公以会，高、鲍处守。及还，将至，闭门而索客。孟子诉之曰：“高、鲍将不纳君，而立公子角。国子知之。”秋七月壬寅，刖鲍牵而逐高无咎。无咎奔莒，高弱以卢叛。齐人来召鲍国而立之。……

仲尼曰：“鲍庄子之知不如葵，葵犹能卫其足。”

襄公十年传：晋荀偃、士匄请伐偪阳，而封宋向戌焉。荀罃曰：“城小而固，胜之不武，弗胜为笑。”固请。丙寅，围之，弗克。孟氏之臣秦堇父辇重如役。偪阳人启门，诸侯之士门焉。县门发，郰人纥抉之，以出门者。狄虒弥建大车之轮，而蒙之以甲，以为橹，左执之，右拔戟，以成一队。孟献子曰：“《诗》所谓‘有力如虎’者也。”主人县布，堇父登之，及堞而绝之。队，则又县之，苏而复上者三。主人辞焉，乃退，带其断以徇于军三日。……

师归，孟献子以秦堇父为右。生秦丕兹，事仲尼。

襄公二十三年传：仲尼曰：“知之难也。有臧武仲之知，而不容于鲁国，抑有由也。作不顺而施不恕也。《夏书》曰：‘念兹在兹。’顺事、恕施也。”

襄公二十五年传：郑子产献捷于晋，戎服将事。晋人问陈之罪……文子曰："其辞顺，犯顺不祥。"乃受之。

冬十月，子展相郑伯如晋，拜陈之功。子西复伐陈，陈及郑平。仲尼曰："《志》有之：'言以足志，文以足言。'不言，谁知其志？言之无文，行而不远。晋为伯，郑入陈，非文辞不为功。慎辞也！"

襄公二十七年传：宋向戌善于赵文子，又善于令尹子木，欲弭诸侯之兵以为名。……

五月甲辰，晋赵武至于宋。丙午，郑良霄至。六月丁未朔，宋人享赵文子，叔向为介。司马置折俎，礼也。仲尼使举是礼也，以为多文辞。

襄公三十一年传：郑人游于乡校，以论执政。然明谓子产曰："毁乡校，何如？"子产曰："何为？夫人朝夕退而游焉，以议执政之善否。其所善者，吾则行之。其所恶者，吾则改之。是吾师也，若之何毁之？我闻忠善以损怨，不闻作威以防怨。岂不遽止，然犹防川，大决所犯，伤人必多，吾不克救也。不如小决使道。不如吾闻而药之也。"然明曰："蔑也今而后知吾子之信可事也。小人实不才，若果行此，其郑国实赖之，岂唯二三臣？"

仲尼闻是语也，曰："以是观之，人谓子产不仁，吾不信也。"

昭公五年传：昭子即位，朝其家众，曰："竖牛祸叔孙氏，使乱大从，杀适立庶，又披其邑，将以赦罪，罪莫大焉。必速杀之。"竖牛惧，奔齐。孟、仲之子杀诸塞关之外，投其首于宁风之棘上。

仲尼曰："叔孙昭子之不劳，不可能也。周任有言曰：'为政者不赏私劳，不罚私怨。'《诗》云：'有觉德行，四国顺之。'"

昭公七年传：九月，公至自楚。孟僖子病不能相礼，乃讲学之，苟能礼者从之。及其将死也，召其大夫曰："礼，人之干也。无礼，无以立。吾闻将有达者曰孔丘，圣人之后也，而灭于宋。其祖弗父何，以有宋而授厉公。及正考父，佐戴、武、宣，三命兹益共。故其鼎铭云：'一命而偻，再命而伛，三命而俯。循墙而走，亦莫余敢侮。饘于是，鬻于是，以糊余口。'其共也如是。臧孙纥有言曰：'圣人有明德者，若不当世，其后必有达人。'今其将在孔丘乎？我若获没，必属说与何忌于夫子，使事之，而学礼焉，以定其位。"故孟懿子与南宫敬叔师事仲尼。仲尼曰："能补过者，君子也。《诗》曰：'君子是则是效。'孟僖子可则效已矣。”

昭公十二年传：仲尼曰：“古也有志：‘克己复礼，仁也。’信善哉！楚灵王若能如是，岂其辱于乾溪？”

昭公十三年传：仲尼谓子产：“于是行也，足以为国基矣。《诗》曰：‘乐只君子，邦家之基。’子产，君子之求乐者也。”且曰：“合诸侯，艺贡事，礼也。”

昭公十四年传：仲尼曰：“叔向，古之遗直也。治国制刑，不隐于亲，三数叔鱼之恶，不为末减。曰义也夫，可谓直矣。平丘之会，数其贿也，以宽卫国，晋不为暴。归鲁季孙，称其诈也，以宽鲁国，晋不为虐。邢侯之狱，言其贪也，以正刑书，晋不为颇。三言而除三恶，加三利，杀亲益荣，犹义也夫！”

昭公十七年传：秋，郯子来朝，公与之宴。昭子问焉，曰：“少皞氏鸟名官，何故也？”郯子曰：“吾祖也，我知之。昔者黄帝氏以云纪，故为云师而云名；炎帝氏以火纪，故为火师而火名；共工氏以水纪，故为水师而水名；大皞氏以龙纪，故为龙师而龙名。我高祖少皞挚之立也，凤鸟适至，故纪于鸟，为鸟师而鸟名。凤鸟氏，历正也。玄鸟氏，司分者也；伯赵氏，司至者也；青鸟氏，司启者也；丹鸟氏，司闭者也。祝鸠氏，司徒也；鴡鸠氏，司马也；鸤鸠氏，司空也；爽鸠氏，司寇也；鹘鸠氏，司事也。五鸠，鸠民者也。五雉为五工正，利器用、正度量，夷民者也。九扈为九农正，扈民无淫者也。自颛顼以来，不能纪远，乃纪于近，为民师而命以民事，则不能故也。”仲尼闻之，见于郯子而学之。既而告人曰：“吾闻之：‘天子失官，学在四夷’，犹信。”

昭公二十年传：琴张闻宗鲁死，将往吊之。仲尼曰：“齐豹之盗，而孟絷之贼，女何吊焉？君子不食奸，不受乱，不为利疚于回，不以回待人，不盖不义，不犯非礼。”

十二月，齐侯田于沛，招虞人以弓，不进。公使执之，辞曰：“昔我先君之田也，旃以招大夫，弓以招士，皮冠以招虞人。臣不见皮冠，故不敢进。”乃舍之。仲尼曰：“守道不如守官，君子韪之。”

郑子产有疾，谓子大叔曰：“我死，子必为政。唯有德者能以宽服民，其次莫如猛。夫火烈，民望而畏之，故鲜死焉。水懦弱，民狎而玩之，则多死焉。故宽难。”疾数月而卒。大叔为政，不忍猛而宽。郑国多盗，取人于萑苻之泽。大叔悔之，曰：“吾早从夫子，不及此。”兴徒兵以攻萑苻之盗，尽杀之，盗少止。

仲尼曰："善哉！政宽则民慢，慢则纠之以猛。猛则民残，残则施之以宽。宽以济猛，猛以济宽，政是以和。《诗》曰：'民亦劳止，汔可小康。惠此中国，以绥四方。'施之以宽也。'毋从诡随，以谨无良。式遏寇虐，惨不畏明。'纠之以猛也。'柔远能迩，以定我王。'平之以和也。又曰：'不竞不絿，不刚不柔。布政优优，百禄是遒。'和之至也。"

及子产卒，仲尼闻之，出涕曰："古之遗爱也。"

昭公二十八年传：仲尼闻魏子之举也，以为义，曰："近不失亲，远不失举，可谓义矣。"又闻其命贾辛也，以为忠："《诗》曰：'永言配命，自求多福'，忠也。魏子之举也义，其命也忠，其长有后于晋国乎！"

昭公二十九年传：冬，晋赵鞅、荀寅帅师城汝滨，遂赋晋国一鼓铁，以铸刑鼎，著范宣子所为刑书焉。

仲尼曰："晋其亡乎！失其度矣。夫晋国将守唐叔之所受法度，以经纬其民，卿大夫以序守之。民是以能尊其贵，贵是以能守其业。贵贱不愆，所谓度也。文公是以作执秩之官，为被庐之法，以为盟主。今弃是度也，而为刑鼎，民在鼎矣，何以尊贵？贵何业之守？贵贱无序，何以为国？且夫宣子之刑，夷之蒐也，晋国之乱制也，若之何以为法？"

定公元年传：公之丧至自乾侯。戊辰，公即位。季孙使役如阚公氏，将沟焉。荣驾鹅曰："生不能事，死又离之，以自旌也？纵子忍之，后必或耻之。"乃止。季孙问于荣驾鹅曰："吾欲为君谥，使子孙知之。"对曰："生弗能事，死又恶之，以自信也？将焉用之？"乃止。

秋七月癸巳，葬昭公于墓道南。孔子之为司寇也，沟而合诸墓。

定公九年传：（阳虎）遂奔晋，适赵氏。仲尼曰："赵氏其世有乱乎！"

定公十年传：夏，公会齐侯于祝其，实夹谷。孔丘相。犁弥言于齐侯曰："孔丘知礼而无勇，若使莱人以兵劫鲁侯，必得志焉。"齐侯从之。孔丘以公退，曰："士，兵之！两君合好，而裔夷之俘以兵乱之，非齐君所以命诸侯也。裔不谋夏，夷不乱华，俘不干盟，兵不偪好。于神为不祥，于德为愆义，于人为失礼，君必不然。"齐侯闻之，遽辟之。

将盟，齐人加于载书曰："齐师出竟，而不以甲车三百乘从我者，有如此盟！”孔丘使兹无还揖对曰：“而不反我汶阳之田，吾以共命者，亦如之。”齐侯将享公，孔丘谓梁丘据曰：“齐、鲁之故，吾子何不闻焉？事既成矣，而又享之，是勤执事也。且牺、象不出门，嘉乐不野合。飨而既具，是弃礼也。若其不具，用秕稗也。用秕稗，君辱；弃礼，名恶，子盍图之？夫享，所以昭德也。不昭，不如其已也。”乃不果享。

齐人来归郓、讙、龟阴之田。

定公十二年传：仲由为季氏宰，将堕三都，于是叔孙氏堕郈。季氏将堕费，公山不狃、叔孙辄帅费人以袭鲁。公与三子入于季氏之宫，登武子之台。费人攻之，弗克。入及公侧。仲尼命申句须、乐颀下，伐之，费人北。国人追之，败诸姑蔑。二子奔齐，遂堕费。

将堕成，公敛处父谓孟孙：“堕成，齐人必至于北门。且成，孟氏之保障也，无成，是无孟氏也。子伪不知，我将不堕。”

冬十二月，公围成，弗克。

定公十五年传：十五年春，邾隐公来朝。子贡观焉。邾子执玉高，其容仰。公受玉卑，其容俯。子贡曰：“以礼观之，二君者，皆有死亡焉。夫礼，死生存亡之体也。将左右、周旋，进退、俯仰，于是乎取之；朝、祀、丧、戎，于是乎观之。今正月相朝，而皆不度，心已亡矣。嘉事不体，何以能久？高、仰，骄也，卑、俯，替也。骄近乱，替近疾。君为主，其先亡乎！”……

夏五月壬申，公薨。仲尼曰：“赐不幸言而中，是使赐多言者也。”

哀公三年传：夏五月辛卯，司铎火。火逾公宫，桓、僖灾。……孔子在陈，闻火，曰：“其桓、僖乎！”

哀公六年传：是岁也，有云如众赤鸟，夹日以飞三日。楚子使问诸周大史。周大史曰：“其当王身乎！若禜之，可移于令尹、司马。”王曰：“除腹心之疾，而置诸股肱，何益？不谷不有大过，天其夭诸？有罪受罚，又焉移之？”遂弗禜。

初，昭王有疾。卜曰：“河为祟。”王弗祭。大夫请祭诸郊，王曰：“三代命祀，祭不越望。江、汉、睢、章，楚之望也。祸福之至，不是过也。不谷虽不德，河非所获罪也。”遂弗祭。

孔子曰：“楚昭王知大道矣！其不失国也，宜哉！《夏书》曰：‘惟彼陶唐，帅彼天常，有此冀方。今失其行，乱其纪纲，乃灭而亡。’又曰：‘允出兹在兹。’由己率常，可矣。”

哀公十一年传：师及齐师战于郊……公为与其嬖僮汪锜乘，皆死，皆殡。孔子曰：“能执干戈以卫社稷，可无殇也。”冉有用矛于齐师，故能入其军。孔子曰：“义也。”

卫大叔疾出奔宋。初，疾娶于宋子朝，其娣嬖。子朝出。孔文子使疾出其妻，而妻之。疾使侍人诱其初妻之娣，置于犁，而为之一宫，如二妻。文子怒，欲攻之。仲尼止之。……

孔文子之将攻大叔也，访于仲尼。仲尼曰：“胡簋之事，则尝学之矣。甲兵之事，未之闻也。”退，命驾而行，曰：“鸟则择木，木岂能择鸟？”文子遽止之，曰：“圉岂敢度其私，访卫国之难也。”将止。鲁人以币召之，乃归。

季孙欲以田赋，使冉有访诸仲尼。仲尼曰：“丘不识也。”三发，卒曰：“子为国老，待子而行，若之何子之不言也？”仲尼不对。而私于冉有曰：“君子之行也，度于礼：施取其厚，事举其中，敛从其薄。如是，则以丘亦足矣。若不度于礼，而贪冒无厌，则虽以田赋，将又不足。且子季孙若欲行而法，则周公之典在。若欲苟而行，又何访焉？”弗听。

哀公十二年传：昭夫人孟子卒。昭公娶于吴，故不书姓。死不赴，故不称夫人。不反哭，故言不葬小君。孔子与吊，适季氏。季氏不絻，放绖而拜。

冬十二月，螽。季孙问诸仲尼，仲尼曰：“丘闻之，火伏而后蛰者毕。今火犹西流，司历过也。”

哀公十四年传：西狩于大野，叔孙氏之车子锄商获麟，以为不祥，以赐虞人。仲尼观之，曰：“麟也。”然后取之。

甲午，齐陈恒弑其君壬于舒州。孔丘三日齐，而请伐齐三。公曰：“鲁为齐弱久矣，子之伐之，将若之何？”对曰：“陈恒弑其君，民之不与者半。以鲁之众，加齐之半，可克也。”公曰：“子告季孙。”孔子辞。退而告人曰：“吾以从大夫之后也，故不敢不言。”

哀公十五年传：栾宁将饮酒，炙未熟，闻乱，使告季子。召获驾乘车，行爵食炙，奉卫侯辄来奔。

季子将入，遇子羔将出，曰：“门已闭矣。”季子曰：“吾姑至焉。”子羔曰：

“弗及，不践其难。”季子曰：“食焉，不辟其难。”子羔遂出。子路入，及门，公孙敢门焉，曰：“无入为也。”季子曰：“是公孙也，求利焉，而逃其难。由不然，利其禄，必救其患。”有使者出，乃入。曰：“大子焉用孔悝？虽杀之，必或继之。”且曰：“大子无勇，若燔台，半，必舍孔叔。”大子闻之，惧，下石乞、盂黡敌子路。以戈击之，断缨。子路曰：“君子死，冠不免。”结缨而死。孔子闻卫乱，曰：“柴也其来，由也死矣。”

哀公十六年传：孔丘卒。公诔之曰：“旻天不吊，不慭遗一老。俾屏余一人以在位，茕茕余在疚。呜呼哀哉！尼父。无自律。”

子赣曰：“君其不没于鲁乎！夫子之言曰：‘礼失则昏，名失则愆。’失志为昏，失所为愆。生不能用，死而诔之，非礼也。称一人，非名也。君两失之。”

主要参考文献

一　基本文献

［汉］班固撰，［唐］颜师古注，《汉书》，中华书局，1962 年。

［晋］杜预注，［唐］孔颖达等正义，《春秋左传正义》，上海古籍出版社，1990 年。

［清］高士奇撰，《左传纪事本末》，中华书局，1979 年。

［清］顾栋高辑，《春秋大事表》，中华书局，1993 年。

［汉］何休解诂，［唐］徐彦疏，《春秋公羊传注疏》，上海古籍出版社，2014 年。

［清］洪亮吉撰，《春秋左传诂》，中华书局，2004 年。

［清］刘文淇撰，《春秋左氏传旧注疏证》，科学出版社，1959 年。

［汉］刘向编著，《列女传》，江苏古籍出版社，2003 年。

［清］马瑞辰撰，《毛诗传笺通释》，中华书局，2012 年。

［清］皮锡瑞，《经学历史》，中华书局，2004 年。

［清］阮元校刻，《十三经注疏》（清嘉庆刊本），中华书局，2009 年。

［汉］司马迁撰，［唐］司马贞索隐，［唐］张守节正义，《史记》，中华书局，1982 年。

［清］孙希旦撰，《礼记集解》，中华书局，1989 年。

［清］孙诒让撰，《周礼正义》，中华书局，2013 年。

［清］王先谦撰，《荀子集解》，中华书局，2011 年。

［汉］郑玄注，［唐］贾公彦疏，《仪礼注疏》，上海古籍出版社，2008 年。

［清］朱彬撰，《礼记训纂》，中华书局，1996 年。

［日］竹添光鸿，《左氏会笺》，巴蜀书社，2008 年。

［宋］朱熹注，《诗集传》，中华书局，2011 年。

［宋］朱熹撰，《四书章句集注》，中华书局，2011 年。
［战国］左丘明撰，［西晋］杜预集解，《左传（春秋经传集解）》，上海古籍出版社，1997 年。

二 研究专著

安作璋、王志民主编，《齐鲁文化通史》，中华书局，2004 年。
陈来，《古代宗教与伦理：儒家思想的根源》，生活·读书·新知三联书店，2009 年。
陈彦辉，《春秋辞令研究》，中华书局，2006 年。
范文澜，《中国通史简编》，人民出版社，2009 年。
方朝晖编著，《春秋左传人物谱》，齐鲁书社，2001 年。
冯天瑜、何晓明、周积明，《中华文化史》，上海人民出版社，2005 年。
冯友兰，《中国哲学史新编》，人民出版社，1998 年。
高方，《〈左传〉女性研究》，黑龙江大学出版社，2010 年。
葛兆光，《中国思想史》，复旦大学出版社，2001 年。
顾德融、朱顺龙，《春秋史》，上海人民出版社，2003 年。
顾颉刚编著，《古史辨》，上海古籍出版社，1982 年。
顾颉刚讲授，刘起釪笔记，《春秋三传及国语之综合研究》，巴蜀书社，1988 年。
郭丹，《左传国策研究》，人民文学出版社，2004 年。
郭克煜等，《鲁国史》，人民出版社，1994 年。
韩席筹，《左传分国集注》，江苏人民出版社，1963 年。
何新文，《〈左传〉人物论稿》，中国社会科学出版社，2004 年。
侯外庐主编，《中国思想史纲》，中国青年出版社，1980 年。
柯劭忞撰，《春秋穀梁传注》，广西师范大学出版社，2018 年。
李峰，《西周的灭亡：中国早期国家的地理和政治危机》，徐峰译，上海古籍出版社，2007 年。
李学勤主编，《十三经注疏》，北京大学出版社，1999 年。

刘丽文,《春秋的回声——〈左传〉的文化研究》，北京燕山出版社，2000 年。

柳诒徵,《中国文化史》，中华书局，2015 年。

吕思勉,《先秦史》，上海古籍出版社，2005 年。

吕文郁,《春秋战国文化史》，东方出版中心，2007 年。

马卫东,《春秋时期贵族政治的历史变迁》，吉林大学出版社，2011 年。

钱穆,《国学概论》，商务印书馆，1997 年。

钱穆,《先秦诸子系年》，商务印书馆，2001 年。

钱穆,《中国史学名著》，生活 · 读书 · 新知三联书店，2005 年。

钱穆,《中国文化史导论》，商务印书馆，1994 年。

任继愈主编,《中国哲学发展史》，人民出版社，1983 年。

沈文倬,《宗周礼乐文明考论》，浙江大学出版社，1999 年。

沈玉成、刘宁,《春秋左传学史稿》，江苏古籍出版社，1992 年。

童书业,《春秋史》，上海古籍出版社，2003 年。

童书业编，童教英辑校,《春秋史料集》，中华书局，2008 年。

童书业著，童教英校订,《春秋左传研究》，中华书局，2006 年。

王长华,《春秋战国士人与政治》，河北教育出版社，2007 年。

王国维,《观堂集林》（附别集），中华书局，1961 年。

王志民,《齐鲁文化概说》，山东文艺出版社，2004 年。

吴静安撰,《春秋左氏传旧注疏证续》，东北师范大学出版社，2005 年。

徐杰令,《春秋邦交研究》，中国社会科学出版社，2004 年。

徐元诰撰,《国语集解》，中华书局，2002 年。

徐中舒,《先秦史论稿》，巴蜀书社，1992 年。

许倬云,《西周史》（增补二版），生活 · 读书 · 新知三联书店，2012 年。

许子滨,《〈春秋〉〈左传〉礼制研究》，上海古籍出版社，2012 年。

杨伯峻编著,《春秋左传注》（修订本），中华书局，2000 年。

杨伯峻译注,《论语译注》，中华书局，2009 年。

杨伯峻译注,《孟子译注》，中华书局，2010 年。

杨朝明,《鲁文化史》,齐鲁书社,2001 年。
杨宽,《西周史》,上海人民出版社,2003 年。
杨向奎,《宗周社会与礼乐文明》,人民出版社,1992 年。
张高评,《春秋书法与左传学史》,上海古籍出版社,2005 年。
张高评,《左传导读》,台湾文史哲出版社,1982 年。
赵伯雄,《春秋学史》,山东教育出版社,2004 年。
赵生群,《〈春秋〉经传研究》,上海古籍出版社,2000 年。